한자능력시험대비

척척박사 解法漢字
해 법 한 자

[8급에서 5급까지]

용천 박희창 편저

明文堂

문자(文字)는 일조일석(一朝一夕)에 쉽게 이루어 진것이 아니라 수천년(數千年)의 역사(歷史)와 더불어 거장(巨匠)의 손에 의(依)하여 다듬어 졌다. 이것을 시금석(試金石)이라고! 시금석(試金石)의 때는 왔다.

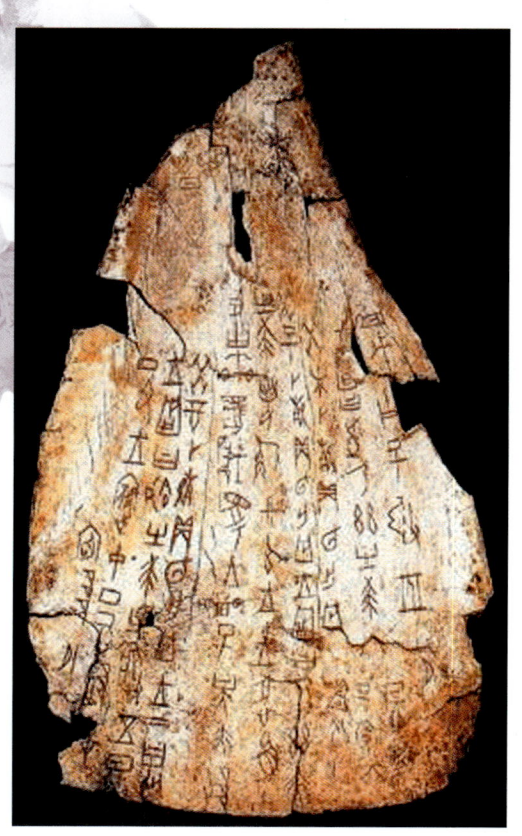

🍀 갑골문자(甲骨文字)

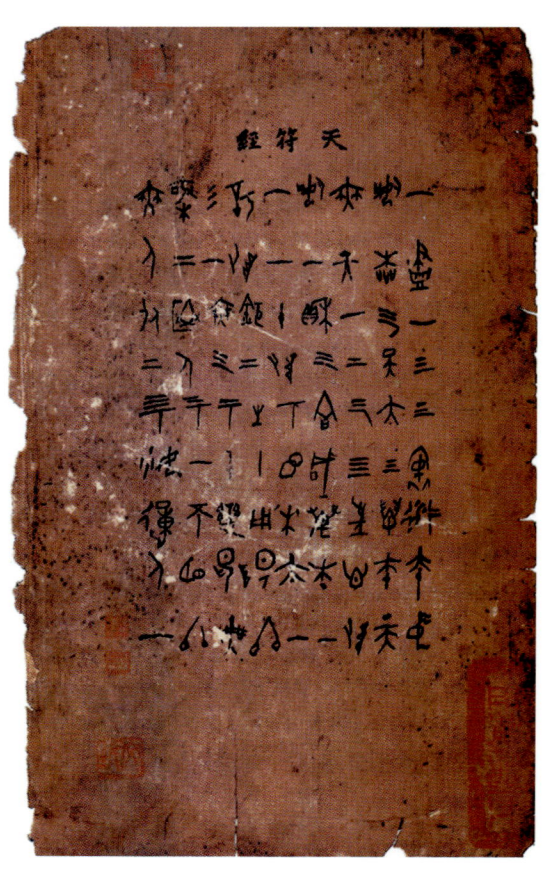

🍀 갑골문자(甲骨文字) 천부경(天符經)

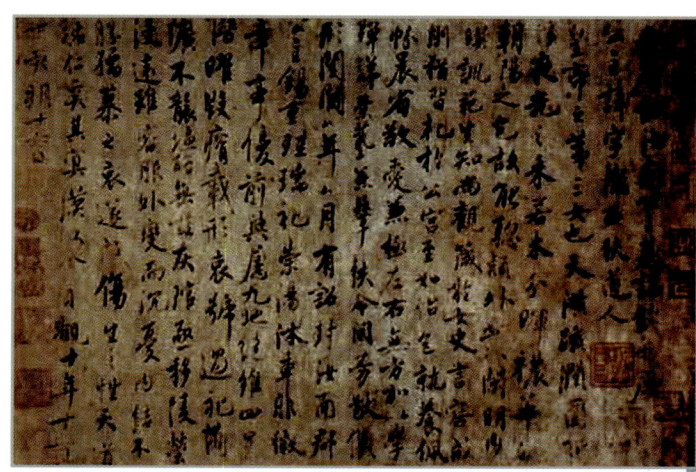

🍀 우세남(虞世南) 여남공주묘지(汝南公主墓志)

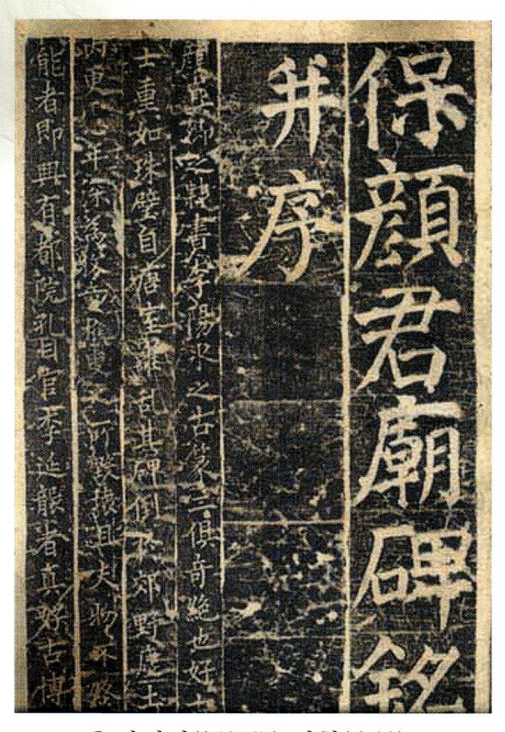

● 해서 구양순(歐陽詢)
　구성궁예천명(九成宮醴泉銘)

● 안진경(顔眞卿) 서첩(書帖)

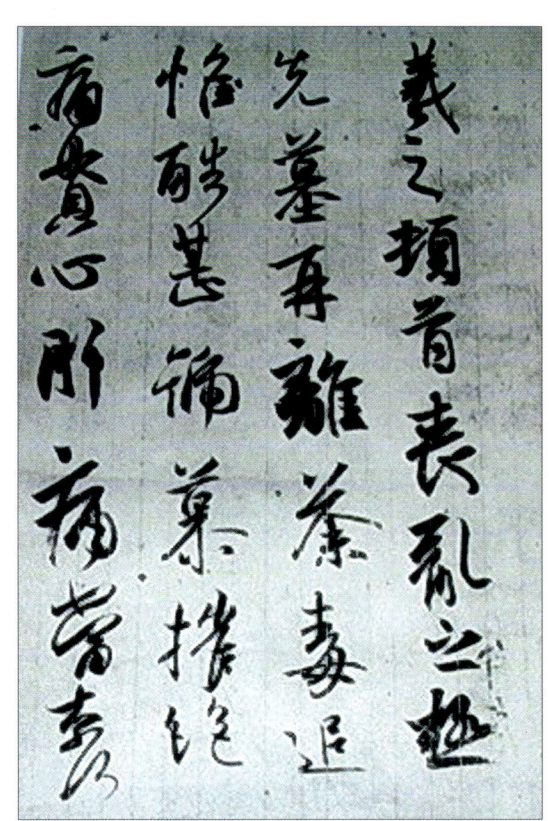

● 왕희지(王羲之) 상란첩(喪亂帖)

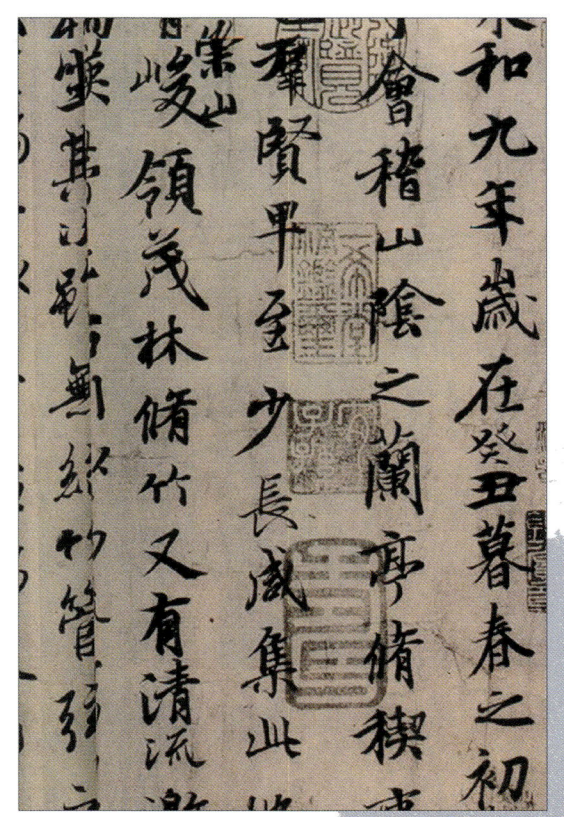

● 왕희지(王羲之) 난정서(蘭亭序)

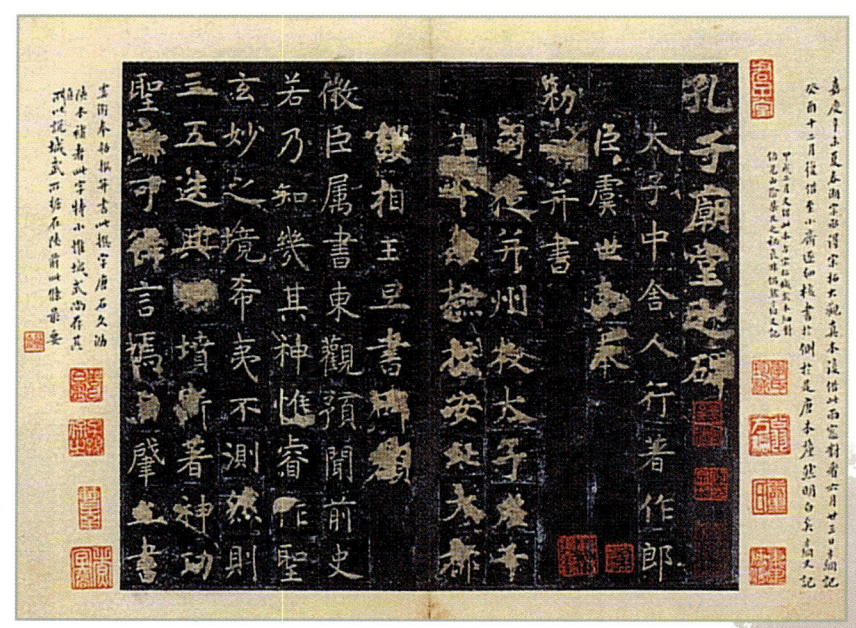

玄祕塔者大法師端
如來以闡教利生捨
即出囊中舍利使吞
將欲荷如來之菩

● 금문(金文) 산씨반(散氏盤)

● 당나라의 유공권(柳公權) (778~865)
현비탑비(玄秘塔碑)

● 우세남(虞世南) 공자묘당비우세남필(孔子廟堂碑虞世南筆)

한자능력시험대비

척척박사 해법한자

머리말

편자(編者)는 "한자능력시험대비 8급~5급 한자 한눈에 보기"를 허두로 하고 "고사성어 천자문"과 "사자소학" "본자와 약자" "문자의 기원" "한문법의 이해" "실용성어 교재" 등을 부록으로 대거망라 하여 편찬한 것은 다음 세대의 주역이 될 자라나는 후진 학생들을 위하여 폭 넓고 깊이 있는 한자교육이 가능하도록 돕기 위한 것이다.

실력있고 손색없는 교재를 만들려고 전심치지(專心治之)하여 대전광역시에서 주관하는 충효예 교본으로 채택되었으나 송구하고 외람한 것은 이 책이 과연 후진의 한자교육에 각광할 수 있는 저력이 된다면 더 이상 무엇을 바라겠는가?

교재가 미흡하고 부실해서야 아무리 능력있는 훈장이라도 제 구실을 할 수 없으니 조보, 왕량(造父, 王良)이가 제 아무리 말을 잘 모는 명수라지만 조련되지 않는 말을 채찍질하기 어렵고 손빈, 오기(孫臏, 吳起)가 제 아무리 천하명장이라고는 하지만 훈련되지 않는 군사로 전쟁할 수 없는 것은 각본이 잘못되었기 때문이다.

쭉지가 나지 않고 날 수 없는 것이 또한 자연의 섭리라면 동양화의 날개를 꺾어버리고 세계화의 날개를 펼쳐 보려고 광분하는 것은 지나친 욕심이니 일본은 초등학교 때부터 한자를 2000자 정도는 가르치고 있거늘 한국은 1000자 만이라도 가르치지 않아야 할 그럴만한 이유가 나변(那邊)에 있는지 이해할 수 없다. 윤리도덕과 인격완성의 깊이있는 뿌리를 바탕으로 한 경륜의 맥이 한학과 더불어 공존하고 생명력이 숨쉬고 있거늘 이것을 외면하고 20년 후에는 일본보다 인간의 질이 월등하게 낙후하여 무식을 초래한다면 그 책임은 누가 감당할 것인가?

저서의 내용을 일목요연하게 설명한다면 "한자능력시험대비 8급, 7급, 6급, 5급 한자 한눈에 보기"는 한자능력의 급수별 자격취득에 적응할 수 있도록 초점을 맞춰 엮었으며, 부록으로 "고사성어 천자문"은 천자의 다른 한자를 사자성어로 250귀절을 가나다 순으로 음훈 해석하였고, 사자소학은 지행합일의 실천을 위주로 한 인성교육에 역점을 두어 사친(事親), 우애(友愛), 경장(敬長), 교우(交友), 융사(隆師) 5개 항목으로 분류하였다. 다음은 본자와 약자를 700여자 수록하고, "문자의 기원"은 그림으로 본 부수명칭을 나열하였으며, "한문법의 이해"란에는 한문에 대한 문법을 다각도로 망라하여 체계를 세웠고, "실용성어 교재"는 일상생활에 많이 쓰이는 상식에 속하는 숙어에서 고사에 이르기까지 다양한 내용을 소화시켰다.

위 내용을 종합하여 엄밀히 고찰해 본다면 표리와 본말이 다 갖추어져 이 책 한 권이면 한자능력시험 자격을 8급~5급까지 취득할 수 있음은 물론이요, 세련된 문장적 숙어를 익히고, 사자소학의 내용을 음미하며 문장의 맥락을 통할 수 있는 문법까지 알 수 있다면 상당한 수준까지 도달할 수 있는 길잡이가 마련되어 있다고 자신 있게 말할 수 있다. 그 취사선택은 오직 학구하는 자신에게 있다고 언급하면서 글을 맺는다.

명문당의 김동구 사장님은 기왕에 애써 만든 이 책을 널리 보급하여 사회대중이 공감할 수 있는 기회를 갖기를 권장하고 희망하시거늘 그 뜻에 따라 출판키로 하였으니 현대감각에 맞게 편집과 제본이며 출판에 애써주신 노고를 치하하고 감사드려 마지 않는다.

2007년 정해원단 용천 박희창 근거

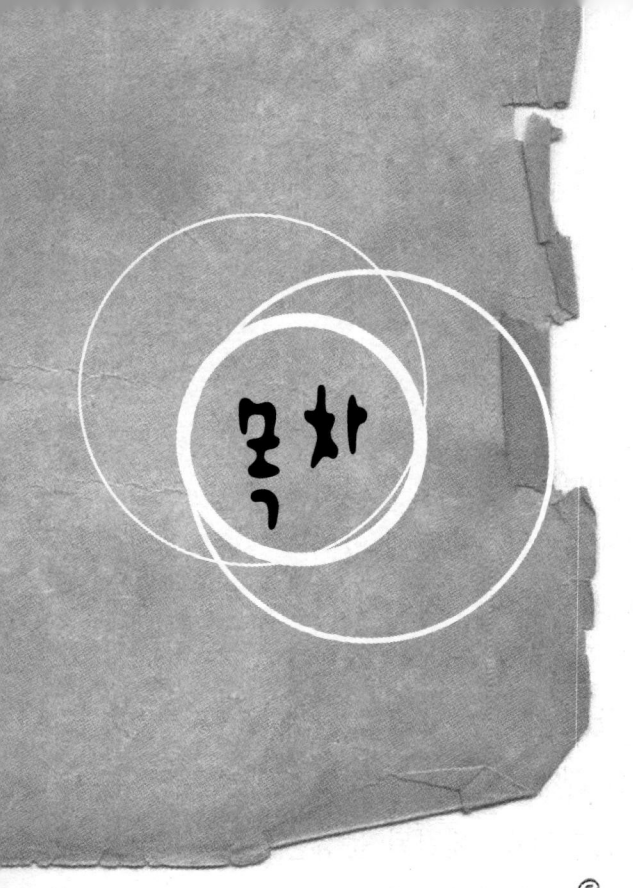

목차

한자능력시험대비

8급~5급 한자 한눈에 보기

教	가르칠 교	등글월 문(攵) 총 11획	校	학교 교	나무 목(木) 총 10획
九	아홉 구	새 을(乙) 총 2획	國	나라 국	큰입 구(口) 총 11획
軍	군사 군	수레 거(車) 총 9획	金	쇠 금	쇠 금(金) 총 8획
南	남녘 남	열 십(十) 총 9획	年	해 년	방패 간(干) 총 6획
大	큰 대	큰 대(大) 총 3획	東	동녘 동	나무 목(木) 총 8획
萬	일만 만	풀 초(艹) 총 13획	母	어미 모	말 무(毋) 총 5획
木	나무 목	나무 목(木) 총 4획	門	문 문	문 문(門) 총 8획
民	백성 민	각시 씨(氏) 총 5획	白	흰 백	흰 백(白) 총 5획
父	아비 부	아비 부(父) 총 4획	北	북녘 북	비수 비(匕) 총 5획
四	넉 사	큰입 구(口) 총 5획	山	메 산	메 산(山) 총 3획
三	석 삼	한 일(一) 총 3획	生	날 생	날 생(生) 총 5획

西	서녘 서	덮을 아(襾) 총 6획	先	먼저 선	어진사람인발(儿) 총 6획
小	작을 소	작을 소(小) 총 3획	水	물 수	물 수(水) 총 4획
室	집 실	갓머리(宀) 총 9획	十	열 십	열 십(十) 총 2획
女	계집 녀	계집 녀 (女) 총 3획	五	다섯 오	두 이(二) 총 4획
王	임금 왕	구슬 옥(玉) 총 4획	外	바깥 외	저녁 석(夕) 총 5획
月	달 월	달 월(月) 총 4획	六	여섯 육	여덟 팔(八) 총 4획
二	두 이	두 이(二) 총 2획	人	사람 인	사람 인(人) 총 2획
日	날 일	날 일(日) 총 4획	一	한 일	한 일(一) 총 1획
長	길 장	길 장(長) 총 8획	弟	아우 제	활 궁(弓) 총 7획
中	가운데 중	뚫을 곤(丨) 총 4획	靑	푸를 청	푸를 청(靑) 총 8획
寸	마디 촌	마디 촌(寸) 총 3획	七	일곱 칠	한 일(一) 총 2획
土	흙 토	흙 토(土) 총 3획	八	여덟 팔	여덟 팔(八) 총 2획
學	배울 학	아들 자(子) 총 16획	韓	나라이름 한	다룸가죽 위(韋) 총 17획
兄	맏 형	어진사람인발(儿) 총 5획	火	불 화	불 화(火) 총 4획

7급 한자참고교재
(七級 漢字參考教材)

家 집가	갓머리(宀) 총 10획 집 면(宀)	• 가장(家長) : 한 집안의 어른. • 가족(家族) : 한 집안 식구(食口). • 관가(官家) : 나라 일을 보는 집. 　　　　　　관청(官廳). 관아(官衙). • 민가(民家) : 백성이 사는 집.
`丶丶宀宁宁宇宇家家家`		

歌 노래 가	하품 흠(欠) 총 14획	• 가무(歌舞) : 노래 부르고 춤을 춤. • 가요(歌謠) : 음악성(音樂性)을 지닌 시(詩). 　　　　　　가사(歌詞). • 창가(唱歌) : 곡조에 맞추어 노래를 부름. • 국가(國歌) : 나라를 상징하는 노래.
`一丆丆丆可可哥哥哥歌歌歌`		

間 사이 간	문 문(門) 총 12획	• 간지(間紙) : 책장과 책장 사이에 끼워두는 종이. • 간혹(間或) : 이따금. 어쩌다가. 간간이. 혹간(或間). • 인간(人間) : 사람. 인류. 사람이 사는 곳. 　　　　　　세간(世間). • 민간(民間) : 백성들의 사회.
`丨丨丬丬門門門門門閒閒間`		

江 강 강	삼수변(氵) 총 6획	• 강산(江山) : 강과 산. 국토(國土). • 강변(江邊) : 강물이 흐르는 가. 강 가. 강반(江畔). • 금강(錦江) : 전북 장수에서 충북, 충남을 거쳐 군산 　　　　　　만으로 흘러드는 강. • 도강(渡江) : 강물을 건넘.
`丶丶氵氵江江`		

車 수레 거(차) 一 𠂆 厂 岙 车 車 車	수레 거(車) 총 7획	• 거마(車馬) : 수레와 말. • 차도(車道) : 차가 다니는 길. • 정거(停車) : 차를 멈춤. 정차(停車). • 하차(下車) : 차에서 내림.
 工 장인 공 一 丁 工	장인 공(工) 총 3획	• 공부(工夫) : 학문과 기술을 닦는 일. • 공장(工場) : 많은 노동자를 써서 물건을 만들거나 가공하는 곳. • 인공(人工) : 사람이 하는 일. 자연물에 사람이 가공(加工)하는 일. • 가공(加工) : 원료나 재료에 손을 더 대어 새로운 제품을 만들거나 질을 높임.
空 빌 공 丶 丷 宀 宍 空 空 空 空	구멍 혈(穴) 총 8획	• 공중(空中) : 하늘. 중천(中天). • 공론(空論) : 쓸데없는 이론. • 허공(虛空) : 아무것도 없는 텅 빈 공간(空間). • 창공(蒼空) : 맑게 개어 새파란 하늘. 창천(蒼天).
 校 학교 교 一 十 才 木 术 栌 栌 栌 柼 校	나무 목(木) 총 10획	• 교장(校長) : 학교에서 대표되는 우두머리. 학교장. • 교정(校庭) : 학교의 마당. • 등교(登校) : 학교에 나감. • 복교(復校) : 학교에 다시 다니게 됨.
 敎 가르칠 교 丿 乂 孑 差 差 差 差 孝 教 教 教	등글월문(攵) 총 11획 칠 복(攴)	• 교사(敎師) : 초등학교, 중학교, 고등학교의 선생님. • 교단(敎壇) : 교실에서 강의하는 단. • 종교(宗敎) : 신, 불을 숭배하여 마음의 안정을 찾는 문화체계. • 사교(邪敎) : 요사스러운 종교. 그 나라의 도덕이나 사회제도에 어긋나는 종교.

九 아홉 구	새 을(乙) 총 2획	• 구월(九月) : 한 해의 아홉 번째 달. • 구천(九天) : 하늘의 가장 높은 곳. • 구구(九九) : 곱셈에 쓰는 기초 공식. 　　　　　　　구구법(九九法). • 십구(十九) : 열아홉.
ノ 九		

口 입구	입 구(口) 총 3획	• 구두(口頭) : 직접 입으로 하는 말. • 구설(口舌) : 시비하고 비방하는 말. • 인구(人口) : 한 나라 안에 사는 사람의 수. • 호구(戶口) : 집과 사람의 수효.
｜ 冂 口		

國 나라 국	큰입구몸(囗) 총 11획 나라 국(國)의 고자(古字)	• 국가(國家) : 나라. • 국민(國民) : 나라의 백성. • 애국(愛國) : 자기 나라를 사랑함. • 강국(强國) : 강한 나라.
｜ 冂 冂 冂 冂 冂 冋 國 國 國 國		

軍 군사 군	수레 거(車) 총 9획	• 군인(軍人) : 육해공군 장병의 총칭. • 군기(軍紀) : 군대의 기율이나 풍기. • 육군(陸軍) : 육상의 전투 및 방어(防禦)를 맡은 군대. • 장군(將軍) : 장관(將官)자리의 사람을 일컬음.
ノ 冖 冖 冖 宣 宣 宣 宣 軍		

金 쇠금, 성김	쇠 금(金) 총 8획	• 김성(金姓) : 김 씨의 성(姓). • 금전(金錢) : 돈. 쇠붙이로 만든 돈. • 공금(公金) : 공공단체(公共團體)나 관청의 돈. • 벌금(罰金) : 못된 짓에 대한 징계로서 내게하는 돈. 　　　　　　　재산형의 하나.
ノ 人 人 亼 仐 全 余 金		

旗 기 기 `丶 亠 方 ガ ガ ガ ガ 旗 旗 旗 旗 旗 旗`	모 방(方) 총 14획	• 기수(旗手) : 기를 들거나 받은 군사. 기로 신호를 하는 사람. • 기고(旗鼓) : 군기(軍旗)와 북. 병력과 군세. • 교기(校旗) : 학교를 상징하는 깃발. • 백기(白旗) : 항복할 때에 세우는 흰 기.
 記 기록할 기 `丶 亠 言 言 言 言 訂 記 記 記`	말씀 언(言) 총 10획	• 기념(記念) : 기억하여 잊지 않음. • 기록(記錄) : 사실을 적음. 사실을 적은 서류. • 일기(日記) : 날마다 일어난 일을 적은 기록. • 수기(手記) : 손수 적은 기록.
氣 기운 기 `丿 一 一 气 气 气 氣 氣 氣 氣`	기운 기(气) 총 10획	• 기관(氣管) : 숨통. • 기력(氣力) : 일을 감당해 나갈 수 있는 힘. • 공기(空氣) : 지구의 표면을 둘러싸고 있는 기체. 대기(大氣). • 일기(日氣) : 날씨.
南 남녘 남 `一 十 十 内 内 南 南 南 南`	열 십(十) 총 9획	• 남방(南方) : 남쪽 방면. • 남해(南海) : 남쪽에 있는 바다. • 강남(江南) : 강의 남쪽. 따뜻한 남쪽 나라. • 호남(湖南) : 전라남북도(全羅南北道).
男 사내 남 `丨 冂 田 田 田 骂 男`	밭 전(田) 총 7획	• 남자(男子) : 사나이. 남성. • 남녀(男女) : 남자와 여자. • 미남(美男) : 얼굴이 잘생긴 남자. • 차남(次男) : 둘째 아들.

| 內 안 내 | 들 입(入) 총 4획 | • 내외(內外) : 안과 밖. 부부(夫婦). 남녀 간의 예의로 서로 얼굴 대하기를 피하는 일.
• 내당(內堂) : 안방. 내실(內室).
• 실내(室內) : 방의 안.
• 국내(國內) : 나라의 안. |
| 丨 冂 冂 内 | | |

| 女 계집 녀(여) | 계집 녀(女) 총 3획 | • 여자(女子) : 여성. 계집.
• 여인(女人) ; 여편네. 여자. 부인.
• 자녀(子女) : 아들과 딸.
• 궁녀(宮女) : 옛날 궁궐 안에서 대전(大殿)과 내전(內殿)을 모시는 내명부(內命婦)의 총칭. |
| ㄑ � 女 | | |

| 年 해 년(연) | 방패 간(干) 총 6획 | • 연장(年長) : 자기보다 나이가 많은 사람.
• 연세(年歲) : 나이. 춘추(春秋).
• 성년(成年) : 일반적으로 사람의 지능이나 신체가 완전히 발달되었다고 보는 나이.
• 노년(老年) : 늙은 나이. 만년(晩年). |
| ㄱ ㄠ ㄤ ㄥ 드 年 | | |

| 農 농사 농 | 별 진(신)(辰) 총 13획 | • 능가(農家) : 농사 집. 농업을 생업으로 삼는 사람의 집.
• 농촌(農村) : 농사를 짓는 사람이 모여 사는 마을.
• 상농(上農) : 크게 농사를 짓는 농부.
• 중농(中農) : 중간정도의 농사를 가지고 일꾼도 쓰나 자기도 경작에 종사하는 농민. |
| 丨 冂 冊 曲 曲 曲 芦 芦 芦 農 農 農 農 | | |

| 答 대답 답 | 대 죽(竹) 총 12획 | • 답장(答狀) : 회답 편지. 답서(答書).
• 답례(答禮) : 남에게 받은 예(禮)를 도로 갚는 일.
• 문답(問答) : 묻고 대답하는 것.
• 대답(對答) : 물음에 대해 자기 뜻을 나타냄. |
| ㅣ ㅑ ㅑ 서 서 竹 竹 竹 笑 笒 答 答 | | |

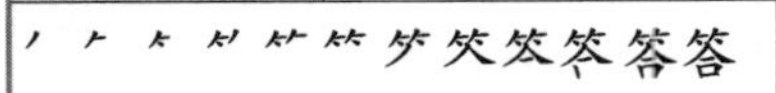

大 큰 대 一 ナ 大	큰 대(大) 총 3획	• 대소(大小) : 크고 작음. • 대국(大國) : 크고 넓고 강대한 나라. • 광대(廣大) : 넓고 큼. • 막대(莫大) : 더할 수 없이 큼.
道 길 도 ` ` ` ´ ` ´ ` ` ` 首 首 首 道 道 道	쉬엄쉬엄갈 착(辶) 총 13획	• 도리(道理) : 사람이 마땅히 지켜야 할 바른길. • 도로(道路) : 사람이나 차가 다닐 수 있도록 만든 길. • 인도(人道) : 사람이 다니는 길. 보도(步道). • 차도(車道) : 차가 다니게 마련한 길. 찻길.
冬 겨울 동 ノ ク 夂 冬 冬	이수변(冫) 총 5획 얼음 빙(冫)	• 동지(冬至) : 이십사절기의 하나. 밤이 가장 긴 날. • 동한(冬寒) : 겨울의 추위. • 냉동(冷冬) : 추운 겨울. • 삼동(三冬) : 겨울의 석 달. 세 해의 겨울.
動 움직일 동 ` ` ` ´ ` ´ ` 重 重 重 動 動	힘 력(力) 총 11획	• 동물(動物) : 새, 짐승, 물고기 등, 스스로 움직일 수 　있는 생물. • 동력(動力) : 열, 바람, 전기 등의 힘을 이용하여 기 　계를 움직이는 힘. • 자동(自動) : 스스로 움직임. • 수동(受動) : 남에게 동작을 받음.
東 동녘 동 ` ` ` ´ ` 冃 車 東 東	나무 목(木) 총 8획	• 동방(東方) : 동쪽. • 동서(東西) : 동쪽과 서쪽. • 해동(海東) : 우리 나라의 옛 이름. • 극동(極東) : 동쪽의 끝.

同 같을 동 〡 冂 冂 冋 同 同	입 구(口) 총 6획	• 동문(同門) : 한 스승에게 배운 사람. 같은 학교 출신. • 동포(同胞) : 형제. 한 국민. 한 겨레. • 대동(大同) : 대체로 보아 같음. • 대동(帶同) : 데리고 감.
洞 골 동 ` ` 氵 氵 沪 沪 洞 洞 洞	삼수변(氵) 총 9획	• 동리(洞里) : 마을. 지방행정구역(地方行政區域)인 동(洞)과 이(里). • 동민(洞民) : 한동네에 사는 사람. • 일동(一洞) : 한 동리. 온 동네. • 타동(他洞) : 딴 동네. 다른 동네.
登 오를 등 ⁊ ⁊ ⁊ ⁊ 癶 癶 癶 登 登 登 登 登	필발머리(癶) 총 12획	• 등산(登山) : 산에 오름. • 등장(登場) : 무대 같은데서 나옴. • 선등(先登) : 맨 먼저 오름. 앞서서 먼저 오름. • 반등(攀登) : 더위잡고 오름. 높은 데를 올라 가려고 무엇을 끌어잡다.
來 올 래(내) 一 ⫟ ⫟ ⫟ ⫟ 來 來 來	사람 인(人) 총 8획	• 내년(來年) : 올해의 다음해. • 내일(來日) : 오늘의 다음날. • 미래(未來) : 아직 오지 않는 때. • 거래(去來) : 돈을 서로 꾸고 꾸이거나 물건을 사고 팔며 주고받는 일.
力 힘 력(역) フ 力	힘 력(力) 총 2획	• 역사(力士) : 뛰어나게 힘이 센 사람. 장사. • 역행(力行) : 힘써 행함. 노력함. • 국력(國力) : 나라의 힘. • 무력(武力) : 군대의 힘. 병력(兵力).

老 늘을로(노) 一 十 土 耂 耂 老	늙을로엄(耂) 총 6획	• 노인(老人) : 나이가 많은 사람. 늙은 분. • 노후(老後) : 늙은 뒤. • 경로(敬老) : 노인을 공경함. • 장로(長老) : 나이 많고 덕이 높은 사람. 　　　　　　 장로교 교직의 하나(기독교). 　　　　　　 그 절의 원로인 중(불교).
六 여섯륙(육) 丶 二 亠 六	여덟 팔(八) 총 4획	• 유월(六月) : 한 해의 여섯 번째 달. • 육갑(六甲) : 육십갑자(六十甲子). 천간과 지지를 순차 　　　　　　 로 배합하여 예순 가지로 배열한 순서. • 오륙(五六) : 대여섯. • 십륙(十六) : 열여섯.
里 마을리(이) 丨 口 曰 日 甲 甲 里	마을 리(里) 총 7획	• 이장(里長) : 행정구역인 이(里)의 일을 맡아보는 사람. • 이정(里程) : 길의 이수(里數). • 십리(十里) : 4키로 미터 정도의 거리. • 향리(鄕里) : 나서 성장(成長)한 고향의 마을.
林 수풀림(임) 一 十 才 木 木 林 林 林	나무 목(木) 총 8획	• 임야(林野) : 나무가 무성한 들. • 임천(林泉) : 수풀 속에 있는 샘. • 산림(山林) : 산과 숲. 산에 있는 숲. • 수림(樹林) : 나무가 우거진 숲. 수목 밭.
立 설 립(입) 丶 二 亠 立 立	설 립(立) 총 5획	• 입지(立志) : 뜻을 세움. • 입신(立身) : 사회에 있어서의 자기의 기반을 확립 　　　　　　 하여 출세함. • 국립(國立) : 나라에서 세움. • 사립(私立) : 공익사업의 기관을 사사의 힘으로 설립함.

萬 일만 만	풀 초(艹) 총 13획	• 만고(萬古) : 오랜 옛적. 한없는 세월. • 만민(萬民) : 모든 백성. • 백만(百萬) : 숫자. 100만. • 일만이천봉(一萬二千峰) : 금강산의 수많은 기이한 　　　　　　　　　　　　　봉우리의 총칭.
` 丶 艹 艹 艹 芍 芍 莒 莒 萬 萬 萬 萬`		

每 매양 매	말 무(毋) 총 7획	• 매년(每年) : 해마다. • 매월(每月) : 달마다. • 매주(每週) : 각주. 또는 주간마다. • 매매(每每) : 번번이.
` 丿 ᅳ 乍 乍 每 每 每`		

面 낯 면	낯 면(面) 총 9획	• 면적(面積) : 일정한 평면이나 구면(球面) 등의 크기. 　　　　　　넓이. • 면전(面前) : 보고 있는 앞. 눈앞. • 안면(顔面) : 얼굴. 낯. • 지면(地面) : 땅의 표면(表面).
` 一 ᅳ 丆 币 而 而 面 面 面`		

名 이름 명	입 구(口) 총 6획	• 명산(名山) : 이름난 산. • 명소(名所) : 경치나 고적 따위로 이름난 곳. • 명분(名分) : 도덕상 명목(名目)의 다름에 따라 반 　　　　　　드시 지켜야 할 직분. 명의(名義). • 지명(地名) : 땅의 이름. 지역의 이름. • 성명(姓名) : 성과 이름.
` 丿 ク 夕 夕 名 名`		

命 목숨 명	입 구(口) 총 8획	• 명령(命令) : 윗사람이 시키는 분부. • 명맥(命脈) : 목숨과 맥박. 살아가는데 아주 요긴한 　　　　　　사물의 부분. • 생명(生命) : 살아 있는 목숨. 수명. • 인명(人命) : 사람의 목숨.
` 丿 人 人 人 合 合 合 命 命`		

母 어미 모 ㄴ ㄅ ㅂ 母 母	말 무(毋) 총 5획	• 모녀(母女) : 어머니와 딸. • 모국(母國) : 자기 나라. • 부모(父母) : 아버지와 어머니. • 생모(生母) : 자기를 낳아준 어머니.
木 나무 목 一 十 オ 木	나무 목(木) 총 4획	• 목석(木石) : 나무와 돌. 감정이나 인정이 둔한 사람. • 목조(木造) : 나무로 만듦. 또는 그 물건. • 초목(草木) : 풀과 나무. • 재목(材木) : 건축이나 토목 또는 기구 등의 재료로 쓰는 나무. 어떤 직위에 합당한 인물.
問 물을 문 ㅣ ㄷ ㄷ ㄷ ㄷ' 門 門 門 門 問 問	입 구(口) 총 11획	• 문답(問答) : 묻고 대답하는 것. • 문안(問安) : 어른에게 안부를 여쭈는 것. • 질문(質問) : 모르거나 의심나는 점을 묻거나 물어서 밝힘. • 방문(訪問) : 남을 찾아 봄.
門 문 문 ㅣ ㄷ ㄷ ㄷ ㄷ' 門 門 門	문 문(門) 총 8획	• 문전(門前) : 문 앞. • 문인(門人) : 문하생(門下生). 세도가 있는 집안에 드나드는 사람. 제자(弟子). 문하에서 가르침을 받는 제자. • 가문(家門) : 집안 또는 그 집안의 사회적 지위. • 입문(入門) : 글방에 들어감. 과거 때 유생이 과장(科場)에 들어감.
文 글월 문 ` 亠 ナ 文	글월 문(文) 총 4획	• 문장(文章) : 주어(主語)와 설명어를 결합시켜 하나의 사상을 표기한 것. 문채(文采). 문식(文飾). 도덕이 빛남을 이름. • 문무(文武) : 문관(文官)과 무관(武官). • 웅문(雄文) : 뛰어난 시문(詩文). 힘 있는 글. • 산문(散文) : 글자의 수나 운율 등의 제한이 없이 마음대로 쓰는 글.

物 물건 물 `丿 ㇗ ㇄ ㇄ ㇄ 牛 物 物`	소 우(牛) 총 8획	• 물정(物情) : 세상 사람의 인심이나 사정. 세상의 형편. • 물의(物議) : 여러 사람의 평판(評判). 물론(物論). • 생물(生物) : 살아 있는 사물, 동물, 식물의 총칭. • 만물(萬物) : 모든 사물. 세상에 있는 온갖 물건.
民 백성 민 `㇆ ㄱ ㇗ ㄸ 民`	각시 씨(氏) 총 5획	• 딘심(民心) : 국민의 마음. 민정(民情). • 딘생(民生) : 국민의 생활. 일반 국민. • 국민(國民) : 한 나라의 통치권아래 같은 국적을 가 지고 있는 사람. • 평민(平民) : 벼슬이 없는 사람. 보통 사람.
方 모 방 `丶 一 ㇉ 方`	모 방(方) 총 4획	• 탕위(方位) : 어떠한 쪽의 위치. 방소(方所). 방향 (方向). • 탕법(方法) : 일을 치러내는 솜씨와 법식. • 지방(地方) : 수도(首都) 이외의 시골. • 사방(四方) : 동서남북의 총칭.
白 흰 백 `丿 ㇀ 白 白 白`	흰 백(白) 총 5획	• 백색(白色) : 흰 빛깔. 하얀색. • 백의(白衣) : 흰옷. 포의(布衣). • 흑백(黑白) : 검은 빛과 흰빛. 옳고 그름. • 창백(蒼白) : 해쓱함.
百 일백 백 `一 ㇀ ㇆ 万 万 百`	흰 백(白) 총 6획	• 백사(百事) : 온갖 일. • 백성(百姓) : 일반 국민을 가리킴. • 백물(百物) : 온갖 물건. • 범백(凡百) : 여러 가지의 사실. 상궤(常軌)를 벗어나 지 않은 언행.

夫 지아비 부 一 二 扌 夫	큰 대(大) 총 4획	• 부인(夫人) : 남의 아내. 남을 높혀 그 아내를 일컫는 말. • 부군(夫君) : 남편. • 장부(丈夫) : 장성한 남자. 남자를 좋게 일컫는 말. • 농부(農夫) : 농사를 업으로 하는 사람. 농사꾼.
父 아비 부 ' ' ハ 父	아비 부(父) 총 4획	• 부자(父子) : 아버지와 아들. • 부집(父執) : 아버지의 친구로 나이가 아버지와 비슷한 어른. • 조부(祖父) : 할아버지. • 가부(家父) : 자기 아버지를 이름.
北 북녘 북 패할 배 一 丨 扌 扌 北	비수 비(匕) 총 5획	• 북방(北方) : 북쪽 • 북한(北韓) : 이북(以北). 북위 38도 이북의 한국. • 남북(南北) : 남과 북. 남쪽과 북쪽. • 월북(越北) : 북쪽으로 넘어감.
不 아니 불 一 丆 丆 不	한 일(一) 총 4획	• 불안(不安) : 마음이 편안하지 못함. • 불가(不可) : 옳지 않음. • 막불(莫不) : 않을 수 없음. 탄복하지 않을 수 없음 (莫不嘆服). • 무불(無不) : 않는 것이 없음. 간섭하지 않는 것이 없음(無不干涉).
事 일 사 一 丆 币 币 写 写 写 事	갈고리 궐(亅) 총 8획	• 사유(事由) : 일의 까닭. 연유(緣由). • 사고(事故) : 뜻밖에 일어난 탈. 변고. 사건. • 만사(萬事) : 모든 일. 온갖 일. • 허사(虛事) : 헛된 일. 헛 일.

四 ㆍ 넉 사 丨 冂 冂 四 四	큰입구몸(口) 총 5획 나라 국(國)의 고자(古字)	• 사월(四月) : 한 해의 네 번째 달. • 사유(四維) : 예의염치(禮義廉恥). 나라를 유지하는 데 필요한 네 가지 베리. • 십사(十四) : 열넷. • 이십사(二十四) : 스물넷.
山 메 산 丨 凵 山	메 산(山) 총 3획	• 산천(山川) : 산과 냇물. • 산악(山岳) : 크고 작은 모든 산. • 청산(靑山) : 푸른 산. • 야산(野山) : 들에 있는 낮은 산. 숲이 짙지 않은 산.
算 셈 산 ' ' ' 누 ' ' ' ' ' ' ' ' ' ' ' ' ' ' 算	대 죽(竹) 총 14획	• 산수(算數) : 산술 및 일반 기초적 수학. • 산출(算出) : 셈함. 계산해 냄. • 암산(暗算) : 붓이나 주판을 쓰지 않고 마음속으로 계산함. • 필산(筆算) : 숫자를 써서 셈함. 붓셈.
三 석 삼 一 二 三	한 일(一) 총 3획	• 삼촌(三寸) : 아버지의 형제. 세치. • 삼강(三綱) : 유교의 도덕의 기본인 세 가지 베리. 임금과 신하, 아버지와 아들, 남편과 아내 사이에 지켜야 할 떳떳한 도리. • 재삼(再三) : 두세 번. • 십삼(十三) : 열셋. 남북한의 도(道).
上 윗 상 丨 ㅏ 上	한 일(一) 총 3획	• 상하(上下) : 위와 아래. • 상서(上書) : 글을 올림. 웃 어른에게 올리는 편지. • 천상(天上) : 하늘의 위. • 지상(地上) : 땅의 거죽이 되는 위.

色 빛 색 ノ ク ゲ 角 名 色	빛 색(色) 총 6획	• 색상(色相) : 육안(肉眼)으로 볼 수 있는 현상. • 색계(色界) : 불교 삼계(三界)의 하나. 여색(女色)의 세계. 욕계(慾界), 색계(色界), 무색계(無色界). • 성색(聲色) : 소리와 빛깔. • 황색(黃色) : 노란 색깔.
生 날 생 ノ ⌐ ⌐ 牛 生	날 생(生) 총 5획	• 생일(生日) : 태어난 날. • 생색(生色) : 낮을 냄. 생광(生光). • 자생(自生) : 저절로 생김. 저절로 남. • 화생(化生) : 자라는 일. 생기는 일. 생물이 그 형태를 변하여 달리됨.
西 서녘 서 一 冂 冂 两 两 西	덮을 아(襾) 총 6획	• 서방(西方) : 서쪽. • 서양(西洋) : 유럽과 아메리카의 여러 나라를 일컫는 말. • 호서(湖西) : 충청남북도(忠淸南北道). • 영서(嶺西) : 강원도 대관령(大關嶺) 서쪽의 땅.
夕 저녁 석 ノ ク 夕	저녁 석(夕) 총·3획	• 석양(夕陽) : 저녁 때의 해. 낙조(落照). • 석식(夕食) : 저녁밥. • 조석(朝夕) : 아침과 저녁. • 추석(秋夕) : 한가위. 음력 8월 15일.
先 먼저 선 ノ ⌐ ⌐ 牛 先 先	어진사람인발(儿) 총 6획	• 선생(先生) : 스승. 학예에 능한 사람. 교원에 대한 일컬음. 나이나 학식이 맞서거나 그 이상인 사람에 대한 일컬음. 남을 비웃어 하는 말. • 선인(先人) : 선친(先親). 앞 세대사람. • 행선(行先) : 가는 곳. • 우선(于先) : 먼저. 위선(爲先).

姓 성 성	계집 녀(女) 총 8획	• 성씨(姓氏) : 성을 높혀 일컫는 말. • 성명(姓名) : 성과 이름. 성함(姓銜). • 동성(同姓) : 같은 성. 또는 성이 같음. • 타성(他姓) : 다른 성. 성이 다름.
ㄥ ㄣ ㄱ ㄱ 女 女 姓 姓 姓		

世 인간 세	한 일(一) 총 5획	• 세상(世上) : 사람이 살고 있는 이 사회. • 세대(世代) : 여러 대. 한 시대 사람들. • 현세(現世) : 이 세상. • 내세(來世) : 죽은 뒤에 다시 태어나 산다는 미래의 　　　　　　　 세상.
一 十 卄 世 世		

小 작을 소	작을 소(小) 총 3획	• 소인(小人) : 간사하고 도량이 좁은 사람. 아주 작은 　　　　　　　 사람. 어린이. 무식하고 천한 사람. 서민. • 소생(小生) : 자기를 낮춘 말. • 약소(弱小) : 약하고 작음. • 협소(狹小) : 좁고 작음.
亅 亅 小		

少 적을 소	작을 소(小) 총 4획	• 소년(少年) : 나이가 어린 사내아이. • 소녀(少女) : 나이가 어린 여자아이. • 노소(老少) : 노인과 젊은이. • 연소(年少) : 나이가 어림.
亅 亅 小 少		

所 바 소	지게 호(戶) 총 8획	• 소재(所在) : 있는 곳. 있는 바. • 소생(所生) : 자기가 낳은 자녀(子女). • 명소(名所) : 경치나 고적 따위로 이름난 곳. • 장소(場所) : 처소. 자리. 좌석.
一 ㅁ ㅁ ㅁ ㅁ 所 所 所		

手 손 수 ㅡ ㅡ 三 手	손 수(手) 총 4획	• 수족(手足) : 손과 발. • 수결(手決) : 도장 대신으로 자기가 성명이나 직함 아래에 쓰는 일정한 자형(字形). • 선수(先手) : 선 손. 상대방보다 먼저 손을 씀. • 실수(失手) : 잘못하여 일을 그르침.
水 물 수 ㅣ 기 水 水	물 수(水) 총 4획	• 수토(水土) : 강과 육지. • 수국(水國) : 강이나 호수(湖水)가 있는 지역(地域). • 산수(山水) : 산과 물. 산에 흐르는 물. 산수화(山水畵)의 약칭. • 호수(湖水) : 육지가 우묵하게 파이고 물이 괴어 있 는 곳.
數 셀 수 ㅣ ㅁ �mㅏ ㅁ ㅁㅁ ㅂㅂ ㄹㄹ 婁 婁 婁 數 數 數 數	등글월문(攵) 총 15획 칠 복(攵)	• 수자(數字) : 수를 나타내는 글자. 또는 부호. 1, 2 따위. 두 서너 글자. • 수년(數年) : 여러 해. • 획수(劃數) : 글씨 획의 수효. 자획의 수. • 일수(日數) : 날의 수효. 그 날의 운수.
時 때 시 ㅣ �17 ㅔ ㄷㄷ ㅌㅌ 時 時 時 時 時	날 일(日) 총 10획	• 시간(時間) : 어느 때로부터 어느 때까지의 사이. • 시계(時計) : 시간을 가리키는 기계. • 사시(四時) : 봄, 여름, 가을, 겨울의 네 철. 사계절. • 한시(一時) : 짧은 시간. 잠깐 동안.
市 저자 시 ㅡ ㅗ ㅗ 亠 市	수건 건(巾) 총 5획	• 시내(市內) : 도시의 안쪽. 시중(市中). • 시장(市場) : 도회지의 날마다 쓰는 물건을 사고 파 는 곳. • 도시(都市) : 사람이 많이 모여 사는 곳. • 성시(成市) : 저자가 됨. 시장(市場)을 이룸.

植 심을 식	나무 목(木) 총 12획	• 식물(植物) : 나무, 꽃, 풀 등의 총칭. • 식목(植木) : 나무를 심는 것. • 이식(移植) : 나무 등을 옮겨서 심는 것. • 가식(假植) : 작물을 논밭에 심기 전에 못자리에 임시로 심는 일. 한때 심기라고도 한다.
一 十 才 木 木 朾 枯 枯 枯 枯 植 植		

食 밥 식	밥 식(食) 총 9획	• 식사(食事) : 밥을 먹는 일. • 식구(食口) : 같은 집에 살면서 끼니를 함께하는 사람. • 주식(主食) : 주로 먹는 것. • 부식(副食) : 주되는 음식에 딸려 먹게 되는 음식물. 반찬 따위. • 간식(間食) : 군음식. • 외식(外食) : 밖에 나가서 음식을 사서 먹음.
丿 人 ㅅ ㅅ ㅅ 今 今 食 食 食		

室 집 실	갓머리(宀) 총 9획 집 면(宀)	• 실가(室家) : 집. 가정(家庭). • 실내(室內) : 방의 안. 옥내(屋內). • 교실(敎室) : 학교에서 수업과 공부를 하는 곳. • 거실(居室) : 거처(居處)하는 방.
丶 宀 宀 宀 宁 宏 宏 宰 室		

心 마음 심	마음 심(心) 총 4획	• 심기(心氣) : 사물에 대하여 느끼는 마음. 마음으로 느끼는 기분(氣分). • 심신(心身) : 마음과 몸. 정신과 육체. • 진심(眞心) : 참된 마음. 본마음. • 인심(人心) : 사람의 마음.
丿 心 心 心		

十 열 십	열 십(十) 총 2획	• 십년(十年) : 열 해. • 십지(十指) : 열 개의 손가락. • 삼십(三十) : 서른. 입지(立志). • 칠십(七十) : 일흔. 고희(古稀).
一 十		

安 편안 안 `丶丶宀宀安安`	갓머리(宀) 총 6획 집 면(宀)	• 안분(安分) : 제 분수를 지켜 편안히 있음. • 안전(安全) : 편안하고 온전함. 위험하지 않음. • 불안(不安) : 편안하지 못함. • 미안(未安) : 마음이 편치 못하고 거북함.
 語 말씀 어 `丶亠亠言言言訂訝許語語語語`	말씀 언(言) 총 14획	• 어색(語塞) : 말을 하다가 막혀서 답변하기 곤란함을 이름. • 어학(語學) : 언어를 연구하는 학문. 언어학(言語學). • 국어(國語) : 국민 전체가 쓰는 그 나라의 고유한 말. 우리말. 나랏말. • 일어(日語) : 일본의 나라 말.
 然 그럴 연 `丿夕夕夕夕外肰肰肰然然然`	불 화(火) 총 12획	• 연즉(然則) : 그런즉. 그러면. • 연후(然後) : 그런 뒤. 그런 다음. • 자연(自然) : 사람의 힘을 더하지 않은 상태. 저절로. • 우연(偶然) : 뜻하지 않은 일.
 五 다섯 오 `一丁五五`	두 이(二) 총 4획	• 오색(五色) : 다섯 가지 색깔. • 오미(五味) : 신맛, 쓴맛, 매운맛, 단맛, 짠맛의 다섯 가지 맛. • 사오(四五) : 넷과 다섯. 네댓. • 십오야(十五夜) : 음력 보름날 밤. 삼오야(三五夜).
 午 낮 오 `丿𠂉二午`	열 십(十) 총 4획	• 오전(午前) : 밤 0시부터 낮 12시까지의 동안. 아침부터 점심때까지. 상오(上午). • 오후(午後) : 낮12시부터 밤12시까지. 점심 때 부터 저녁 때까지의 사이. 하오(下午). • 정오(正午) : 낮 12시. 오정(午正) 때. • 갑오(甲午) : 육십갑자(六十甲子)의 31번째.

王 임금 왕 一 丁 千 王	임금 왕(王) 총 4획	• 왕가(王家) : 임금의 집안. • 왕명(王命) : 임금의 명령. • 선왕(先王) : 선대(先代)의 임금. 선군(先君). • 군왕(君王) : 임금.
外 바깥 외 ノ ク タ 外 外	저녁 석(夕) 총 5획	• 외국(外國) : 자기 나라 밖의 딴 나라. 외방(外邦). • 외교(外交) : 다른 나라와 교제 또는 교섭하여 나라 일을 잘 처리하는 것. • 해외(海外) : 바다를 사이에 두고 떨어져 있는 나라. • 물외(物外) : 형태 있는 물건 이외의 세계. 세상물정을 벗어난 바깥.
右 오른 우 ノ ナ オ 右 右	입 구(口) 총 5획	• 우수(右手) : 오른 손. • 우상(右相) : 우의정(右議政). 의정부(議政府)의 정일품(正一品) 벼슬. 우정승(右政丞). • 좌우(左右) : 왼쪽과 오른쪽. • 극우(極右) : 극단한 우익사상. 또는 극단한 우익파.
月 달 월 ノ 刀 月 月	달 월(月) 총 4획	• 월색(月色) : 달빛. • 월석(月夕) : 달 밝은 밤. 달 밝은 저녁. 음 8월 15일. • 일월(日月) : 해와 달. • 반월(半月) : 반달.
有 있을 유 ノ ナ オ 有 有 有	달 월(月) 총 6획	• 유명(有名) : 이름이 있음. 세상에 이름이 널리 알려져 있음. • 유무(有無) : 있고 없는 것. • 국유(國有) : 국가의 소유. 공유(公有). • 소유(所有) : 가진 물건. 자기 것으로 가지고 있음.

育 기를 육	육달 월 (月, 肉) 총 8획	• 육성(育成) : 길러냄. 길러서 자라나게 함. 　　　　　　　　양성(養成). • 육영(育英) : 수재(秀才)를 교육함을 이름. • 교육(教育) : 가르치고 지도하는 것. • 보육(保育) : 어린이를 보살펴 기름.
`丶 一 士 去 产 育 育 育`		
邑 고을 읍	고을 읍(邑) 총 7획	• 읍내(邑內) : 고을 안. • 읍장(邑長) : 고을의 우두머리. • 도읍(都邑) : 서울. • 군읍(郡邑) : 옛날의 지방제도인 주(州), 부(府), 군 　　　　　　　　(郡), 현(縣)의 총칭. 군현(郡縣).
`丶 口 口 吕 吕 吕 邑`		
二 두 이	두 이(二) 총 2획	• 이세(二世) : 다음 세대. • 이중(二重) : 겹침. 두 겹. • 일이(一二) : 한 둘. 하나 둘. • 십이(十二) : 열 둘.
`一 二`		
人 사람 인	사람 인(人) 총 2획	• 인간(人間) : 사람. 인류. 사람이 사는 곳. • 인생(人生) : 생명을 가진 사람. 사람이 이 세상에 살아 있 　　　　　　　　는 동안. 일생(一生). 사람의 생활. • 주인(主人) : 한 집안의 어른. 손님을 상대하는 주장. • 주인장(主人丈) : 남편을 달리 이르는 말. 주인공(主人公). 고용 　　　　　　　　자를 고용하는 사람. 나그네를 치르는 사람. • 명인(名人) : 이름난 사람.
`丿 人`		
一 한 일	한 일(一) 총 1획	• 일생(一生) : 살아 있는 동안. • 일두(一頭) : 한 마리. 소, 말, 양 등 동물을 세는 데 　　　　　　　　쓰는 말. • 동일(同一) : 똑같음. 다른 데가 없이 똑같음. • 합일(合一) : 합쳐서 하나가 됨.
`一`		

日 날 일 ㅣ ㄇ ㅔ 日	날 일(日) 총 4획	• 일출(日出) : 해가 솟아오름. • 일입(日入) : 해가 짐. 일몰(日沒). • 평일(平日) : 보통 날. 보통 때. 평시(平時). • 공일(空日) : 쉬는 날. 일요일.
入 들 입 ノ 入	들 입(入) 총 2획	• 입구(入口) : 들어가는 어귀. • 입격(入格) : 격식 조건에 맞음. 또는 자격을 얻음. 　　　　　　 생원(生員), 진사(進士), 초시(初試)에 　　　　　　 합격함. • 출입(出入) : 나가고 들어오는 것. • 불입(拂入) : 치를 돈을 넣음.
子 아들 자 フ 了 子	아들 자(子) 총 3획	• 자손(子孫) : 아들과 손자. • 자식(子息) : 아들과 딸을 통털어 일컬음. • 동자(童子) : 사내아이. • 수자(豎子) : 더벅머리 아이. 남을 경멸하여 일컫는 　　　　　　 말.
字 글자 자 丶 宀 宀 宁 字	아들 자(子) 총 6획	• 자수(字數) : 글자의 수. • 자모(字母) : 한 음절을 자음과 모음으로 갈라서 적을 　　　　　　 수 있는 낱낱의 글자. 어미 자. • 문자(文字) : 말의 음과 뜻을 표시하는 시각적 기호. 　　　　　　 한문으로 된 어려운 귀절. • 약자(略字) : 글자의 획수를 줄여 간략하게 쓴 글자.
自 스스로 자 ノ 亻 冂 白 自 自	스스로 자(自) 총 6획	• 자유(自由) : 남의 구속을 받지 않고 제 마음대로 함. • 자기(自己) : 나. 그 사람 자신. • 각자(各自) : 각각의 자기 자신. 제각기. • 독자(獨自) : 혼자. 자신에게만 특유함.

場 마당 장	흙 토(土) 총 12획	• 장소(場所) : 처소. 자리. 좌석. 무엇이 있거나 무슨 일이 벌어지는 곳. • 장내(場內) : 장소의 안. 회장(會場)의 내부(內部). • 도장(道場) : 무술을 단련하는 곳. • 입장(入場) : 식장(式場)이나 장내에 들어감.
一 十 土 圹 圹 圹 坍 坍 圹 場 場 場		

長 길 장	길 장(長) 총 8획	• 장형(長兄) : 맏형. • 장자(長子) : 맏아들. • 가장(家長) : 집안의 어른. • 문장(門長) : 문중(門中)의 어른. 한 집안에서 항열 (行列)로나 나이로나 가장 높은 사람.
丨 二 干 干 手 長 長 長		

全 온전 전	들 입(入) 총 6획	• 전국(全國) : 한 나라의 전체. • 전체(全體) : 온통. 전부. 총체. • 완전(完全) : 부족함이 없음. 필요한 것이 모두 갖추 어져 있음. • 만전(萬全) : 아주 완전함. 조금도 실수가 없음.
ノ 入 入 仝 全 全		

前 앞 전	선칼도방(刂) 총 9획	• 전후(前後) : 앞과 뒤. 먼저와 나중. • 전방(前方) : 중심의 앞쪽. 일선(一線). 전선(戰線). • 사전(事前) : 일이 발생(發生)하기 전. • 생전(生前) : 살아 있는 동안. 죽기 전.
丶 丷 屶 广 广 前 前 前 前		

電 번개 전	비 우(雨) 총 13획	• 전기(電氣) : 전자의 이동으로 생기는 에너지의 형태. • 전화(電話) : 전화기로 서로 이야기 함. • 발전(發電) : 전기를 일으킴. • 정전(停電) : 송전(送電)이 중지됨.
一 广 广 币 币 雨 雨 雨 雨 雷 雷 雷 電		

正 바를 정 一 丁 下 正 正	그칠 지(止) 총 5획	• 정직(正直) ; 마음이 바르고 곧음. • 정도(正道) : 올바른 길. 바른 도리(道理). • 부정(不正) : 바르지 않음. 옳지 못한 짓. 정직하지 않음. 온당하지 않음. • 시정(是正) : 그릇된 것을 바로 잡음.
弟 아우 제 丶 丷 丷 弓 弓 弟 弟	활 궁(弓) 총 7획	• 제자(弟子) : 문인(門人). 가르침을 받은 사람. • 제부(弟夫) : 자매간 아우의 남편(男便). 제랑(弟郎). • 자제(子弟) : 남의 아들. 남을 높이여 그 아들을 일 컫는 말. • 형제(兄弟) : 형과 아우. 곤계(昆季).
祖 할아비 조 一 二 亍 亍 示 礻 和 和 祖 祖	보일 시(示) 총 10획	• 조국(祖國) : 조상 때부터 살아온 나라. • 조모(祖母) : 할머니. • 선조(先祖) : 먼 대의 조상. 부조(父祖). • 시조(始祖) : 한 종족의 맨 우두머리 조상. 비조(鼻祖), 태조(太祖).

足
 발 족
 丨 口 口 口 足 足 足
	발 족(足)
	 총 7획
		• 족장(足掌) : 발바닥.
		 • 족하(足下) : 편지받을 사람의 성명 아래에 쓰는 경
		            칭의 한 가지.
		 • 부족(不足) : 모자람. 넉넉하지 못함.
		 • 만족(滿足) : 조금도 언짢음이 없음. 흐뭇함.
		            마음이 흡족(洽足)함.

左
 왼 좌
 一 ナ 左 左 左
	장인 공(工)
	 총 5획
		• 좌편(左便) : 왼쪽.
		 • 좌천(左遷) : 중앙에서 지방으로 전근이 됨.
		            높은 지위에서 낮은 지위로 떨어짐.
		 • 부좌(祔左) : 부부(夫婦)를 합장(合葬) 하는데 아내를
		            남편의 왼편에 묻음.
		 • 강좌(江左) : 강 왼쪽. 강동(江東)과 같음.

主 주인 주 丶 二 十 キ 主	점 주(丶) 총 5획	• 주객(主客) : 주인과 손. 주빈(主賓). • 주상(主上) : 임금. 군상(君上). • 자주(自主) : 자신이 일을 스스로 처리함. 　　　　　　　남의 보호나 간섭을 받지 아니함. • 민주(民主) : 주권(主權)이 국민에게 있음.
住 살 주 丿 亻 亻 亻 住 住 住	사람인변(亻) 총 7획	• 주소(住所) : 살고 있는 곳. 생활의 근거를 둔 곳. 　　　　　　　현주소(現住所). • 주민(住民) : 그 땅에 사는 사람. • 거주(居住) : 한곳에 삶. 일정한 곳에 자리잡고 머물 　　　　　　　러 삶. • 이주(移住) : 집을 옮겨서 삶.
中 가운데 중 丨 口 口 中	뚫을 곤(丨) 총 4획	• 중심(中心) : 한가운데가 되는 곳. 　　　　　　　매우 중요한 지위. 줏대. • 중간(中間) : 한가운데. 중앙(中央). • 천중(天中) : 하늘의 한가운데. 이마의 위쪽. • 인중(人中) : 코와 입 사이에 오목하게 파인 곳.
重 무거울 중 丿 二 千 千 斤 斤 盲 重 重 重	마을 리(里) 총 9획	• 중요(重要) : 매우 귀중하고 중요로움. • 중책(重責) : 중요한 책임. 엄중한 책망. • 자중(自重) : 제 스스로를 소중하게 여김. 말과 행동 　　　　　　　을 조심하여 제 스스로를 훌륭하게 함. 　　　　　　　물건이 가진 무게. 제 무게. • 경중(輕重) : 가볍고 무거움. 큰 일과 작은 일.
地 땅 지 一 十 土 圤 圤 地	흙 토(土) 총 6획	• 지상(地上) : 땅위. 땅의 거죽이 되는 위. • 지방(地方) : 수도(首都) 이외의 시골. • 농지(農地) : 농사짓는 땅. • 공지(空地) : 빈터. 공터.

直 곧을 직 一 十 + 古 古 直 直 直	눈 목(目) 총 8획	• 직전(直前) : 바로 앞. 일이 생기기 바로 전. • 직기(直己) : 자기 몸을 바르게 가짐. • 수직(守直) : 맡아서 지킴. • 숙직(宿直) : 직장에서 잠을 자면서 지키는 일.

千
 일천 천
 ノ 二 千
	열 십(十)
	 총 3획
		• 천년(千年) : 1년의 천 갑절. 썩 오랜 세월.
		        천재(千載).
		 • 천자(千字) : 한자의 천 글자. 천자문.
		 • 수천(數千) : 천의 여러 배. 아주 많은 수(數).
		 • 삼천(三千) : 우리 한국과 관계있는 수.
		        삼천리 강토. 삼천궁녀.

天 하늘 천 一 二 チ 天	큰 대(大) 총 4획	• 천지(天地) : 하늘과 땅. 소양(霄壤). • 천하(天下) : 하늘아래의 온 세상. • 상천(上天) : 하늘. 하느님. 겨울 하늘. • 호천(昊天) : 넓고 큰 하늘. 여름 하늘.
川 내 천 ノ 刂 川	내 천(川) 총 3획	• 천류(川流) : 냇물이 흐름. • 천택(川澤) : 내와 못. • 하천(河川) : 시내. • 대천(大川) : 큰 하천.
青 푸를 청 一 十 # 主 丰 青 青 青	푸를 청(青) 총 8획	• 청년(青年) : 20~30세 가량의 젊은 사람. • 청사(青史) : 역사적인 사실을 적은 책. 사기(史記). • 남청(藍青) : 짙고 검푸른 빛. • 군청(群青) : 짙은 남색 물감.

草 풀 초 `ノ ナ ナナ サ サ サ 芦 芦 草`	초두머리(++) 총 10획	• 초가(草家) : 볏짚으로 이엉을 엮어 지붕을 이은 집. 　　　　　　초려(草廬). • 초막(草幕) : 조그마한 초가의 별장. • 수초(水草) : 물과 풀. 물속에서 자라는 풀. • 야초(野草) : 사람이 가꾸지 않고 저절로 나는 풀.
 寸 마디 촌 `一 寸 寸`	마디 촌(寸) 총 3획	• 촌수(寸數) : 친족 간의 멀고 가까운 관계를 나타내 　　　　　　는 수. • 촌음(寸陰) : 얼마 못되는 짧은 시간. 촌각(寸刻). • 삼촌(三寸) : 아버지의 형제를 말함. • 사촌(四寸) : 삼촌이나 이모, 고모 등의 아들딸.
 村 마을 촌 `一 十 オ 木 木 村 村`	나무 목(木) 총 7획	• 촌민(村民) : 시골 사람. 농촌에 사는 사람. 　　　　　　촌맹(村氓). • 촌부(村婦) : 시골의 부녀자(婦女子). • 산촌(山村) : 산에 있는 마을. 두메. • 어촌(漁村) : 고기잡이를 하는 사람들이 모여 사는 　　　　　　마을.
 秋 가을 추 `ノ ニ 千 禾 禾 禾 禾 秒 秋`	벼 화(禾) 총 9획	• 추풍(秋風) : 가을바람. • 추색(秋色) : 가을철의 빛, 또는 경치. 추광(秋光). • 중추(中秋) : 음력 8월 보름. 추석. 한가위. • 만추(晩秋) : 늦가을. 모추(暮秋).
 春 봄 춘 `一 二 三 声 夫 未 寿 春 春`	날 일(日) 총 9획	• 춘추(春秋) : 봄과 가을. 어른의 나이. 세월. 중국 노 　　　　　　(魯)나라의 역사서. 대의명분을 밝혀 세 　　　　　　우는 사필(史筆)의 준엄한 논법. • 춘화(春花) : 봄철에 피는 꽃. • 삼춘(三春) : 봄의 석 달. 세 해의 봄. • 양춘(陽春) : 음력 정월(正月)의 딴 이름.

出 날 출 ㅣ ㅕ ㅄ 出 出	위튼입구몸(凵) 총 5획 입벌릴 **감**(凵)	• 출구(出口) : 나가는 곳. • 출생(出生) : 세상에 태어남. • 월출(月出) : 달이 뜸. • 산출(算出) : 계산(計算)하여 냄.
七 일곱 칠 一 七	한 일(一) 총 2획	• 칠석(七夕) : 견우와 직녀가 만난다는 음력 7월 7일. • 칠보(七寶) : 금(金), 은(銀), 유리(琉璃), 산호(珊瑚), 호박(琥珀), 차거(硨磲), 마노(瑪瑙). • 칠칠(七七) : 일곱 이레. 칠칠일(七七日). 칠월칠석을 달리 이르는 말.
土 흙 토 一 十 土	흙 **토**(土) 총 3획	• 토지(土地) : 땅. 흙. 지면(地面). 지각(地殼). • 토석(土石) : 흙과 돌. • 옥토(沃土) : 기름진 땅. 비양(肥壤). • 박토(薄土) : 메마른 땅. 척토(瘠土).
八 여덟 팔 ノ 八	여덟 **팔**(八) 총 2획	• 팔자(八字) : 사람의 생년월일시의 간지(干支). 평생의 운수. • 팔도(八道) : 우리 나라의 여덟 개의 도. • 칠팔(七八) : 그 수량이 일곱이나 여덟임을 나타내는 말. • 남팔(南八) : 남씨의 여덟째 아들.
 便 편할 편 똥오줌 변 ノ イ 亻 仃 佰 佰 佰 便 便	사람인변(亻) 총 9획	• 편지(便紙) : 소식을 서로 알리는 글. • 편안(便安) : 편하고 한결같이 좋음. • 불편(不便) : 편하지 못함. • 변소(便所) : 뒷간. 화장실. • 변비(便秘) : 대변이 잘 뉘지 않는 병. • 대소변(大小便) : 사람의 똥과 오줌.

平 평할 평	방패 간(干) 총 5획	• 평안(平安) : 무사하여 마음에 걱정이 없음. • 평생(平生) : 일생(一生). 나서 죽을 때까지의 동안. • 불평(不平) : 평평하지 아니함. 공평하지 아니함. 불만이 있어 못마땅하게 여김. 병으로 몸이 편하지 못함. 남에게 원망을 품음. • 형평(衡平) : 고요한 물위와 같이 평평한 상태.
⺊⺊⺊卫平		

下 아래 하	한 일(一) 총 3획	• 하수(下手) : 손을 댐. 착수(着手). 솜씨가 낮음. 낮은 실력을 가진 사람. • 하류(下流) : 강이나 내의 흘러내리는 아래편. 하등(下等)의 지위. 하등사회(下等社會)를 말함. • 지하(地下) : 땅속. 구천(九泉). • 수하(手下) : 손아래.
一丁下		

夏 여름 하	뒤져올 치(夊) 총 10획	• 하복(夏服) : 여름에 입는 옷. 여름옷. 하의(夏衣). • 하운(夏雲) : 여름철의 구름. 산봉우리같이 기이하게 솟아오른 여름철의 구름. • 성하(盛夏) : 한창인 여름. 한여름. • 염하(炎夏) : 여름. 더운 여름.
一丆丆疒帀帀帀帀夏夏		

學 배울 학	아들 자(子) 총 16획	• 학교(學校) : 일정한 설비와 방안으로써 계속적으로 학생을 가르치는 교육기관. • 학원(學院) : 일정한 자격을 갖추지 못한 학교. • 입학(入學) : 학교에 들어감. • 휴학(休學) : 학업(學業)을 쉼. 병 따위로 재적(在籍)한 채 학교를 일정기간 쉼.
⺊⺊⺊⺊⺊⺊臼臼臼臼與與學學學		

漢 한나라 한	삼수변(氵) 총 14획	• 한문(漢文) : 중국 한대(漢代)의 문장. 한자로 된 글. • 한학(漢學) : 한어(漢語)에 관한 학문. • 운한(雲漢) : 밝은 달밤에 흰 구름 모양으로 남북으로 길게 보이는 별의 무리 은하(銀河). • 괴한(怪漢) : 행동이 괴상한 사나이.
丶丶氵氵汁汁汁汁渾渾渾漢漢		

韓 다룸가죽위(韋) 총 17획 나라 한	• 한국(韓國) : 우리 나라를 일컬음. • 한중(韓中) : 한국과 중국. • 남한(南韓) : 38선 이남의 한국. • 삼한(三韓) : 상고시대에 우리 나라 남쪽에 있었던 세 나라. 곧 마한(馬韓), 진한(辰韓), 변한(弁韓).

一 十 十 古 古 古 卓 卓 卓 軥 軥 軥 韓 韓 韓 韓 韓

海 삼수변(氵) 총 10획 바다 해	• 해공(海空) : 바다와 하늘. 해군과 공군. • 해안(海岸) : 바닷가. 바닷가의 언덕. 요새(要塞). • 동해(東海) : 동쪽에 있는 바다. 한국 동쪽의 바다. • 공해(公海) : 어느 나라의 주권에도 속하지 않고 모든 나라가 공동으로 사용할 수 있는 바다. • 영해(領海) : 한 나라의 연안(沿岸) 중 그 나라의 통치권이 미칠 수 있는 범위의 바다.

丶 丶 氵 氵 汇 汇 海 海 海 海

兄 어진사람인발(儿) 총 5획 맏 형	• 형부(兄夫) : 언니의 남편. 형랑(兄郞). • 형장(兄丈) : 평교간(平交間)에 상대자를 높혀 일컫는 말. • 인형(仁兄) : 친구끼리 서로 높혀 이르는 편지말. 존형(尊兄). • 노형(老兄) : 동년배 사이에서 높혀 부르는 말. 아형(雅兄).

丶 口 口 尸 兄

火 불 화(火) 총 4획 불 화	• 화산(火山) : 땅속의 암장이 밖으로 터져 나와 퇴적하여 이루어진 산. 가스체나 용암(溶岩) 등을 내품는 산. 분화산(噴火山). • 화력(火力) : 불의 힘. 불의 세력. 총포(銃砲)의 위력. • 활화(活火) : 불이 잘 타서 불꽃이 활활 일어나는 불. • 진화(鎭火) : 난 불을 끔.

丶 丶 丷 火

花 초두머리(艹) 총 8획 꽃 화	• 화초(花草) : 꽃이 피는 풀이나 나무. 꽃이 안 피더라도 관상용(觀賞用)으로 분에 심는 모든 식물. • 화환(花環) : 조화나 생화를 모아 고리모양으로 만든 것. 경조(慶弔)나 환영의 뜻으로 보냄. • 생화(生花) : 살아 있는 꽃. 산 화초에서 꺾은 생생한 꽃. • 조화(造花) : 만든 꽃. 인공으로 만든 꽃. 가화(假花).

一 十 十 艹 艹 芢 花 花

話	말씀 언(言) 총 13획	• 화두(話頭) : 이야기의 말머리. 이야기의 실마리. • 화제(話題) : 이야기꺼리. 제목. • 대화(對話) : 서로 마주하는 이야기. • 동화(童話) : 어린이를 상대로 하여 취미를 일으키는 교훈될 만한 이야기.
말씀 **화**		
丶 亠 亠 亠 言 言 言 言 訁 訐 訐 話 話		

活	삼수변(氵) 총 9획	• 활동(活動) : 활발하게 움직임. 힘차게 몸을 움직임. • 활력(活力) : 살아 움직이는 힘. 생활하는 힘. 활동하는 힘. • 생활(生活) : 살아서 활동함. 생계를 유지하여 살아 나감. • 사활(死活) : 죽기와 살기.
살 **활**		
丶 丶 氵 氵 氵 汗 汗 活 活		

孝	아들 **자**(子) 총 7획	• 효도(孝道) : 부모를 섬기는 도리. • 효우(孝友) : 부모에 대한 효도와 형제에 대한 우애. • 불효(不孝) : 효도를 하지 아니함. 부모에게 자식된 도리를 못함. • 망효(忘孝) : 부모에게 효하는 생각을 망각(忘却)함.
효도 **효**		
一 十 土 耂 耂 考 孝		

後	두인변(彳) 총 9획 자축거릴**척**(彳)	• 후세(後世) : 뒤의 세상. 죽은 뒤에 오는 세상. • 후궁(後宮) : 뒤에 있는 궁전(宮殿)으로 궁녀(宮女)가 사는 곳. 제왕(帝王)의 첩. • 식후(食後) : 밥을 먹은 뒤. 식사를 마친 뒤. • 신후(身後) : 죽은 뒤.
뒤 **후**		
丿 彡 彳 彳 彸 彸 後 後 後		

休	사람인변(亻) 총 6획	• 휴교(休校) : 학교에서 수업을 쉼. • 휴가(休暇) : 직장 따위에서 일정한 기간을 정하여 쉬는 일. • 공휴(公休) : 정한 날에 같이 쉼. • 주휴(週休) : 한 주간에 한 번 또는 두 번 쉬기로 되어 있는 날.
쉴 **휴**		
丿 亻 亻 什 休 休		

6급 한자참고교재
(六級 漢字參考教材)

家 집 가	갓머리(宀) 총 10획 집 면(宀)	• 가장(家長) : 한집안의 어른. • 가족(家族) : 한집안 식구(食口). • 관가(官家) : 나라 일을 보는 집. 　　　　　　관청(官廳). 관아(官衙). • 민가(民家) : 백성이 사는 집.
`丶 宀 宀 宀 宁 宇 字 字 家`		
歌 노래 가	하품 흠(欠) 총 14획	• 가무(歌舞) : 노래 부르고 춤을 춤. • 가요(歌謠) : 음악성(音樂性)을 지닌 시(詩). 　　　　　　가사(歌詞). • 창가(唱歌) : 곡조에 맞추어 노래를 부름. • 국가(國歌) : 나라를 상징하는 노래.
`一 亇 哥 哥 哥 哥 哥 哥 哥 哥 歌 歌 歌`		
角 뿔 각	뿔 각(角) 총 7획	• 각모(角帽) : 모가 난 모자. • 각축(角逐) : 서로 이기려고 다투는 것. 힘을 겨룸. • 호각(號角) : 신호용(信號用)으로 쓰는 불어서 소리를 내는 물건. 호루라기. • 더각(大角) : 군대를 호령할 때 또는 군악. 아악에 쓰는 악기.
`丶 夕 广 角 角 角 角`		
各 각각 각	입 구(口) 총 6획	• 각별(各別) : 하나하나 구별함을 이름. • 각자(各自) : 각각 자기마다. • 각양(各樣) : 여러 가지 모양. • 각각(各各) : 저마다. 따로따로.
`丶 夕 夂 冬 各 各`		

間 사이 간 丨 冂 冂 冂 門 門 門 門 問 問 問 間	문 문(門) 총 12획	• 간지(間紙) : 책장과 책장 사이에 끼워두는 종이. • 간혹(間或) : 이따금. 어쩌다가. 간간이. 혹간(或間). • 인간(人間) : 사람. 인류. 사람이 사는 곳. 　　　　　　세간(世間). • 민간(民間) : 백성들의 사회.
感 느낄 감 丿 厂 厂 厂 戶 咸 咸 咸 咸 感 感 感 感	마음 심(心) 총 13획	• 감각(感覺) : 느끼어 깨달음. 외부 또는 내부 자극에 　　　　　　의해 일어나는 느낌. • 감사(感謝) : 고마움. 고맙게 여기고 사례함. • 공감(共感) : 남의 의견, 논설 등에 대하여 자기도 　　　　　　그러하다고 느낌. • 호감(好感) : 좋은 감정(感情). 좋게 느낌.
江 강 강 丶 丶 氵 氵 汀 江 江	삼수변(氵) 총 6획	• 강산(江山) : 강과 산. 국토(國土). • 강변(江邊) : 강물이 흐르는 가. 강 가. 강반(江畔). • 금강(錦江) : 전북 장수에서 충북, 충남을 거쳐 군산 　　　　　　만으로 흘러드는 강. • 도강(渡江) : 강물을 건넘.
強 강할 강 丁 丁 弓 弓 弜 弜 弨 弨 弨 弨 強 強 強	활 궁(弓) 총 12획	• 강약(强弱) : 강하고 약한 것. • 강대(强大) : 튼튼하고 큼. 병력이 강하고 국토가 넓 　　　　　　음. • 부강(富强) : 백성이 잘살고 군사가 강함. • 막강(莫强) : 매우 강함. 아주 강한 나라.
開 열 개 丨 冂 冂 冂 門 門 門 門 門 閂 開 開	문 문(門) 총 12획	• 개문(開門) : 문을 엶. • 개화(開化) : 사람의 지혜가 열리고 사상, 풍속이 　　　　　　발달함. • 미개(未開) : 사회가 발전하지 않고 문화수준이 낮은 　　　　　　상태. • 공개(公開) : 널리 터놓음.

車	수레 **거**(車) 총 7획	• 거마(車馬) : 수레와 말. • 차도(車道) : 차가 다니는 길. • 정거(停車) : 차를 멈춤. 정차(停車). • 하차(下車) : 차에서 내림.
수레 **거**		
一 厂 币 币 亘 亘 車		

京	돼지해머리 (亠) 총 8획	• 경향(京鄕) : 서울과 시골. • 경관직(京官職) : 서울에 있던 각 관청의 벼슬. 경직(京職). • 경성(京城) : 도읍(都邑)의 성. 서울의 옛 이름. • 동경(東京) : 일본의 서울.
서울 **경**		
丶 亠 亣 亩 亩 亨 京 京		

界	밭 **전**(田) 총 9획	• 계표(界標) : 경계에 세우는 표지(標識). • 정계(政界) : 정치활동에 관계되는 사회. • 재계(財界) : 실업가 및 금융업자의 사회. 경제계(經濟界). • 학계(學界) : 학문을 연구하는 사회.
지경 **계**		
丨 冂 罒 田 田 甲 畀 界 界		

計	말씀 **언**(言) 총 9획	• 계산(計算) : 수량을 헤아림. • 계획(計劃) : 꾀를 내어 미리 일의 얽이를 세움. • 합계(合計) : 한데 몰아서 계산함. 합하여 계산함. • 설계(設計) : 계획을 베풀어 세움. 공사 등의 목적으로 공비(工費), 부지(敷地), 구조 등에 관한 계획을 도면(圖面) 따위에 명시함.
셀 **계**		
丶 亠 亠 亠 亠 言 言 言 計		

高	높을 **고**(高) 총 10획	• 고저(高低) : 높고 낮음. 높낮이. • 고액(高額) : 많은 금액. 고액권(高額券). • 최고(最高) : 가장 높음. 제일 훌륭함. • 고고(孤高) : 혼자만 유달리 고상(高尙)함.
높을 **고**		
丶 亠 亠 亡 古 亨 高 高 高 高		

苦 쓸 고 `ㅣ ㅗ ㅗ ㅛ ㅛ 芒 芯 苦 苦`	초두머리(艹) 총 9획	• 고생(苦生) : 어렵고 괴로운 가난한 생활. • 고민(苦悶) : 속을 태우고 괴로워 함. 고뇌(苦惱). • 곤고(困苦) : 곤란하고 괴로움. • 노고(勞苦) : 괴롭게 애씀.
古 옛 고 `一 十 十 古 古`	입 구(口) 총 5획	• 고본(古本) : 헌 책. • 고궁(古宮) : 옛 궁궐. • 태고(太古) : 아주 오랜 옛날. • 근고(近古) : 가까운 예전. 중고(中古)와 근세(近世) 　　　　　　　 사이.
工 장인 공 `一 T 工`	장인 공(工) 총 3획	• 공부(工夫) : 학문과 기술을 닦는 일. • 공장(工場) : 많은 노동자를 써서 물건을 만들거나 　　　　　　　 가공하는 곳. • 인공(人工) : 사람이 하는 일. 자연물에 사람이 가공 　　　　　　　 (加工)하는 일. • 가공(加工) : 원료나 재료에 손을 더 대어 새로운 제 　　　　　　　 품을 만들거나 질을 높임.
空 빌 공 `丶 宀 宀 灾 空 空 空 空`	구멍 혈(穴) 총 8획	• 공중(空中) : 하늘. 중천(中天). • 공론(空論) : 쓸데없는 이론. • 허공(虛空) : 아무것도 없는 텅 빈 공간(空間). • 창공(蒼空) : 맑게 개어 새파란 하늘. 　　　　　　　 창천(蒼天).
公 공변될 공 `ノ 八 公 公`	여덟 팔(八) 총 4획	• 공립(公立) : 공공단체가 세움. • 공무(公務) : 국가 또는 공공단체의 사무나 직무. • 공무원(公務員) : 공무를 맡아보는 사람[官員]. • 삼공(三公) : 삼정승(三政丞). 영의정(領議政)과 좌의 　　　　　　　 정(左議政)과 우의정(右議政).

功 공 공 一 丁 工 功功	힘 력(力) 총 5획	• 공로(功勞) : 힘쓴 공적. 공업(功業). • 공과(功過) : 공로와 허물. • 성공(成功) : 뜻했던 바를 이룸. • 무공(武功) : 군사상의 공적.
共 함께 공 一 十 廾 廾 共共	여덟 팔(八) 총 6획	• 공동(共同) : 여러 사람이 일을 같이함. 여러 사람이 같은 자격으로 결합하는 일. • 공유(共有) : 공동으로 소유함. 하나의 소유권이 두 사람 이상에 속하는 것. • 대공(對共) : 공산주의. 공산주의자에 대하는 일. • 용공(容共) : 공산주의 또는 그 정책을 용인(容認)하는 일.
科 과목 과 一 二 千 禾 禾 禾 禾 科科	벼 화(禾) 총 9획	• 과목(科目) : 사물(事物)의 구분. 학문의 구분. • 과공(科工) : 과문(科文)의 공부. • 대과(大科) : 문과급제(文科及第)를 장하게 부르는 말. • 소과(小科) : 생원(生員)과 진사(進士)를 뽑던 과거.
果 실과 과 丨 冂 冂 曰 冐 里 果果	나무 목(木) 총 8획	• 과실(果實) : 과수(果樹)에서 생기는 열매. 과물(果物). • 과목(果木) : 과실나무. • 사과(沙果) : 사과나무의 열매. • 조과(造菓) : 유밀과(油蜜菓)나 과자 따위. 과자류를 만드는 일.
光 빛 광 丨 丨 丬 业 光光	어진사람인발 (儿) 총 6획	• 광명(光明) : 밝은 빛. 밝고 환함. 영예(榮譽). 희망. • 광채(光彩) : 눈부신 빛. 어둠 속을 비추는 힘. 뛰어난 모양. • 일광(日光) : 햇빛. • 삼광(三光) : 해와 달과 별. 삼정(三精).

校 학교 교	나무 목(木) 총 10획	• 교장(校長) : 학교에서 대표되는 우두머리. 학교장. • 교정(校庭) : 학교의 마당. • 등교(登校) : 학교에 나감. • 복교(復校) : 학교에 다시 다니게 됨.
一 十 才 木 杧 杧 栌 栌 校 校		

教 가르칠 교	등글월문(攵) 총 11획 칠 복(攴)	• 교사(敎師) : 초등학교, 중학교, 고등학교의 선생님. • 교단(敎壇) : 교실에서 강의하는 단. • 종교(宗敎) : 신, 불을 숭배하여 마음의 안정을 찾는 　　　　　　 문화체계. • 사교(邪敎) : 요사스러운 종교. 그 나라의 도덕이나 　　　　　　 사회제도에 어긋나는 종교.
ノ メ ゞ 耂 耂 孝 孝 刭 刭 教 教		

交 사귈 교	돼지해머리 (亠) 총 6획	• 교통(交通) : 서로 막힘없이 오가는 일. 사람의 왕복. 　　　　　　 화물의 운반. 의사의 전달 등의 총칭. • 교역(交易) : 서로 물건을 사고팔아 바꿈. 재화의 교 　　　　　　 환 무역. • 국교(國交) : 나라끼리의 사귐. • 외교(外交) : 외국과의 교제.
` 亠 亠 六 夳 交		

九 아홉 구	새 을(乙) 총 2획	• 구월(九月) : 한 해의 아홉 번째 달. • 구천(九天) : 하늘의 가장 높은 곳. • 구구(九九) : 곱셈에 쓰는 기초 공식. 　　　　　　 구구법(九九法). • 십구(十九) : 열아홉.
ノ 九		

口 입 구	입 구(口) 총 3획	• 구두(口頭) : 직접 입으로 하는 말. • 구설(口舌) : 시비하고 비방하는 말. • 인구(人口) : 한나라 안에 사는 사람의 수. • 호구(戶口) : 집과 사람의 수효.
丨 冂 口		

球 공구 ー T F E E 对 玨 莽 球 球 球	구슬 옥(玉) 총 11획	• 구형(球形) : 공과 같이 둥근 형상. • 지구(地球) : 사람이 살고 있는 땅덩어리. 태양계의 떠돌이 별[惑星]. 모양은 타원이며 적도는 길고 양극이 짧음. • 전구(電球) : 전기불이 켜지는 부분을 유리로 가린 것.
區 지경 구 ー ア ヨ ヨ 厚 區 區 區 區 區 區	감출혜몸(匸) 총 11획	• 구역(區域) : 갈라놓은 지역. • 구간(區間) : 일정한 지점 사이. • 명구(名區) : 산수가 좋아 널리 이름난 고장. • 분구(分區) : 지역을 몇 개의 일정한 구역으로 나눔. 또는 그 구역.
國 나라 국 l 冂 冂 冃 冃 甲 國 國 國 國	큰입구몸(囗) 총 11획 나라 국(國)의 고자(古字)	• 국가(國家) : 나라. • 국민(國民) : 나라의 백성. • 애국(愛國) : 자기 나라를 사랑함. • 강국(强國) : 강한 나라.
軍 군사 군 ー 冖 冖 宀 宣 宣 宣 軍 軍	수레 거(車) 총 9획	• 군인(軍人) : 육해공군 장병의 총칭. • 군기(軍紀) : 군대의 기율이나 풍기. • 육군(陸軍) : 육상의 전투 및 방어(防禦)를 맡은 군대. • 장군(將軍) : 장관(將官)자리의 사람을 일컬음.
郡 고을 군 ー コ ㅋ 尹 君 君 君 君' 君ß 郡	우부방(ß) 총 10획 고을 읍(邑)	• 군수(郡守) : 한 군(郡)의 행정사무를 맡아보는 으뜸 벼슬. • 군청(郡廳) : 군의 행정사무를 맡아보는 관청. • 해군(該郡) : 그 고을. 군(郡).

根 뿌리 근	나무 목(木) 총 10획	• 근본(根本) : 초목의 뿌리. 사물이 발생하는 근원. • 근성(根性) : 뿌리 깊게 박힌 본디의 성질. • 목근(木根) : 나무뿌리. • 초근(草根) : 풀뿌리.
一 十 才 木 村 村 村 杓 根 根		

近 가까울 근	책받침(辶) 총 8획 쉬엄쉬엄갈 착(辵)	• 근래(近來) : 가까운 요즈음. • 근친(近親) : 가까운 친족(親族). • 원근(遠近) : 멀고 가까움. 먼 곳과 가까운 곳. • 지근(至近) : 거리나 정의(情誼) 따위가 더할 수 없이 가까움.
一 丁 斤 斤 斤 近 近 近		

金 쇠 금, 성 김	쇠 금(金) 총 8획	• 김성(金姓) : 김 씨의 성(姓). • 금전(金錢) : 돈. 쇠붙이로 만든 돈. • 공금(公金) : 공공단체(公共團體)나 관청의 돈. • 벌금(罰金) : 못된 짓에 대한 징계로서 내게 하는 돈. 재산형의 하나.
丿 人 人 今 全 全 余 金 金		

今 이제 금	사람 인(人) 총 4획	• 금년(今年) : 올해. • 금시(今時) : 이제. • 지금(至今) : 이제에 이르러. 이제에 이르기까지. 지우금(至于今). • 방금(方今) : 바로 이제.
丿 人 人 今		

急 급할 급	마음 심(心) 총 9획	• 급행(急行) : 빨리 감. • 급류(急流) : 급히 흐르는 물. • 특급(特急) : 특별 급행. • 완급(緩急) : 느림과 빠름.
丿 彡 夕 夕 刍 刍 急 急 急		

級 등급 급	실 사(糸) 총 10획	• 급장(級長) : 학급을 다스리는 학생. • 급우(級友) : 학급의 친구. • 진급(進級) : 등급, 계급이 오름. • 계급(階級) : 지위, 관직 등의 등급.
' ㄴ ㄴ ㅑ ㅑ ㅅ 糸 糹 紁 級 級		
旗 기 기	모 방(方) 총 14획	• 기수(旗手) : 기를 들거나 받은 군사. 기로 신호를 하는 사람. • 기고(旗鼓) : 군기(軍旗)와 북. 병력과 군세. • 교기(校旗) : 학교를 상징하는 깃발. • 백기(白旗) : 항복할 때에 세우는 흰 기.
` ㄴ ㅜ 方 方 㲃 㳐 㳐 旆 旆 旌 旗 旗 旗		
記 기록할 기	말씀 언(言) 총 10획	• 기념(記念) : 기억하여 잊지 않음. • 기록(記錄) : 사실을 적음. 사실을 적은 서류. • 일기(日記) : 날마다 일어난 일을 적은 기록. • 수기(手記) : 손수 적은 기록.
` ㄴ ㄷ ㅕ ㅕ 言 言 訂 訂 記		
氣 기운 기	기운기엄(气) 총 10획	• 기관(氣管) : 숨통. • 기력(氣力) : 일을 감당해 나갈 수 있는 힘. • 공기(空氣) : 지구의 표면을 둘러싸고 있는 기체. 대기(大氣). • 일기(日氣) : 날씨.
' ㄷ ㄷ 气 气 气 氛 氛 氛 氣		
南 남녘 남	열 십(十) 총 9획	• 남방(南方) : 남쪽 방면. • 남해(南海) : 남쪽에 있는 바다. • 강남(江南) : 강의 남쪽. 따뜻한 남쪽 나라. • 호남(湖南) : 전라남북도(全羅南北道).
一 ㄱ 冂 冂 内 南 南 南 南		

男 사내 남 ㅣ ㄇ ㅍ 田 田 兕 男	밭 전(田) 총 7획	• 남자(男子) : 사나이. 남성. • 남녀(男女) : 남자와 여자. • 미남(美男) : 얼굴이 잘생긴 남자. • 차남(次男) : 둘째 아들.
內 안 내 ㅣ ㄇ 冂 內	들 입(入) 총 4획	• 내외(內外) : 안과 밖. 부부(夫婦). 남녀 간의 예의로 서로 얼굴 대하기를 피하는 일. • 내당(內堂) : 안방. 내실(內室). • 실내(室內) : 방의 안. • 국내(國內) : 나라의 안.
女 계집 녀 ㄑ ㄝ 女	계집 녀(女) 총 3획	• 여자(女子) : 여성. 계집. • 여인(女人) : 여편네. 여자. 부인. • 자녀(子女) : 아들과 딸. • 궁녀(宮女) : 옛날 궁궐 안에서 대전(大殿)과 내전(內殿)을 모시는 내명부(內命婦)의 총칭.
年 해 년 ㅣ ㅗ ㅗ ㅌ ㅌ 年	방패 간(干) 총 6획	• 연장(年長) : 자기보다 나이가 많은 사람. • 연세(年歲) : 나이. 춘추(春秋). • 성년(成年) : 일반적으로 사람의 지능이나 신체가 완전히 발달되었다고 보는 나이. • 노년(老年) : 늙은 나이. 만년(晩年).
農 농사 농 ㅣ ㄇ 冂 曲 曲 曲 曲 芦 芦 芦 農 農 農	별 진(신)(辰) 총 13획	• 농가(農家) : 농사 집. 농업을 생업으로 삼는 사람의 집. • 농촌(農村) : 농사를 짓는 사람들이 모여 사는 마을. • 상농(上農) : 크게 농사를 짓는 농부. • 중농(中農) : 중간정도의 농사를 가지고 일꾼도 쓰나 자기도 경작에 종사하는 농민.

多 많을 다 ノ ク タ タ 多 多	저녁 석(夕) 총 6획	• 다독(多讀) : 책을 많이 읽음. • 다작(多作) : 작품(作品)이나 글을 많이 지음. • 다서(多書) : 붓글씨를 많이 씀. • 삼다(三多) : 복이 많고 장수하고 자손이 많은 일. <div align="right">글 짓는 공부 세 가지 : 많이 읽고, 많이 짓고, 많이 생각하는 일.</div>
短 짧을 단 ノ ト ⺊ 牛 矢 矣 知 知 短 短 短 短	화살 시(矢) 총 12획	• 단점(短點) : 낮고 모자라는 점. 결점(缺點). • 단발(短髮) : 머리를 짧게 깎음. • 장단(長短) : 길고 짧음. 장점과 단점. 　　　　　　 길고 짧은 박자(拍子)를 장단 맞추다. • 수단(修短) : 오래 살고 일찍 죽음. 수요(壽夭).
答 대답 답 ノ ト ⺮ ⺮ ⺮ ⺮ ⺮ 夳 夳 笒 答 答	대 죽(竹) 총 12획	• 답장(答狀) : 회답 편지. 답서(答書). • 답례(答禮) : 남에게 받은 예(禮)를 도로 갚는 일. • 문답(問答) : 묻고 대답하는 것. • 대답(對答) : 물음에 대해 자기 뜻을 나타냄.
堂 집 당 ㅣ ㅣ ⺌ ⺌ ⺌ ⺌ 尙 尙 堂 堂 堂	흙 토(土) 총 11획	• 당상관(堂上官) : 당상(堂上)의 벼슬아치. 정삼품 통 　　　　　　　　 정대부 이상(正三品通政大夫以上). • 당하관(堂下官) : 당하(堂下)의 벼슬아치. 정삼품 통 　　　　　　　　 훈대부 이하(正三品通訓大夫以下). • 양당(兩堂) : 남의 부모. • 존당(尊堂) : 남의 어머니(존칭).
大 큰 대 一 ナ 大	큰 대(大) 총 3획	• 대소(大小) : 크고 작음. • 대국(大國) : 크고 넓고 강대한 나라. • 광대(廣大) : 넓고 큼. • 막대(莫大) : 더할 수 없이 큼.

待 기다릴 대	두인변(彳) 총 9획 자축거릴 척(彳)	• 대접(待接) : 음식을 제공함. 예를 차려 대우함. • 대객(待客) : 손을 대접함. • 고대(苦待) : 몹시 기다림. • 등대(等待) : 미리 갖추어 두고 기다림.
ノ ノ 彳 彳 彳 彳 彳 待 待		

代 대신 대	사람인변(亻) 총 5획	• 대신(代身) : 남을 대리함. 어떤 것을 딴 것으로 갈 　　　　　　아치움. • 대언(代言) : 남 대신으로 말함. • 식대(食代) : 밥 값. 식사의 비용. • 약대(藥代) : 약 값.
ノ 亻 亻 代 代		

對 대답 대	마디 촌(寸) 총 14획	• 대적(對敵) : 적(敵)을 상대함. • 대국(對局) : 어떠한 국면에 대함. 　　　　　　바둑이나 장기를 둠. • 절대(絶對) : 상대하여 비교할만한 것이 없음. • 상대(相對) : 서로 마주봄. 서로 맞섬.
丨 丨 丨 业 业 业 业 业 业 業 業 業 對 對		

道 길 도	책받침(辶) 총 13획 쉬엄쉬엄갈 착(辶)	• 도리(道理) : 사람이 마땅히 지켜야 할 바른 길. • 도로(道路) : 사람이나 차가 다닐 수 있도록 만든 길. • 인도(人道) : 사람이 다니는 길. 보도(步道). • 차도(車道) : 차가 다니게 마련한 길. 찻길.
丶 丷 丷 丷 丷 首 首 首 首 道 道 道 道		

度 법도 도	엄호밑(广) 총 9획 집 엄(广)	• 도량(度量) : 너그러운 마음과 깊은 생각. • 도수(度數) : 거듭한 회수. 운에 따르는 수리(數理). • 법도(法度) : 법률과 제도. • 척도(尺度) : 자. 또는 자로 재는 길이의 정도. 　　　　　　계획의 표준.
丶 亠 广 广 庁 庁 庒 度 度		

圖 그림 도	큰입구몸(囗) 총 14획 나라 국(國)의 고자(古字)	• 도서(圖書) : 글씨, 그림, 책 따위의 총칭. • 도모(圖謀) : 일을 이루려고 꾀함. • 지도(地圖) : 지형(地形)을 그린 그림. • 의도(意圖) : 속으로 계획함.
｜ 冂 冂 冂 冂 冋 冋 冎 冎 圖 圖 圖 圖 圖		
讀 읽을 독 귀절 두	말씀 언(言) 총 22획	• 독서(讀書) : 글을 읽음. • 독파(讀破) : 책을 다 읽어냄. • 구두(口讀) : 글을 읽기 편하게 하기 위하여 단어나 　구절을 점, 부호 등으로 나타내는 법. • 이두(吏讀) : 한자(漢字)의 뜻과 음을 따서 우리말로 　표기한 글자.
` 亠 宀 宀 言 言 言 言 訲 訮 詩 詩 譆 讀 讀 讀 讀 讀		
動 움직일 동	힘 력(力) 총 11획	• 동물(動物) : 새, 짐승, 물고기 등, 스스로 움직일 수 　있는 생물. • 동력(動力) : 열, 바람, 전기 등의 힘을 이용하여 기 　계를 움직이는 힘. • 자동(自動) : 스스로 움직임. • 수동(受動) : 남에게 동작을 받음.
` 宀 宀 宀 宀 宁 亘 重 重 動 動		
東 동녘 동	나무 목(木) 총 8획	• 동방(東方) : 동쪽. • 동서(東西) : 동쪽과 서쪽. • 해동(海東) : 우리 나라의 옛 이름. • 극동(極東) : 동쪽의 끝.
一 厂 厂 币 申 申 東 東		
同 같을 동	입 구(口) 총 6획	• 동문(同門) : 한 스승에게 배운 사람. 　같은 학교 출신. • 동포(同胞) : 형제. 한 국민. 한 겨레. • 대동(大同) : 대체로 보아 같음. • 대동(帶同) : 데리고 감.
｜ 冂 冂 同 同 同		

洞 골 동	삼수변(氵) 총 9획	• 동리(洞里) : 마을. 지방행정구역(地方行政區域)인 　　　　　　　동(洞)과 이(里). • 동민(洞民) : 한 동네에 사는 사람. • 일동(一洞) : 한 동리. 온 동네. • 타동(他洞) : 딴 동네. 다른 동네.
ﾞ ﾞ 氵 氵 汀 洞 洞 洞 洞		

冬 겨울 동	이수변(冫) 총 5획 얼음 빙(冫)	• 동지(冬至) : 이십사절기의 하나. 밤이 가장 긴 날. • 동한(冬寒) : 겨울의 추위. • 냉동(冷冬) : 추운 겨울. 냉각시켜 얼림. • 삼동(三冬) : 겨울의 석 달. 세 해의 겨울.
ﾉ ﾌ 夂 冬 冬		

童 아이 동	설 립(立) 총 12획	• 동요(童謠) : 아이들의 감정이나 심리를 나타낸 노 　　　　　　　래. 아이들이 부르는 노래. • 동심(童心) : 어린이 마음. • 아동(兒童) : 어린 아이, 대개 3-12세 까지의 어린 　　　　　　　아이. • 관동(冠童) : 어른과 아이.
ﾞ ﾞ ﾗ ﾗ 立 产 产 咅 咅 音 童 童		

頭 머리 두	머리 혈(頁) 총 16획	• 두각(頭角) : 머리 끝. 우뚝 뛰어남. • 두발(頭髮) : 머리털. • 허두(虛頭) : 글 또는 말의 첫 머리. • 화두(話頭) : 이야기의 말 머리.
ﾞ ﾞ 곤 곤 豆 豆 豆 훼 훼 頭 頭 頭 頭 頭 頭		

登 오를 등	필발머리(癶) 총 12획	• 등산(登山) : 산에 오름. • 등장(登場) : 무대 같은데 나옴. • 선등(先登) : 맨 먼저 오름. 앞서서 먼저 오름. • 반등(攀登) : 더위잡고 오름. 높은 데를 올라 가려고 　　　　　　　무엇을 끌어 잡다.
ﾉ ﾌ ﾌ' ﾌ'' 癶 癶 癶 癶 登 登 登 登		

等 무리 등 대 죽(竹) 총 12획	• 등외(等外) : 등급 밖. • 등대(等待) : 미리 갖추어 두고 기다림. • 우등(優等) : 훌륭히 빼어난 등급. 성적이 뛰어남. • 열등(劣等) : 낮은 등급. 등급이 낮음.
ノ ト ト ゲ ゲ ゲ ゲ ゲ 竺 笙 笙 等 等	

樂 즐길 락(낙) 풍류 악 좋아할 요 나무 목(木) 총 15획	• 낙관(樂觀) : 일이 잘 될 것으로 봄. 세상을 즐겁게 봄. • 낙원(樂園) : 살기 좋은 즐거운 곳. • 쾌락(快樂) : 유쾌하고 즐거움. • 악보(樂譜) : 음악의 곡조를 적은 부호(符號). • 음악(音樂) : 소리의 고, 저, 장, 단 강약을 일정한 순열로 조화, 결합시켜 사상과 감정을 나타내는 시간적 예술. • 요산요수(樂山樂水) : 산수를 좋아함.
′ ′ ′ ′ ′ ′ ′ ′ 純 純 純 純 純 純 樂 樂 樂 樂	

來 올 래(내) 사람 인(人) 총 8획	• 내년(來年) : 올해의 다음해. • 내일(來日) : 오늘의 다음날. • 미래(未來) : 아직 오지 않는 때. • 거래(去來) : 돈을 서로 꾸고 꾸이거나 물건을 사고 팔며 주고받는 일.
一 厂 厂 厂 厂 厄 來 來	

力 힘 력(역) 힘 력(力) 총 2획	• 역사(力士) : 뛰어나게 힘이 센 사람. 장사. • 역행(力行) : 힘써 행함. 노력함. • 국력(國力) : 나라의 힘. • 무력(武力) : 군대의 힘. 병력(兵力).
フ 力	

例 법식 례(예) 사람인변(亻) 총 8획	• 예외(例外) : 규칙에 벗어남. • 예시(例示) : 예를 들어 보임. • 이례(異例) : 상례를 벗어나는 일. 특별한 일. • 비례(比例) : 예를 들어 견주어 봄.
ノ 亻 亻 仁 佰 佰 例 例	

禮 예도 례(예)	보일 시(示) 총 18획	• 예악(禮樂) : 예와 풍류. 예법(禮法)과 음악. • 예법(禮法) : 예의나 몸가짐의 법식. • 사례(四禮) : 관례(冠禮), 혼례(婚禮), 상례(喪禮), 제 　　　　　　례(祭禮)의 총칭. 관혼상제(冠婚喪祭). • 무례(無禮) : 예의를 차리지 못함.
´ ㄧ ㅠ ㅠ ㅠ ㅠ ㅠ ㅠ ㅠ 禮 禮 禮 禮 禮 禮 禮 禮 禮		

 老 늙을로(노)	늙을 로(老) 총 6획	• 노인(老人) : 나이가 많은 사람. 늙은 분. • 노후(老後) : 늙은 뒤. • 경로(敬老) : 노인을 공경함. • 장로(長老) : 나이 많고 덕이 높은 사람. 　　　　　　장로교 교직의 하나(기독교). 　　　　　　그 절의 원로인 중(불교).
ㅡ ㅓ ㅗ �丵 耂 老		

 路 길 로(노)	발 족(足) 총 13획	• 노상(路上) : 길 위. • 노자(路資) : 여행가는 데 쓰는 돈. 노비(路費). • 대로(大路) : 폭이 넓은 큰 길. • 소로(小路) : 작은 길.
´ ㄇ ㅁ ㅂ ㅂ 뮤 묘 밄 跕 趵 政 路 路		

綠 푸를록(녹)	실 사(糸) 총 14획	• 녹음(綠陰) : 우거진 푸른 나무의 그늘. • 녹죽(綠竹) : 푸른 대. • 초록(草綠) : 초록색(草綠色). • 유록(柳綠) : 남빛과 노란빛과의 중간 빛. 　　　　　　봄철 버들잎의 빛.
ˊ ㄠ ㄠ 幺 幺 糸 糸 糽 絆 約 紀 綠 綠 綠		

 六 여섯륙(육)	여덟 팔(八) 총 4획	• 유월(六月) : 한 해의 여섯 번째 달. • 육갑(六甲) : 육십갑자(六十甲子). 천간과 지지를 순차 　　　　　　로 배합하여 예순 가지로 배열한 순서. • 오륙(五六) : 대여섯. • 십륙(十六) : 열여섯.
ˋ ㅗ ㅊ 六		

里 마을 리(이) ㅣㄇㄷ日甲甲里	마을 리(里) 총 7획	• 이장(里長) : 행정구역인 이(里)의 일을 맡아보는 사람. • 이정(里程) : 길의 이수(里數). • 십리(十里) : 4키로 미터 정도의 거리. • 향리(鄕里) : 나서 성장(成長)한 고향의 마을.
理 다스릴리(이) ˉ T Ŧ 王 玎 玎 玾 玾 理 理	구슬 옥(玉) 총 11획	• 이치(理致) : 사물의 정당한 조리(條理). 또는 도리에 맞는 취지. • 이론(理論) : 사물의 이치를 논함. • 사리(事理) : 일의 이치. • 관리(管理) : 금고의 출납을 맡아보던 벼슬. 부하를 지휘 감독함. 사무를 정리함. 물건을 처리함. 일을 맡아 다스림.
利 이로울리(이) ˊ ˉ 千 禾 禾 利 利	선칼도방(刂) 총 7획	• 이해(利害) : 이익과 손해. • 이익(利益) : 이가 됨. 유익하고 도움이 됨. • 편리(便利) : 편하고 쉬움. • 불리(不利) : 이롭지 못함.
李 오얏 리(이) ˉ 十 才 木 本 李 李	나무 목(木) 총 7획	• 이씨(李氏) : 이씨의 성을 가진 사람. • 이화(李花) : 오얏 꽃. • 도리(桃李) : 복숭아와 오얏. 또는 그 꽃이나 열매. • 행리(行李) : 여행할 때 쓰는 모든 기구. 행장(行裝).
 수풀 림(임) ˉ 十 才 木 木 村 材 林	나무 목(木) 총 8획	• 임야(林野) : 나무가 무성한 들. • 임천(林泉) : 수풀 속에 있는 샘. • 산림(山林) : 산과 숲. 산에 있는 숲. • 수림(樹林) : 나무가 우거진 숲. 수목 밭.

立 설 립(입) ` 一 ㅗ 뉴 立	설 립(立) 총 5획	• 입지(立志) : 뜻을 세움. • 입신(立身) : 사회에 있어서의 자기의 기반을 확립하여 출세함. • 국립(國立) : 나라에서 세움. • 사립(私立) : 공익사업의 기관을 사사의 힘으로 설립함.
萬 일만 만 	초두머리(艹) 총 13획	• 만고(萬古) : 오랜 옛적. 한없는 세월. • 만민(萬民) : 모든 백성. • 백만(百萬) : 숫자. 100만. • 일만이천봉(一萬二千峰) : 금강산의 수많은 기이한 봉우리의 총칭.
每 매양 매 ノ ´ ㇄ 듁 듁 每 每	말 무(毋) 총 7획	• 매년(每年) : 해마다. • 매월(每月) : 달마다. • 매주(每週) : 각주. 또는 주간마다. • 매매(每每) : 번번이.
面 낯 면 一 ㄱ 丆 而 面 面 面 面 面	낯 면(面) 총 9획	• 면적(面積) : 일정한 평면이나 구면(球面) 등의 크기. 넓이. • 면전(面前) : 보고 있는 앞. 눈앞. • 안면(顔面) : 얼굴. 낯. • 지면(地面) : 땅의 표면(表面).
名 이름 명 ノ ク タ タ 名 名	입 구(口) 총 6획	• 명산(名山) : 이름난 산. • 명소(名所) : 경치나 고적 따위로 이름난 곳. • 명분(名分) : 도덕상 명목(名目)의 다름에 따라 반드시 지켜야 할 직분. 명의(名義). • 지명(地名) : 땅의 이름. 지역의 이름. • 성명(姓名) : 성과 이름.

命 목숨 명	입 구(口) 총 8획	• 명령(命令) : 윗사람이 시키는 분부. • 명맥(命脈) : 목숨과 맥박. 살아가는데 아주 요긴한 　　　　　　　사물의 부분. • 생명(生命) : 살아 있는 목숨. 수명. • 인명(人命) : 사람의 목숨.
ノ 人 人 人 合 合 命 命		

明 밝을 명	날 일(日) 총 8획	• 명월(明月) : 밝은 달. 보름달. • 명일(明日) : 내일. 오늘의 바로 다음날. • 대명(大明) : 해. 햇빛. 지덕(知德)이 밝고 높음. 　　　　　　　명(明)나라 조정. • 천명(闡明) : 겉으로 드러내어 밝힘.
丨 Π Η Β Β明 明 明		

母 어미 모	말 무(毋) 총 5획	• 모녀(母女) : 어머니와 딸. • 모국(母國) : 자기 나라. • 부모(父母) : 아버지와 어머니. • 생모(生母) : 자기를 낳아준 어머니.
ㄴ 乌 母 母 母		

木 나무 목	나무 목(木) 총 4획	• 목석(木石) : 나무와 돌. 감정이나 인정이 둔한 사람. • 목조(木造) : 나무로 만듦. 또는 그 물건. • 초목(草木) : 풀과 나무. • 재목(材木) : 건축이나 토목 또는 기구 등의 재료로 　　　　　　　쓰는 나무. 어떤 직위에 합당한 인물.
一 十 才 木		

目 눈 목	눈 목(目) 총 5획	• 목적(目的) : 일을 이루려는 목표. • 목전(目前) : 눈앞. 지금. 당장. • 두목(頭目) : 우두머리. • 지목(指目) : 사람이나 사물이 어떠하다고 가리키어 　　　　　　　정함.
丨 Π Η 目 目		

問 물을 문	입 구(口) 총 11획	• 문답(問答) : 묻고 대답하는 것. • 문안(問安) : 어른에게 안부를 여쭈는 것. • 질문(質問) : 모르거나 의심나는 점을 묻거나 물어서 밝힘. • 방문(訪問) : 남을 찾아 봄.
l l' l' l' l'' 門門門門問問		

門 문 문	문 문(門) 총 8획	• 문전(門前) : 문 앞. • 문인(門人) : 문하생(門下生). 세도가 있는 집안에 드 나드는 사람. 제자(弟子). 문하에서 가 르침을 받는 제자. • 가문(家門) : 집안 또는 그 집안의 사회적 지위. • 입문(入門) : 글방에 들어감. 과거 때 유생이 과장 (科場)에 들어감.
l l' l' l' l' 門門門		

聞 들을 문	귀 이(耳) 총 14획	• 문견(聞見) : 듣고 보아 깨달아 얻은 지식. 견문(見聞). • 문달(聞達) : 이름이 널리 세상에 드러남. • 신문(新聞) : 새로운 소식. 새로운 소식이나 비판을 빨리 보도하는 정기 간행물. • 소문(所聞) : 널리 떠도는 말.
l l' l' l' l'' 門門門門門門閏閏聞		

文 글월 문	글월 문(文) 총 4획	• 문장(文章) : 주어(主語)와 설명어를 결합시켜 하나 의 사상을 표기한 것. 문채(文采). 문식 (文飾). 도덕이 빛남을 이름. • 문무(文武) : 문관(文官)과 무관(武官). • 웅문(雄文) : 뛰어난 시문(詩文). 힘 있는 글. • 산문(散文) : 글자의 수나 운율 등의 제한이 없이 마 음대로 쓰는 글.
` ´ ゛ナ文		

物 물건 물	소 우(牛) 총 8획	• 물정(物情) : 세상 사람의 인심이나 사정. 세상의 형 편. • 물의(物議) : 여러 사람의 평판(評判). 물론(物論). • 생물(生物) : 살아 있는 사물. 동물, 식물의 총칭. • 만물(萬物) : 모든 사물. 세상에 있는 온갖 물건.
´ ゛ キ 牛 牛 牛 物 物		

米 쌀 미	쌀 미(米) 총 6획	• 미음(米飮) : 환자가 먹는 묽은 쌀 죽. • 미곡(米穀) : 쌀. 쌀과 다른 곡식. • 백미(白米) : 희게 쓿은 멥쌀. • 현미(玄米) : 벼의 껍질만 벗기고 쓿지 않은 쌀.
` ` ` ` ` ` ` ` ` 米		

美 아름다울 미	양 양(羊) 총 9획	• 미술(美術) : 미를 표현하여 시각(視覺)으로 감상하 는 그림, 건축, 조각 따위. • 미녀(美女) : 미인. 썩 잘생긴 여자. • 진선미(眞善美) : 참되고 착하고 아름다움. 이상에 합치된 상태. • 우아미(優雅美) : 고상하고 기품이 있으며 아름다움.
` ` ` ` ` ` ` ` ` 美		

民 백성 민	각시 씨(氏) 총 5획	• 민심(民心) : 국민의 마음. 민정(民情). • 민생(民生) : 국민의 생활. 일반 국민. • 국민(國民) : 한나라의 통치권아래 같은 국적을 가지 고 있는 사람. • 평민(平民) : 벼슬이 없는 사람. 보통 사람.
` ` ` ` 民		

朴 성 박	나무 목(木) 총 6획	• 박씨(朴氏) : 박가의 성씨. • 박눌(朴訥) : 순박하고 어눌(語訥)함. • 질박(質朴) : 꾸밈새 없이 순박함. • 소박(素朴) : 사람의 손을 대지 않은 그대로임. 꾸밈이 없이 그대로임.
` ` ` ` ` 朴		

反 돌이킬 반	또 우(又) 총 4획	• 반대(反對) : 사물이 아주 맞서서 다름. 남의 말이나 의견을 뒤집어 거스림. • 반응(反應) : 이편을 배반하고 저편을 응함. 자극에 대한 모든 변화 현상. • 모반(謀反) : 반역을 꾀함. 배반하기를 꾀함. • 배반(背反) : 신의를 저버리고 등지고 돌아섬.
` ` ` 反		

半 반 반 `丶 丷 兰 半 半`	열 십(十) 총 5획	• 반월(半月) : 반달. • 반도(半島) : 삼면(三面)이 바다로 둘러싸인 땅. • 태반(太半) : 절반이 지남. 반수 이상. • 절반(折半) : 하나를 둘로 똑같이 나눔. 하나의 반.
班 나눌 반 `一 丁 丁 王 王 刬 珥 班 班 班`	구슬 옥(玉) 총 10획	• 반열(班列) : 신분, 등급 및 품계의 차례. 반차(班次). • 반장(班長) : 반의 일을 보는 사람. • 통반(統班) : 시내(市內)의 통과 반. • 통반장(統班長) : 통장(統長)과 반장(班長).
發 필 발 `フ ㅋ ㅋ ㅋ ㅋ ㅄ ㅄ ㅄ 發 發 發 發`	필발머리(癶) 총 12획	• 발명(發明) : 죄나 잘못이 없음을 말하여 밝힘. 변명(辨明). • 발달(發達) : 성장함. 진보함. 생활체가 수태에서 출생을 거쳐 심신이 완전히 성장하는 과정에까지 이름. • 개발(開發) : 개척하여 발전시킴. 산업을 일으켜 천연자원으로 인간사회를 도움. • 유발(誘發) : 어떤 일이 원인이 되어 이에 이끌려 다른 일이 일어남. 또는 일으킴.
方 모 방 `丶 一 亍 方`	모 방(方) 총 4획	• 방위(方位) : 어떠한 쪽의 위치. 방소(方所). 방향(方向). • 방법(方法) : 일을 치러내는 솜씨와 법식. • 지방(地方) : 수도(首都) 이외의 시골. • 사방(四方) : 동서남북의 총칭.
放 놓을 방 `丶 一 亍 方 方' 放 放 放`	등글월문(攵) 총 8획 칠 복(攴)	• 방학(放學) : 학교에서 학기가 끝난 뒤에 일정한 기간 동안 수업을 쉬는 일. • 방과(放課) : 학과를 끝냄. • 개방(開放) : 열어 놓음. 숨김이 없음. 못하게 했던 것을 자유로이 하도록 터놓음. • 훈방(訓放) : 훈계하고 놓아줌.

白 흰 백	흰 백(白) 총 5획	• 백색(白色) : 흰 빛깔. 하얀색. • 백의(白衣) : 흰옷. 포의(布衣). • 흑백(黑白) : 검은 빛과 흰빛. 옳고 그름. • 창백(蒼白) : 해쓱함.
′ ′ 白 白 白		

百 일백 백	흰 백(白) 총 6획	• 백성(百姓) : 일반 국민을 가리킴. • 백물(百物) : 온갖 물건. • 백사(百事) : 온갖 일. • 범백(凡百) : 여러 가지의 사실. 상궤(常軌)를 벗어나지 않은 언행.
一 丆 丆 百 百 百		

番 차례 번	밭 전(田) 총 12획	• 번지(番地) : 번호를 붙여 나눈 땅. 지목(地目)의 번호. • 번호(番號) : 차례를 나타내는 호수(號數). 순번(順番)의 수를 외치는 일. 또는 그 구령. • 순번(順番) : 차례대로 갈아드는 번. 순서(順序). • 당번(當番) : 차례의 번이 됨. 또는 번에 당한 사람.
′ ′ ′ 丆 平 平 采 乑 番 番 番 番		

別 다를 별	선칼도방(刂) 총 7획	• 별명(別名) : 본 이름 밖에 그 사람의 생김새, 행동, 성질 같은 것으로 남들이 지어 부르는 이름. • 별거(別居) : 따로 살림을 함. 딴 살림을 함. • 이별(離別) : 서로 갈려 떨어짐. 헤어짐. • 송별(送別) : 사람을 이별하여 보냄.
′ ′ ′ 뭐 另 別 別		

病 병 병	병질엄(疒) 총 10획 병 녁(疒)	• 병원(病院) : 질병을 진찰, 치료하는 곳. • 병환(病患) : 웃어른의 병. 환절(患節). • 질병(疾病) : 온갖 병. 질환(疾患). • 신병(身病) : 몸의 병. 신양(身恙).
′ 亠 广 广 广 疒 疒 病 病 病		

服 달 월(月) 총 8획 옷 복 丿 刀 月 月 肝 肝 服 服	• 복장(服裝) : 옷차림. 직업에 따라 일정하게 만든 옷. • 복약(服藥) : 약을 먹음. • 의복(衣服) : 옷. 피복(被服). • 양복(洋服) : 서양식으로 만든 옷.

本 나무 목(木) 총 5획 근본 본 一 十 才 木 本	• 본가(本家) : 본집. • 본적(本籍) : 호적(戶籍)이 소재(所在)하는 곳. • 근본(根本) : 초목의 뿌리. 사물이 발생하는 근원. • 각본(脚本) : 연극의 무대장치 및 배우의 대사 따위를 적은 글. 극본. 시나리오.

父 아비 부(父) 총 4획 아비 부 丿 丷 グ 父	• 부자(父子) : 아버지와 아들. • 부집(父執) : 아버지의 친구로 나이가 아버지와 비슷한 어른. • 조부(祖父) : 할아버지. • 가부(家父) : 자기 아버지를 이름.

夫 큰 대(大) 총 4획 지아비 부 一 二 丰 夫	• 부인(夫人) : 남의 아내. 남을 높혀 그 아내를 일컫는 말. • 부군(夫君) : 남편. • 장부(丈夫) : 장성한 남자. 남자를 좋게 일컫는 말. • 농부(農夫) : 농사를 업으로 하는 사람. 농사꾼.

部 우부방(阝) 총 11획 고을 읍(邑) 떼(무리) 부 丶 亠 ᄼ ᅲ 立 音 咅 咅 咅 剖 部	• 부락(部落) : 시골의 집이 많이 모여 있는 큰 마을. • 부족(部族) : 같은 조상이라는 관념에 의하여 결합되어 공통된 언어와 종교 등을 갖는 지역적인 공동체로서 원시적 민족의 단위를 형성하는 것. • 일부(一部) : 한 부분. • 전부(全部) : 온통. 몽땅. 총체.

北 북녘 북 패할 배 ´ ┤ ┤ ⅃ 北	비수 비(匕) 총 5획	• 북방(北方) : 북쪽. • 북한(北韓) : 이북(以北). 북위 38도 이북의 한국. • 남북(南北) : 남과 북. 남쪽과 북쪽. • 월북(越北) : 북쪽으로 넘어감. • 패배(敗北) : 싸움에 이기지 못하고 짐. 패하여 달아남.
分 나눌 분 ノ 八 今 分	칼 도(刀) 총 4획	• 분가(分家) : 큰집에서 나와 딴 살림을 차림. • 분할(分割) : 쪼개어서 나눔. 분관(分管). • 세분(細分) : 잘게 나눔. 자세하게 나눔. • 등분(等分) : 똑같이 나눔.

不
 아닐 불
 ㅡ ㄱ 丁 不
	한 일(一)
	 총 4획
		• 불안(不安) : 마음이 편안하지 못함.
		 • 불가(不可) : 옳지 않음.
		 • 막불(莫不) : 않을 수 없음. 탄복하지 않을 수 없음
		              (莫不嘆腹).
		 • 무불(無不) : 않는 것이 없음. 간섭하지 않는 것이
		              없음(無不干涉).

事 일 사 ㅡ ㄱ ㄹ 马 马 写 写 事	갈고리 궐(亅) 총 8획	• 사유(事由) : 일의 까닭. 연유(緣由). • 사고(事故) : 뜻밖에 일어난 탈. 변고. 사건. • 만사(萬事) : 모든 일. 온갖 일. • 허사(虛事) : 헛된 일. 헛 일.

四
 넉 사
 ㅣ ㄱ ㅁ ㅁ 四 四
	큰입구몸(口)
	 총 5획
	 나라 국(國)의
	 고자(古字)
		• 사월(四月) : 한해의 네 번째 달.
		 • 사유(四維) : 예의염치(禮義廉恥). 나라를 유지하는
		              데 필요한 네 가지(예, 의, 염, 치)의
		              베리.
		 • 십사(十四) : 열넷.
		 • 이십사(二十四) : 스물넷.

社 모일 사	보일 시(示) 총 8획	• 사회(社會) : 공동생활을 하는 인류의 집단(集團). 　　　　　　 같은 무리끼리 모여 이루는 집단. • 사직(社稷) : 국가(國家). 사(社)는 토신(土神). 　　　　　　 직(稷)은 곡신(穀神). 한 왕조(王朝)의 주권. • 회사(會社) : 여러 사람이 모여서 영리사업을 경영하는 　　　　　　 법인단체. • 결사(結社) : 주의, 사상, 의견이 같은 사람이 모여 한 단 　　　　　　 체를 만드는 것.
  `一 ｢ 亍 亓 示 示¹ 社¹ 社`		

 죽을 사	죽을사변(歹) 총 6획 부서진뼈 알(歹)	• 사생(死生) : 죽고 사는 것. • 사수(死守) : 목숨을 걸고 지킴. 죽기를 한 하여 지킴. • 고사(枯死) : 시들어 죽음. 초목이 말라 죽음. • 폐사(斃死) : 쓰러져 죽음. 닭이나 짐승 따위가 쓰러 　　　　　　 져 죽음.
  `一 ｢ 歹 歹 歹¹ 死`		

 메 산	메 산(山) 총 3획	• 산천(山川) : 산과 냇물. • 산악(山岳) : 크고 작은 모든 산. • 청산(靑山) : 푸른 산. • 야산(野山) : 들에 있는 낮은 산. 　　　　　　 숲이 짙지 않은 산.
  `｜ 山 山`		

算 셈 산	대 죽(竹) 총 14획	• 산수(算數) : 산술 및 일반 기초적 수학. • 산출(算出) : 셈함. 계산해 냄. • 암산(暗算) : 붓이나 주판을 쓰지 않고 마음속으로 　　　　　　 계산함. • 필산(筆算) : 숫자를 써서 셈함. 붓셈.
  `丿 人 ⺮ ⺮ ⺮ ⺮ 笂 笡 笪 筲 筧 質 算 算`		

 석 삼	한 일(一) 총 3획	• 삼촌(三寸) : 아버지의 형제. 　　　　　　 한 자의 10분의 3, 즉 세 치. • 삼강(三綱) : 유교 도덕의 기본인 세 가지 벼리. 　　　　　　 임금과 신하, 아버지와 아들, 남편과 　　　　　　 아내 사이에 지켜야 할 떳떳한 도리. • 재삼(再三) : 두세 번. • 십삼(十三) : 열셋. 남북한의 도(道).
  `一 二 三`		

上 윗 상 ㅣㅏ上	한 일(一) 총 3획	• 상하(上下) : 위와 아래. • 상서(上書) : 글을 올림. 웃 어른에게 올리는 편지. • 천상(天上) : 하늘의 위. • 지상(地上) : 땅의 거죽이 되는 위.
色 빛 색 ノクタ各各色	빛 색(色) 총 6획	• 색상(色相) : 육안(肉眼)으로 볼 수 있는 현상. • 색계(色界) : 불교 삼계(三界)의 하나. 여색(女色)의 세계. 욕계(慾界), 색계(色界), 무색계(無色界). • 성색(聲色) : 소리와 빛깔. • 황색(黃色) : 노란 색깔.
生 날 생 ノ一十牛生	날 생(生) 총 5획	• 생일(生日) : 태어난 날. • 생색(生色) : 낯을 냄. 생광(生光). • 자생(自生) : 저절로 생김. 저절로 남. • 화생(化生) : 자라는 일. 생기는 일. 생물이 그 형태를 변하여 달리됨.
西 서녘 서 一丆丙丙西西	덮을 아(襾) 총 6획	• 서방(西方) : 서쪽. • 서양(西洋) : 유럽과 아메리카의 여러 나라를 일컫는 말. • 호서(湖西) : 충청남북도(忠淸南北道). • 영서(嶺西) : 강원도 대관령(大關嶺) 서쪽의 땅.
書 글 서 一一一隶聿聿書書書書	가로 왈(日) 총 10획	• 서기(書記) : 적어 기록함. 기록을 맡아 보는 사람. 관공서에서 사무를 처리하는 8급 공무원과 8급 지방공무원. 각 관청의 아랫벼슬. • 서생(書生) : 공부하는 학생. 남의 집에서 일을 거들면서 공부하는 사람. • 정서(正書) : 글씨를 또박또박 박아서 씀. 초 잡았던 글을 정식으로 베낌. 정사(正寫). • 초서(草書) : 한자(漢字) 서체의 하나. 흘려 쓰는 글씨.

夕 저녁 석 ノクタ	저녁 석(夕) 총 3획	• 석양(夕陽) : 저녁 때의 해. 낙조(落照). • 석식(夕食) : 저녁밥. • 조석(朝夕) : 아침과 저녁. • 추석(秋夕) : 한가위. 음력 8월 15일.
石 돌 석 一ナ石石石	돌 석(石) 총 5획	• 석물(石物) : 무덤 앞에 돌로 만들어 놓은 물건. 석인(石人), 석등(石燈), 석상(石床) 등. 석의(石儀). • 석조(石造) : 돌로 만드는 일이나 그 물건. • 금석(金石) : 쇠붙이와 돌. 몹시 굳음의 비유. 금석문자(金石文字)의 약칭. 금속기(金屬器)와 석기(石器). • 보석(寶石) : 아름다운 보배의 옥돌. 보옥(寶玉).
席 자리 석 ` 一广广户庐庐庐庐席席	수건 건(巾) 총 10획	• 석상(席上) : 여러 사람이 모인 자리. 그 좌석의 어른. • 석차(席次) : 자리의 차례. 성적의 순서. 석순(席順). • 좌석(座席) : 앉는 자리. 앉은 자리. 깔고 앉는 물건의 총칭. • 입석(立席) : 서서 구경하거나 타는 자리.
先 먼저 선 ノ 一 屮 屮 牛 先	어진사람인발(儿) 총 6획	• 선생(先生) : 스승. 학예에 능한 사람. 교원에 대한 일컬음. 나이나 학식이 맞서거나 그 이상인 사람에 대한 일컬음. 남을 비웃어하는 말. • 선인(先人) : 선친(先親). 앞 세대 사람. • 행선(行先) : 가는 곳. • 우선(于先) : 먼저. 위선(爲先).
線 줄 선 ` ⺀ ⺀ 纟 纟 纟 糹 糿 綧 綧 綧 綧 綧 綧 線	실 사(糸) 총 15획	• 선로(線路) : 기차, 전차의 궤도(軌道). 기차, 전차가 지나가는 길. 궤도. • 선상(線狀) : 실과 같이 가느다란 형상(形狀). • 간선(幹線) : 철도나 도로 등의 중요한 선로. • 탈선(脫線) : 수레바퀴가 궤도에서 벗어져 나감. 상식에 벗어난 행동을 말함.

雪 비 우(雨) 총 11획 눈 설 `一ㄷㅌㅌㅌㅌ 示雫雫雪雪`	• 설한(雪寒) : 눈이 내리거나 내린 뒤의 추위. • 설경(雪景) : 눈이 내린 경치. 설광(雪光). 설색(雪色). • 적설(積雪) : 내려서 쌓인 눈. • 폭설(暴雪) : 갑자기 많이 내리는 눈.

姓 계집 녀(女) 총 8획 성 성 `く 女 女 女 女 姓 姓 姓`	• 성씨(姓氏) : 성을 높혀 일컫는 말. • 성명(姓名) : 성과 이름. 성함(姓銜). • 동성(同姓) : 같은 성. 또는 성이 같음. • 타성(他姓) : 다른 성. 성이 다름.

成 창 과(戈) 총 7획 이룰 성 `丿 厂 厂 成 成 成 成`	• 성사(成事) : 일을 이룸. • 성과(成果) : 일이 이루어진 결과. • 완성(完成) : 완전히 이룸. • 미성(未成) : 아직 이루지 못함. 완성하지 못함. 　　　　　　미성년(未成年). • 미완성(未完成) : 완성되지 못함.

省 눈 목(目) 총 9획 살필 성 덜 생 `丿 ㅗ 小 少 少 省 省 省 省`	• 성묘(省墓) : 조상 산소를 살펴봄. 성추(省楸). • 성찰(省察) : 자기의 마음을 돌이켜 살핌. 지난 일의 시비, 선악을 반성하여 살핌. • 반성(反省) : 자기가 한 일을 스스로 돌이켜 살핌. 돌아보다. 자기의 언행에 대한 허물이나 부족한 점을 깨닫기 위하여 자기 스스로를 돌이켜 생각함. • 귀성(歸省) : 부모를 뵈러 고향으로 돌아감. 고향으로 돌아가 어버이를 뵘. 귀근(歸覲). • 생례(省禮) : 상제에게 보내는 편지 첫머리에 예절을 덜고 쓴다는 말. 생식(省式). • 생략(省略) : 덜어서 줄임. 간단하게 덜어 줄임.

世 한 일(一) 총 5획 인간 세 `一 十 卅 卅 世`	• 세상(世上) : 사람이 살고 있는 이 사회. • 세대(世代) : 여러 대. 한 시대 사람들. • 현세(現世) : 이 세상. • 내세(來世) : 죽은 뒤에 다시 태어나 산다는 미래의 세상.

小 작을 소 ㅣㅣ小	작을 소(小) 총 3획	• 소인(小人) : 간사하고 도량이 좁은 사람. 아주 작은 사람. 어린이. 무식하고 천한 사람. 서민. • 소생(小生) : 자기를 낮춘 말. • 약소(弱小) : 약하고 작음. • 협소(狹小) : 좁고 작음. • 사소(些少) : 작고 적음. 하찮음.
少 적을 소 ㅣㅣ小少	작을 소(小) 총 4획	• 소년(少年) : 나이가 어린 사내아이. • 소녀(少女) : 나이가 어린 여자아이. • 노소(老少) : 노인과 젊은이. • 연소(年少) : 나이가 어림.
所 바 소 ´ ̄ ̄ ̄ ̄ ̄所所	지게 호(戶) 총 8획	• 소재(所在) : 있는 곳. 있는 바. • 소생(所生) : 자기가 낳은 자녀(子女). • 명소(名所) : 경치나 고적 따위로 이름난 곳. • 장소(場所) : 처소. 자리. 좌석.
消 사라질 소 ` ` ` ` ` ` ` ` ` ` 消消消	삼수변(氵) 총 10획	• 소화(消化) : 물건이 사라져 없어지거나 바뀜. • 소비(消費) : 써서 없앰. 경제재(經濟財)를 그 용도에 충당함. 사람의 욕망을 충족시키기 위하여 재화를 소모하는 행위. • 해소(解消) : 어떤 관계를 풀어서 없애버림. • 취소(取消) : 글로 적거나 말로 진술한 사실을 말살(抹殺)하여 버림.
速 빠를 속 ´ ̄ ̄ ̄ ̄ 束束束速速速	책받침(辶) 총 11획 쉬엄쉬엄갈 착(辵)	• 속성(速成) : 빨리 이룸. 빨리 됨. • 속결(速結) : 빨리 끝을 맺음. 얼른 결단함. 빨리 결재(決裁)함. • 쾌속(快速) : 썩 빠름. • 졸속(拙速) : 서투르나 빠름. 졸열(拙劣)하지만 빨리 단행함.

孫 손자 손	아들 자(子) 총 10획	• 손자(孫子) : 아들의 아들. • 손부(孫婦) : 손자의 아내. • 외손(外孫) : 딸의 자식. 외손자. 사손(獅孫). • 외가(外家) : 어머니의 친정. 외갓집.
`` ``了子子子孑孫孫孫孫		

手 손 수	손 수(手) 총 4획	• 수족(手足) : 손과 발. • 수결(手決) : 도장 대신으로 자기가 성명이나 직함 　　　　　　　아래에 쓰는 일정한 자형(字形). • 선수(先手) : 선 손. 상대방보다 먼저 손을 씀. • 실수(失手) : 잘못하여 일을 그르침.
ー二三手		

水 물 수	물 수(水) 총 4획	• 수토(水土) : 강과 육지. • 수국(水國) : 강이나 호수(湖水)가 있는 지역(地域). • 산수(山水) : 산과 물. 산에 흐르는 물. 　　　　　　　산수화(山水畵)의 약칭. • 호수(湖水) : 육지가 우묵하게 파이고 물이 괴어 있 　　　　　　　는 곳.
刂刁水水		

數 셈 수	둥글월문(攵) 총 15획 칠 복(攵)	• 수자(數字) : 수를 나타내는 글자. 또는 부호. 　　　　　　　1, 2 따위. 두 서너 글자. • 수년(數年) : 여러 해. • 획수(劃數) : 글씨 획의 수효. 자획의 수. • 일수(日數) : 날의 수효. 그 날의 운수.
＼冂曰曰曰罒罒婁婁婁婁數數數		

樹 나무 수	나무 목(木) 총 16획	• 수목(樹木) : 나무. • 수립(樹立) : 공이나 사업을 세움. 나라를 세움. • 식수(植樹) : 나무를 심음. 식목(植木). • 과수(果樹) : 과실나무. 과실이 열리는 나무.
一十才才才术栌栌栌栌栉椬椬樹樹		

術 재주 술	다닐 행(行) 총 11획	• 술객(術客) : 음양, 점술에 정통한 사람. 술가(術家). • 술책(術策) : 무슨 일을 도모하려는 꾀나 방법. • 도술(道術) : 도가(道家)의 방술(方術). 불로(佛老). 　　　　　또는 선인(仙人)의 도를 행하는 자를 이름. • 요술(妖術) : 사람의 눈을 어리게 하는 야릇한 술법. 　　　　　귀도(鬼道). 마법.
′ ク 彳 乍 疒 彷 徉 徉 術 術 術		

習 익힐 습	깃 우(羽) 총 11획	• 습성(習性) : 버릇. 습관과 성질. 습관에 의해서 이루어진 　　　　　성질. • 습벽(習癖) : 습관에 의하여 아주 몸에 젖어버린 버릇. • 자습(自習) : 스스로 배워 익힘. 자습서(自習書). • 견습(見習) : 남이 하는 것을 보고 익힘. • 실습(實習) : 실지로 익혀 배움. • 복습(復習) : 배운 것을 다시 익힘.
゛ ゛ ヲ ヲ ヲヲ 羽羽 羽羽 智 智 習 習		

勝 이길 승	힘 력(力) 총 12획	• 승부(勝負) : 이김과 짐. 승패(勝敗). • 승지(勝地) : 경치가 좋은 곳. 경치가 좋고 아름다운 　　　　　땅. 경승(景勝). • 결승(決勝) : 맨 마지막 승부를 결정함. • 우승(優勝) : 가장 뛰어남. 첫째로 이김.
ノ 刀 月 月 月 月′ 貯 胖 胖 胖 勝 勝		

時 때 시	날 일(日) 총 10획	• 시간(時間) : 어느 때로부터 어느 때까지의 사이. • 시계(時計) : 시간을 가리키는 기계. • 사시(四時) : 봄, 여름, 가을, 겨울의 네 철. 사계절. • 일시(一時) : 짧은 시간. 잠깐 동안.
┃ 冂 冂 日 日′ 旷 旷 旷 時 時		

市 저자 시	수건 건(巾) 총 5획	• 시내(市內) : 도시의 안쪽. 시중(市中). • 시장(市場) : 도회지의 날마다 쓰는 물건을 사고 파 　　　　　는 곳. • 도시(都市) : 사람이 많이 모여 사는 곳. • 성시(成市) : 저자가 됨. 시장(市場)을 이룸.
′ 亠 宀 市 市		

始 비로소 시	계집 녀(女) 총 8획	• 시종(始終) : 처음과 끝. • 시발(始發) : 맨 처음 떠남. • 시동(始動) : 처음으로 움직이기 시작함. • 개시(開始) : 처음으로 시작함. • 창시(創始) : 일을 처음 시작함. 창개(創開).
ㄥ ㄠ ㄠ ㄠ ㄠ 始 始 始		

植 심을 식	나무 목(木) 총 12획	• 식물(植物) : 나무, 꽃, 풀 등의 총칭. • 식목(植木) : 나무를 심는 것. • 이식(移植) : 나무 등을 옮겨서 심는 것. • 가식(假植) : 작물을 논밭에 심기 전에 못자리에 임 　　　　　　 시로 심는 일. 한때 심기라고도 한다.
一 十 オ オ オ 朾 朾 柿 柿 梢 植 植		

食 밥 식	밥 식(食) 총 9획	• 식사(食事) : 밥을 먹는 일. • 식구(食口) : 같은 집에 살면서 끼니를 함께하는 사람. • 주식(主食) : 주로 먹는 것. • 부식(副食) : 주되는 음식에 딸려 먹게 되는 음식물. 　　　　　　 반찬 따위. • 간식(間食) : 군 음식. • 외식(外食) : 밖에 나가서 음식을 사서 먹음.
ノ 人 ㅅ 亼 亼 今 食 食 食		

式 법 식	주살 익(弋) 총 6획	• 식장(式場) : 식을 거행하는 장소. • 식순(式順) : 의식의 차례. • 구식(舊式) : 옛 형식. 그전 형식. 낡은 형식. 　　　　　　 낡은 방식. • 신식(新式) : 새로운 형식.
一 二 于 ㅜ 式 式		

信 믿을 신	사람인변(亻) 총 9획	• 신의(信義) : 믿음성과 의리. • 신망(信望) : 믿고 바람. 믿음과 덕망. • 자신(自信) : 무슨 일을 넉넉히 해내겠다고 스스로 　　　　　　 믿음. 자부(自負). • 미신(迷信) : 이치에 어긋난 것을 망녕되게 믿음.
ノ イ イ 疒 伫 信 信 信 信		

身 몸 신 `′ ′ ′ ′′ ′′ 身 身`	몸 신(身) 총 7획	• 신체(身體) : 사람의 몸. 체구(體軀). • 신명(身命) : 몸과 목숨. • 수신(修身) : 몸가짐을 닦음. 선(善)으로 나아가게 몸을 닦아 도덕을 배우는 일. • 심신(心身) : 마음과 몸. 정신과 육체.
新 새 신 `′ ′ ′ ′ ′ ′ ′ ′ ′ ′ 新 新 新`	날 근(斤) 총 13획	• 신년(新年) : 새해. • 신춘(新春) : 첫 봄. 새해. • 갱신(更新) : 새로 고침. 다시 새로워짐. • 혁신(革新) : 아주 새롭게 함. 묵은 제도를 고쳐서 새롭게 함. • 유신(維新) : 묵은 제도를 아주 새롭게 고침.
神 귀신 신 `′ ′ ′ ′ ′ ′ ′ ′ ′ 神`	보일 시(示) 총 10획	• 신명(神明) : 천지의 신령. 신(神)의 밝은 지식. • 신통(神通) : 이상하고도 묘함, 모든 일을 신기하게 통달함. • 귀신(鬼神) : 눈에 보이지 않는 무서운 신령. 죽은 사람의 영혼. • 심신(心神) : 마음과 정신.
室 집 실 `′ ′ ′ ′ ′ ′ ′ ′ 室`	갓머리(宀) 총 9획 **집 면(宀)**	• 실가(室家) : 집. 가정(家庭). • 실내(室內) : 방의 안. 옥내(屋內). • 교실(敎室) : 학교에서 수업과 공부를 하는 곳. • 거실(居室) : 거처(居處)하는 방.
失 잃을 실 `′ ′ ′ ′ 失`	큰 대(大) 총 5획	• 실격(失格) : 격식(格式)에 맞지 아니함. 자격을 잃음. • 실례(失禮) : 예의에 벗어남. 또는 그런 일. 무례(無禮). • 손실(損失) : 축나서 없어짐. 밑짐. 손해. 타격. • 득실(得失) : 얻음과 잃음. 이익과 손해. 성공과 실패.

心 마음 심 ㅅ 心心心	마음 심(心) 총 4획	• 심기(心氣) : 사물에 대하여 느끼는 마음. 　　　　　　　마음으로 느끼는 기분(氣分). • 심신(心身) : 마음과 몸. 정신과 육체. • 진심(眞心) : 참된 마음. 본마음. • 인심(人心) : 사람의 마음.
十 열 십 一十	열 십(十) 총 2획	• 십년(十年) : 열 해. • 십지(十指) : 열 개의 손가락. • 삼십(三十) : 서른. 입지(立志). • 칠십(七十) : 일흔. 고희(古稀).
安 편안 안 ㅛ 宀宀安安	갓머리(宀) 총 6획 집 면(宀)	• 안분(安分) : 제분수를 지켜 편안히 있음. • 안전(安全) : 편안하고 온전함. 위험하지 않음. • 불안(不安) : 편안하지 못함. • 미안(未安) : 마음이 편치 못하고 거북함.
愛 사랑 애 ノノノ〃〃〃〃〃惡惡惡愛愛愛愛	마음 심(心) 총 13획	• 애착(愛着) : 애정에 사로잡혀 단념할 수가 없음. • 애친(愛親) : 부모를 사랑으로 섬김. • 박애(博愛) : 모든 사람을 평등하게 다같이 사랑함. • 편애(偏愛) : 편벽된 사랑. 하나에 치우쳐 사랑함. 　　　　　　한 사람만을 유달리 사랑함.
野 들 야 丨冂日日甲甲里野野野野	마을 리(里) 총 11획	• 야외(野外) : 들판. 시가지에서 멀리 떨어진 들. 　　　　　　교외(郊外). • 야심(野心) : 무리한 욕심. 남몰래 품은 소망. • 시야(視野) : 눈에 보이는 힘이 미치는 범위. 지식이나 　　　　　　사려(思慮)의 미치는 범위. 안계(眼界). • 조야(朝野) : 조정과 민간.

夜 밤 야	저녁 석(夕) 총 8획	• 야학(夜學) : 밤에 배우는 공부. • 야음(夜陰) : 밤이 어두울 때. • 철야(徹夜) : 밤을 샘. • 흑야(黑夜) : 캄캄한 밤. 앞이 안 보이는 어두운 밤.
`丶 亠 广 产 疒 夜 夜 夜`		

弱 약할 약	활 궁(弓) 총 10획	• 약관(弱冠) : 남자가 스무살이 된 때. • 약질(弱質) : 몸이 약한 체질. 또는 약한 사람. 　　　　　　약골(弱骨). • 빈약(貧弱) : 보잘것 없음. 가난하고 약함. • 허약(虛弱) : 기력이 약함. • 노약(老弱) : 늙은이와 약한 이. 늙어서 쇠약함.
`7 ㄱ 弓 弓 弓 弱 弱 弱 弱 弱`		

藥 약 약	초두머리(艹) 총 19획	• 약방(藥房) : 한약을 지어 파는 곳. • 약재(藥材) : 약을 짓는데 쓰는 재료. • 보약(補藥) : 몸을 보하는 약. • 첩약(貼藥) : 약방문에 따라 여러 가지 약재를 배합 　　　　　　해서 싼 한방약.
`` 丶 十 卄 卄 ヴ 甘 苩 节 茵 苭 蓳 蒅 蓮 藥 藥 藥`		

洋 큰바다 양	삼수변(氵) 총 9획	• 양식(洋食) : 서양 요리. • 양장(洋裝) : 여자가 서양식으로 몸을 꾸밈. 　　　　　　서양식으로 책을 꾸밈. • 해양(海洋) : 크고 넓은 바다. • 원양(遠洋) : 뭍에서 멀리 떨어진 바다.
`丶 冫 氵 氵 汼 泮 泮 洋 洋`		

陽 볕 양	좌부변(阝) 총 12획 언덕 부(阜)	• 양건(陽乾) : 햇볕에 말림. • 양기(陽氣) : 양의 기운. 만물이 발생 활동하려는 기운. 　　　　　　맑고 환한 남자의 정기(精氣). • 태양(太陽) : 태양계의 중심을 이룬 항성의 하나. 해. • 음양(陰陽) : 천지 만물이 상대되는 두 가지의 성.
`` 7 ㅏ ㅏ ㅏ ㅏ 阝 阝 阼 阻 陽 陽 陽`		

語

말씀 어

말씀 언(言)
총 14획

丶 亠 亠 亠 言 言 言 言 訂 訂 語 語 語 語

- 어색(語塞) : 말을 하다가 막혀서 답변하기 곤란함을 이름.
- 어학(語學) : 언어를 연구하는 학문. 언어학(言語學).
- 국어(國語) : 국민 전체가 쓰는 그 나라의 고유한 말. 우리말. 나랏말.
- 일어(日語) : 일본의 나라 말.

言

말씀 언

말씀 언(言)
총 7획

丶 亠 亠 亠 言 言 言

- 언행(言行) : 말과 행실. 언어행동(言語行動).
- 언어(言語) : 인류가 말소리 또는 글자로서 사상, 감정을 나타내어 전달하는 활동.
- 무언(無言) : 말이 없음.
- 다언(多言) : 말이 많음. 여러 말.
- 과언(寡言) : 말이 적음.
- 신언(愼言) : 말을 삼감.

業

업 업

나무 목(木)
총 13획

丨 丨丨 丨丨 业 业 业 业 业 业 業 業 業 業

- 업무(業務) : 직업으로 하는 일. 맡아서 하는 일.
- 업자(業者) : 그 사업을 직접 경영하는 사람. 당업자(當業者).
- 사업(事業) : 일. 어떤 목적을 가지고 계획적으로 운영되는 일.
- 직업(職業) : 관직상의 일. 일상 종사하는 업무. 생계를 세우기 위한 일. 생업(生業).

然

그럴 연

연화발(灬)
총 12획

丿 ク 夕 夕 夕 夕 夕犬 夕犬 然 然 然 然

- 연즉(然則) : 그런즉. 그러면.
- 연후(然後) : 그런 뒤. 그런 다음.
- 자연(自然) : 사람의 힘을 더하지 않은 상태. 저절로.
- 우연(偶然) : 뜻하지 않은 일.

英

꽃부리 영

초두머리(艹)
총 9획

丶 十 卄 艹 艹 芇 苎 英 英

- 영재(英才) : 뛰어난 재주, 또는 그 사람.
- 영문(英文) : 영어로 쓴 글씨, 또는 책.
- 영특(英特) : 영명스럽고 뛰어남.
- 낙영(落英) : 떨어진 꽃. 꽃이 떨어짐.
- 군영(群英) : 여러 가지 꽃.

永 길 영 ` ⅰ ⅵ 永 永	물 수(水) 총 5획	• 영주(永住) : 오랫동안 한곳에서 삶. • 영원(永遠) : 영구한 세월. 세월이 끝이 없이 길고 오램. • 영영(永永) : 영원히. 언제까지나. • 영면(永眠) : 영원히 잠을 잠. 곧 죽음.
五 다섯 오 一 丁 五 五	두 이(二) 총 4획	• 오색(五色) : 다섯 가지 색깔. 청, 황, 적, 백, 흑. • 오미(五味) : 신맛, 쓴맛, 매운맛, 단맛, 짠맛의 다섯 가지 맛. • 사오(四五) : 넷과 다섯. 네댓. • 십오야(十五夜) : 음력 보름날 밤. 삼오야(三五夜).
午 낮 오 ′ ′ 二 午	열 십(十) 총 4획	• 오전(午前) : 밤 0시부터 낮 12시까지의 동안. 아침부터 점심 때까지. 상오(上午). • 오후(午後) : 낮 12시부터 밤 12시까지. 점심 때부터 저녁 때까지의 사이. 하오(下午). • 정오(正午) : 낮 12시. 오정(午正) 때. • 갑오(甲午) : 육십갑자(六十甲子)의 31번째.
溫 따뜻할 온 ` ⅰ ⅱ ⅳ 沪 沪 沪 泗 温 温 温 温	삼수변(氵) 총 13획	• 온대(溫帶) : 열대와 한대 사이의 지대. • 온실(溫室) : 덥게 장치하여 인공으로 식물을 자라게 하는 방. • 고온(高溫) : 높은 온도. • 기온(氣溫) : 대기의 온도.
王 임금 왕 一 丅 干 王	임금 왕(王) 총 4획	• 왕가(王家) : 임금의 집안. • 왕명(王命) : 임금의 명령. • 선왕(先王) : 선대(先代)의 임금. 선군(先君). • 군왕(君王) : 임금.

外 저녁 석(夕) 총 5획 바깥 외 丿ㄅ夕外外	• 외국(外國) : 자기 나라 밖의 딴 나라. 외방(外邦). • 외교(外交) : 다른 나라와 교제 또는 교섭하여 나라 일을 잘 처리하는 것. • 해외(海外) : 바다를 사이에 두고 떨어져 있는 나라. • 물외(物外) : 형태 있는 물건 이외의 세계. 세상물정을 벗어난 바깥.
勇 힘 력(力) 총 9획 날랠 용 ㄱㄱㄹ厈甬甬甬勇	• 용맹(勇猛) : 날쌔고 사나움. • 용사(勇士) : 용기가 있는 남자. 용감한 군인. • 용감(勇敢) : 씩씩하고 기운차다. • 무용(武勇) : 무예에 익숙하고 용기가 많음. • 만용(蠻勇) : 멋모르고 함부로 날뛰는 용맹. 야만적인 용기.
用 쓸 용(用) 총 5획 쓸 용 丿冂月月用	• 용심(用心) : 마음을 씀. 심술을 부려 남을 해치는 마음. • 용도(用途) : 쓰이는 곳. 쓰이는 길. • 작용(作用) : 움직이게 되는 힘. 한 힘이 다른 힘에 미치어서 영향이 일어나는 힘. • 운용(運用) : 부리어 씀. 잘 이용함. 기회를 잘 살려 서 변통하여 돌려 씀. 활용(活用).
右 입 구(口) 총 5획 오른 우 丿ナ右右右	• 우수(右手) : 오른 손. • 우상(右相) : 우의정(右議政). 의정부(議政府)의 정일 품(正一品) 벼슬. 우정승(右政丞). • 좌우(左右) : 왼쪽과 오른쪽. • 극우(極右) : 극단한 우익사상. 또는 극단한 우익파.
運 책받침(辶) 총 13획 쉬엄쉬엄갈 착(辵) 옮길 운 丶丆冖冃冐冐冒宣軍軍運運運	• 운전(運轉) : 기계나 수레 등을 움직여 굴림. • 운수(運數) : 사람의 힘을 초월한 천운과 기수(氣數). • 대운(大運) : 큰 행운. 굉장히 좋은 운수. • 천운(天運) : 자연히 돌아가는 운수. 하늘이 정한 운수. 천수(天數).

| 園
 동산 원 | 큰입구몸(口)
 총 13획
 나라 국(國)의
 고자(古字) | • 원예(園藝) : 채소, 화초, 과목 따위를 심어 가꾸는 일.
 • 원두(園頭) : 들 근처 밭에 심은 참외, 수박 등.
 • 원두막(園頭幕) : 원두밭을 지키기 위하여 지은 막.
 • 공원(公園) : 공중의 보건, 휴양, 유락(遊樂)을 위하여
 시설된 동산.
 • 화원(花園) : 꽃동산. |
| 丨 冂 冂 冃 冃 冑 冑 周 閉 園 園 園 園 | | |

|  遠
 멀 원 | 책받침(辶)
 총 14획
 쉬엄쉬엄갈
 착(辵) | • 원방(遠方) : 먼 지방. 서울에서 멀리 떨어진 시골.
 • 원대(遠大) : 생각 따위가 멀고 큼.
 • 원거리(遠距離) : 먼 거리. 서로 떨어진 사이가 멀다.
 • 경원(敬遠) : 공경하여 멀리함. 귀신 섬기는 도리.
 • 요원(遼遠) : 아득하게 멂. |
| 一 十 土 十 告 吉 声 亭 袁 袁 遠 遠 遠 遠 | | |

|  月
 달 월 | 달 월(月)
 총 4획 | • 월색(月色) : 달빛.
 • 월석(月夕) : 달 밝은 밤. 달 밝은 저녁. 음 8월 15일.
 • 일월(日月) : 해와 달.
 • 반월(半月) : 반달. |
| 丿 几 月 月 | | |

| 有
 있을 유 | 달 월(月)
 총 6획 | • 유명(有名) : 이름이 있음. 세상에 이름이 널리 알려
 져 있음.
 • 유무(有無) : 있고 없는 것.
 • 국유(國有) : 국가의 소유. 공유(公有).
 • 소유(所有) : 가진 물건. 자기 것으로 가지고 있음. |
| 丿 ナ ナ 才 有 有 有 | | |

|  由
 말미암을 유
 까닭 유 | 밭 전(田)
 총 5획 | • 유래(由來) : 사물의 내력. 종래(從來).
 • 유서(由緒) : 전하여 오는 까닭과 내력.
 • 자유(自由) : 남의 구속을 받지 않고 제 마음대로 함.
 제가 뜻하는 대로 함. 마음 내키는 대로
 함. 권리와 의무를 가지는 일.
 • 사유(事由) : 일의 까닭. 연유(緣由). |
| 丨 冂 由 由 由 | | |

油 기름 유	삼수변(氵) 총 8획	• 유전(油田) : 석유가 매장되어 있는 곳. • 유지(油脂) : 동 · 식물에서 짜낸 기름. • 석유(石油) : 여러 가지 탄화수소의 혼합물. 　　　　　　등불, 땔감으로 사용하는 기름. • 원유(原油) : 땅속에서 천연으로 산출된 그대로의 광유 　　　　　　(鑛油). 이것을 가공하여 경유, 휘발유, 등유를 만듦.
`丶丶氵氵汈油油油`		
育 기를 육	육달 월(月,肉) 총 8획	• 육성(育成) : 길러냄. 길러서 자라나게 함. 　　　　　　양성(養成). • 육영(育英) : 수재(秀才)를 교육함을 이름. • 교육(敎育) : 가르치고 지도하는 것. • 보육(保育) : 어린이를 보살펴 기름.
`丶一ㅗ云本育育育`		
銀 은 은	쇠 금(金) 총 14획	• 은전(銀錢) : 은으로 만든 돈. 은돈, 은자(銀子), 은화. • 은행(銀行) : 예금, 대부 등을 업무로 하는 대표적인 　　　　　　금융기관. • 금은(金銀) : 금과 은. 보화를 이름. • 양은(洋銀) : 구리, 아연, 니켈을 합금하여 만든 쇠.
`丿𠂉𠂉仁牟牟余金金金釒釸釼鋃銀`		
音 소리 음	소리 음(音) 총 9획	• 음악(音樂) : 소리의 고저, 장단, 강약을 일정한 방 　　　　　　법에 의하여 조화하고 결합시켜 미감 　　　　　　(美感)을 일으키게 하는 예술. • 음율(音律) : 소리. 음악의 가락. • 발음(發音) : 목소리를 냄. • 소음(騷音) : 시끄러운 소리. 공해(公害)가 됨.
`丶二亠立产音音音音`		
飮 마실 음	밥 식(食) 총 13획	• 음식(飮食) : 먹고 마심. 또는 그 물건. • 음료(飮料) : 술, 차, 물 등과 같이 마시는 물건. • 음료수(飮料水) : 먹는 물. 마셔서 해롭지 않은 물. • 통음(痛飮) : 술을 흠씬 많이 마심. • 폭음(暴飮) : 술을 마구 많이 마심. 아무것이나 가리 　　　　　　지 않고 마심.
`丿𠂉𠂉仒牟余余食食食飮飮飮`		

邑 고을 읍	고을 읍(邑) 총 7획	• 읍내(邑內) : 고을 안. • 읍장(邑長) : 고을의 우두머리. • 도읍(都邑) : 서울. • 군읍(郡邑) : 옛날의 지방 제도인 주(州), 부(府), 　　　　　　　군(郡), 현(縣)의 총칭. 군현(郡縣).

丶 冖 吊 吊 呂 邑 邑

意 뜻 의	마음 심(心) 총 13획	• 의견(意見) : 마음속에 느낀 생각. 의사(意思). • 의지(意志) : 마음, 생각, 뜻. 생각하고 선택하고 결심 　　　　　　　하여 실행하는 능력. 지식 감정과 대립되 　　　　　　　는 정신작용. • 호의(好意) : 친절한 마음씨. 선의(善意). • 고의(故意) : 일부러 함. 남의 권리를 침해함을 알고 　　　　　　　도 행하는 의식.

丶 亠 亠 立 产 音 音 音 意 意 意

醫 의원 의	닭 유(酉) 총 18획	• 의사(醫師) : 의술에 의하여 병을 고치는 일을 업으 　　　　　　　로 삼는 사람. • 의료(醫療) : 병을 치료함. 또는 고치는 일. • 명의(名醫) : 이름난 의사 • 한의(漢醫) : 한방(漢方)의 의술.

一 厂 匸 医 医 医 医 医 医 医 医 医 医 医 医 醫 醫 醫 醫

衣 옷 의	옷 의(衣) 총 6획	• 의식(衣食) : 의복과 음식. • 의식주(衣食住) : 사람이 생활하는 세가지 요소. 　　　　　　　　　곧 옷과 양식과 집. 의복, 음식, 주택. • 상의(上衣) : 저고리. 웃옷. • 하의(下衣) : 아랫바지. 아래옷. • 내의(內衣) : 속옷.

丶 亠 ナ ナ 亦 衣

二 두 이	두 이(二) 총 2획	• 이세(二世) : 다음 세대. • 이중(二重) : 겹침. 두 겹. • 일이(一二) : 한 둘. 하나 둘. • 십이(十二) : 열 둘.

一 二

人 사람 인 ノ 人	사람 인(人) 총 2획	• 인간(人間) : 사람. 인류. 사람이 사는 곳. • 인생(人生) : 생명을 가진 사람. 사람이 이 세상에 살아있는 동안. 　　　　　　　 일생(一生). 사람의 생활. • 주인(主人) : 한 집안의 어른. 손님을 상대하는 주장. • 주인장(主人丈) : 남편을 달리 이르는 말. 주인공(主人公). 고용자 　　　　　　　 를 고용하는 사람. 나그네를 치르는 사람. • 명인(名人) : 이름난 사람.
一 한 일 一	한 일(一) 총 1획	• 일생(一生) : 살아 있는 동안. • 일두(一頭) : 한 마리. 소, 말, 양 등 동물을 세는데 　　　　　　　 쓰는 말. • 동일(同一) : 똑같음. 다른 데가 없이 똑같음. • 합일(合一) : 합쳐서 하나가 됨.
日 날 일 l 冂 日 日	날 일(日) 총 4획	• 일출(日出) : 해가 솟아 오름. • 일입(日入) : 해가 짐. 일몰(日沒). • 평일(平日) : 보통 날. 보통 때. 평시(平時). • 공일(空日) : 쉬는 날. 일요일.
入 들 입 ノ 入	들 입(入) 총 2획	• 입구(入口) : 들어가는 어귀. • 입격(入格) : 격식 조건에 맞음. 또는 자격을 얻음. 　　　　　　　 생원(生員), 진사(進士), 초시(初試)에 　　　　　　　 합격함. • 출입(出入) : 나가고 들어오는 것. • 불입(拂入) : 치를 돈을 넣음.
子 아들 자 ㄱ 了 子	아들 자(子) 총 3획	• 자손(子孫) : 아들과 손자. • 자식(子息) : 아들과 딸을 통털어 일컬음. • 동자(童子) : 사내아이. • 수자(豎子) : 더벅머리 아이. 　　　　　　　 남을 경멸하여 일컫는 말.

字	아들 자(子)	• 자수(字數) : 글자의 수.
글자 자	총 6획	• 자모(字母) : 한 음절을 자음과 모음으로 갈라서 적을 수 있는 낱낱의 글자. 어미 자.
` ´´ ´´ 宀 宁 字 字		• 문자(文字) : 말의 음과 뜻을 표시하는 시각적 기호. 한문으로 된 어려운 귀절.
		• 약자(略字) : 글자의 획수를 줄여 간략하게 쓴 글자.

自	스스로 자(自)	• 자유(自由) : 남의 구속을 받지 않고 제 마음대로 함.
스스로 자	총 6획	• 자기(自己) : 나. 그 사람 자신.
´ ´ 冂 冃 自 自		• 각자(各自) : 각각의 자기 자신. 제각기.
		• 독자(獨自) : 혼자. 자신에게만 특유함.

者	늙을로엄(耂)	• 사자(使者) : 사명을 띤 사람. 심부름을 하는 사람.
놈 자	총 9획	• 필자(筆者) : 글이나 글씨를 쓴 사람.
一 十 土 少 耂 耂 者 者 者		• 혹자(或者) : 어떠한 사람.
		• 술자(述者) : 짓는 사람.

昨	날 일(日)	• 작일(昨日) : 어제.
어제 작	총 9획	• 작금(昨今) : 어제와 이제. 요즈음.
∣ 冂 冃 日 旷 旷 昨 昨 昨		• 작년(昨年) : 지난해.
		• 재작년(再昨年) : 그러께. 지지난해.

作	사람인변(亻)	• 작국(作局) : 체격이나 짜임새 등이 갖추어 있음. 골상(骨相). 묏자리 따위의 생김새.
지을 작	총 7획	• 작란(作亂) : 난리를 일으킴. 애들이 까불면서 노는 것.
´ 亻 亻´ 亻´ 亻´ 作 作		• 시작(始作) : 처음으로 함. 하기를 비롯함.
		• 풍작(豊作) : 풍년이 든 농사.
		• 흉작(凶作) : 농작물이 잘 되지 못함.

場 마당 장	흙 토(土) 총 12획	• 장소(場所) : 처소. 자리. 좌석. 무엇이 있거나 무슨 일이 벌어지는 곳. • 장내(場內) : 장소의 안. 회장(會場)의 내부(內部). • 도장(道場) : 무술을 단련하는 곳. 마음을 수련하는 곳. • 입장(入場) : 식장(式場)이나 장내에 들어감.
一 十 土 扩 护 护 护 坍 坍 塄 場 場		

長 길 장	길 장(長) 총 8획	• 장형(長兄) : 맏형. • 장자(長子) : 맏아들. • 가장(家長) : 집안의 어른. • 문장(門長) : 문중(門中)의 어른. 한 집안에서 항열 (行列)로나 나이로나 가장 높은 사람.
丨 厂 厂 F 토 툰 퉂 長		

章 글 장	설 립(立) 총 11획	• 장귀(章句) : 글의 장과 귀절. • 훈장(勳章) : 나라에 훈공이 있는 사람에게 내리는 휘장(徽章). • 휘장(徽章) : 신분을 나타내기 위하여 옷 모자 등에 붙이는 표장(表章). • 도장(圖章) : 인(印), 인장(印章)의 속칭.
丶 亠 亠 立 产 产 音 音 音 童 章		

才 재주 재	재방변(扌) 총 3획	• 재사(才士) : 재주가 있는 사람. • 재간(才幹) : 일을 적절하게 잘 처리하는 능력(기능). • 천재(天才) : 날 때부터 갖춘 뛰어난 재주, 또는 그 사람. • 범재(凡才) : 평범한 재주.
一 十 才		

在 있을 재	흙 토(土) 총 6획	• 재가(在家) : 집에 있음. 집에서 중처럼 도를 닦음. • 재야(在野) : 초야(草野)에 파묻혀 있음. 관계(官界) 에 나가지 아니하고 민가(民家)에 있음. • 존재(存在) : 사물이 있음. 현재 있음. • 소재(所在) : 있는 바. 있는 곳.
一 ナ 才 才 在 在		

 全 들 입(入) 총 6획 온전 전 丿 人 人 仝 仝 全	• 전국(全國) : 한나라의 전체. • 전체(全體) : 온통. 전부. 총체. • 완전(完全) : 부족함이 없음. 필요한 것이 모두 갖추어져 있음. • 만전(萬全) : 아주 완전함. 조금도 실수가 없음.
 前 선칼도방(刂) 총 9획 앞 전 丶 丷 广 广 岃 肀 前 前 前	• 전후(前後) : 앞과 뒤. 먼저와 나중. • 전방(前方) : 중심의 앞쪽. 일선(一線). 전선(戰線). • 사전(事前) : 일이 발생(發生)하기 전. • 생전(生前) : 살아 있는 동안.
 電 비 우(雨) 총 13획 번개 전 一 厂 厅 币 币 雨 雨 雨 雨 雷 雷 雷 電	• 전기(電氣) : 전자의 이동으로 생기는 에너지의 형태. • 전화(電話) : 전화기로 서로 이야기 함. • 발전(發電) : 전기를 일으킴. • 정전(停電) : 송전(送電)이 중지됨.
 戰 창 과(戈) 총 16획 싸움 전 丶 丷 꾸 꾸 꾸 严 严 哥 哥 單 單 鄆 戰 戰 戰	• 전쟁(戰爭) : 싸움. 무력으로 국가 간에 싸우는 일. 병과(兵戈). • 전선(戰線) : 전쟁을 하고 있는 지대. 일선(一線). • 격전(激戰) : 격렬(激烈)한 싸움. • 정전(停戰) : 싸우는 일을 중지함.
 正 그칠 지(止) 총 5획 바를 정 一 丁 下 正 正	• 정직(正直) : 마음이 바르고 곧음. • 정도(正道) : 올바른 길. 바른 도리(道理). • 부정(不正) : 바르지 않음. 옳지 못한 짓. 정직하지 않음. 온당하지 않음. • 시정(是正) : 그릇된 것을 바로 잡음.

庭 뜰 **정**	엄호밑(广) 총 10획 집 **엄**(广)	• 정원(庭園) : 집에 딸린 뜰. 집안에 있는 화원(花園). • 정구(庭球) : 테니스. • 가정(家庭) : 집안. • 교정(校庭) : 학교의 마당. • 후정(後庭) : 뒤 뜰. 후미진 곳.
丶 亠 广 广 庀 庄 庄 庭 庭 庭		

定 정할 **정**	갓머리(宀) 총 8획 집 **면**(宀)	• 정가(定價) : 정해놓은 값. 값을 정함. • 정각(定刻) : 정한 시각. 일정한 시각. • 긍정(肯定) : 그렇다고 인정함. • 부정(否定) : 그러하다고 인정하지 않음. • 미정(未定) : 아직 결정하지 못함. • 부정(不定) : 일정하지 않음.
丶 丶 宀 宀 宁 宇 宇 定		

弟 아우 **제**	활 **궁**(弓) 총 7획	• 제자(弟子) : 문인(門人). 가르침을 받은 사람. • 제부(弟夫) : 자매간 아우의 남편(男便). 제랑(弟郎). • 자제(子弟) : 남의 아들. 남을 높혀 그 아들을 일컫는 말. • 형제(兄弟) : 형과 아우. 곤계(昆季).
丶 丷 丷 当 肖 弟 弟		

第 차례 **제**	대 **죽**(竹) 총 11획	• 제일(第一) : 첫째. 가장. • 제삼자(第三者) : 당사자(當事者) 밖의 사람. 나와는 관계가 없는 사람. 삼자(三者). • 급제(及第) : 과거(科擧)에 합격함. 시험에 합격함. • 낙제(落第) : 시험에 떨어짐. 낙방(落榜).
丿 𠂉 𠂉 𥫗 𥫗 竺 笃 笃 笃 第 第		

題 제목 **제**	머리 **혈**(頁) 총 18획	• 제목(題目) : 글제. 책 겉에 쓰는 책의 이름. 표제(表題). • 제자(題字) : 책 머리나 족자 같은데 쓴 글자. • 화제(話題) : 이야기꺼리. 이야기 제목. • 문제(問題) : 대답을 얻기 위한 물음. • 주제(主題) : 주장이 되는 제목. 주제파악(主題把握).
丨 冂 日 日 旦 早 早 是 是 是 是 題 題 題 題 題 題 題		

| 祖
 할아비 조 | 보일 시(示)
 총 10획 | • 조국(祖國) : 조상 때부터 살아온 나라.
 • 조모(祖母) : 할머니.
 • 선조(先祖) : 먼 대의 조상. 부조(父祖).
 • 시조(始祖) : 한 종족의 맨 우두머리 조상.
    비조(鼻祖), 태조(太祖). |
| `一 二 ｊ ｊ ｊ ｊ ｊ ｊ 和 祖 祖` | | |

| 朝
 아침 조 | 달 월(月)
 총 12획 | • 조간(朝刊) : 아침에 발간하는 신문.
 • 조공(朝貢) : 작은 나라가 큰 나라에게 물건을 바치
    는 일.
 • 힐조(詰朝) : 이른 아침.
 • 숭조(崇朝) : 조반을 들 때까지의 이른 아침. |
| `一 十 十 古 古 古 亩 卓 朝 朝 朝 朝` | | |

| 足
 발 족 | 발 족(足)
 총 7획 | • 족장(足掌) : 발바닥.
 • 족하(足下) : 편지받을 사람의 성명 아래에 쓰는
    경칭의 한 가지.
 • 부족(不足) : 모자람. 넉넉하지 못함.
 • 만족(滿足) : 조금도 언짢음이 없음. 흐뭇함.
    마음이 흡족(洽足)함. |
| `丶 口 口 口 尸 足 足` | | |

| 族
 겨레 족 | 모 방(方)
 총 11획 | • 족장(族丈) : 같은 문중(門中)의 유복친(有服親) 이외의 웃
    항열(行列)이 되는 어른.
 • 족친(族親) : 유복친 이외의 같은 성의 일가.
 • 민족(民族) : 말과 풍속이 같고 독특한 문화를 가지는 같
    은 겨레.
 • 동족(同族) : 같은 겨레. 동일한 종족.
 • 부족(部族) : 공통된 언어 종교를 가진 지역적인 공동체
    로서 원시적 민족의 단위를 이루는 것. |
| `丶 亠 亍 方 方 方 芳 芳 族 族 族` | | |

| 左
 왼 좌 | 장인 공(工)
 총 5획 | • 좌편(左便) : 왼쪽.
 • 좌천(左遷) : 중앙에서 지방으로 전근이 됨.
    높은 지위에서 낮은 지위로 떨어짐.
 • 부좌(祔左) : 부부(夫婦)를 합장(合葬)하는데
    아내를 남편의 왼편에 묻음.
 • 강좌(江左) : 강 왼쪽. 강동(江東)과 같음. |
| `一 ナ 左 左 左` | | |

主 주인 주 `丶 亠 宀 主 主`	점 주(丶) 총 5획	• 주객(主客) : 주인과 손. 주빈(主賓). • 주상(主上) : 임금. 군상(君上). • 자주(自主) : 자신이 일을 스스로 처리함. 남의 보호나 간섭을 받지 아니함. • 민주(民主) : 주권(主權)이 국민에게 있음.

住
 살 주
 `丿 亻 亻 亻 住 住 住`
	사람인변(亻)
	 총 7획
		• 주소(住所) : 살고 있는 곳. 생활의 근거를 둔 곳.
		          현주소(現住所).
		 • 주민(住民) : 그 땅에 사는 사람.
		 • 거주(居住) : 한곳에 삶. 일정한 곳에 자리잡고 머물
		          러 삶.
		 • 이주(移住) : 집을 옮겨서 삶.

注
 물댈 주
 `丶 丶 氵 氵 浐 注 注 注`
	삼수변(氵)
	 총 8획
		• 주의(注意) : 마음에 두어 조심함. 곁으로부터 충고
		          함. 어떤 대상에 정신을 집중함.
		 • 주력(注力) : 힘을 들임.
		 • 집주(集注) : 한곳으로 모음. 한곳에 힘을 쏟음.
		 • 경주(傾注) : 기울여 부음. 강물이 급히 바다로 흘러
		          들어감.

晝 낮 주 `フ コ ヨ ヨ ま 尹 書 書 書 書 晝`	날 일(日) 총 11획	• 주간(晝間) : 낮 동안. • 주야(晝夜) : 밤낮. 주소(晝宵). • 주식(晝食) : 점심. • 백주(白晝) : 대낮.
中 가운데 중 `丨 冂 口 中`	뚫을 곤(丨) 총 4획	• 중심(中心) : 한가운데가 되는 곳. 매우 중요한 지위. 줏대. • 중간(中間) : 한가운데. 중앙(中央). • 천중(天中) : 하늘의 한가운데. 이마의 위쪽. • 인중(人中) : 코와 입 사이에 오목하게 파인 곳.

重 무거울 중	마을 리(里) 총 9획	• 중요(重要) : 매우 귀중하고 중요로움. • 중책(重責) : 중요한 책임. 엄중한 책망. • 자중(自重) : 제 스스로를 소중하게 여김. 말과 행동 을 조심하여 제 스스로를 훌륭하게 함. 물건이 가진 무게. 제 무게. • 경중(輕重) : 가볍고 무거움. 큰일과 작은 일.
ノ 亠 亠 亡 肙 肙 肙 重 重		

紙 종이 지	실 사(糸) 총 10획	• 지필(紙筆) : 종이와 붓. • 지폐(紙幣) : 금속화폐 대신 주로 국내에서 강제 통용 되는 종이로 만든 화폐. • 휴지(休紙) : 못쓰게 된 종이. 수지. • 파지(破紙) : 찢어진 종이.
ㄱ ㄠ ㄠ ㄠ ㄠ 糸 糸 紅 紙 紙		

地 땅 지	흙 토(土) 총 6획	• 지상(地上) : 땅위. 땅의 거죽이 되는 위. • 지방(地方) : 수도(首都) 이외의 시골. • 농지(農地) : 농사짓는 땅. • 공지(空地) : 빈터. 공터.
一 十 土 圵 地 地		

直 곧을 직	눈 목(目) 총 8획	• 직전(直前) : 바로 앞. 일이 생기기 바로 전. • 직기(直己) : 자기 몸을 바르게 가짐. • 수직(守直) : 맡아서 지킴. • 숙직(宿直) : 직장에서 잠을 자면서 지키는 일.
一 十 十 方 方 首 直 直		

集 모을 집	새 추(隹) 총 12획	• 집합(集合) : 한곳으로 모임. 한곳으로 모음. • 집산(集散) : 한곳으로 모여듦과 거기서 흩어져 나감. • 모집(募集) : 희망자를 널리 모음. 뽑아서 모음. • 수집(收集) : 거두어 모음. • 소집(召集) : 불러서 모음. 제대 군인이나 예비역 군 인을 필요에 의하여 불러 모음.
ノ イ イ 亻 亻 亻 隹 隹 隹 隼 集 集 集		

窓 창 창 `丶丶宀宀灾灾空空窓窓窓`	구멍 혈(穴) 총 11획	• 창문(窓門) : 햇빛과 통풍을 위하여 별도로 지붕에 만든 문. • 창구(窓口) : 문서나 돈 따위를 받아들이거나 내어주기 위하여 자그마하게 만든 창문. • 동창(同窓) : 한 학교에서 같이 공부한 사람. 동창생(同窓生). • 사창(紗窓) : 사(紗)로 바른 창. 여자가 거처하는 방의 창문을 비유하는 말. ※ 紗는 발이 성긴 얇은 비단. • 객창(客窓) : 나그네가 거처하는 방. 객지에서 묵고 있는 방. 여창(旅窓).
千 일천 천 `丿二千`	열 십(十) 총 3획	• 천년(千年) : 1년의 천 갑절. 썩 오랜 세월. 천재(千載). • 천자(千字) : 한자의 천 글자. 천자문. • 수천(數千) : 천의 여러 배. 아주 많은 수(數). • 삼천(三千) : 우리 한국과 관계있는 수. 삼천리 강토. 삼천궁녀.
天 하늘 천 `一二チ天`	큰 대(大) 총 4획	• 천지(天地) : 하늘과 땅. 소양(霄壤). • 천하(天下) : 하늘 아래의 온 세상. • 상천(上天) : 하늘. 하느님. 겨울하늘. • 호천(昊天) : 넓고 큰 하늘. 여름하늘.
川 내 천 `丿刂川`	내 천(川) 총 3획	• 천류(川流) : 냇물이 흐름. • 천택(川澤) : 내와 못. • 하천(河川) : 시내. • 대천(大川) : 큰 하천.
青 푸를 청 `一十丰主丰青青青`	푸를 청(青) 총 8획	• 청년(青年) : 20~30세 가량의 젊은 사람. • 청사(青史) : 역사적인 사실을 적은 책. 사기(史記). • 남청(藍青) : 짙고 검푸른 빛. • 군청(群青) : 짙은 남색 물감.

清 맑을 청	삼수변(氵) 총 11획	• 청풍(淸風) : 맑은 바람. • 청백(淸白) : 청렴하고 결백함. • 청량(淸凉) : 맑고 서늘함. • 청아(淸雅) : 깨끗하고 속되지 않음. 맑고 우아함. • 숙청(肅淸) : 잘못이나 그릇된 일. 또는 그런 사람을 치워 없앰.
`丶亠氵汁汁汁洁洁清清清`		

體 몸 체	뼈 골(骨) 총 23획	• 체구(體軀) : 몸뚱이. • 체격(體格) : 몸의 생김새나 골격. 근육 골격 영양 상태로 나타나는 몸의 외관적 형상의 전체. 형격(形格). • 육체(肉體) : 물질적인 신체. 육신(肉身). • 영체(靈體) : 영묘한 몸. 신령한 몸. • 복합체(複合體) : 두 가지 이상이 거듭하여 합쳐진 몸.
`體體體體體體體體體體體體體體體體體體體體體體體`		

草 풀 초	초두머리(艹) 총 10획	• 초가(草家) : 볏짚으로 이엉을 엮어 지붕을 이은 집. 초려(草廬). • 초막(草幕) : 조그마한 초가의 별장. • 수초(水草) : 물과 풀. 물속에서 자라는 풀. • 야초(野草) : 사람이 가꾸지 않고 저절로 나는 풀.
`丶亠艹艹苜苜苜草草草`		

寸 마디 촌	마디 촌(寸) 총 3획	• 촌수(寸數) : 친족 간의 멀고 가까운 관계를 나타내는 수. • 촌음(寸陰) : 얼마 못되는 짧은 시간. 촌각(寸刻). • 삼촌(三寸) : 아버지의 형제를 말함. • 사촌(四寸) : 삼촌이나 이모, 고모 등의 아들딸.
`一寸寸`		

村 마을 촌	나무 목(木) 총 7획	• 촌민(村民) : 시골 사람. 농촌에 사는 사람. 촌맹(村氓). • 촌부(村婦) : 시골의 부녀자(婦女子). • 산촌(山村) : 산에 있는 마을. 두메. • 어촌(漁村) : 고기잡이를 하는 사람들이 모여 사는 마을.
`一十才木村村村`		

秋 가을 추	벼 화(禾) 총 9획	• 추풍(秋風) : 가을바람. • 추색(秋色) : 가을철의 빛. 또는 경치. 추광(秋光). • 중추(中秋) : 음력 8월 보름. 추석. 한가위. • 만추(晩秋) : 늦가을. 모추(暮秋).
ノ ニ 千 禾 禾 禾 秒 秋 秋		

春
봄 춘
	날 일(日)
	총 9획
		• 춘추(春秋) : 봄과 가을. 어른의 나이. 세월. 중국 노
		      (魯)나라의 역사서. 대의명분을 밝혀 세
		      우는 사필(史筆)의 준엄한 논법.
		• 춘화(春花) : 봄철에 피는 꽃.
		• 삼춘(三春) : 봄의 석 달. 세 해의 봄.
		• 양춘(陽春) : 음력 정월(正月)의 딴 이름.

一 二 三 丰 夫 未 春 春 春		

出 날 출	위튼입구몸(凵) 총 5획 입벌릴 감(凵)	• 출구(出口) : 나가는 곳. • 출생(出生) : 세상에 태어남. • 월출(月出) : 달이 뜸. • 산출(算出) : 계산(計算)하여 냄.
丨 屮 屮 出 出		

親
친할 친
	볼 견(見)
	총 16획
		• 친척(親戚) : 혈족관계(血族關係)와 배우자(配偶者)
		      관계에 있는 사람들.
		• 친지(親知) : 아주 가깝게 지내는 사람.
		• 친가(親家) : 시집간 여자의 생가(生家). 본가댁.
		      친정(親庭).
		• 양친(兩親) : 부모. 쌍친(雙親).
		• 가친(家親) : 어버이.
		• 친형제(親兄弟) : 친언니와 친동생.

` ㅗ ㅗ 立 立 辛 辛 亲 亲 亲 新 新 親 親 親 親		

七
일곱 칠
	한 일(一)
	총 2획
		• 칠석(七夕) : 견우와 직녀가 만난다는 음력 7월 7일.
		• 칠보(七寶) : 금(金), 은(銀), 유리(琉璃), 산호(珊瑚), 호박
		      (琥珀), 차거(硨磲), 마노(瑪瑙).
		• 칠규(七竅) : 얼굴에 있는 귀, 눈, 코, 입의 일곱 구멍을
		      일컬음.
		• 칠교(七敎) : 사람이 지켜나갈 일곱 가지 가르침. 군신(君
		      臣), 부자(父子), 형제(兄弟), 부부(夫婦), 장
		      유(長幼), 붕우(朋友), 빈객(賓客).

一 七		

太 클 태 一 ナ 大 太	큰 대(大) 총 4획	• 태음(太陰) : 달을 지구의 위성(緯星)으로 일컫는 말. • 태수(太守) : 지방관(地方官). 지방관으로 한 주(州) 의 장관. • 태자(太子) : 천자, 제후의 맏아들. 한(漢)나라 이후에 는 황태자만을 이름. • 태후(太后) : 살아 있는 황제의 어머니. 황태후(皇太后). • 두태(豆太) : 팥과 콩.
土 흙 토 一 十 土	흙 토(土) 총 3획	• 토지(土地) : 땅. 흙. 지면(地面). 지각(地殼). • 토석(土石) : 흙과 돌. • 옥토(沃土) : 기름진 땅. 비양(肥壤). • 박토(薄土) : 메마른 땅. 척토(瘠土).
通 통할 통 丶 ㄱ ㄱ 甬 甬 甬 甬 涌 涌 涌 通	책받침(辶) 총 11획 쉬엄쉬엄갈 착(辶)	• 통근(通勤) : 근무처에 일하러 다님. • 통달(通達) : 막힘없이 환히 통함. 사물에 거침없이 숙달함. 통 하여 알려줌. 통지(通知). 상급관청이 소관의 기관 (機關) 및 직원에 대하여 행하는 통지. 통첩(通牒). • 통과(通過) : 통하여 지나감. 회의에서 의안이 가결(可決)됨. 관청에 제출한 원서가 허가됨. • 도통(道通) : 사물의 묘리(妙理)를 깨달아서 통함. • 신통(神通) : 모든 일을 신기하게 통달함. 이상하고도 묘함. • 방통(旁通) : 조리가 있고 분명하게 잘 앎.
特 특별할 특 丿 亠 牛 牜 牜 牜 牜 特 特 特	소 우(牛) 총 10획	• 특별(特別) : 일반과 다름. • 특혜(特惠) : 특별히 베푸는 은혜. • 특허(特許) : 특별히 허가함. • 특성(特性) : 그것에만 있는 특별한 성질. • 특수(特殊) : 특별히 다름. • 독특(獨特) : 특별하고 다름.
八 여덟 팔 丿 八	여덟 팔(八) 총 2획	• 팔자(八字) : 사람의 생년월일시의 간지(干支). 평생의 운수. • 팔도(八道) : 우리 나라의 여덟 개의 도. • 칠팔(七八) : 그 수량이 일곱이나 여덟임을 나타내는 말. • 남팔(南八) : 남씨의 여덟째 아들.

便 편할 편 동오줌 변 ノ イ イ´ イ‾ 佰 佰 佰 便 便	사람인변(イ) 총 9획	• 편지(便紙) : 소식을 서로 알리는 글. • 편안(便安) : 편하고 한결같이 좋음. • 불편(不便) : 편하지 못함. • 변소(便所) : 뒷간. 화장실. • 변비(便秘) : 대변이 잘 뉘지 않는 병. • 대소변(大小便) : 사람의 똥과 오줌.
平 평평할 평 ‾ ㄷ ㄷ ㄢ 平	방패 간(干) 총 5획	• 평안(平安) : 무사하여 마음에 걱정이 없음. • 평생(平生) : 일생(一生). 나서 죽을 때까지의 동안. • 불평(不平) : 평평하지 아니함. 공평하지 아니함. 　　　　　　　불만이 있어 못마땅하게 여김. 병으로 　　　　　　　몸이 편하지 못함. 남에게 원망을 품음. • 형평(衡平) : 고요한 물 위와 같이 평평한 상태.
表 겉 표 一 十 卅 主 步 表 表 表	옷 의(衣) 총 8획	• 표리(表裏) : 겉과 속. 안과 밖. 앞과 뒤. • 표면(表面) : 겉으로 드러난 면. • 표시(表示) : 나타내어 보임. • 표정(表情) : 감정을 외모에 나타냄. 또는 그 감정. 따뜻한 정 　　　　　　　의를 밖으로 나타냄. • 정표(情表) : 물건을 보내어 따뜻한 마음을 표함. 또는 그 물건. • 도표(圖表) : 그리어 나타낸 표. 그림표. • 발표(發表) : 널리 드러내어 세상에 알림. 여러 사람에게 　　　　　　　드러내 보임.
風 바람 풍 ノ 几 凡 凡 凨 風 風 風 風	바람 풍(風) 총 9획	• 풍월(風月) : 청풍(淸風)과 명월(明月)의 뜻으로 자연의 미를 이르는 말. 　　　　　　　음풍농월(吟風弄月). • 풍우(風雨) : 바람과 비. 비바람. • 풍상(風霜) : 바람과 서리. 많이 격는 세상의 고난. • 풍진(風塵) : 바람에 불려 일어나는 티끌. 더럽혀진 속세. 풍진세상(風塵世上). • 풍경(風景) : 경치, 경관(景觀). 풍경화(風景畵). • 풍운(風雲) : 바람과 구름. 영웅이 큰 뜻을 펼 수 있는 좋은 기회. 　　　　　　　풍운아(風雲兒). 풍운조화(風雲造化). • 풍류(風流) : 속된 일을 떠나서 풍치가 멋있게 노는 일. 운치 있는 일. 　　　　　　　풍류남아(風流男兒). • 가풍(家風) : 집안의 풍속. 교화.　　• 위풍(威風) : 위엄이 서리는 풍채. • 폭풍(暴風) : 매우 거세게 부는 바람
下 아래 하 一 丁 下	한 일(一) 총 3획	• 하수(下手) : 손을 댐. 착수(着手). 솜씨가 낮음. 　　　　　　　낮은 실력을 가진 사람. • 하류(下流) : 강이나 내의 흘러내리는 아래편. 하등 (下 　　　　　　　等)의 지위. 하등사회(下等社會)를 말함. • 지하(地下) : 땅속. 구천(九泉). • 수하(手下) : 손아래.

夏 여름 하 一 ㄱ ㄱ 万 万 币 百 頁 頁 夏 夏	뒤져올 치(夊) 총 10획	• 하복(夏服) : 여름에 입는 옷. 여름옷. 하의(夏衣). • 하운(夏雲) : 여름철의 구름. 산봉우리같이 기이하게 　　　　　　솟아오른 여름철의 구름. • 성하(盛夏) : 한창인 여름. 한여름. • 염하(炎夏) : 여름. 더운 여름.

學 배울 학 ´ ´ ´ ぐ ぐ 的 的 酮 酮 酮 與 與 學 學 學	아들 자(子) 총 16획	• 학교(學校) : 일정한 설비와 방안으로써 계속적으로 　　　　　　학생을 가르치는 교육기관. • 학원(學院) : 일정한 자격을 갖추지 못한 학교. • 입학(入學) : 학교에 들어감. • 휴학(休學) : 학업(學業)을 쉼. 병 따위로 재적(在籍) 　　　　　　한 채 학교를 일정기간 쉼.

漢 한수 한 ` `丶氵氵汀汁汁洪洪洪洪漢漢漢	삼수변(氵) 총 14획	• 한문(漢文) : 중국 한대(漢代)의 문장. 한자로 된 글. • 한학(漢學) : 한어(漢語)에 관한 학문. • 운한(雲漢) : 밝은 달밤에 흰 구름 모양으로 남북으 　　　　　　로 길게 보이는 별의 무리 은하(銀河). • 괴한(怪漢) : 행동이 괴상한 사나이.

韓 나라 한 一 十 + 古 古 吉 章 卓 朝 勒 勒 較 較 較 較 韓 韓	다룸가죽위(韋) 총 17획	• 한국(韓國) : 우리 나라를 일컬음. • 한중(韓中) : 한국과 중국. • 남한(南韓) : 38선 이남의 한국. • 삼한(三韓) : 상고시대에 우리 나라 남쪽에 있었던 　　　　　　세 나라. 곧 마한(馬韓), 진한(辰韓), 변 　　　　　　한(弁韓).

合 합할 합 丿 人 人 스 合 合 合	입 구(口) 총 6획	• 합계(合計) : 한데 몰아서 계산함. • 합산(合算) : 합하여 셈함. • 합리(合理) : 이치에 합당함. 떳떳한 도리에 합당함. • 합방(合邦) : 두 나라를 한 나라로 합침. • 통합(統合) : 여럿을 모아서 하나로 만듦. • 경합(競合) : 서로 힘을 다투는 일. • 결합(結合) : 관계를 맺고 합쳐서 하나로 됨.

海 바다 해	삼수변(氵) 총 10획	• 해공(海空) : 바다와 하늘. 해군과 공군. • 해안(海岸) : 바닷가. 바닷가의 언덕. 요새(要塞). • 동해(東海) : 동쪽에 있는 바다. 한국 동쪽의 바다. • 공해(公海) : 어느 나라의 주권에도 속하지 않고 모든 나라가 공동으로 사용할 수 있는 바다. • 영해(領海) : 한나라의 연안(沿岸) 중 그 나라의 통치권이 미칠 수 있는 범위의 바다.
`丶 丶 氵 氵 氵 汇 氵 海 海 海`		

幸 다행 행	방패 간(干) 총 8획	• 행복(幸福) : 좋은 운수. 뜻을 이루어 조금도 부족함이 없는 마음의 상태. • 행운(幸運) : 행복한 운명. 좋은 운명. 복운(福運). • 다행(多幸) : 운수가 좋음. 뜻밖에 잘됨. • 불행(不幸) : 운수가 언짢음. 비운(悲運). • 요행(僥幸) : 뜻밖에 요행으로 이루어지는 일. 요행수(僥幸數).
`一 十 土 土 击 去 幸 幸`		

行 다닐 행 항렬 항	다닐 행(行) 총 6획	• 행로(行路) : 사람이 걸어 다니는 길. 세상에서 살아나가는 길. 인생세로(人生世路). • 행방(行方) : 간 곳. 간 방향. • 행실(行實) : 성품과 행실. 품행(品行). 조행(操行). • 통행(通行) : 길로 통하여 다님. • 보행(步行) : 걸어감.　　• 수행(隨行) : 따라감. • 미행(微行) : 남이 모르도록 미복(微服)으로 슬그머니 다님. 　　※ 미복 : 미행할 때에 입는 옷. • 항렬(行列) : 같은 혈족(血族) 간에 있어서의 관계를 표시하는 계급. 항렬자(行列字). • 항오(行伍) : 군대를 조직한 행렬.
`丶 丶 彳 彳 行 行`		

向 향할 향	입 구(口) 총 6획	• 향배(向背) : 좇음과 등짐. 배향(背向). • 향방(向方) : 향하는 곳. 향방부지(向方不知). • 향학(向學) : 학문에 뜻을 두고 그 길로 나아감. • 경향(傾向) : 마음이나 형세가 한쪽으로 향해 기울어져 쏠림. • 의향(意向) : 생각. 마음. 뜻. 쏠리는 마음이나 생각. • 취향(趣向) : 취미가 쏠리는 방향.
`丶 丶 白 白 向 向`		

現 나타날 현	구슬 옥(玉) 총 11획	• 현재(現在) : 이제 지금. • 현실(現實) : 현재의 사실. 지금 나타나 있는 것. • 현행(現行) : 현재 행함. 또는 행하고 있음. • 현주소(現住所) : 현재 살고 있는 곳. • 실현(實現) : 실제로 나타남. • 실현성(實現性) : 실현될 가능성. • 표현(表現) : 보임. 나타냄. 표면에 나타냄.
`一 Ｔ Ｆ 王 玑 玑 玑 玑 玑 玑 現`		

兄 맏 형 ノ 口 ロ 尸 兄	어진사람인발 (儿) 총 5획	• 형부(兄夫) : 언니의 남편. 형랑(兄郞). • 형장(兄丈) : 평교간(平交間)에 상대자를 높혀 일컫는 말. • 인형(仁兄) : 친구끼리 서로 높혀 이르는 편지말. 존형(尊兄). • 노형(老兄) : 동년배 사이에서 높혀 부르는 말. 아형(雅兄).
形 모양 형 一 二 チ 开 形 形 形	터럭삼(彡) 총 7획 삐친석삼(彡)	• 형체(形體) : 물건의 생김새와 바탕이 되는 몸. • 형상(形狀) : 물건의 생김새와 생긴 모양. 형상(形象). • 형식(形式) : 겉모습. 격식(格式). 꼴. 모형(模型). • 기형(奇形,畸形) : 동·식물이 정상이 아닌 이상 야릇한 모양. 사물이 기괴한 형편. • 물형(物形) : 물건의 생긴 모양.
號 이름 호 ノ 口 ロ 므 号 号 号 号 号 號 號 號 號	범호밑(虍) 총 13획	• 호령(號令) : 지휘하여 명령함. 큰 소리로 꾸짖음. 구령(口令). • 호읍(號泣) : 목 놓아 울음. • 국호(國號) : 나라 이름. • 상호(商號) : 상인이 사업체를 표시하는데 쓰는 칭호. • 야호(雅號) : 예술가나 학자가 본 이름 외에 지어 부르는 이름. • 칭호(稱號) : 어떠한 뜻으로 일컫는 이름. • 별호(別號) : 딴 이름. 본 이름 밖에 그 사람의 생김새, 행동, 성질 같은 것으로 남들이 지어 부르는 이름. 별명(別名).
火 불 화 丶 丷 少 火	불 화(火) 총 4획	• 화산(火山) : 땅속의 암장이 밖으로 터져 나와 퇴적하여 이루어진 산. 가스체나 용암(溶岩) 등을 내품는 산. 분화산(噴火山). • 화력(火力) : 불의 힘. 불의 세력. 총포(銃砲)의 위력. • 활화(活火) : 불이 잘 타서 불꽃이 활활 일어나는 불. • 진화(鎭火) : 난 불을 끔.
花 꽃 화 一 十 ヰ ヰ ヰ 花 花 花	초두머리(艹) 총 8획	• 화초(花草) : 꽃이 피는 풀이나 나무. 꽃이 안 피더라도 관상용(觀賞用)으로 분에 심는 모든 식물. • 화환(花環) : 조화나 생화를 모아 고리모양으로 만든 것. 경조(慶弔)나 환영의 뜻으로 보냄. • 생화(生花) : 살아 있는 꽃. 산 화초에서 꺾은 생생한 꽃. • 조화(造花) : 만든 꽃. 인공으로 만든 꽃. 가화(假花).

話 말씀 화	말씀 언(言) 총 13획	• 화두(話頭) : 이야기의 말머리. 이야기의 실마리. • 화제(話題) : 이야기꺼리. 제목. • 대화(對話) : 서로 마주하는 이야기. • 동화(童話) : 어린이를 상대로 하여 취미를 일으키는 　　　　　　교훈될 만한 이야기.
`丶 一 亠 言 言 言 言 訐 訐 許 許 話 話`		

和 화할 화	입 구(口) 총 8획	• 화기(和氣) : 화창한 천기(天氣). 온화한 기운. • 화순(和順) : 온화하고 순량함. 고분고분 잘 쫓음. • 화창(和暢) : 날씨나 마음이 온화하고 맑음. • 평화(平和) : 평온하고 화합함. 전쟁이 없이 세상이 　　　　　　잘 다스려짐. • 심화, 기화, 인화(心和, 氣和, 人和) : 마음이 화하고 　　　　　　기운이 화하면 사람이 화목해진다.
`一 二 千 禾 禾 利 和 和`		

畫 그림 화 그을 획	밭 전(田) 총 13획	• 화가(畵家) : 그림을 그리는 것을 전문으로 하는 사람. 화백(畵伯). • 화랑(畵廊) : 회화(繪畵:온갖 그림을 가리키는 말)를 전람해 놓은 방. • 화첩(畵帖) : 여러 그림을 한데 모아 만든 책. 화집(畵集). • 도화(圖畵) : 그림을 그림. 그림과 도안. • 명화(名畵) : 유명한 그림. 잘된 그림이나 명화. 　　　　　　그림을 잘 그리는 사람[名畵家]. • 획수(畵數) : 글씨 획의 수효. 자획의 수. • 획순(畵順) : 글씨 획의 순서(順序). 자획의 차례. • 자획(字畵) : 글자의 획. 필획(筆劃). 글자와 획(畵).
`フ ユ ヨ 史 聿 聿 書 書 書 書 畵 畵 畵`		

活 살 활	삼수변(氵) 총 9획	• 활동(活動) : 활발하게 움직임. 힘차게 몸을 움직임. • 활력(活力) : 살아 움직이는 힘. 생활하는 힘. 　　　　　　활동하는 힘. • 생활(生活) : 살아서 활동함. 생계를 유지하여 살아 　　　　　　나감. • 사활(死活) : 죽기와 살기.
`丶 丶 氵 汇 浐 汗 沽 活 活`		

黃 누를 황	누를 황(黃) 총 12획	• 황토(黃土) : 황갈색(黃褐色)의 흙. 풍성층(風成層)의 　　　　　　하나. • 황금(黃金) : 누런 금. 순금(純金). 황금만능(黃金萬能). • 황태(黃太) : 노랗게 말린 명태. • 우황(牛黃) : 소 쓸개에서 병으로 생겨 뭉친 물건. 　　　　　　강장제 또는 경간약(驚癎藥)으로 씀. • 창황(蒼黃) : 매우 급함.
`一 十 艹 艹 芒 끚 芇 苗 苗 黃 黃 黃`		

會 모일 회 丿 人 스 스 슈 슈 슈 슈 슈 슈 슌 會 會 會	가로 **왈**(曰) 총 13획	• 회사(會社) : 여러 사람이 모여서 영리사업을 경영하 　　　　　　는 법인 단체. • 회화(會話) : 서로 만나서 이야기함. 외국말로 하는 　　　　　　말이나 이야기. • 회의(會議) : 여러 사람이 모여서 의논함. • 밀회(密會) : 비밀리에 모이거나 만남. • 재회(再會) : 두 번째 만남. 다시 만남.

孝 효도 효 一 十 土 耂 耂 孝 孝	아들 **자**(子) 총 7획	• 효도(孝道) : 부모를 섬기는 도리. • 효우(孝友) : 부모에 대한 효도와 형제에 대한 우애. • 불효(不孝) : 효도를 하지 아니함. 부모에게 자식된 　　　　　　도리를 못함. • 망효(忘孝) : 부모에게 효하는 생각을 망각(忘却)함.

後 뒤 후 丿 彳 彳 彳 往 往 徨 徨 後	두인변(彳) 총 9획 자축거릴**척**(彳)	• 후세(後世) : 뒤의 세상. 죽은 뒤에 오는 세상. • 후궁(後宮) : 뒤에 있는 궁전(宮殿)으로 궁녀(宮女)가 　　　　　　사는 곳. 제왕(帝王)의 첩. • 식후(食後) : 밥을 먹은 뒤. 식사를 마친 뒤. • 신후(身後) : 죽은 뒤.

訓 가르칠 훈 丶 亠 亖 言 言 言 訇 訓 訓	말씀 **언**(言) 총 10획	• 훈장(訓長) : 글방의 스승. 학구(學究). • 훈련(訓練) : 무예(武藝)의 가르침을 받아 단련함. 　　　　　　실무를 배워 익힘. • 훈수(訓手) : 바둑 장기 따위에서 퉁겨나와 가르쳐줌. • 훈민정음(訓民正音) : 세종대왕이 지은 우리 나라 글자. 　　　　　　모음 11자, 자음 17자로 되었음. 한글. • 교훈(敎訓) : 가르치고 타이름. • 음훈(音訓) : 뜻글자의 음과 뜻.

休 쉴 휴 丿 亻 亻 什 休 休	사람인변(亻) 총 6획	• 휴교(休校) : 학교에서 수업을 쉼. • 휴가(休暇) : 직장 따위에서 일정한 기간을 정하여 　　　　　　쉬는 일. • 공휴(公休) : 정한 날에 같이 쉼. • 주휴(週休) : 한 주간에 한 번 또는 두 번 쉬기로 되어 　　　　　　있는 날.

5급 한자숙어(漢字熟語) 참고교재(參考教材)

家 집 가 `丶 宀 宀 宀 宀 宇 宇 宇 家 家 家`	갓머리(宀) 총 10획 집 면(宀)	• 가장(家長) : 한 집안의 어른. • 가족(家族) : 한 집안 식구(食口). • 관가(官家) : 나라 일을 보는 집. 관청(官廳). 　　　　　　　　관아(官衙). • 민가(民家) : 백성이 사는 집.
歌 노래 가 `一 一 言 言 言 哥 哥 哥 哥 歌 歌 歌`	하품 흠(欠) 총 14획	• 가무(歌舞) : 노래 부르고 춤을 춤. • 가요(歌謠) : 음악성(音樂性)을 지닌 시(詩). 　　　　　　　　가사(歌詞). • 창가(唱歌) : 곡조에 맞추어 노래를 부름. • 국가(國歌) : 나라를 상징하는 노래.
價 값 가 `丿 亻 亻 亻 俨 俨 俨 價 價 價 價 價 價`	사람인변(亻) 총 15획	• 가격(價格) : 값. 대가(代價). • 가치(價値) : 값어치. • 고가(高價) : 값이 비쌈. 비싼 값. • 저가(低價) : 낮은 값. 싼 값. 염가(廉價). • 기준가(基準價) : 기본 표준에 맞는 값.
可 옳을 가 `一 一 一 可 可`	입 구(口) 총 5획	• 가부(可否) : 옳고 그른 것. 가결(可決)과 부결(否決). • 가결(可決) : 의안(議案)을 옳다고 결정함. 　　　　　　　　※ 의안(議案) : 회의에서 토의하는 안건(案件). • 가능(可能) : 할 수 있음. 될 수 있음. • 불가능(不可能) : 할 수가 없음. 힘이 미치지 못함. • 인가(認可) : 인정하여 허락함. 어떤 행위를 법률상의 효과를 　　　　　　　　발생시키는 행정처분. • 허가(許可) : 희망을 들어줌, 법령에 의한 어떤 행위의 일반적 　　　　　　　　인 제한 또는 금지를 특정한 경우에 해제하고 적 　　　　　　　　법하게 이것을 할 수 있게 하도록 하는 행위.

加 더할 가 ㄱ カ カ 加 加	힘 력(力) 총 5획	• 가감(加減) : 보탬과 뺌. 보태고 빼는 셈. • 가중(加重) : 더 무거워짐. 형벌을 더함. • 가해(加害) : 남에게 해를 끼침. • 증가(增加) : 더 늘어 많아짐. • 추가(追加) : 나중에 더 넣음. 추후(追後)에 보태어 　　　채움.
 角 뿔 각 ′ ′′ ′′′ ′′ 角 角 角	뿔 각(角) 총 7획	• 각모(角帽) : 모가 난 모자. • 각축(角逐) : 서로 이기려고 다투는 것. 힘을 겨룸. • 호각(號角) : 신호용(信號用)으로 쓰는 불어서 소리를 　　　내는 물건. 호루라기. • 대각(大角) : 군대를 호령할 때 또는 군악, 아악에 쓰 　　　는 악기.
 各 각각 각 ′ ク 久 冬 各 各	입 구(口) 총 6획	• 각별(各別) : 하나하나 구별함을 이름. • 각자(各自) : 각각 자기마다. • 각양(各樣) : 여러 가지 모양. • 각각(各各) : 저마다. 따로따로.
 間 사이 간 ⌐ ⌐′ ⌐′′ ⌐′′ ⌐′′′ 門 門 門 門 間 間 間	문 문(門) 총 12획	• 간지(間紙) : 책장과 책장 사이에 끼워두는 종이. • 간혹(間或) : 이따금. 어쩌다가. 간간이. 혹간(或間). • 인간(人間) : 사람. 인류. 사람이 사는 곳. 　　　세간(世間). • 민간(民間) : 백성들의 사회.
感 느낄 감 ′ ′′ ′′′ ′′ ′′′ 戊 咸 咸 咸 咸 感 感 感	사람 심(心) 총 13획	• 감각(感覺) : 느끼어 깨달음. 외부 또는 내부 자극에 　　　의해 일어나는 느낌. • 감사(感謝) : 고마움. 고맙게 여기고 사례함. • 공감(共感) : 남의 의견, 논설 등에 대하여 자기도 　　　그러하다고 느낌. • 호감(好感) : 좋은 감정(感情). 좋게 느낌.

江 삼수변(氵) 총 6획 강 강 `丶 丶 氵 汒 江 江`	• 강산(江山) : 강과 산. 국토(國土). • 강변(江邊) : 강물이 흐르는 가. 강 가. 강반(江畔). • 금강(錦江) : 전북 장수에서 충북 충남을 거쳐 　　　　　　　군산만으로 흘러드는 강. • 도강(渡江) : 강물을 건넘.

| 強 활 궁(弓) 총 12획 강할 강 `丁 丁 弓 弓¹ 弓⁷ 弓⁷ 弨 弨 弨 強 強 強` | • 강약(强弱) : 강하고 약한 것.
• 강대(强大) : 튼튼하고 큼. 병력이 강하고 국토가 넓
　　　　　　　음.
• 부강(富强) : 백성이 잘살고 군사가 강함.
• 막강(莫强) : 매우 강함. 아주 강한 나라. |

| 開 문 문(門) 총 12획 열 개 `丨 冂 冂 卢 卢¹ 門 門 門 門 閂 開 開` | • 개문(開門) : 문을 엶.
• 개화(開化) : 사람의 지혜가 열리고 사상, 풍속이 발
　　　　　　　달함.
• 미개(未開) : 사회가 발전하지 않고 문화수준이 낮은
　　　　　　　상태.
• 공개(公開) : 널리 터놓음. |

| 改 등글월문(攵) 총 7획 칠 복(攴) 고칠 개 `丁 己 己 己¹ 己⁷ 改 改` | • 개정(改正) : 바르게 고침. 고쳐 바르게 함.
• 개량(改良) : 좋게 고침.
• 개혁(改革) : 새롭게 뜯어고침.
• 회개(悔改) : 전의 잘못을 뉘우치고 고침.
　　　　　　　개심(改心). |

| 客 갓머리(宀) 총 9획 집 면(宀) 손 객 `丶 丶 宀 宀 岁 灾 客 客 客` | • 객주(客主) : 장사치들을 재워주거나 물건의 매매를
　　　　　　　소개하는 영업.
• 객담(客談) : 객쩍은 말. 군소리. 객설(客說).
• 객지(客地) : 집을 떠나 임시로 가 있는 곳. 객향(客鄕).
• 주객(主客) : 주인과 손. 중요한 것과 중요하지 아니한 것.
• 고객(顧客) : 물건을 늘 사러오는 손님. 단골손님. |

車 수레 거(차)	수레 거(車) 총 7획	• 거마(車馬) : 수레와 말. • 차도(車道) : 차가 다니는 길. • 정거(停車) : 차를 멈춤. 정차(停車). • 하차(下車) : 차에서 내림.
一ㄷㄇㅁㅂ亘車		

擧 들 거	손 수(手) 총 18획	• 거수(擧手) : 손을 위로 들어 올림. • 거동(擧動) : 일에 나서서 움직이는 태도. • 선거(選擧) : 여러 사람 가운데서 대표자를 뽑아냄. • 열거(列擧) : 여러 가지를 들어 말함.
′ ′ ′ ′ ′ ′ 卵 卵 卵 卽 與 與 與 與 擧 擧		

去 갈 거	마늘모(厶) 총 5획 사사 사(厶)	• 거처(去處) : 간 곳이나 갈 곳. • 거취(去就) : 가는 것과 나가는 것. 일신상의 진퇴. • 과거(過去) : 지나간 때. 현재의 앞서는 때. • 퇴거(退去) : 물러감. • 철거(撤去) : 파견된 군대 따위를 그곳에서 거두어 들임. 시설물을 걷어 치워버림.
一十土去去		

建 세울 건	민책받침(廴) 총 9획	• 건물(建物) : 지어세운 집 따위. 건축물(建築物). • 건국(建國) : 나라를 세움. 입국(立國). 조국(肇國). • 건설(建設) : 새로 세워 만듦. 새로 일으켜 세움. • 재건(再建) : 무너진 것을 다시 일으켜 세움. • 창건(創建) : 나라를 처음으로 세움. 사업을 처음 시작함.
ㄱ ㅋ ㅋ ㅋ ㅌ 聿 聿 津 建		

件 물건 건	사람인변(亻) 총 6획	• 건명(件名) : 일이나 물건의 이름. • 건수(件數) : 사물과 사건의 가지 수. • 사건(事件) : 일이나 일거리. • 조건(條件) : 사건의 개조 또는 종류, 약속한 경우에 붙이는 제한.
ノ亻亻仁 件 件		

健 굳셀 건	사람인변(亻) 총 11획	• 건강(健康) : 몸이 튼튼하고 병이 없음. • 건전(健全) : 몸과 마음이 건강하고 착실함. • 건재(健在) : 탈 없이 잘 있음. 아무 일없이 잘 있음. • 보건(保健) : 건강을 보전함.
亅 亻 亻 亻 亻 亻 亻 亻 律 健 健		

格 격식 격	나무 목(木) 총 10획	• 격식(格式) : 격에 어울리는 법식. • 격언(格言) : 사리에 맞아 교훈이 될 만한 짧은 말. • 규격(規格) : 규칙과 격식. 일정한 표준. • 품격(品格) : 사람의 품성과 인격. 기품(氣品). • 파격(破格) : 격식을 깨트림.
一 十 十 木 木 朴 柊 柊 格 格		

見 볼 견	볼 견(見) 총 7획	• 견습(見習) : 남의 하는 일을 보고 익힘. • 견학(見學) : 실지로 보고 배움. 실지로 보고 지식을 　　　　　　얻음. • 문견(聞見) : 듣고 보아 깨달아 얻은 지식. • 식견(識見) : 학식(學識)과 문견(聞見). 곧 사물을 분 　　　　　　별할 수 있는 능력.
丨 冂 冂 月 目 貝 見		

決 결단할 결	삼수변(氵) 총 7획	• 결정(決定) : 뜻하는 바를 정함. 결단하여 정함. • 결단(決斷) : 결정(決定)하여 단정(斷定)함. • 결승(決勝) : 승패를 결정함. 맨 마지막 승부(勝負)를 　　　　　　결정함. • 해결(解決) : 문제를 풀어서 결말을 지음. 얽힌 일을 　　　　　　풀어서 처리함. • 처결(處決) : 결정하여 조치함.
丶 丶 氵 氵 沪 決 決		

結 맺을 결	실 사(糸) 총 12획	• 결과(結果) : 열매를 맺음. 어떤 원인으로 인하여 이 　　　　　　루어진 결말의 상태. • 결론(結論) : 끝맺는 말이나 글. • 결실(結實) : 일이 잘 맺어짐. 식물이 열매를 맺듯이 　　　　　　성과가 나타남. • 연결(連結) : 서로 이어져 맺음. • 집결(集結) : 한곳으로 모임.
纟 纟 纟 幺 糸 糸 糾 紆 結 結 結		

京 서울 경	돼지해머리 (亠) 총 8획	• 경향(京鄕) : 서울과 시골. • 경관직(京官職) : 서울에 있던 각 관청의 벼슬. 경직(京職). • 경성(京城) : 도읍(都邑)의 성. 서울의 옛 이름. • 동경(東京) : 일본의 서울.
`丶 二 亠 亠 亠 亨 京 京`		

敬 공경 경	둥글월문(攵) 총 13획 칠 복(攴)	• 경의(敬意) : 공경하는 마음. • 경건(敬虔) : 공경하는 마음으로 깊이 삼가고 조심함. • 경청(敬聽) : 공경하여 들음. • 공경(恭敬) : 삼가서 예를 차려 높임. • 불경(不敬) : 마땅히 높혀야 할 사람에게 예를 잃음.
`丶 艹 艹 艹 艹 芍 芍 苟 苟 岢 敬 敬 敬`		

景
 볕 경
	날 일(日)
	 총 12획
		• 경치(景致) : 자연의 아름다운 모습. 경개(景槪).
		                경광(景光).
		 • 경복(景福) : 커다란 행복. 경조(景祚).
		 • 근경(近景) : 가까이 보이는 경치.
		 • 배경(背景) : 무대 뒷면에 그린 경치 및 무대 위의
		                장치. 주위의 상태. 뒤보아주는 세력.

`丨 冂 冂 日 日 昦 昦 景 景 景 景 景`		

輕
 가벼울 경
	수레 거(車)
	 총 14획
		• 경중(輕重) : 가벼움과 무거움. 무게. 가볍게 봄과
		                중요하게 봄. 큰 일과 작은 일.
		 • 경멸(輕蔑) : 깔보고 업신여김.
		 • 경쾌(輕快) : 가볍고 빠름. 거뜬하고 유쾌함.
		 • 부경(浮輕) : 행동이 경솔함. 부피는 크지만 무게가
		                가벼움.

`一 亓 亓 亓 日 車 車 軒 輕 輕 輕 輕 輕 輕`		

競
 다툴 경
	설 립(立)
	 총 20획
		• 경쟁(競爭) : 서로 겨루어 다툼.
		 • 경매(競賣) : 차압(差押)한 물건을 공매(公賣)에 의하
		                여 파는 일.
		 • 경마(競馬) : 말을 타고 일정한 거리를 달리게 하여
		                승부를 다투는 일.
		 • 경기(競技) : 서로 재주를 견주어 낫고 못함을 다툼.
		 • 경주(競走) : 달음질을 겨룸.

`丶 亠 寸 寸 立 立 产 竞 竞 竞 竞 锌 锌 锌 競 競 競 競 競 競`		

界 지경 계 밭 전(田) 총 9획 ` ꞁ ꞁꞁ ꞁꞁꞁ 田 界 界 界 界 `	• 계표(界標) : 경계에 세우는 표지(標識). • 정계(政界) : 정치활동에 관계되는 사회. • 재계(財界) : 실업가 및 금융업자의 사회. 경제계(經濟界). • 학계(學界) : 학문을 연구하는 사회.

計
 셀 계
 말씀 언(言)
 총 9획
 ` ꞁ ꞁ ꞁ ꞁ ꞁ 言 言 計 計 `
	• 계산(計算) : 수량을 헤아림.
	 • 계획(計劃) : 꾀를 내어 미리 일의 얽이를 세움.
	 • 합계(合計) : 한데 몰아서 계산함. 합하여 계산함.
	 • 설계(設計) : 계획을 베풀어 세움. 공사 등의 목적으
	            로 공비(工費), 부지(敷地), 구조 등에
	            관한 계획을 도면(圖面) 따위에 명시함.

高 높을 고 높을 고(高) 총 10획 ` ꞁ ꞁ ꞁ 古 古 古 高 高 高 高 `	• 고저(高低) : 높고 낮음. 높낮이. • 고액(高額) : 많은 금액. 고액권(高額券). • 최고(最高) : 가장 높음. 제일 훌륭함. • 고고(孤高) : 혼자만 유달리 고상(高尙)함.
苦 쓸 고 초두머리(艹) 총 9획 ` ꞁ ꞁ ꞁꞁ 艹 芋 苦 苦 苦 苦 `	• 고생(苦生) : 어렵고 괴로운 가난한 생활. • 고민(苦悶) : 속을 태우고 괴로워 함. 고뇌(苦惱). • 곤고(困苦) : 곤란하고 괴로움. • 노고(勞苦) : 괴롭게 애씀.
古 옛 고 입 구(口) 총 5획 ` 一 十 十 古 古 `	• 고본(古本) : 헌 책. • 고궁(古宮) : 옛 궁궐. • 태고(太古) : 아주 오랜 옛날. • 근고(近古) : 가까운 예전. 중고(中古)와 근세(近世) 사이.

告 입 구(口) 총 7획 고할 고 `, ㅗ ㅏ 生 놈 告 告`	• 고발(告發) : 피해자가 아닌 제삼자가 범죄사실을 수사기관에 신고하여 소추(訴追)를 구하는 행위. • 고지(告知) : 통지하여 알림. • 보고(報告) : 감독하는 지위에 있는 사람에게 일의 내용이나 결과를 말로나 글로 알림. • 공고(公告) : 널리 세상에 알림. 국가나 공공단체가 어떤 사항을 널리 세상에 알림. • 신고(申告) : 국민이 법률상의 의무로서 행정관청에 일정한 사실을 진술, 보고하는 것.
 考 늙을로엄(耂) 총 6획 생각할 고 `一 十 土 耂 耂 考`	• 고사(考査) : 상고하여 조사함. • 고안(考案) : 새로운 것을 생각해 냄. • 참고(參考) : 살펴서 생각함. 참고하여 고증함. • 재고(再考) : 다시 생각함.
 固 큰입구몸(囗) 총 8획 나라 국(國)의 고자(古字) 굳을 고 `丨 冂 冂 冃 冃 周 周 固`	• 고유(固有) : 원래부터 있는 것. 어떤 물건에만 특별히 있음. • 고수(固守) : 굳게 지킴. • 고정(固定) : 작정한 대로 있고 바뀌지 않음. 한곳에 꽉 자리잡아 있어 그 자리를 바꾸지 않음. 고정관념(固定觀念). • 확고(確固) : 확실하고 튼튼함. • 견고(堅固) : 굳세고 단단함.
曲 가로 왈(日) 총 6획 굽을 곡 `丨 冂 冂 曲 曲 曲`	• 곡마(曲馬) : 말을 타고 여러 가지 재주를 부림. 말을 부리어 여러 가지 재주를 피우게 함. 곡마단(曲馬團). • 곡예(曲藝) : 연예의 하나. 줄타기. • 곡절(曲折) : 자상하고 세밀한 사정과 내용. 구부러지고 꺾어짐. 내용이 복잡하고 변화가 많음. • 곡학(曲學) : 바른 길에서 벗어난 학문. • 굴곡(屈曲) : 이리저리 굽어 꺾임. • 왜곡(歪曲) : 비틀어 구부러짐. 비꼬아 곱새김.
工 장인 공(工) 총 3획 장인 공 `一 丁 工`	• 공부(工夫) : 학문과 기술을 닦는 일. • 공장(工場) : 많은 노동자를 써서 물건을 만들거나 가공하는 곳. • 인공(人工) : 사람이 하는 일. 자연물에 사람이 가공(加工)하는 일. • 가공(加工) : 원료나 재료에 손을 더 대어 새로운 제품을 만들거나 질을 높임.

空 빌 공	구멍 혈(穴) 총 8획	• 공중(空中) : 하늘. 중천(中天). • 공론(空論) : 쓸데없는 이론. • 허공(虛空) : 아무것도 없는 텅 빈 공간(空間). • 창공(蒼空) : 맑게 개어 새파란 하늘. 창천(蒼天).
`ヽ ′ ㄇ ㄚ 宀 空 空 空`		
公 공변될 공	여덟 팔(八) 총 4획	• 공립(公立) : 공공단체가 세움. • 공무(公務) : 국가 또는 공공단체의 사무나 직무. • 공무원(公務員) : 공무를 맡아보는 사람[官員]. • 삼공(三公) : 삼정승(三政丞).
`ノ 八 公 公`		
功 공 공	힘 력(力) 총 5획	• 공로(功勞) : 힘쓴 공적. 공업(功業). • 공과(功過) : 공로와 허물. • 성공(成功) : 뜻했던 바를 이룸. • 무공(武功) : 군사상의 공적.
`一 ㄓ 工 巧 功`		
共 함께 공	여덟 팔(八) 총 6획	• 공동(共同) : 여러 사람이 일을 같이함. 여러 사람이 같은 자격으로 결합하는 일. • 공유(共有) : 공동으로 소유함. 하나의 소유권이 두 사람 이상에 속하는 것. • 대공(對共) : 공산주의. 공산주의자에 대하는 일. • 용공(容共) : 공산주의 또는 그 정책을 용인(容認)하는 일.
`一 十 ㅐ 出 共 共`		
科 과목 과	벼 화(禾) 총 9획	• 과목(科目) : 사물(事物)의 구분. 학문의 구분. • 과공(科工) : 과문(科文)의 공부. • 대과(大科) : 문과급제(文科及第)를 장하게 부르는 말. • 소과(小科) : 생원(生員)과 진사(進士)를 뽑던 과거.
`′ ′ 千 禾 禾 禾 禾 科 科`		

果 실과 과	나무 목(木) 총 8획	• 과실(果實) : 과수(果樹)에서 생기는 열매. 　　　　　　　과물(果物). • 과목(果木) : 과실나무. • 사과(沙果) : 사과나무의 열매. • 조과(造菓) : 유밀과(油蜜菓)나 과자 따위. 　　　　　　　과자류를 만드는 일.
丨 冂 日 日 旦 甲 果 果		

課 과정 과	말씀 언(言) 총 15획	• 과제(課題) : 주어진 제목이나 문제. • 과장(課長) : 과(課)의 책임자. • 과정(課程) : 과업(課業)의 정도. 학년의 정도에 딸린 　　　　　　　과목. • 일과(日課) : 날마다 하는 일. 또는 그 과정. • 학과(學課) : 학교의 배우는 정도. • 방과(放課) : 학과를 끝냄.
丶 亠 亖 言 言 言 計 評 評 評 課 課 課		

過 지날 과	책받침(辶) 총 13획 쉬엄쉬엄갈 착(辵)	• 과거(過去) : 지나간 때. 현재의 앞서는 때. • 과도기(過渡期) : 옮아가거나 바뀌어 가는 도중. 한 단계에서 　　　　　　　　다른 단계로 넘어가는 도중에 있는 동안. 사 　　　　　　　　상과 제도 따위가 동요와 불안에 싸인 시기. • 통과(通過) : 통하여 지나감. 회의에서 의안(議案)이 가결(可決) 　　　　　　　됨. 관청에 제출한 원서가 허가됨. • 개과(改過) : 허물을 고침. • 안과(安過) : 아무 탈 없이 잘 지냄.
丨 冂 冂 冎 円 咼 咼 咼 咼 `咼 `渦 渦 過		

觀 볼 관	볼 견(見) 총 25획	• 관람(觀覽) : 연극이나 영화 등을 구경함. • 관찰(觀察) : 사물을 잘 살펴봄. • 주관(主觀) : 인식작용 및 정의(情意)의 주체대상을 　　　　　　　인식 사유(思惟)한다는 뜻. 물건 그 자체. 　　　　　　　자기대로의 생각. • 객관(客觀) : 자기와의 관계를 떠나 사물을 보는 관찰. 　　　　　　　주관의 작용과 존재한다고 생각되는 것.
丶 丷 扩 扩 芦 苜 苜 莭 藋 藋 藋 藋 觀 觀		

廣 넓을 광	엄호밑(广) 총 15획 집 엄(广)	• 광대(廣大) : 넓고 큼. 연극 또는 판소리를 하는 사람. • 광장(廣場) : 넓은 마당. 넓은 빈터. • 광고(廣告) : 세상에 널리 알림. 영업체 또는 상품의 　　　　　　　존재 효능(效能)을 전하여 알림. • 장광(長廣) : 길이와 넓이.
丶 亠 广 广 广 产 产 庐 庐 庐 庸 庸 廣 廣 廣		

光

빛 **광**

어진사람인발(儿)
총 6획

丨 丨 丬 业 业 光

- 광명(光明) : 밝은 빛. 밝고 환함. 영예(榮譽). 희망.
- 광채(光彩) : 눈부신 빛. 어둠 속을 비추는 힘. 뛰어난 모양.
- 일광(日光) : 햇빛.
- 삼광(三光) : 해와 달과 별. 삼정(三精).

校

학교 **교**

나무 **목**(木)
총 10획

一 十 才 木 木 杧 杧 栌 校 校

- 교장(校長) : 학교에서 대표되는 우두머리. 학교장.
- 교정(校庭) : 학교의 마당.
- 등교(登校) : 학교에 나감.
- 복교(復校) : 학교에 다시 다니게 됨.

敎

가르칠 **교**

등글월문(攵)
총 11획
칠 **복**(攴)

丿 乂 㐅 产 孝 孝 孝 孝 孝 敎 敎

- 교사(敎師) : 초등학교, 중학교, 고등학교의 선생님.
- 교단(敎壇) : 교실에서 강의하는 단.
- 종교(宗敎) : 신, 불을 숭배하여 마음의 안정을 찾는 문화체계.
- 사교(邪敎) : 요사스러운 종교. 그 나라의 도덕이나 사회제도에 어긋나는 종교.

交

사귈 **교**

돼지해머리
(亠)
총 6획

丶 亠 亣 六 亦 交

- 교통(交通) : 서로 막힘없이 오가는 일. 사람의 왕복. 화물의 운반. 의사의 전달 등의 총칭.
- 교역(交易) : 서로 물건을 사고팔아 바꿈. 재화의 교환무역.
- 국교(國交) : 나라끼리의 사귐.
- 외교(外交) : 외국과의 교제.

橋

다리 **교**

나무 **목**(木)
총 16획

一 十 才 木 杧 杧 栌 栎 桥 桥 桥 桥 橋 橋 橋 橋

- 교두(橋頭) : 다리가 있는 근처.
- 교량(橋梁) : 다리.
- 철교(鐵橋) : 철재(鐵材)로 놓은 다리. 철도교(鐵道橋).
- 부교(浮橋) : 배를 잇대거나 교각(橋脚)을 세우지 않고 강 위에 놓은 임시의 다리.

九 아홉 구 丿 九	새 을(乙) 총 2획	• 구월(九月) : 한해의 아홉 번째 달. • 구천(九天) : 하늘의 가장 높은 곳. • 구구(九九) : 곱셈에 쓰는 기초 공식. 구구법(九九法). • 십구(十九) : 열아홉.
口 입 구 丨 冂 口	입 구(口) 총 3획	• 구두(口頭) : 직접 입으로 하는 말. • 구설(口舌) : 시비하고 비방하는 말. • 인구(人口) : 한나라 안에 사는 사람의 수. • 호구(戶口) : 집과 사람의 수효.

球
 공 구
 一 Т Ŧ 王 Ŧ 玎 玎 玎 球 球 球
	구슬 옥(玉)
	 총 11획
		• 구형(球形) : 공과 같이 둥근 형상.
		 • 지구(地球) : 사람이 살고 있는 땅덩어리. 태양계의
		             떠돌이 별[惑星]. 모양은 타원이며 적도
		             는 길고 양극이 짧음.
		 • 전구(電球) : 전기불이 켜지는 부분을 유리로 가린 것.

區 지경 구 一 T 币 币 币 币 币 品 品 品 區	감출혜몸(匸) 총 11획	• 구역(區域) : 갈라놓은 지역. • 구간(區間) : 일정한 지점 사이. • 명구(名區) : 산수가 좋아 널리 이름난 고장. • 분구(分區) : 지역을 몇 개의 일정한 구역으로 나눔. 또는 그 구역.
舊 예 구 ' ' ' ' ' ' ' ' ' ' ' ' ' ' ' ' ' '	절구 구(臼) 총 18획	• 구습(舊習) : 옛적 버릇. • 구관(舊官) : 옛 벼슬아치. • 구식(舊式) : 낡은 형식. 낡은 방법. • 복구(復舊) : 그 전의 상태로 회복함. 손실을 회복함.

具 갖출 구 ㅣ ㅠ ㅠ 目 目 且 具 具	여덟 팔(八) 총 8획	• 구비(具備) : 다 갖춤. • 구색(具色) : 여러 가지 물건을 골고루 갖춤. • 불구(不具) : 갖추지 못함. 몸의 한부분이 온전하지 못함. • 기구(器具) : 세간. 그릇 따위의 총칭. • 침구(寢具) : 사람이 잘 때 쓰는 기구. 이부자리와 베개 따위. 금침(衾枕).
救 구원할 구 一 十 十 寸 求 求 求 求 救 救 救	둥글월문(攵) 총 11획 칠 복(攴)	• 구제(救濟) : 어려운 지경에 빠진 사람을 구하여 건져줌. • 구호(救護) : 도와서 보호함. • 구명(救命) : 목숨을 건져줌. • 광구(匡救) : 잘못을 바로 잡음.
國 나라 국 ㅣ ㄱ ㄲ 冂 冃 周 周 國 國 國 國	큰입구몸(囗) 총 11획 나라 국(國)의 고자(古字)	• 국가(國家) : 나라. • 국민(國民) : 나라의 백성. • 애국(愛國) : 자기 나라를 사랑함. • 강국(強國) : 강한 나라.
局 판 국 ㄱ ㄱ ㄹ 尸 月 局 局	주검시엄(尸) 총 7획	• 국장(局長) : 국의 총 책임자. • 국량(局量) : 도량과 재간(才幹). • 시국(時局) : 지금 일어나고 있는 대세 판국. 당면한 국내 및 국제의 정세. • 당국(當局) : 그 일을 맡아보는 곳. • 대국(大局) : 대체의 판국.
軍 군사 군 ㅣ ㄱ ㄲ 冖 冒 富 宣 宣 軍	수레 거(車) 총 9획	• 군인(軍人) : 육해공군 장병의 총칭. • 군기(軍紀) : 군대의 기율이나 풍기. • 육군(陸軍) : 육상의 전투 및 방어(防禦)를 맡은 군대. • 장군(將軍) : 장관(將官) 자리의 사람을 일컬음.

郡 고을 군	우부방(阝) 총 10획 고을 읍(邑)	• 군수(郡守) : 한 군(郡)의 행정사무를 맡아보는 으뜸 　　　　　　　벼슬. • 군청(郡廳) : 군의 행정사무를 맡아보는 관청. • 해군(該郡) : 그 고을. 군(郡).
ㄱ ㄱ ㅋ 尹 尹 尹 君 君ʼ 君阝 郡		

貴 귀할 귀	조개 패(貝) 총 12획	• 귀천(貴賤) : 부귀와 빈천. 귀한 사람과 천한 사람. • 귀하(貴下) : 편지에서 상대방 이름 다음에 붙여 　　　　　　　쓰는 말. • 부귀(富貴) : 재산이 많고 지위가 높음. • 고귀(高貴) : 지위나 인품이 귀함.
丶 ㄱ ㅁ 中 虫 虫 虫 貴 貴 貴 貴 貴		

規 법 규	볼 견(見) 총 11획	• 규격(規格) : 규칙과 격식. 일정한 기준. 공업생산품의 품질 　　　　　　　현상 대소 등의 일정한 표준. • 규모(規模) : 본보기가 될 만한 제도. 규범(閨範). 승구(繩矩). 　　　　　　　물건을 만드는 법이나 구조. • 규구(規矩) : 일상생활에 지켜야 할 법도. 　　　　　　　규구준승(規矩準繩). • 법규(法規) : 법률 규정(規定)의 총칭. • 정규(正規) : 바른 규정. 정당한 법.
ㄧ ㄲ 丰 丰 韧 知 却 規 規 規 規		

根 뿌리 근	나무 목(木) 총 10획	• 근본(根本) : 초목의 뿌리. 사물이 발생하는 근원. • 근성(根性) : 뿌리 깊게 박힌 본디의 성질. • 목근(木根) : 나무뿌리. • 초근(草根) : 풀뿌리.
ㄧ ㄴ ㅓ ㅊ 木 杞 杞 柜 根 根 根		

近 가까울 근	책받침(辶) 총 8획 쉬엄쉬엄갈 착(辵)	• 근래(近來) : 가까운 요즈음. • 근친(近親) : 가까운 친족(親族). • 원근(遠近) : 멀고 가까움. 먼 곳과 가까운 곳. • 지근(至近) : 거리나 정의(情誼) 따위가 더할 수 없이 　　　　　　　가까움.
ㆍ ㄱ ㄷ 斤 斤 沂 近 近		

金 쇠 금, 성 김	쇠 **금**(金) 총 8획	• 김성(金姓) : 김 씨의 성(姓). • 금전(金錢) : 돈. 쇠붙이로 만든 돈. • 공금(公金) : 공공단체(公共團體)나 관청의 돈. • 벌금(罰金) : 못된 짓에 대한 징계로서 내게 하는 돈. 재산형의 하나.
ノ 人 亼 亼 仝 仝 金 金		

今 이제 금	사람 **인**(人) 총 4획	• 금년(今年) : 올해. • 금시(今時) : 이제. • 지금(至今) : 이제에 이르러. 이제에 이르기까지. 지우금(至于今). • 방금(方今) : 바로 이제.
ノ 人 亽 今		

急 급할 급	마음 **심**(心) 총 9획	• 급행(急行) : 빨리 감. • 급류(急流) : 급히 흐르는 물. • 특급(特急) : 특별 급행. • 완급(緩急) : 느림과 빠름.
ノ ク 𠂊 刍 刍 刍 急 急 急		

級 등급 급	실 **사**(糸) 총 10획	• 급장(級長) : 학급을 다스리는 학생. • 급우(級友) : 학급의 친구. • 진급(進級) : 등급, 계급이 오름. • 계급(階級) : 지위, 관직 등의 등급.
ㄥ 幺 幺 糸 糸 糸 糹 紉 級 級		

給 줄 급	실 **사**(糸) 총 12획	• 급료(給料) : 일정한 보수로서 주는 일급, 월급 따위. • 급여(給與) : 대어주거나 베풀어줌. 또는 그 물건. 월급이나 삯 등을 내어줌. • 봉급(俸給) : 계속적인 노무에 대하여 받는 보수. 관공서 회사 등이 받는 일정한 금액. • 지급(支給) : 물건이나 돈을 치러줌. • 잡급(雜給) : 정한 급료 외에 더 받는 돈.
ㄥ 幺 幺 糸 糸 糸 糹 紒 紟 給 給 給		

氣 기운 기	기운기엄(气) 총 10획	• 기관(氣管) : 숨통. • 기력(氣力) : 일을 감당해 나갈 수 있는 힘. • 공기(空氣) : 지구의 표면을 둘러싸고 있는 기체. 　　　　　　　대기(大氣). • 일기(日氣) : 날씨.
ノ 一 ゲ ゲ 气 气 氙 氜 氣 氣		

記 기록할 기	말씀 언(言) 총 10획	• 기념(記念) : 기억하여 잊지 않음. • 기록(記錄) : 사실을 적음. 사실을 적은 서류. • 일기(日記) : 날마다 일어난 일을 적은 기록. • 수기(手記) : 손수 적은 기록.
` 亠 亠 亖 亖 言 言 訂 訂 記		

旗 기 기	모 방(方) 총 14획	• 기수(旗手) : 기를 들거나 받은 군사. 　　　　　　　기로 신호를 하는 사람. • 기고(旗鼓) : 군기(軍旗)와 북. 병력과 군세. • 교기(校旗) : 학교를 상징하는 깃발. • 백기(白旗) : 항복할 때에 세우는 흰 기.
` 一 亍 方 方 方 扩 扩 旆 旌 旗 旗 旗 旗		

己 몸 기	몸 기(己) 총 3획	• 기출(己出) : 자기가 낳은 자녀. • 자기(自己) : 나. • 지기(知己) : 서로 마음이 통하는 친한 벗. 　　　　　　　지기지우(知己之友). • 극기(克己) : 제 욕심을 스스로 이지(理智)로서 　　　　　　　억눌러 이김.
一 コ 己		

基 터 기	흙 토(土) 총 11획	• 기지(基地) : 터전. 군사상의 근거지. 군사상의 보급, 　　　　　　　수송, 통신, 항공 등의 기점이 되는 곳. • 기초(基礎) : 사물의 밑바탕. 근저(根柢). 건조물이나 　　　　　　　구조물의 무게를 받치기 위해 만든 바닥. • 기반(基盤) : 토대. 터전. 기초. • 국기(國基) : 나라를 이룬 기초.
一 十 艹 艹 甘 甘 其 其 其 基 基		

技 재주 기	재방변(扌) 총 7획	• 기술(技術) : 공예(工藝)의 재주. 말이나 일을 꾀 있게 다루는 솜씨. 지식을 실재에 응용하는 재주. • 기사(技師) : 관청이나 회사에 전문기술을 가진 사람. • 연기(演技) : 배우가 무대에서 보이는 말이나 동작. • 경기(競技) : 서로 재주를 견주어 낫고 못한 것을 다툼. • 장기(長技) : 아주 능한 재주. 특기(特技).
一 十 扌 扌 technical 技 技		

汽 물끓은김 기	삼수변(氵) 총 7획	• 기차(汽車) : 증기(蒸氣)나 디젤기관을 원동력으로 하여 궤도(軌道) 위를 달리는 차량. • 기선(汽船) : 증기력으로 추진시켜 물위를 달리는 배. • 기적(汽笛) : 기관차의 고동. 증기의 힘으로 울리게 하는 고동.
丶 丶 氵 氵 汽 汽 汽		

期 기약할 기	달 월(月) 총 12획	• 기간(期間) : 일정한 시기까지의 사이. • 기약(期約) : 믿고 기다림. 때를 정하고 약속함. • 연기(延期) : 정한 기한을 물림. • 시기(時期) : 정한 때. 바라고 기다리던 때.
一 十 卄 卄 甘 其 其 斯 期 期 期 期		

吉 길할 길	입 구(口) 총 6획	• 길흉(吉凶) : 좋은 일과 언짢은 일. 좋은 일과 나쁜 일. • 길상(吉祥) : 좋은 상서. • 길조(吉兆) : 운수가 좋은 조짐. • 대길(大吉) : 매우 길함. 매우 좋음. • 불길(不吉) : 재수나 운수가 좋지 않음.
一 十 士 吉 吉 吉		

南 남녘 남	열 십(十) 총 9획	• 남방(南方) : 남쪽 방면. • 남해(南海) : 남쪽에 있는 바다. • 강남(江南) : 강의 남쪽. 따뜻한 남쪽 나라. • 호남(湖南) : 전라남북도(全羅南北道).
一 十 十 內 內 南 南 南 南		

男 사내 남 ㅣ ㄲ ㄲ 吅 田 甼 男	밭 전(田) 총 7획	• 남자(男子) : 사나이. 남성. • 남녀(男女) : 남자와 여자. • 미남(美男) : 얼굴이 잘생긴 남자. • 차남(次男) : 둘째 아들.
內 안 내 ㅣ ㄇ 內 內	들 입(入) 총 4획	• 내외(內外) : 안과 밖. 부부(夫婦). 남녀 간의 예의로 서로 얼굴 대하기를 피하는 일. • 내당(內堂) : 안방. 내실(內室). • 실내(室內) : 방의 안. • 국내(國內) : 나라의 안.
女 계집 녀(여) ㄑ ㄣ 女	계집 녀(女) 총 3획	• 여자(女子) : 여성. 계집. • 여인(女人) : 여편네. 여자. 부인. • 자녀(子女) : 아들과 딸. • 궁녀(宮女) : 옛날 궁궐 안에서 대전(大殿)과 내전(內 殿)을 모시는 내명부(內命婦)의 총칭.
年 해 년(연) ㅣ ㅌ ㅌ ㄸ 年	방패 간(干) 총 6획	• 연장(年長) : 자기보다 나이가 많은 사람. • 연세(年歲) : 나이. 춘추(春秋). • 성년(成年) : 일반적으로 사람의 지능이나 신체가 완 전히 발달되었다고 보는 나이. • 노년(老年) : 늙은 나이. 만년(晩年).
念 생각 념(염) ㅣ ㅅ ㅅ 今 今 念 念 念	마음 심(心) 총 8획	• 염두(念頭) : 마음속으로 생각하고 바람. 오랫동안의 소원. • 염려(念慮) : 마음을 놓지 못함. 걱정하는 마음. • 기념(記念) : 기억하여 잊지 않음. • 단념(斷念) : 생각을 아주 끊어버림. • 신념(信念) : 굳게 믿는 마음.

農 농사 농	별 진(신)(辰) 총 13획	• 농가(農家) : 농사 집. 농업을 생업으로 삼는 사람의 집. • 농촌(農村) : 농사를 짓는 사람들이 모여 사는 마을. • 상농(上農) : 크게 농사를 짓는 농부. • 중농(中農) : 중간정도의 농사를 가지고 일꾼도 쓰나 　　　　　　자기도 경작에 종사하는 농민.
丶 冂 冉 冉 冉 冉 曲 芦 芦 芦 農 農 農		

能 능할 능	육달 월 (月, 肉) 총 10획	• 능률(能率) : 일정한 시간에 해낼 수 있는 일의 비율. • 능사(能事) : 제가 가장 알맞고 잘 감당해낼 수 있는 일. • 능란(能爛) : 능하고 익숙하다. • 무능(無能) : 능력이 없음. 재능이 없음. • 본능(本能) : 세상에 난 뒤에 경험과 교육에 의하지 않고 　　　　　　선천적으로 갖춘 성능. 타고난 재능.
厶 厶 产 自 自 自 自 能 能 能		

多 많을 다	저녁 석(夕) 총 6획	• 다독(多讀) : 책을 많이 읽음. • 다작(多作) : 작품(作品)이나 글을 많이 지음. • 다서(多書) : 붓글씨를 많이 씀. • 삼다(三多) : 복이 많고 장수하고 자손이 많은 일. 　　　　　글 짓는 공부 세 가지 : 많이 읽고, 많이 짓고, 많이 생각하는 일.
丶 ㇗ 夕 夕 多 多		

短 짧을 단	화살 시(矢) 총 12획	• 단점(短點) : 낮고 모자라는 점. 결점(缺點). • 단발(短髮) : 머리를 짧게 깎음. • 장단(長短) : 길고 짧음. 장점과 단점. 　　　　　　길고 짧은 박자(拍子)를 장단 맞추다. • 수단(修短) : 오래 살고 일찍 죽음. 수요(壽夭).
丿 ㇏ ㇗ 矢 矢 矢 矢 短 短 短 短 短		

團 둥글 단	큰입구몸(囗) 총 14획 나라 국(國)의 고자(古字)	• 단체(團體) : 공동의 목적을 이루기 위하여 결합한 　　　　　　두 사람 이상의 집단. • 단결(團結) : 한데 뭉침. 단합(團合). • 단속(團束) : 경계를 단단히 하여 다잡음. • 집단(集團) : 모여서 이룬 떼. 단체(團體). 　　　　　　개인이 모여서 이룬 통일체. • 극단(劇團) : 연극을 하려고 모인 단체.
丨 冂 冂 冋 冋 同 同 同 團 團 團 團 團 團		

壇 단 단	흙 토(土) 총 16획	• 단상(壇上) : 단의 위. • 단소(壇所) : 제단이 있는 곳. • 화단(花壇) : 화초를 심기 위하여 뜰 한쪽에 흙을 한층 　　　　　　　높게 쌓아 놓은 곳. 화계(花階). • 제단(祭壇) : 제사를 지내는 단. • 시단(詩壇) : 시인들로서 이루어진 사회.
一十士圹圹圹圹圻圻圻坥坥墹墹墹壇壇		
談 말씀 담	말씀 언(言) 총 15획	• 담화(談話) : 이야기. 어떤 사물에 대하여 개인 또는 단체가 그 　　　　　　　의 의견이나 태도를 분명히 하기 위하여 하는 말. • 담소(談笑) : 웃으면서 이야기함. • 만담(漫談) : 재미있고 우습게 세상과 인정을 풍자하는 이야 　　　　　　　기. • 정담(情談) : 다정한 이야기. 남녀 간의 애정이야기. • 야담(野談) : 야사(野史)의 이야기. 　　　※ 야사(野史) : 전설 따위를 기록한 민간의 사기.
` ㅗ ㅗ ㅤ ㅤ 言 言 訁 訁 談 談 談 談 談		
答 대답 답	대 죽(竹) 총 12획	• 답장(答狀) : 회답 편지. 답서(答書). • 답례(答禮) : 남에게 받은 예(禮)를 도로 갚는 일. • 문답(問答) : 묻고 대답하는 것. • 대답(對答) : 물음에 대해 자기 뜻을 나타냄.
ノ ト ト ᅣ 竹 竹 � � ㅤ 答 答 答		
堂 집 당	흙 토(土) 총 11획	• 당상관(堂上官) : 당상(堂上)의 벼슬아치. 정삼품 통 　　　　　　　　　정대부 이상(正三品通政大夫以上). • 당하관(堂下官) : 당하(堂下)의 벼슬아치. 정삼품 통 　　　　　　　　　훈대부 이하(正三品通訓大夫以下). • 양당(兩堂) : 남의 부모. • 존당(尊堂) : 남의 어머니(존칭).
` ` ㅤ ㅤ ㅛ ㅛ 쓰 쓰 学 堂 堂		
當 마땅 당	밭 전(田) 총 13획	• 당장(當場) : 바로 그때. • 당국(當局) : 그 일을 맡아 보는 곳. • 당연(當然) : 마땅히. 응당(應當). • 합당(合當) : 꼭 알맞음. 적당(適當). • 부당(不當) : 이치에 어그러짐. • 지당(至當) : 이치에 꼭 맞음. 아주 적당함.
` ㅣ ㅛ ㅛ ㅛ ㅛ 쓰 쓰 쓰 堂 當 當		

大 큰 대 一ナ大	큰 대(大) 총 3획	• 대소(大小) : 크고 작음. • 대국(大國) : 크고 넓고 강대한 나라. • 광대(廣大) : 넓고 큼. • 막대(莫大) : 더할 수 없이 큼.
待 기다릴 대 ´ ㇉ 彳 彳 彳 彳 待 待 待	두인변(彳) 총 9획 자축거릴척(彳)	• 대접(待接) : 음식을 제공함. 예를 차려 대우함. • 대객(待客) : 손님을 대접함. • 고대(苦待) : 몹시 기다림. • 등대(等待) : 미리 갖추어 두고 기다림.
代 대신할 대 ノ 亻 亻 代 代	사람인변(亻) 총 5획	• 대신(代身) : 남을 대리함. 어떤 것을 딴 것으로 갈아치움. • 대언(代言) : 남 대신으로 말함. • 식대(食代) : 밥 값. 식사의 비용. • 약대(藥代) : 약 값.
對 대할 대 ´ ㇉ ㇉ ㇉ ㇉ ㇉ ㇉ ㇉ ㇉ ㇉ ㇉ 對對	마디 촌(寸) 총 14획	• 대적(對敵) : 적(敵)을 상대함. • 대국(對局) : 어떠한 국면에 대함. 　　　　　　바둑이나 장기를 둠. • 절대(絶對) : 상대하여 비교할만한 것이 없음. • 상대(相對) : 서로 마주봄. 서로 맞섬.
德 큰 덕 ´ ㇉ 彳 彳 彳 彳 待 待 待 德 德 德 德 德 德	두인변(彳) 총 15획 자축거릴척(彳)	• 덕망(德望) : 덕이 높고 인망이 있음. 많은 사람이 　　　　　　그의 덕을 경모하여 따르는 일. • 덕행(德行) : 어질고 두터운 행실. 덕업(德業). • 덕화(德化) : 덕행으로써 감화시킴. • 부덕(不德) : 덕망(德望)이 없음. • 실덕(失德) : 덕망을 잃음. 점잖은 이의 과실.

道 길 도	책받침(辶) 총 13획 쉬엄쉬엄갈 **착**(辵)	• 도리(道理) : 사람이 마땅히 지켜야 할 바른 길. • 도로(道路) : 사람이나 차가 다닐 수 있도록 만든 길. • 인도(人道) : 사람이 다니는 길. 보도(步道). • 차도(車道) : 차가 다니게 마련한 길. 찻길.
丶 丷 䒑 䒑 产 首 首 首 首 首 渞 道 道		

圖 그림 도	큰입구몸(口) 총 14획 나라 국(國)의 고자(古字)	• 도서(圖書) : 글씨, 그림, 책 따위의 총칭. • 도모(圖謀) : 일을 이루려고 꾀함. • 지도(地圖) : 지형(地形)을 그린 그림. • 의도(意圖) : 속으로 계획함.
丨 冂 冂 冂 冂 冂 冂 冂 圖 圖 圖 圖 圖 圖		

度 법도 도	엄호밑(广) 총 9획 집 **엄**(广)	• 도량(度量) : 너그러운 마음과 깊은 생각. • 도수(度數) : 거듭한 회수. 운에 따르는 수리(數理). • 법도(法度) : 법률과 제도. • 척도(尺度) : 자. 또는 자로 재는 길이의 정도. 계획의 표준.
丶 亠 广 广 庐 庐 庐 度 度		

到 이를 도	선칼도방(刂) 총 8획	• 도처(到處) : 가는 곳 마다. 이르는 곳 마다. • 도래(到來) : 이르러서 옴. 닥쳐옴. • 쇄도(殺到) : 세차게 몰려듦. • 내도(來到) : 와서 닿음. • 주도(周到) : 무슨 일에든지 조심성이 두루 미쳐서 빈틈이 없음.
一 ㄷ 五 즈 至 至 到 到		

島 섬 도	메 **산**(山) 총 10획	• 도서(島嶼) : 크고 작은 섬들. • 도민(島民) : 섬에서 사는 사람. 섬사람. • 반도(半島) : 삼면이 바다로 둘러싸인 땅. • 열도(列島) : 여럿이 한 줄로 벌려있는 섬들. 줄섬. • 고도(孤島) : 외딴 섬.
′ 亻 户 户 户 自 鸟 島 島 島		

都 도읍 도	우부방(阝) 총 12획 고을 읍(邑)	• 도시(都市) : 사람이 많이 모여 살고 번잡한 곳. 　　　　　　　도회지(都會地). • 도심(都心) : 도회의 중심. • 대도(大都) : 큰 도시. • 수도(首都) : 서울. 한 나라의 중앙정부가 있는 곳. • 구도(舊都) : 옛 도읍지.
一 十 土 耂 耂 者 者 者 者' 都都		
讀 읽을 독 귀절 두	말씀 언(言) 총 22획	• 독서(讀書) : 글을 읽음. • 독파(讀破) : 책을 다 읽어냄. • 구두(口讀) : 글을 읽기 편하게 하기 위하여 단어나 　　　　　　　구절을 점, 부호 등으로 나타내는 법. • 이두(吏讀) : 한자(漢字)의 뜻과 음을 따서 우리말로 　　　　　　　표기한 글자.
` 亠 亠 亖 亖 言 言 言 計 詰 詰 詰 詰 譠 譠 讀 讀 讀 讀 讀 讀		
獨 홀로 독	개사슴록변(犭) 총 16획 큰개 견(犬)	• 독립(獨立) : 남에게 의지하지 않고 제 힘으로 따로 섬. 　　　　　　　남의 구속이나 지배를 받지 않음. 한 나라가 　　　　　　　완전한 주권행사의 능력을 가짐. • 독선(獨善) : 자기 혼자만이 옳다고 믿고 생각하고 행동함. • 독습(獨習) : 글을 읽어서 익힘. • 고독(孤獨) : 외로움. 어려서 부모를 여읜 아이와 자식없 　　　　　　　는 늙은 이. 짝 없는 홀몸. • 유독(惟獨) : 오직 홀로 자기가 있을 뿐.
ノ 丬 丬 丬 犭 犭' 犭' 犭 犸 猩 猩 猩 獨 獨 獨		
東 동녘 동	나무 목(木) 총 8획	• 동방(東方) : 동쪽. • 동서(東西) : 동쪽과 서쪽. • 해동(海東) : 우리 나라의 옛 이름. • 극동(極東) : 동쪽의 끝.
一 厂 厂 市 市 亩 東 東		
動 움직일 동	힘 력(力) 총 11획	• 동물(動物) : 새, 짐승, 물고기 등, 스스로 움직일 수 　　　　　　　있는 생물. • 동력(動力) : 열, 바람, 전기 등의 힘을 이용하여 기 　　　　　　　계를 움직이는 힘. • 자동(自動) : 스스로 움직임. • 수동(受動) : 남에게 동작을 받음.
ノ 亡 亡 斤 斤 台 重 重 重 動 動		

洞 골 동	삼수변(氵) 총 9획	• 동리(洞里) : 마을. 지방행정구역(地方行政區域)인 　　　　　　　동(洞)과 이(里). • 동민(洞民) : 한동네에 사는 사람. • 일동(一洞) : 한 동리. 온 동네. • 타동(他洞) : 딴 동네. 다른 동네.
`丶 丶 氵 汀 汀 洞 洞 洞 洞`		

同 한가지 동	입 구(口) 총 6획	• 동문(同門) : 한 스승에게 배운 사람. 　　　　　　　같은 학교 출신. • 동포(同胞) : 형제. 한 국민. 한 겨레. • 대동(大同) : 대체로 보아 같음. • 대동(帶同) : 데리고 감.
`丨 冂 冂 同 同 同`		

冬 겨울 동	이수변(冫) 총 5획 얼음 빙(冫)	• 동지(冬至) : 이십사절기의 하나. 밤이 가장 긴 날. • 동한(冬寒) : 겨울의 추위. • 냉동(冷冬) : 추운 겨울. • 삼동(三冬) : 겨울의 석 달. 세 해의 겨울.
`丿 夂 夂 冬 冬`		

童 아이 동	설 립(立) 총 12획	• 동요(童謠) : 아이들의 감정이나 심리를 나타낸 노래. 　　　　　　　아이들이 부르는 노래. • 동심(童心) : 어린이 마음. • 아동(兒童) : 어린 아이, 대개 3~12세 까지의 어린아이. • 관동(冠童) : 어른과 아이.
`丶 一 亠 产 立 产 音 音 音 童 童 童`		

頭 머리 두	머리 혈(頁) 총 16획	• 두각(頭角) : 머리 끝. 우뚝 뛰어남. • 두발(頭髮) : 머리털. • 허두(虛頭) : 글 또는 말의 첫 머리. • 화두(話頭) : 이야기의 말 머리.
`一 一 一 戸 戸 戸 豆 豆 頭 頭 頭 頭 頭 頭 頭`		

登 오를 등	필발머리(癶) 총 12획	• 등산(登山) : 산에 오름. • 등장(登場) : 무대 같은데 나옴. • 선등(先登) : 맨 먼저 오름. 앞서서 먼저 오름. • 반등(攀登) : 더위잡고 오름. 높은 데를 올라가려고 무엇을 끌어잡다.
ﾉ ﾌ ﾌ' ﾌ' 癶 癶 癶 登 登 登 登 登		
等 무리 등	대 죽(竹) 총 12획	• 등외(等外) : 등급 밖. • 등대(等待) : 미리 갖추어 두고 기다림. • 우등(優等) : 훌륭히 빼어난 등급. 성적이 뛰어남. • 열등(劣等) : 낮은 등급. 등급이 낮음.
ﾉ ﾉ ﾉ ﾉ ﾉ ﾉ ﾉ 竺 竺 竺 等 等		
樂 즐길 락(악) 풍류 악 좋아할 요	나무 목(木) 총 15획	• 낙관(樂觀) : 일이 잘 될 것으로 봄. 세상을 즐겁게 봄. • 낙원(樂園) : 살기 좋은 즐거운 곳. • 쾌락(快樂) : 유쾌하고 즐거움. • 악보(樂譜) : 음악의 곡조를 적은 부호(符號). • 음악(音樂) : 소리의 고, 저, 장, 단 강약을 일정한 순열로 조 화, 결합시켜 사상과 감정을 나타내는 시간적 예술. • 요산요수(樂山樂水) : 산수를 좋아함.
ﾉ ﾉ ﾉ ﾉ ﾉ ﾉ ﾉ ﾉ ﾉ ﾉ 樂 樂 樂 樂 樂		
落 떨어질락(낙)	초두머리(艹) 총 13획	• 낙향(落鄕) : 서울에서 시골로 이사함. 시골에 떨어짐. • 낙제(落第) : 시험에 떨어짐. 낙방(落榜). 성적이 나빠서 진급 못하는 일. • 낙심(落心) : 바라는 일이 이루어지지 않아 마음이 풀어 짐. 낙망(落望). • 부락(部落) : 시골의 집이 많이 모여 있는 큰 마을. • 촌락(村落) : 마을. 촌리(村里). 이락(里落).
ﾉ ﾉ ﾉ ﾉ ﾉ ﾉ ﾉ ﾉ ﾉ 落 落 落 落		
朗 밝을랑(낭)	달 월(月) 총 11획	• 낭월(朗月) : 밝은 달. • 낭요(朗耀) : 밝게 빛남. • 낭음(朗吟) : 시를 소리 높혀 읊음. • 명랑(明朗) : 밝고 맑음.
ﾉ ﾉ ﾉ ﾉ ﾉ ﾉ ﾉ 朗 朗 朗 朗		

來 올 래(내)	사람 인(人) 총 8획	• 내년(來年) : 올해의 다음해. • 내일(來日) : 오늘의 다음날. • 미래(未來) : 아직 오지 않는 때. • 거래(去來) : 돈을 서로 꾸고 꾸이거나 물건을 사고 　　　　　　　팔며 주고받는 일.
一 厂 厂 夃 夃 来 來 來		

冷 찰 랭(냉)	이수변(冫) 총 7획 얼음 빙(冫)	• 냉대(冷待) : 쌀쌀하게 대접함. 푸대접. • 냉소(冷笑) : 쌀쌀한 웃음. 비웃는 웃음. • 냉담(冷談) : 태도나 마음이 차다. 무관심함. • 냉각(冷却) : 차게 식힘.
丶 冫 冫 冫 汁 汁 冷 冷		

良 어질 량(양)	괘이름간(艮) 총 7획	• 양호(良好) : 매우 좋음. • 양가(良家) : 양민의 집. 지체가 있는 집안. • 양질(良質) : 좋은 바탕. • 선량(善良) : 착하고 어짊. • 불량(不良) : 좋지 못함. 행실이 나쁨. 착하지 못함. • 우량(優良) : 뛰어나게 좋음.
丶 ㄱ ㅋ 킈 良 良 良		

量 헤아릴량(양)	마을 리(里) 총 12획	• 도량(度量) : 너그러운 마음과 깊은 생각. 　　　　　　　일을 잘 다루는 품성. • 아량(雅量) : 너그럽고 깊은 마음씨. • 기량(器量) : 사람의 덕량(德量)과 재능(才能). • 국량(局量) : 도량과 재간(才幹).
丶 冂 冂 日 旦 旱 昰 昬 昌 量 量 量		

旅 나그네려(여)	모 방(方) 총 10획	• 여행(旅行) : 먼 길을 감. • 여객(旅客) : 나그네. 유자(遊子). • 여로(旅路) : 여행길. 나그네의 길. 객로(客路). • 행려(行旅) : 나그네. • 진려(振旅) : 적국(敵國)에 위엄을 뵈고 군사를 철수함.
丶 ㅗ 方 方 方 扩 扩 旅 旅 旅		

力 힘 력(역) フ 力	힘 **력**(力) 총 2획	• 역사(力士) : 뛰어나게 힘이 센 사람. 장사. • 역행(力行) : 힘써 행함. 노력함. • 국력(國力) : 나라의 힘. • 무력(武力) : 군대의 힘. 병력(兵力).
歷 지낼 력(역) 一 厂 厂 厂 厈 屏 屛 屛 屛 屛 厤 厤 厤 厤 歷 歷	그칠 **지**(止) 총 16획	• 역사(歷史) : 세상의 변천 흥망에 관한 기록. 역대의 사기. 개인의 경력. • 역대(歷代) : 차례차례 서로 전해 내려오는 대. • 역임(歷任) : 여러 벼슬을 차례로 지냄. • 내력(來歷) : 겪어온 자취. • 이력(履歷) : 지금까지의 학업(學業), 직업(職業) 따위의 겪어 지내온 일들. • 학력(學歷) : 공부한 자취.
練 익힐 련(연) ' ' 纟 纟 纟 纟 紵 紵 紵 紵 紵 紳 紳 練 練	실 **사**(糸) 총 15획	• 연습(練習) : 되풀이하여 익힘. • 연마(練磨) : 학문이나 기술을 갈고 닦음. • 연병(練兵) : 군사를 훈련함. • 시련(試鍊) : 시험하고 단련함. 신앙이나 결심을 시험해 보는 일. • 세련(洗練) : 깨끗이 씻고 정하게 부림. 단련하여 어색한데 없이 미끈함. 지식과 기술이 익숙함. 또는 익숙하게 함.
領 거느릴 령(영) ノ ᐟ ᐟ ᐟ 夳 夳 夳 夳 釘 釘 領 領 領 領	머리 **혈**(頁) 총 14획	• 영수(領受) : 받아들임. 영수(領收). • 영토(領土) : 나라의 소유지. • 영수(領袖) : 여러 사람 중의 우두머리. • 점령(占領) : 일정한 곳을 차지하여 남의 침입을 허용하지 않음. 물건을 차지하고 남이 가짐은 허락하지 않음. • 요령(要領) : 요긴하고 으뜸되는 큰 줄거리.
令 하여금령(영) ノ 人 仝 令 令	사람 **인**(人) 총 5획	• 영감(令監) : 정삼품(正三品), 종이품(從二品)의 벼슬아치를 높혀서 일컫는 말. 남편 또는 나이가 많은 남자를 가리켜 일컫는 말. 면장, 군수, 국회의원 등 지체가 높은 사람을 존대하여 일컫는 말. • 영부인(令夫人) : 남을 높혀서 그 아내를 이르는 말. 현합(賢閤). • 영애(令愛) : 남의 딸의 높임말. • 호령(號令) : 지휘하여 명함. 큰소리로 꾸짖음. • 법령(法令) : 법률과 명령.

例 법식 례(예) 丿 亻 亻 们 佰 佰 例 例	사람인변(亻) 총 8획	• 예외(例外) : 규칙에 벗어남. • 예시(例示) : 예를 들어 보임. • 이례(異例) : 상례를 벗어나는 일. 특별한 일. • 비례(比例) : 예를 들어 견주어 봄.
 禮 예도 례(예) 一 亍 千 示 示 示 礼 礼 神 神 神 禮 禮 禮 禮 禮 禮	보일 시(示) 총 18획	• 예악(禮樂) : 예와 풍류. 예법(禮法)과 음악. • 예법(禮法) : 예의나 몸가짐의 법식. • 사례(四禮) : 관례(冠禮), 혼례(婚禮), 상례(喪禮), 제례(祭禮)의 총칭. 관혼상제(冠婚喪祭). • 무례(無禮) : 예의를 차리지 못함.
老 늙을로(노) 一 十 土 耂 老 老	늙을 로(老) 총 6획	• 노인(老人) : 나이가 많은 사람. 늙은 분. • 노후(老後) : 늙은 뒤. • 경로(敬老) : 노인을 공경함. • 장로(長老) : 나이 많고 덕이 높은 사람. 　　　　　　　 장로교 교직의 하나(기독교). 　　　　　　　 그 절의 원로인 중(불교).
路 길 로(노) 丶 丨 口 口 口 足 足 足 趵 趵 路 路 路	발 족(足) 총 13획	• 노상(路上) : 길 위. • 노자(路資) : 여행가는 데 쓰는 돈. 노비(路費). • 대로(大路) : 폭이 넓은 큰 길. • 소로(小路) : 작은 길.
 勞 일할로(노) 丶 丷 丷 丷 丷 丷 炏 炏 炏 炏 势 勞	힘 력(力) 총 12획	• 노력(努力) : 몸을 수고함. 힘을 씀. 물건을 생산하기 위하여 몸과 마음을 괴롭히며 힘씀. • 노고(勞苦) : 심신을 괴롭게 애쓰는 일. • 과로(過勞) : 지나치게 피로함. 지나치게 일을 하여 고달픔. • 피로(疲勞) : 몸이 지쳐서 피곤함. • 위로(慰勞) : 수고함을 어루만져 치사함.

綠 푸를록(녹)	실 사(糸) 총 14획	• 녹음(綠陰) : 우거진 푸른 나무의 그늘. • 녹죽(綠竹) : 푸른 대. • 초록(草綠) : 초록색(草綠色). • 유록(柳綠) : 남빛과 노란빛과의 중간 빛. 　　　　　　　봄철의 버들잎의 빛.
`丨 乙 幺 纟 糸 糹 紵 絆 絆 紵 絿 綷 綠 綠`		
料 헤아릴료(요)	말 두(斗) 총 10획	• 요리(料理) : 음식을 만듦. 맛난 음식을 만듦. • 비료(肥料) : 식물(농작물)이 잘 자라게 하려고 흙에 　　　　　　　주는 양분. 거름. • 사료(飼料) : 짐승을 기르는 먹이. • 유료(有料) : 요금이 있는 것. 요금을 받음. • 무료(無料) : 요금이 없음. 요금을 받지 않음.
`丶 丷 二 半 米 米 料 料 料 料`		
類 무리류(유)	머리 혈(頁) 총 19획	• 유례(類例) : 같거나 비슷한 실례(實例). • 유별(類別) : 종류에 따라 나눔. 종류의 다른 구별. • 유사(類似) : 서로 비슷함. 유사종교(類似宗敎). • 동류(同類) : 같은 무리. 같은 종류. • 부류(部類) : 종류에 따라 나눈 갈래. • 종류(種類) : 어떤 기준에 따라 나눈 갈래.
`丶 丷 二 半 半 米 米 米 類 類 類 類 類 類 類`		
流 흐를류(유)	삼수변(氵) 총 10획	• 유수(流水) : 흐르는 물. • 유행(流行) : 세상에 널리 퍼져 행하여짐. 　　　　　　　병이 전파됨. • 유언(流言) : 터무니 없는 소문. • 교류(交流) : 서로 뒤섞이어 흐름. 서로 주고받음. • 지류(支流) : 원줄기로부터 갈려 흐르는 물줄기.
`丶 丶 氵 汀 汵 汵 汵 流 流`		
六 여섯륙(육)	여덟 팔(八) 총 4획	• 유월(六月) : 한해의 여섯 번째 달. • 육갑(六甲) : 육십갑자(六十甲子). 천간과 지지를 순차 　　　　　　　로 배합하여 예순 가지로 배열한 순서. • 오륙(五六) : 대여섯. • 십륙(十六) : 열여섯.
`丶 二 亠 六`		

陸 뭍 륙(육)	좌부변(阝) 총 12획 언덕 부(阜)	• 육지(陸地) : 지구 위의 땅. • 육군(陸軍) : 육상의 전투 및 방어(防禦)를 맡은 군대. • 육상(陸上) : 뭍 위. 육지(陸地). • 대륙(大陸) : 지구의 큰 육지. • 이륙(離陸) : 비행기 따위가 땅 위를 떠나 떠오름. • 착륙(着陸) : 비행기가 육지에 내림.
' ㄱ ㅏ ㅏ ㅏ ㅏ ㅏ 阝 陸 陸 陸 陸	
里 마을리(이)	마을 리(里) 총 7획	• 이장(里長) : 행정구역인 이(里)의 일을 맡아보는 사람. • 이정(里程) : 길의 이수(里數). • 십리(十里) : 4키로 미터 정도의 거리. • 향리(鄕里) : 나서 성장(成長)한 고향의 마을.
ㅣ ㅁ ㅁ 日 甲 里 里	

理
다스릴리(이)
	구슬 옥(玉)
	총 11획
		• 이치(理致) : 사물의 정당한 조리(條理). 또는 도리
		  에 맞는 취지.
		• 이론(理論) : 사물의 이치를 논함.
		• 사리(事理) : 일의 이치.
		• 관리(管理) : 금고의 출납을 맡아보던 벼슬. 부하를
		  지휘 감독함. 사무를 정리함. 물건을
		  처리함. 일을 맡아 다스림.

' T Ŧ 王 尹 ㅤ珇 珇 珇 理 理	
利 이로울리(이)	선칼도방(刂) 총 7획	• 이해(利害) : 이익과 손해. • 이익(利益) : 이가 됨. 유익하고 도움이 됨. • 편리(便利) : 편하고 쉬움. • 불리(不利) : 이롭지 못함.
' ㄴ 千 禾 禾 利 利	
李 오얏리(이)	나무 목(木) 총 7획	• 이씨(李氏) : 이씨의 성을 가진 사람. • 이화(李花) : 오얏 꽃. • 도리(桃李) : 복숭아와 오얏. 또는 그 꽃이나 열매. • 행리(行李) : 여행할 때 쓰는 모든 기구. 행장(行裝).
一 十 才 木 杢 李 李	

林 나무 목(木) 총 8획 수풀 림(임) 一 十 才 才 木 村 村 林	• 임야(林野) : 나무가 무성한 들. • 임천(林泉) : 수풀 속에 있는 샘. • 산림(山林) : 산과 숲. 산에 있는 숲. • 수림(樹林) : 나무가 우거진 숲. 수목 밭.
立 설 립(立) 총 5획 설 립(입) ` 一 亠 子 立	• 입지(立志) : 뜻을 세움. • 입신(立身) : 사회에 있어서의 자기의 기반을 확립 　　　　　　하여 출세함. • 국립(國立) : 나라에서 세움. • 사립(私立) : 공익사업의 기관을 사사의 힘으로 설립 　　　　　　함.
馬 말 마(馬) 총 10획 말 마 丨 厂 厂 厂 厈 馬 馬 馬 馬 馬	• 마부(馬夫) : 말구종. 말을 부리는 사람. • 마술(馬術) : 말을 타는 기술. 　　　　　　말 위에서 하는 온갖 재주. • 마적(馬賊) : 말을 탄 도둑의 무리. • 호마(胡馬) : 만주에서 나는 말. • 백마(白馬) : 몸빛이 흰 말.
萬 초두머리(卄) 총 13획 일만 만 ` 一 十 艹 艹 芍 苗 苗 萬 萬 萬 萬	• 만고(萬古) : 오랜 옛적. 한없는 세월. • 만민(萬民) : 모든 백성. • 백만(百萬) : 숫자. 100만. • 일만이천봉(一萬二千峰) : 금강산의 수많은 기이한 　　　　　　　　　　　봉우리의 총칭.
末 나무 목(木) 총 5획 끝 말 一 二 丰 末 末	• 말미(末尾) : 맨 끝. 맨 아래. 사물의 끄트머리. 　　　　　　말단(末端). • 말석(末席) : 맨 끝자리. 말좌(末座). • 말직(末職) : 맨 끝자리의 벼슬. • 본말(本末) : 일의 처음과 나중. 물건의 밑과 끝. • 결말(結末) : 일을 맺는 끝. 끝장.

望 바랄 망	달 월(月) 총 11획	• 망견(望見) : 멀리 바라봄. • 망월(望月) : 음력 보름달. • 망부석(望夫石) : 정렬(貞烈)있는 아내가 남편을 기다리다가 죽어서 되었다는 돌. • 전망(展望) : 멀리 바라봄. 앞날에 있어서의 일의 형세. • 갈망(渴望) : 간절히 바람. 목마르게 바람. • 낙망(落望) : 바라던 일이 안됨. 바라던 마음이 풀어짐. 실망(失望).
 `丶 亠 亡 亡 切 坍 坍 望 望 望 望`		

亡 망할 망	돼지해머리 (亠) 총 3획	• 망국(亡國) : 망한 나라. • 망실(亡室) : 죽은 아내. • 망부(亡夫) : 죽은 남편. • 흥망(興亡) : 일어남과 망함. 흥기(興起)와 멸망(滅亡). • 멸망(滅亡) : 망하여 버림. • 사망(死亡) : 사람이 죽음.
 `丶 亠 亡`		

每 매양 매	말 무(毋) 총 7획	• 매년(每年) : 해마다. • 매월(每月) : 달마다. • 매주(每週) : 각 주. 또는 주간마다. • 매매(每每) : 번번이.
 `丿 仁 仁 勾 每 每 每`		

買 살 매	조개 패(貝) 총 12획	• 매상(買上) : 정부나 관공서에서 민간으로부터 물건을 사들이는 일. • 매수(買收) : 사들임. 남의 마음을 사서 자기편으로 삼음. • 매점(買占) : 딸릴 것을 짐작하고 물건을 휩쓸어 사둠. • 구매(購買) : 물건을 사들임. 구입(購入). • 불매(不買) : 사지 않기로 함. 불매운동(不買運動).
 `丶 口 皿 皿 皿 罒 罒 胃 胃 冒 買 買`		

賣 팔 매	조개 패(貝) 총 15획	• 매매(賣買) : 사고 팖. • 매각(賣却) : 팔아버림. • 도매(都賣) : 물건을 낱개로 팔지 않고 모개로 팖. • 산매(散賣) : 물건을 낱개로 파는 일. 소매(小賣).
 `一 十 士 吉 吉 吉 毒 壺 壺 壺 壺 賣 賣 賣`		

面 낯 면 一 ア ア 丙 丙 而 而 面 面	낯 면(面) 총 9획	• 면적(面積) : 일정한 평면이나 구면(球面) 등의 크기. 넓이. • 면전(面前) : 보고 있는 앞. 눈앞. • 안면(顔面) : 얼굴. 낯. • 지면(地面) : 땅의 표면(表面).
名 이름 명 ノ クタ 夕 名 名	입 구(口) 총 6획	• 명산(名山) : 이름난 산. • 명소(名所) : 경치나 고적 따위로 이름난 곳. • 명분(名分) : 도덕상 명목(名目)의 다름에 따라 반드 시 지켜야 할 직분. 명의(名義). • 지명(地名) : 땅의 이름. 지역의 이름. • 성명(姓名) : 성과 이름.
命 목숨 명 ノ 人 스 수 命 命 命 命	입 구(口) 총 8획	• 명령(命令) : 윗사람이 시키는 분부. • 명맥(命脈) : 목숨과 맥박. 살아가는데 아주 요긴한 사물의 부분. • 생명(生命) : 살아 있는 목숨. 수명. • 인명(人命) : 사람의 목숨.
明 밝을 명 丨 冂 月 日 日 明 明 明	날 일(日) 총 8획	• 명월(明月) : 밝은 달. 보름달. • 명일(明日) : 내일. 오늘의 바로 다음날. • 대명(大明) : 해. 햇빛. 지덕(知德)이 밝고 높음. 명(明)나라 조정. • 천명(闡明) : 겉으로 드러내어 밝힘.
母 어미 모 乚 乄 母 母 母	말 무(毋) 총 5획	• 모녀(母女) : 어머니와 딸. • 모국(母國) : 자기 나라. • 부모(父母) : 아버지와 어머니. • 생모(生母) : 자기를 낳아준 어머니.

木 나무 목 一十才木	나무 목(木) 총 4획	• 목석(木石) : 나무와 돌. 감정이나 인정이 둔한 사람. • 목조(木造) : 나무로 만듦. 또는 그 물건. • 초목(草木) : 풀과 나무. • 재목(材木) : 건축이나 토목 또는 기구 등의 재료로 쓰는 나무. 어떤 직위에 합당한 인물.
目 눈 목 丨冂冃月目	눈 목(目) 총 5획	• 목적(目的) : 일을 이루려는 목표. • 목전(目前) : 눈앞. 지금. 당장. • 두목(頭目) : 우두머리. • 지목(指目) : 사람이나 사물이 어떠하다고 가리키어 정함.
無 없을 무 丿亅一仁午缶缶無無無無無	연화발(灬) 총 12획	• 무리(無理) : 억지로 우겨댐. 사리에 맞지 않음. • 무료(無聊) : 심심함. 겸연쩍음. 어울리지 않아 탐탁한 맛이 없음. • 무법(無法) : 법이 없음. 도리에 어긋나고 난폭함. • 유무(有無) : 있음과 없음. • 허무(虛無) : 아무것도 없고 텅 빔. 마음속이 비고 아무것도 없음. 사물이 덧없음.
門 문 문 丨冂冂冃冃門門門	문 문(門) 총 8획	• 문전(門前) : 문 앞. • 문인(門人) : 문하생(門下生). 세도가 있는 집안에 드나드는 사람. 제자(弟子). 문하에서 가르침을 받는 제자. • 가문(家門) : 집안 또는 그 집안의 사회적 지위. • 입문(入門) : 글방에 들어감. 과거 때 유생이 과장(科場)에 들어감.
文 글월 문 丶亠ナ文	글월 문(文) 총 4획	• 문장(文章) : 주어(主語)와 설명어를 결합시켜 하나의 사상을 표기한 것. 문채(文采). 문식(文飾). 도덕이 빛남을 이름. • 문무(文武) : 문관(文官)과 무관(武官). • 웅문(雄文) : 뛰어난 시문(詩文). 힘 있는 글. • 산문(散文) : 글자의 수나 운율 등의 제한이 없이 마음대로 쓰는 글.

問 물을 문 一 广 尸 尸 尸' 門 門 門 問 問 問	입 구(口) 총 11획	• 문답(問答) : 묻고 대답하는 것. • 문안(問安) : 어른에게 안부를 여쭈는 것. • 질문(質問) : 모르거나 의심나는 점을 묻거나 물어서 　　　　　　　밝힘. • 방문(訪問) : 남을 찾아 봄.
聞 들을 문 一 广 尸 尸 尸' 門 門 門 門 門 門 閅 閅 聞	귀 이(耳) 총 14획	• 문견(聞見) : 듣고 보아 깨달아 얻은 지식. 견문(見聞). • 문달(聞達) : 이름이 널리 세상에 드러남. • 신문(新聞) : 새로운 소식. 새로운 소식이나 비판을 　　　　　　　빨리 보도하는 정기 간행물. • 소문(所聞) : 널리 떠도는 말.
物 물건 물 ' ' ' ' 牛 牛 牜 物 物 物	소 우(牛) 총 8획	• 물정(物情) : 세상 사람의 인심이나 사정. 　　　　　　　세상의 형편. • 물의(物議) : 여러 사람의 평판(評判). 물론(物論). • 생물(生物) : 살아 있는 사물, 동물, 식물의 총칭. • 만물(萬物) : 모든 사물. 세상에 있는 온갖 물건.
米 쌀 미 ` ` ` 丷 ユ 半 米 米	쌀 미(米) 총 6획	• 미음(米飮) : 환자가 먹는 묽은 쌀 죽. • 미곡(米穀) : 쌀. 쌀과 다른 곡식. • 백미(白米) : 희게 쓿은 멥쌀. • 현미(玄米) : 벼의 껍질만 벗기고 쓿지 않은 쌀.
美 아름다울 미 ` ` ` 丷 ユ 半 羊 盖 羊 美 美	양 양(羊) 총 9획	• 미술(美術) : 미를 표현하여 시각(視覺)으로 감상하는 　　　　　　　그림, 건축, 조각 따위. • 미녀(美女) : 미인. 썩 잘생긴 여자. • 진선미(眞善美) : 참되고 착하고 아름다움. 　　　　　　　　　이상에 합치된 상태. • 우아미(優雅美) : 고상하고 기품이 있으며 아름다움.

民	각시 **씨**(氏) 총 5획	• 민심(民心) : 국민의 마음. 민정(民情). • 민생(民生) : 국민의 생활. 일반 국민. • 국민(國民) : 한나라의 통치권아래 같은 국적을 가지고 있는 사람. • 평민(平民) : 벼슬이 없는 사람. 보통 사람.
백성 **민**		
ㄱ ㅋ 巳 巳 民		

朴	나무 **목**(木) 총 6획	• 박씨(朴氏) : 박가의 성씨. • 박눌(朴訥) : 순박하고 어눌(語訥)함. • 질박(質朴) : 꾸밈새 없이 순박함. 자연 그대로서 단순함. • 소박(素朴) : 사람의 손을 대지 않은 그대로임. 꾸밈이 없이 그대로임.
성 **박**		
一 十 才 木 札 朴		

反	또 **우**(又) 총 4획	• 반대(反對) : 사물이 아주 맞서서 다름. 남의 말이나 의견을 뒤집어 거스림. • 반응(反應) : 이편을 배반하고 저편을 응함. 자극에 대한 모든 변화 현상. • 모반(謀反) : 반역을 꾀함. 배반하기를 꾀함. • 배반(背反) : 신의를 저버리고 등지고 돌아섬.
돌이킬 **반**		
一 厂 万 反		

半	열 **십**(十) 총 5획	• 반월(半月) : 반달. • 반도(半島) : 삼면(三面)이 바다로 둘러싸인 땅. • 태반(太半) : 절반이 지남. 반수 이상. • 절반(折半) : 하나를 둘로 똑같이 나눔. 하나의 반.
반 **반**		
丶 丷 䒑 兰 半		

班	구슬 **옥**(玉) 총 10획	• 반열(班列) : 신분, 등급 및 품계의 차례. 반차(班次). • 반장(班長) : 반의 일을 보는 사람. • 통반(統班) : 시내(市內)의 통과 반. • 통반장(統班長) : 통장(統長)과 반장(班班).
나눌 **반**		
一 T 干 王 玎 玐 玡 玬 班 班		

發 필발 ノ ヲ ヺ ヺ゙ 癶 癶 癶 癶 癹 癹 發 發	필발머리(癶) 총 12획	• 발명(發明) : 죄나 잘못이 없음을 말하여 밝힘. 변명(辨明). • 발달(發達) : 성장함. 진보함. 생활체가 수태에서 출생을 거쳐 심신이 완전히 성장하는 과정에까지 이름. • 개발(開發) : 개척하여 발전시킴. 산업을 일으켜 천연자원으로 인간사회를 도움. • 유발(誘發) : 어떤 일이 원인이 되어 이에 이끌려 다른 일이 일어남. 또는 일으킴.
方 모방 ` 一 亍 方	모 방(方) 총 4획	• 방위(方位) : 어떠한 쪽의 위치. 방소(方所). 방향(方向). • 방법(方法) : 일을 치러내는 솜씨와 법식. • 지방(地方) : 수도(首都) 이외의 시골. • 사방(四方) : 동서남북의 총칭.
放 놓을 방 ` 一 亍 方 方 方 方 放	등글월문(攵) 총 8획 칠 복(攵)	• 방학(放學) : 학교에서 학기가 끝난 뒤에 일정한 기간 동안 수업을 쉬는 일. • 방과(放課) : 학과를 끝냄. • 개방(開放) : 열어 놓음. 숨김이 없음. 못하게 했던 것을 자유로이 하도록 터놓음. • 훈방(訓放) : 훈계하고 놓아줌.
倍 곱 배 ノ 亻 亻 亻 亻 亻 仠 仵 倍 倍 倍	사람인변(亻) 총 10획	• 배가(倍加) : 값절이 더해짐. 또는 더함. • 배액(倍額) : 두 배의 금액. 두 배의 값. • 배달(倍達) : 우리 나라의 처음 칭호. • 백배(百倍) : 백 갑절. • 수배(數倍) : 두서너 배.
白 흰 백 ノ 亻 白 白 白	흰 백(白) 총 5획	• 백색(白色) : 흰 빛깔. 하얀색. • 백의(白衣) : 흰옷. 포의(布衣). • 흑백(黑白) : 검은 빛과 흰 빛. 옳고 그름. • 창백(蒼白) : 해쓱함.

| 百

일백 **백**
一一アア百百百 | 흰 **백**(白)
총 6획 | • 백성(百姓) : 일반 국민을 가리킴.
• 백물(百物) : 온갖 물건.
• 범백(凡百) : 여러 가지의 사실. 상궤(常軌)를 벗어나
　　　　　　　지 않은 언행. |

| 番

차례 **번**
ノ↗↗↗↗平平来来来番番番 | 밭 **전**(田)
총 12획 | • 번지(番地) : 번호를 붙여 나눈 땅. 지목(地目)의 번호.
• 번호(番號) : 차례를 나타내는 호수(號數). 순번(順番)
　　　　　　　의 수를 외치는 일. 또는 그 구령.
• 순번(順番) : 차례대로 갈아드는 번. 순서(順序).
• 당번(當番) : 차례의 번이 됨. 또는 번에 당한 사람. |

| 法

법 **법**
丶丶氵氵汁洪法法 | 삼수변(氵)
총 8획 | • 법률(法律) : 법. 율법(律法). 사회생활을 유지하기위하여
　　　　　　　국민에게 시행하도록 한 나라의 규율. 의회
　　　　　　　의 의결을 거쳐 제정된 국법의 한 형식.
• 법규(法規) : 법률 규정(規定)의 총칭.
• 위법(違法) : 법을 위반(違反)함.
• 악법(惡法) : 좋지 않은 법규. 나쁜 방법. 옳지 못한 방법. |

| 變

변할 **변**
丶亠亠亍言言言詈詈詈詈詈䜌䜌䜌䜌䜌變變變 | 말씀 **언**(言)
총 23획 | • 변동(變動) : 움직여 변함.
• 변경(變更) : 바꾸어 고침.
• 변천(變遷) : 변하여 옮겨짐. 옮겨서 달라짐.
• 사변(事變) : 중대한 변고. 전쟁.
• 괴변(怪變) : 괴상한 변고. |

| 別

다를 **별**
丶口口号另別別 | 선칼도방(刂)
총 7획 | • 별명(別名) : 본 이름 밖에 그 사람의 생김새, 행동,
　　　　　　　성질 같은 것으로 남들이 지어 부르는
　　　　　　　이름.
• 별거(別居) : 따로 살림을 함. 딴 살림을 함.
• 이별(離別) : 서로 갈려 떨어짐. 헤어짐.
• 송별(送別) : 사람을 이별하여 보냄. |

病 병 병	병질엄(疒) 총 10획 병 녁(疒)	• 병원(病院) : 질병을 진찰, 치료하는 곳. • 병환(病患) : 웃어른의 병. 환절(患節). • 질병(疾病) : 온갖 병. 질환(疾患). • 신병(身病) : 몸의 병. 신양(身恙).
`丶 亠 广 广 广 疒 疒 病 病 病`		
兵 군사 병	여덟 팔(八) 총 7획	• 병력(兵力) : 군대의 힘. 무력(武力). • 병법(兵法) : 전쟁하는 방법. 전술. • 병졸(兵卒) : 군사. 병사(兵士). • 보병(步兵) : 걸으면서 싸우는 군사. • 기병(騎兵) : 말 탄 병정(兵丁). 말 타고 싸우는 군사. • 공병(工兵) : 도로 따위의 군사상의 토목, 건축을 맡은 군사.
`丶 亇 斤 斤 丘 丘 兵 兵`		
服 옷 복	달 월(月) 총 8획	• 복장(服裝) : 옷차림. 직업에 따라 일정하게 만든 옷. • 복약(服藥) : 약을 먹음. • 의복(衣服) : 옷. 피복(被服). • 양복(洋服) : 서양식으로 만든 옷.
`丿 刀 月 月 月 服 服 服`		
福 복 복	보일 시(示) 총 14획	• 복록(福祿) : 복과 록. 행복(幸福)과 관록(官祿). • 복리(福利) : 행복과 이익. • 행복(幸福) : 좋은 운수. • 손복(損福) : 복이 덜림.
`丶 二 亍 亍 禾 禾 禾 祁 祁 福 福 福 福 福`		
本 근본 본	나무 목(木) 총 5획	• 본가(本家) : 본집. • 본적(本籍) : 호적(戶籍)이 소재(所在)하는 곳. • 근본(根本) : 초목의 뿌리. 사물이 발생하는 근원. • 각본(脚本) : 연극의 무대장치 및 배우의 대사 따위를 적은 글. 극본. 시나리오.
`一 十 才 木 本`		

奉 받들 봉 一 二 三 丰 夫 去 夫 奉	큰 대(大) 총 8획	• 봉사(奉仕) : 남의 뜻을 받들어 섬김. 남을 위하여 일함. • 봉양(奉養) : 부모나 조부모를 받들어 모심. • 신봉(信奉) : 웃어른을 받들어 섬김.
父 아비 부 ' ハ ク 父	아비 부(父) 총 4획	• 부자(父子) : 아버지와 아들. • 부집(父執) : 아버지의 친구로 나이가 아버지와 비슷 한 어른. • 조부(祖父) : 할아버지. • 가부(家父) : 자기 아버지를 이름.
夫 지아비 부 一 二 丰 夫	큰 대(大) 총 4획	• 부인(夫人) : 남의 아내. 남을 높혀 그 아내를 일컫는 말. • 부군(夫君) : 남편. • 장부(丈夫) : 장성한 남자. 남자를 좋게 일컫는 말. • 농부(農夫) : 농사를 업으로 하는 사람. 농사꾼.
部 떼 부 ' ㄴ ㅗ ㅗ 立 产 音 音 音 音 部	우부방(阝) 총 10획 고을 읍(邑)	• 부락(部落) : 시골의 집이 많이 모여 있는 큰 마을. • 부족(部族) : 같은 조상이라는 관념에 의하여 결합되어 공 통된 언어와 종교 등을 갖는 지역적인 공동 체로서 원시적 민족의 단위를 형성하는 것. • 일부(一部) : 한 부분. • 전부(全部) : 온통. 몽땅. 총체.
北 북녘 북 패할 배 一 ㅓ ㅓ ㅓ 北	비수 비(匕) 총 5획	• 북방(北方) : 북쪽. • 북한(北韓) : 이북(以北). 북위 38도 이북의 한국. • 남북(南北) : 남과 북. 남쪽과 북쪽. • 월북(越北) : 북쪽으로 넘어감. • 패배(敗北) : 싸움에 이기지 못하고 짐. 패하여 달아남.

分 나눌 분 ノ八分分	칼 도(刀) 총 4획	• 분가(分家) : 큰집에서 나와 딴 살림을 차림. • 분할(分割) : 쪼개어서 나눔. 분관(分管). • 세분(細分) : 잘게 나눔. 자세하게 나눔. • 등분(等分) : 똑같이 나눔.
不 아닐 불 一フ不不	한 일(一) 총 4획	• 불안(不安) : 마음이 편안하지 못함. • 불가(不可) : 옳지 않음. • 막불(莫不) : 않을 수 없음. 탄복하지 않을 수 없음 　　　　　　(莫不嘆腹). • 무불(無不) : 않는 것이 없음. 간섭하지 않는 것이 　　　　　　없음(無不干涉).
比 견줄 비 一上上比	견줄 비(比) 총 4획	• 비교(比較) : 서로 견주어 봄. 대어 봄. • 비유(比喻) : 어떠한 사물이나 생각을 그와 비슷한 　　　　　　것을 끌어내어 설명하는 일. • 대비(對比) : 맞대어 비교함. • 즐비(櫛比) : 빗살처럼 가지런하게 늘어섬. • 무비(無比) : 견줄 데가 없음. 아주 뛰어남.
鼻 코 비 ノ亻冂冃向白白鳥鳥鳥畠鼻鼻鼻	코 비(鼻) 총 14획	• 비공(鼻孔) : 콧구멍. • 비성(鼻聲) : 콧소리. 콧구멍으로 나오는 소리. • 비조(鼻祖) : 시조(始祖). 한 족속의 맨 우두머리 조상. • 융비(隆鼻) : 크고 우뚝한 코. 융준(隆準).
費 쓸 비 一二弓弔弗弗費費費費費費	조개 패(貝) 총 12획	• 비용(費用) : 쓰는 돈. 쓰이는 돈. 비발. • 비재(費財) : 돈을 헛되이 씀. 비전(費錢). • 학비(學費) : 학업을 닦는데에 드는 비용. 학자(學資). • 소비(消費) : 써서 없앰. 경제재를 그 용도에 충당함.

氷 얼음 빙 ㅣ ㅣ ㅓ 氷 氷	물 수(水) 총 5획	• 빙산(氷山) : 한대 바다에 표류하는 얼음덩이. 　　　　　　　얼음산. 불을 때지 아니한 찬 방을 이름. • 빙하(氷河) : 얼어붙은 강. • 빙혼(氷魂) : 매화(梅花)의 딴 이름. • 박빙(薄氷) : 살얼음. • 해빙(解氷) : 얼음이 풀림.
四 넉 사 ㅣ ㄇ 冂 四 四	큰입구몸(口) 총 5획 나라 국(國)의 고자(古字)	• 사월(四月) : 한해의 네 번째 달. • 사유(四維) : 예의염치(禮義廉恥). 나라를 유지하는데 　　　　　　　필요한 네 가지(예, 의, 염, 치)의 베리. • 십사(十四) : 열넷. • 이십사(二十四) : 스물넷.
事 일 사 一 一 亓 亓 亘 写 亘 事	갈고리 궐(ㅣ) 총 8획	• 사유(事由) : 일의 까닭. 연유(緣由). • 사고(事故) : 뜻밖에 일어난 탈. 변고. 사건. • 만사(萬事) : 모든 일. 온갖 일. • 허사(虛事) : 헛된 일. 헛 일.
社 모일 사 一 二 亍 亍 示 示 社 社	보일 시(示) 총 8획	• 사회(社會) : 공동생활을 하는 인류의 집단(集團). 같은 　　　　　　　무리끼리 모여 이루는 집단. 일정한 지역의 　　　　　　　집단. 세상. • 사직(社稷) : 국가(國家). 사(社)는 토신(土神). 직(稷)은 　　　　　　　곡신 (穀神). 한 왕조(王朝)의 주권. • 회사(會社) : 여러 사람이 모여서 영리사업을 경영하는 　　　　　　　법인단체. • 결사(結社) : 주의, 사상, 의견이 같은 사람이 모여 한 단 　　　　　　　체를 만드는 것.
死 죽을 사 一 厂 歹 歹 死 死	죽을사변(歹) 총 6획 부서진뼈 알(歹)	• 사생(死生) : 죽고 사는 것. • 사수(死守) : 목숨을 걸고 지킴. 죽기를 한하여 지킴. • 고사(枯死) : 시들어 죽음. 초목이 말라 죽음. • 폐사(斃死) : 쓰러져 죽음. 닭이나 짐승 따위가 쓰러 　　　　　　　져 죽음.

使

사람인변(亻)
총 8획

하여금 사

丿 亻 仁 仁 佢 佢 使 使

- 사자(使者) : 사명을 띤 사람. 신사(信使). 죽은 사람을 저승으로 잡아간다는 귀신.
- 사령(使令) : 관청에서 심부름을 하는 사람.
- 사절(使節) : 국가를 대표하여 외국에 가는 사람.
- 특사(特使) : 특별한 임무를 띠고 파견되는 사절.
- 대사(大使) : 외교사절의 제일 계급.

仕

사람인변(亻)
총 5획

벼슬 사

丿 亻 仁 什 仕

- 사도(仕途) : 벼슬 길.
- 사환(仕宦) : 벼슬, 또는 벼슬함.
- 사퇴(仕退) : 벼슬아치가 하루 일을 마치고 정한 시각에 물러감. 퇴근(退勤). 퇴사(退仕). 퇴청(退廳).
- 출사(出仕) : 벼슬을 하여 처음으로 출근함.
- 봉사(奉仕) : 남을 위하여 일함.

士

선비 사(士)
총 3획

선비 사

一 十 士

- 사병(士兵) : 하사관(下士官) 이하의 군인의 총칭.
- 사대부(士大夫) : 문벌이 높은 사람. 문무양반의 일반적인 총칭.
- 사군자(士君子) : 학식과 덕행이 높은 사람. 교양과 인격이 높은 사람.
- 거사(居士) : 숨어 살며 벼슬을 않는 선비. 처사(處士).
- 명사(名士) : 사회에서 이름난 사람.
- 신사(紳士) : 품행 예의가 바르고 학덕, 기품을 갖춘 사람. 사군자(士君子).

史

입 구(口)
총 5획

역사 사

丨 口 口 史 史

- 사가(史家) : 역사가(歷史家). 역사를 연구하는 사람.
- 사기(史記) : 사관(史官)이 쓴 기록. 역사적인 사실을 적은 책. 중국 한(漢)나라 사마천(司馬遷)이 황제(黃帝) 때부터 한무제(漢武帝)에 까지 역대왕조의 사적을 기전체(紀傳體)로 쓴 역사책.
- 사화(史話) : 역사 이야기.
- 역사(歷史) : 인간사회의 변천 및 발전의 과정 또는 그 기록.
- 야사(野史) : 전설 따위를 기록한 민간의 역사. 민간에서 사사로 편찬한 역사.

思

마음 심(心)
총 9획

생각 사

丨 口 四 田 田 田 思 思 思

- 사상(思想) : 생각. 의견. 사회와 인생에 대한 일정한 견해.
- 사고(思考) : 생각하고 궁리함.
- 사색(思索) : 사물의 이치를 좇아 파고들어 생각함. 깊은 생각. 생각하여 찾아냄.
- 의사(意思) : 생각. 마음. 뜻.
- 심사(心思) : 마음을 쓰는 본새. 좋지 않은 마음보. 마음씨가 사나와 남의 일에 방해 놓기를 좋아하는 사람을 이름.

寫 베낄 사	갓머리(宀) 총 15획 집 **면**(宀)	• 사본(寫本) : 베낀 책이나 문서. 또는 문서나 책을 베낌. • 사진(寫眞) : 물건이나 사람의 모양을 그대로 찍은 것. • 사생(寫生) : 사물을 있는 그대로 그림. • 등사(謄寫) : 등사판으로 박음. • 복사(複寫) : 한 번 베낀 것을 다시 베낌. 　　　　　　　두 장 이상 포개어서 한꺼번에 씀.
`丶丶宀宀宀宁宁宵宵寫寫寫寫寫`		

査 조사할 사	나무 **목**(木) 총 9획	• 사찰(査察) : 조사하여 살핌. 주로 사상적인 동태를 　　　　　　　살펴 조사하는 경찰임무의 한 부분. • 사정(査正) : 살펴서 잘못된 것을 바로잡음. • 조사(調査) : 사물의 내용을 자세히 살펴봄. • 수사(搜査) : 잡기 위하여 찾아서 조사함.
`一十十木木杏杏杳査`		

山 메 산	메 **산**(山) 총 3획	• 산천(山川) : 산과 냇물. • 산악(山岳) : 크고 작은 모든 산. • 청산(靑山) : 푸른 산. • 야산(野山) : 들에 있는 낮은 산. 　　　　　　　숲이 짙지 않은 산.
`丨山山`		

算 셈 산	대 **죽**(竹) 총 14획	• 산수(算數) : 산술 및 일반 기초적 수학. • 산출(算出) : 셈함. 계산해 냄. • 암산(暗算) : 붓이나 주판을 쓰지 않고 마음속으로 　　　　　　　계산함. • 필산(筆算) : 숫자를 써서 셈함. 붓셈.
`丿丿竹竹竺竺竺竺笪箅算算算算`		

産 낳을 산	날 **생**(生) 총 11획	• 산업(産業) : 생산을 하는 사업. 곧 농업, 목축업, 임업, 수산업, 　　　　　　　광업, 공업, 상업무역 등을 일컬음. 살아나가기 위한 　　　　　　　사업. • 산모(産母) : 아이를 낳은 어머니. 해산어미. 산부(産婦). • 산실(産室) : 해산하는 방. • 생산(生産) : 아이를 낳음. 출산(出産). 생활에 도움이 되는 산업. • 국산(國産) : 그 나라에서 나는 생산품. • 외산(外産) : 외국산(外國産). 외국에서 나는 생산품.
`丶亠十亠产产产产産産産`		

三 석 삼 一 二 三	한 일(一) 총 3획	• 삼촌(三寸) : 아버지의 형제. 　　　　　한 자의 10분의 3, 즉 세 치. • 삼강(三綱) : 유교의 도덕의 기본인 세 가지 베리. 　　　　　임금과 신하, 아버지와 아들, 남편과 　　　　　아내 사이에 지켜야 할 떳떳한 도리. • 재삼(再三) : 두세 번. • 십삼(十三) : 열셋. 남북한의 도(道).
上 윗 상 丨 卜 上	한 일(一) 총 3획	• 상하(上下) : 위와 아래. • 상서(上書) : 글을 올림. 웃 어른에게 올리는 편지. • 천상(天上) : 하늘의 위. • 지상(地上) : 땅의 거죽이 되는 위.
相 서로 상 一 十 才 木 机 柏 相 相 相	눈 목(目) 총 9획	• 상관(相關) : 서로 관련을 갖음. 남의 일에 간섭함. 　　　　　가까이 상대함. • 상종(相從) : 서로 의좋게 지냄. • 관상(觀相) : 남의 얼굴을 봄. 사람의 상을 보고 재수나 　　　　　운명을 판단하는 일. • 인상(人相) : 사람의 생김새. 사람의 용모, 골격 동작 등 　　　　　의 특징으로 그 사람의 성격, 운명을 판단하 　　　　　는 일.
商 장사 상 丶 亠 产 产 产 产 产 商 商 商	입 구(口) 총 11획	• 상업(商業) : 상품을 사고팔아 이익을 얻는 영업. • 상가(商街) : 상점이 쭉 늘어서 있는 거리. 가게가 　　　　　많은 거리. • 행상(行商) : 물건을 가지고 다니면서 파는 상인. • 협상(協商) : 협의하여 계획함.
賞 상줄 상 丶 丶 丬 丬 兴 兴 尚 尚 尚 营 营 営 賞 賞 賞	조개 패(貝) 총 15획	• 상벌(賞罰) : 상과 벌. 잘한 일은 포상하고 잘못한 　　　　　일은 벌함. • 상금(賞金) : 상으로 주는 돈. • 포상(褒賞) : 칭찬하고 권장하여 상을 줌. • 수상(受賞) : 상을 받음.

色 빛 색 ノ ク ヶ 缶 缶 色	빛 색(色) 총 6획	• 색상(色相) : 육안(肉眼)으로 볼 수 있는 현상. • 색계(色界) : 불교 삼계(三界)의 하나. 여색(女色)의 세계. 욕계(慾界), 색계(色界), 무색계 (無色界). • 성색(聲色) : 소리와 빛깔. • 황색(黃色) : 노란 색깔.
生 날 생 ノ ╰ ┴ 仹 生	날 생(生) 총 5획	• 생일(生日) : 태어난 날. • 생색(生色) : 낯을 냄. 생광(生光). • 자생(自生) : 저절로 생김. 저절로 남. • 화생(化生) : 자라는 일. 생기는 일. 생물이 그 형태 를 변하여 달리됨.
西 서녘 서 一 ┌ 斤 两 两 西	덮을 아(襾) 총 6획	• 서방(西方) : 서쪽. • 서양(西洋) : 유럽과 아메리카의 여러 나라를 일컫는 말. • 호서(湖西) : 충청남북도(忠淸南北道). • 영서(嶺西) : 강원도 대관령(大關嶺) 서쪽의 땅.
書 글 서 ┐ ┐ ╕ 聿 聿 書 書 書 書 書	가로 왈(曰) 총 10획	• 서기(書記) : 적어 기록함. 기록을 맡아 보는 사람. 관공서에서 사무를 처리하는 8급 공무원과 8급 지방공무원. 각 관청의 아랫벼슬. • 서생(書生) : 공부하는 학생. 남의 집에서 일을 거들면서 공부 하는 사람. • 정서(正書) : 글씨를 또박또박 박아서 씀. 초 잡았던 글을 정식 으로 베낌. 정사(正寫). • 초서(草書) : 한자(漢字) 서체의 하나. 흘려 쓰는 글씨. 흘림.
序 차례 서 ` 亠 广 户 序 序 序	엄호밑(广) 총 7획 집 엄(广)	• 서열(序列) : 순서를 좇아 늘어섬. • 서차(序次) : 차례(次例). 나아가는 순서. • 서론(序論) : 머리말이 되는 논설(論說). 머리말. 서론(緒論). • 순서(順序) : 정해진 차례. 순번(順番). • 질서(秩序) : 어지럽지 않는 차례.

夕 저녁 석 ノク夕	저녁 석(夕) 총 3획	• 석양(夕陽) : 저녁 때의 해. 낙조(落照). • 석식(夕食) : 저녁밥. • 조석(朝夕) : 아침과 저녁. • 추석(秋夕) : 한가위. 음력 8월 15일.
石 돌 석 一ㄱ石石石	돌 석(石) 총 5획	• 석물(石物) : 무덤 앞에 돌로 만들어 놓은 물건. 석인(石人), 석등(石燈), 석상(石床) 등. 석의(石儀). • 석조(石造) : 돌로 만드는 일이나 그 물건. • 금석(金石) : 쇠붙이와 돌. 몹시 굳음의 비유. 금석문자(金石文字)의 약칭. 금속기(金屬器)와 석기(石器). • 보석(寶石) : 아름다운 보배의 옥돌. 보옥(寶玉).
席 자리 석 丶亠广户庐庐庐席席	수건 건(巾) 총 10획	• 석상(席上) : 여러 사람이 모인 자리. 그 좌석의 어른. • 석차(席次) : 자리의 차례. 성적의 순서. 석순(席順). • 좌석(座席) : 앉는 자리. 앉은 자리. 깔고 앉는 물건의 총칭. • 입석(立席) : 서서 구경하거나 타는 자리.
先 먼저 선 ノ一ㅛ牛牛先	어진사람인발 (儿) 총 6획	• 선생(先生) : 스승. 학예에 능한 사람. 교원에 대한 일컬음. 나이나 학식이 맞서거나 그 이상인 사람에 대한 일컬음. 남을 비웃어 하는 말. • 선인(先人) : 선친(先親). 앞 세대사람. • 행선(行先) : 가는 곳. • 우선(于先) : 먼저. 위선(爲先).
線 줄 선 ノ幺幺糸糸糸糸糸紳紳紳線線線	실 사(糸) 총 15획	• 선로(線路) : 기차, 전차의 궤도(軌道). 기차, 전차가 지나가는 길. 궤도. • 선상(線狀) : 실과 같이 가느다란 형상(形狀). • 간선(幹線) : 철도나 도로 등의 중요한 선로. • 탈선(脫線) : 수레바퀴가 궤도에서 벗어져 나감. 상식에 벗어난 행동을 말함.

仙 신선 선	사람인변(亻) 총 5획	• 선경(仙境) : 신선이 산다는 곳. 세상 티가 없이 경 　　　　　　치가 신비스럽고 좋은 곳. • 선약(仙藥) : 신선의 약. • 시선(詩仙) : 시문에 뛰어난 사람. • 주선(酒仙) : 술을 잘 먹는 사람. 주호(酒豪).
ノ 亻 仏 仙 仙		

鮮 고울 선	물고기 어(魚) 총 17획	• 선명(鮮明) : 산뜻하고 분명함. 조촐하고 깨끗함. • 선소(鮮少) : 적음. 사소(些少). 근소(僅少). • 선어(鮮魚) : 갓잡은 신선한 물고기. • 신선(新鮮) : 새롭고 깨끗함.
ノ ク 夕 斉 斉 斉 角 角 魚 魚 魚 魚 魚 魚 魚 鮮 鮮		

善 착할 선	입 구(口) 총 12획	• 선악(善惡) : 착함과 악함. • 선처(善處) : 좋도록 알맞게 처리함. 적당한 방법으 　　　　　　로 잘 처리함. • 위선(僞善) : 겉으로만 착한체 함. • 독선(獨善) : 자기만을 좋게 함. 자기만이 옳다고 생 　　　　　　각함.
` ヽ ソ ソ ツ 羊 羊 羔 盖 盖 善 善		

船 배 선	배 주(舟) 총 11획	• 선원(船員) : 선박(船舶) 소유자에게 고용되어 선박 　　　　　　에서 일을 하는 근로자. • 선장(船長) : 선원의 우두머리. 배 안의 사무를 도맡 　　　　　　아 보는 사람. • 기선(汽船) : 증기력으로 추진시켜 물 위를 달리는 　　　　　　배. 화륜선(火輪船). • 어선(漁船) : 고깃배. 고기잡이 배.
ノ 亅 亅 月 月 月 舟 舮 舮 船 船		

選 가릴 선	책받침(辶) 총 16획 쉬엄쉬엄갈 착(辵)	• 선거(選擧) : 선거권을 가진 사람이 특정한 지역과 　　　　　　전국에 걸쳐 공직에 임할 사람을 투표 　　　　　　로서 정하는 일. • 선발(選拔) : 많은 속에서 골라서 추려냄. • 당선(當選) : 선거에서 뽑힘. 뽑힘에 듦. • 낙선(落選) : 선거에서 떨어짐.
' ワ ヨ ロ ロ 巴 巴 巴 巽 巽 巽 巽 選 選 選 選		

雪 눈 설	비 우(雨) 총 11획	• 설한(雪寒) : 눈이 내리거나 내린 뒤의 추위. • 설경(雪景) : 눈이 내린 경치. 설광(雪光). 설색(雪色). • 적설(積雪) : 내려서 쌓인 눈. • 폭설(暴雪) : 갑자기 많이 내리는 눈.
一 厂 厂 厇 厇 雨 雫 雫 雪 雪 雪		

説 말씀 설 달랠 세 기쁠 열	말씀 언(言) 총 14획	• 설득(說得) : 설명하여 알아듣게 함. 여러 가지로 설명하여 납득 시킴. 설복(說服). • 해설(解說) : 문제를 풀어서 밝힘. 또는 그런 책. • 세객(說客) : 교묘한 말솜씨를 가지고 유세(遊說)를 일삼는 사람. • 유세(遊說) : 각처로 돌아다니며 자기 주장을 설득시키려고 선전 하는 일. • 열구(說口) : 음식이 입에 맞음. 열구지물(說口之物). • 희열(喜說) : 기뻐하고 즐거워함. 희락(喜樂).
丶 二 言 言 言 言 言 言 計 計 計 説		

姓 성 성	계집 녀(女) 총 8획	• 성씨(姓氏) : 성을 높혀 일컫는 말. • 성명(姓名) : 성과 이름. 성함(姓銜). • 동성(同姓) : 같은 성. 또는 성이 같음. • 타성(他姓) : 다른 성. 성이 다름.
ㄴ ㄣ ㄅ 女 女 姓 姓 姓		

成 이룰 성	창 과(戈) 총 7획	• 성사(成事) : 일을 이룸. • 성과(成果) : 일이 이루어진 결과. • 완성(完成) : 완전히 이룸. • 미성(未成) : 아직 이루지 못함. 완성하지 못함. 　　　　　　미성년(未成年). • 미완성(未完成) : 완성되지 못함.
丿 厂 厂 厈 成 成 成		

省 살필 성 덜 생	눈 목(目) 총 9획	• 성묘(省墓) : 조상 산소를 살펴봄. 성추(省楸). • 성찰(省察) : 자기의 마음을 돌이켜 살핌. 지난 일의 시비, 선악을 반성 하여 살핌. • 반성(反省) : 자기가 한 일을 스스로 돌이켜 살핌. 돌아보다. 자기의 언 행에 대한 허물이나 부족한 점을 깨닫기 위하여 자기 스 스로를 돌이켜 생각함. • 귀성(歸省) : 부모를 뵈러 고향으로 돌아감. 고향으로 돌아가 어버이를 뵘. 귀근(歸覲). • 생례(省禮) : 상제에게 보내는 편지 첫머리에 예절을 덜고 쓴다는 말. 생식(省式). • 생략(省略) : 덜어서 줄임. 간단하게 덜어 줄임.
丿 ㅣ 小 少 少 省 省 省 省		

性 성품 성	심방변(忄) 총 8획	• 성정(性情) : 성질(性質)과 심정(心情). 사람이 본디 　　　　　　　가지고 있는 성질, 천성(天性), 마음씨. • 성품(性品) : 성질과 됨됨이. • 천성(天性) : 본래부터 타고난 성질. • 남성(男性) : 사내. 남자의 성질, 체질. • 여성(女性) : 여자. 여류(女流). 여자의 성질. • 타성(惰性) : 굳어진 버릇. 관성(慣性).
丶丶忄忄忄忄忄性性		
世 인간 세	한 일(一) 총 5획	• 세상(世上) : 사람이 살고 있는 이 사회. • 세대(世代) : 여러 대. 한 시대 사람들. • 현세(現世) : 이 세상. • 내세(來世) : 죽은 뒤에 다시 태어나 산다는 미래의 　　　　　　　세상.
一十卅卅世		
歲 해 세	그칠 지(止) 총 13획	• 세월(歲月) : 흘러가는 시간. 광음(光陰). 세화(歲華). 　　　　　　　춘추. • 세모(歲暮) : 한해의 마지막 때. 세밑. • 연세(年歲) : 나이(존칭). • 만세(萬歲) : 오랜 세상. 영원한 세월.
丨丨屵屵屵屵屵屵屵屵歲歲歲		
洗 씻을 세	삼수변(氵) 총 9획	• 세탁(洗濯) : 빨래. • 세수(洗手) : 낯을 씻음. • 세련(洗練) : 단련하여 어색한 데가 없이 미끈함. 깨 　　　　　　　끗이 씻고 정하게 불림. 지식과 기술이 　　　　　　　익숙함. • 수세(受洗) : 세례(洗禮)를 받음.
丶丶氵氵沪沪泙洗洗		
小 작을 소	작을 소(小) 총 3획	• 소인(小人) : 간사하고 도량이 좁은 사람. 아주 작은 사 　　　　　　　람. 어린이. 무식하고 천한 사람. 서민. • 소생(小生) : 자기를 낮춘 말. • 약소(弱小) : 약하고 작음. • 협소(狹小) : 좁고 작음. • 사소(些少) : 작고 적음. 하찮음.
丿小小		

少 적을 소	작을 소(小) 총 4획	• 소년(少年) : 나이가 어린 사내아이. • 소녀(少女) : 나이가 어린 여자아이. • 노소(老少) : 노인과 젊은이. • 연소(年少) : 나이가 어림.
⌁ ⌁ 小 少		

所 바 소	지게 호(戶) 총 8획	• 소재(所在) : 있는 곳. 있는 바. • 소생(所生) : 자기가 낳은 자녀(子女). • 명소(名所) : 경치나 고적 따위로 이름난 곳. • 장소(場所) : 처소. 자리. 좌석.
⌁ ⌁ 户 斤 斤 所 所		

消 사라질 소	삼수변(氵) 총 10획	• 소화(消化) : 물건이 사라져 없어지거나 바뀜. • 소비(消費) : 써서 없앰. 경제재(經濟財)를 그 용도에 충당함. 사람의 욕망을 충족시키기 위하여 재화를 소모하는 행위. • 해소(解消) : 어떤 관계를 풀어서 없애버림. • 취소(取消) : 글로 적거나 말로 진술한 사실을 말살(抹殺)하여 버림.
⌁ ⌁ 氵 氵 氵 消 消 消 消		

速 빠를 속	책받침(辶) 총 8획 쉬엄쉬엄갈 착(辵)	• 속성(速成) : 빨리 이룸. 빨리됨. • 속결(速結) : 빨리 끝을 맺음. 얼른 결단함. 빨리 결재(決裁)함. • 쾌속(快速) : 썩 빠름. • 졸속(拙速) : 서투르나 빠름. 졸열(拙劣)하지만 빨리 단행함.
⌁ ⌁ ⌁ 口 申 束 束 涑 涑 速		

束 묶을 속	나무 목(木) 총 7획	• 속대(束帶) : 관(冠)을 쓰고 띠를 맴. 곧 예복을 입음. • 속박(束縛) : 묶음. 자유를 구속함. 몸을 자유롭지 못하게 얽어맴. • 구속(拘束) : 자유를 억제함. • 약속(約束) : 장래 일에 대하여 상대자와 미리 결정하여 둠.
⌁ ⌁ 口 日 申 束 束		

孫 손자 손	아들 자(子) 총 10획	• 손자(孫子) : 아들의 아들. • 손부(孫婦) : 손자의 아내. • 외손(外孫) : 딸의 자식. 외손자. 사손(獅孫). • 외가(外家) : 어머니의 친정. 외갓집.
⁊ 了 孑 孑 孑 秆 秆 秆 孫 孫		

水 물 수	물 수(水) 총 4획	• 수토(水土) : 강과 육지. • 수국(水國) : 강이나 호수(湖水)가 있는 지역(地域). • 산수(山水) : 산과 물. 산에 흐르는 물. 　　　　　　산수화(山水畵)의 약칭. • 호수(湖水) : 육지가 우묵하게 파이고 물이 괴어 있는 　　　　　　곳.
⅃ 기 水 水		

手 손 수	손 수(手) 총 4획	• 수족(手足) : 손과 발. • 수결(手決) : 도장 대신으로 자기가 성명이나 직함 　　　　　　아래에 쓰는 일정한 자형(字形). • 선수(先手) : 선 손. 상대방보다 먼저 손을 씀. • 실수(失手) : 잘못하여 일을 그르침.
⼃ ⼆ 三 手		

數 셈 수	등글월문(攵) 총 15획 칠 복(攴)	• 수자(數字) : 수를 나타내는 글자, 또는 부호. 　　　　　　1, 2따위. 두 서너 글자. • 수년(數年) : 여러 해. • 획수(劃數) : 글씨 획의 수효. 자획의 수. • 일수(日數) : 날의 수효. 그 날의 운수.
⼃ ⼞ 昿 昿 昿 昿 昙 婁 婁 婁 數 數 數 數 數		

樹 나무 수	나무 목(木) 총 16획	• 수목(樹木) : 나무. • 수립(樹立) : 공이나 사업을 세움. 나라를 세움. • 식수(植樹) : 나무를 심음. 식목(植木). • 과수(果樹) : 과실나무. 과실이 열리는 나무.
⼀ ⼗ ⼗ 木 木 杧 杧 桔 桔 桔 桔 植 椅 樹 樹		

首 머리 수 `丶丷丷产产首首首首`	머리 수(首) 총 9획	• 수긍(首肯) : 그러하다고 고개를 끄덕임. 옳다고 승낙함. • 수반(首班) : 행정부의 우두머리. 총리(總理). • 수령(首領) : 한 당파의 우두머리. • 자수(自首) : 범죄사실이 발각되기 전에 범인 스스로 범죄를 신고함. 자현(自現). • 세수(歲首) : 설. 그해의 첫날.
宿 잘 숙 `丶丷宀宁宁宿宿宿宿宿`	갓머리(宀) 총 11획 집 면(宀)	• 숙식(宿食) : 자고 먹음. 잠자고 음식 먹는 일. • 숙소(宿所) : 묵고 있는 곳. 머물러 묵는 곳. • 숙박(宿泊) : 여관이나 어떤 곳에 머물러 묵음. • 하숙(下宿) : 비교적 오랜 기간을 정하고 남의 집에 숙박함. • 기숙(寄宿) : 남의 집에 몸을 붙여 숙식함. • 합숙(合宿) : 많은 사람이 한곳에 숙박함.
順 순할 순 `丿刂刂刂刂刂順順順順順順`	머리 혈(頁) 총 12획	• 순리(順理) : 도리에 순종함. 또는 순조로운 이치. 사리에 합당함. • 순서(順序) : 정해진 차례. 차서(次序). 순번(順番). • 순응(順應) : 순순히 대응함. 외세에 적응하여 변화함. • 유순(柔順) : 성질이 온화하고 공손함. • 온순(溫順) : 성질이 온화하고 순함. • 화순(和順) : 온화하고 순량함. 고분고분 잘 좇음.
術 재주 술 `丿彳彳彳彳徉徉術術術術`	다닐 행(行) 총 11획	• 술객(術客) : 음양, 점술에 정통한 사람. 술가(術家). • 술책(術策) : 무슨 일을 도모하려는 꾀나 방법. • 도술(道術) : 도가(道家)의 방술(方術). 불로(佛老). 또는 선인(仙人)의 도를 행하는 자를 이름. • 요술(妖術) : 사람의 눈을 어리게 하는 야릇한 술법. 귀도(鬼道). 마법. 마술.
習 익힐 습 `フフヲヲ羽羽羽羽習習習`	깃 우(羽) 총 11획	• 습성(習性) : 버릇. 습관과 성질. 습관에 의해서 이루 어진 성질. • 습벽(習癖) : 습관에 의하여 아주 몸에 젖어버린 버릇. • 자습(自習) : 스스로 배워 익힘. 자습서(自習書). • 견습(見習) : 남이 하는 것을 보고 익힘. • 실습(實習) : 실지로 익혀 배움. • 복습(復習) : 배운 것을 다시 익힘.

勝 이길 승	힘 력(力) 총 12획	• 승부(勝負) : 이김과 짐. 승패(勝敗). • 승지(勝地) : 경치가 좋은 곳. 경치가 좋고 아름다운 　　　　　　　　땅. 경승(景勝). • 결승(決勝) : 맨 마지막 승부를 결정함. • 우승(優勝) : 가장 뛰어남. 첫째로 이김.
丿 丿 刀 刖 月 月′ 胪 胪 胪 胅 勝 勝		

市 저자 시	수건 건(巾) 총 5획	• 시내(市內) : 도시의 안쪽. 시중(市中). • 시장(市場) : 도회지의 날마다 쓰는 물건을 사고 　　　　　　　　파는 곳. • 도시(都市) : 사람이 많이 모여 사는 곳. • 성시(成市) : 저자가 됨. 시장(市場)을 이룸.
丶 亠 广 亣 市		

時 때 시	날 일(日) 총 10획	• 시간(時間) : 어느 때로부터 어느 때까지의 사이. • 시계(時計) : 시간을 가리키는 기계. • 사시(四時) : 봄, 여름, 가을, 겨울의 네 철. 사계절. • 한시(一時) : 짧은 시간. 잠깐 동안.
丨 冂 日 日 日′ 旷 旷 昁 時 時		

始 비로소 시	계집 녀(女) 총 8획	• 시종(始終) : 처음과 끝. • 시발(始發) : 맨 처음 떠남. • 시동(始動) : 처음으로 움직이기 시작함. • 개시(開始) : 처음으로 시작함. • 창시(創始) : 처음 시작함. 창개(創開).
く 夕 女 妙 始 始 始 始		

示 보일 시	보일 시(示) 총 5획	• 시범(示範) : 모범을 보여줌. • 시위(示威) : 위력을 보임. 위력이나 기세를 드러내 보임. • 시달(示達) : 상부에서 하부로 명령, 통지 등을 문서로써 　　　　　　　　알림. • 표시(表示) : 나타내어 보임. 남에게 알리려고 드러내어 　　　　　　　　발표함. • 전시(展示) : 책이나 편지 따위를 펴서 봄. 또는 펴서 보 　　　　　　　　임. 여러 가지 물건을 모아 벌려놓고 보임.
一 二 亓 亓 示		

食 밥 식 ノ 人 人 今 今 今 食 食 食	밥 식(食) 총 9획	• 식사(食事) : 밥을 먹는 일. • 식구(食口) : 같은 집에 살면서 끼니를 함께하는 사람. • 주식(主食) : 주로 먹는 것. • 부식(副食) : 주되는 음식에 딸려서 먹게 되는 음식물. 반찬 따위. • 간식(間食) : 군음식. • 외식(外食) : 밖에 나가서 음식을 사서 먹음.
植 심을 식 一 十 才 才 才 杧 枯 枯 植 植 植	나무 목(木) 총 12획	• 식물(植物) : 나무, 꽃, 풀 등의 총칭. • 식목(植木) : 나무를 심는 것. • 이식(移植) : 나무 등을 옮겨서 심는 것. • 가식(假植) : 작물을 논밭에 심기 전에 못자리에 임 시로 심는 일. 한때 심기라고도 한다.
式 법 식 一 二 テ 王 式 式	주살 익(弋) 총 6획	• 식장(式場) : 식을 거행하는 장소. • 식순(式順) : 의식의 차례. • 구식(舊式) : 옛 형식. 그전 형식. 낡은 형식. 낡은 방식. • 신식(新式) : 새로운 형식.
識 알 식 기록할 지 ` ` ` ` ` ` ` ` ` ` ` ` ` ` 識 識 識	말씀 언(言) 총 19획	• 식견(識見) : 학식과 문견. 곧 사물을 분별할 수 있는 능력. • 식별(識別) : 잘 알아서 분별함. • 지식(知識) : 사물을 아는 마음의 작용. 알고 있는 내용. • 학식(學識) : 학문과 식견(識見). 학문에서 얻은 식견. • 표지(標識) : 목표를 나타내기 위한 표.
信 믿을 신 ノ イ イ イ 彳 信 信 信 信	사람인변(亻) 총 9획	• 신의(信義) : 믿음성과 의리. • 신망(信望) : 믿고 바람. 믿음과 덕망. • 자신(自信) : 무슨 일을 넉넉히 해내겠다고 스스로 믿음. 자부(自負). • 미신(迷信) : 이치에 어긋난 것을 망녕되게 믿음.

身 몸 신 ´ ⺆ ⺆ ⺆ 甪 身 身	몸 신(身) 총 7획	• 신체(身體) : 사람의 몸. 체구(體軀). • 신명(身命) : 몸과 목숨. • 수신(修身) : 몸가짐을 닦음. 선(善)으로 나아가게 몸을 닦아 도덕을 배우는 일. • 심신(心身) : 마음과 몸. 정신과 육체.
新 새 신 ` ⺊ ㇒ ㇉ ㇉ ㇏ 辛 ㇒ 亲 亲 新 新 新	날 근(斤) 총 13획	• 신년(新年) : 새해. • 신춘(新春) : 첫 봄. 새해. • 갱신(更新) : 새로 고침. 다시 새로워짐. • 혁신(革新) : 아주 새롭게 함. 묵은 제도를 고쳐서 새롭게 함. • 유신(維新) : 묵은 제도를 아주 새롭게 고침.
神 귀신 신 ´ 二 ⺫ ㇟ 示 ㇀ 剂 神 神 神	보일 시(示) 총 10획	• 신명(神明) : 천지의 신령. 신(神)의 밝은 지식. • 신통(神通) : 이상하고도 묘함, 모든 일을 신기하게 통달함. • 귀신(鬼神) : 눈에 보이지 않는 무서운 신령. 죽은 사람의 영혼. • 심신(心神) : 마음과 정신.
臣 신하 신 ⼀ ⼁ ⼝ ⼝ ⼘ 臣	신하 신(臣) 총 6획	• 신하(臣下) : 임금을 섬겨 벼슬하는 사람. • 신민(臣民) : 군주국(君主國)에 있어서 관원(官員)과 국민. • 공신(功臣) : 나라에 공로가 있는 신하. • 대신(大臣) : 의정(議政)의 총칭. 임금이 있는 나라의 정치상 중임을 맡던 으뜸 벼슬. • 사신(使臣) : 임금의 심부름으로 외국에 가는 신하.
室 집 실 ` ⺊ 宀 宀 宀 宏 宏 室 室	갓머리(宀) 총 9획 집 면(宀)	• 실가(室家) : 집. 가정(家庭). • 실내(室內) : 방의 안. 옥내(屋內). • 교실(敎室) : 학교에서 수업과 공부를 하는 곳. • 거실(居室) : 거처(居處)하는 방.

| 失
 잃을 실 | 큰 대(大)
 총 5획 | • 실격(失格) : 격식(格式)에 맞지 아니함. 자격을 잃음.
 • 실례(失禮) : 예의에 벗어남. 또는 그런 일. 무례(無禮).
 • 손실(損失) : 축나서 없어짐. 밑짐. 손해. 타격.
 • 득실(得失) : 얻음과 잃음. 이익과 손해. 성공과 실패. |
| ノ 一 二 牛 失 | | |

| 實
 열매 실 | 갓머리(宀)
 총 14획
 집 면(宀) | • 실상(實狀) : 실제의 형편. 있는 그대로의 상황(狀況).
 • 실물(實物) : 실제의 물체.
 • 실무(實務) : 실제로 맡아서 처리하는 일.
 • 진실(眞實) : 성정이 바르고 참됨. 헛되지 않은 참 마음.
 • 성실(誠實) : 정성스럽고 참됨.
 • 허실(虛實) : 거짓과 참. |
| ヽ ヽ 宀 宀 宀 宇 宔 宭 宭 宭 實 實 實 | | |

| 心
 마음 심 | 마음 심(心)
 총 4획 | • 심기(心氣) : 사물에 대하여 느끼는 마음.
               마음으로 느끼는 기분(氣分).
 • 심신(心身) : 마음과 몸. 정신과 육체.
 • 진심(眞心) : 참된 마음. 본마음.
 • 인심(人心) : 사람의 마음. |
| ノ 心 心 心 | | |

| 十
 열 십 | 열 십(十)
 총 2획 | • 십년(十年) : 열 해.
 • 십지(十指) : 열 개의 손가락.
 • 삼십(三十) : 서른. 입지(立志).
 • 칠십(七十) : 일흔. 고희(古稀). |
| 一 十 | | |

| 兒
 아이 아 | 어진사람인발
 (儿)
 총 8획 | • 아명(兒名) : 어릴 때 부르는 이름. 소명(小名).
 • 아녀(兒女) : 아녀자(兒女子). 아이와 여자.
               속이 좁은 아이나 여자.
 • 미아(迷兒) : 자기 아들이나 딸. 미식(迷息).
 • 돈아(豚兒) : 자기 아들을 겸손하게 일컬음.
               가돈(家豚). |
| ノ 丷 ⺈ 臼 臼 臼 兒 兒 | | |

惡 악할 악 미워할 오 一 一 六 千 千 讲 讲 亞 亞 惡 惡 惡	마음 심(心) 총 12획	• 악감(惡感) : 좋지 아니한 감정. 악감정(惡感情). • 악물(惡物) : 성질이 흉악한 사람, 또는 동물. 악종(惡種). • 악질(惡質) : 못되고 나쁜 성질, 또한 그러한 사람. 　　　　　　좋지 못한 바탕. • 죄악(罪惡) : 죄가 될 만한 나쁜 짓. • 선악(善惡) : 착함과 악함. • 추악(醜惡) : 더럽고 지저분하여 아주 못생김.
安 편안 안 丶 丷 宀 文 安 安	갓머리(宀) 총 6획 집 면(宀)	• 안분(安分) : 제분수를 지켜 편안히 있음. • 안전(安全) : 편안하고 온전함. 위험하지 않음. • 불안(不安) : 편안하지 못함. • 미안(未安) : 마음이 편치 못하고 거북함.
案 책상 안 丶 丷 宀 文 安 安 安 安 案 案	나무 목(木) 총 10획	• 안건(案件) : 문서에 기록한 사건. • 안내(案內) : 이끌어 내용을 일러줌. • 기안(起案) : 문안(文案)을 기초(起草: 초를 잡음)함. 　　　　　　안을 세움. • 고안(考案) : 새로운 것을 생각해 냄. 연구해 낸 안(案). • 복안(腹案) : 속으로 품고 있는 꾀. 속배포.
愛 사랑 애 丶 丷 丿 丷 戶 戶 戶 戶 受 受 愛 愛 愛	마음 심(心) 총 13획	• 애착(愛着) : 애정에 사로잡혀 단념할 수가 없음. • 애친(愛親) : 부모를 사랑으로 섬김. • 박애(博愛) : 모든 사람을 평등하게 다같이 사랑함. • 편애(偏愛) : 편벽된 사랑. 하나에 치우쳐 사랑함. 　　　　　　한 사람만을 유달리 사랑함.
野 들 야 丶 口 曰 日 甲 甲 里 里' 里' 野 野	마을 리(里) 총 11획	• 야외(野外) : 들판. 시가지에서 멀리 떨어진 들. 　　　　　　교외(郊外). • 야심(野心) : 무리한 욕심. 남몰래 품은 소망. • 시야(視野) : 눈의 보이는 힘이 미치는 범위. 지식이나 　　　　　　사려(思慮)의 미치는 범위. 안계(眼界). • 조야(朝野) : 조정과 민간.

夜 밤 야 `丶 亠 广 疒 夜 夜 夜 夜`	저녁 석(夕) 총 8획	• 야학(夜學) : 밤에 배우는 공부. • 야음(夜陰) : 밤의 어두울 때. • 철야(徹夜) : 밤을 샘. • 흑야(黑夜) : 캄캄한 밤. 앞이 안 보이는 어두운 밤.
弱 약할 약 `フ 了 弓 弓 弓 弱 弱 弱 弱 弱`	활 궁(弓) 총 10획	• 약관(弱冠) : 남자가 스무 살이 된 때. • 약질(弱質) : 몸이 약한 체질. 또는 약한 사람. 　　　　　　약골(弱骨). • 빈약(貧弱) : 보잘것 없음. 가난하고 약함. • 허약(虛弱) : 기력이 약함. • 노약(老弱) : 늙은이와 약한 이. 늙어서 쇠약함.
藥 약 약 `丶 艹 艹 艹 苩 苩 苩 苩 苗 苗 蓝 蔮 薝 薝 藥 藥 藥`	초두머리(艹) 총 19획	• 약방(藥房) : 한약을 지어 파는 곳. • 약재(藥材) : 약을 짓는데 쓰는 재료. • 보약(補藥) : 몸을 보하는 약. • 첩약(貼藥) : 약방문에 따라 여러 가지 약재를 배합 　　　　　　해서 싼 한방약.
約 맺을 약 `ㄥ 幺 幺 幺 糸 糸 紤 約 約`	실 사(糸) 총 9획	• 약속(約束) : 장래 일에 대하여 상대자와 미리 결정 　　　　　　하여 둠. • 약혼(約婚) : 결혼하기로 약속함. • 계약(契約) : 사람사이의 약속. 법률상의 효과를 목 　　　　　　적으로 두 사람 이상의 의사의 합치. • 절약(節約) : 아끼어 군비용이 나가지 않게 함.
洋 큰바다 양 `丶 丶 氵 氵 氵 泮 洋 洋 洋`	삼수변(氵) 총 9획	• 양식(洋食) : 서양 요리. • 양장(洋裝) : 여자가 서양식으로 몸을 꾸밈. 　　　　　　서양식으로 책을 꾸밈. • 해양(海洋) : 크고 넓은 바다. • 원양(遠洋) : 뭍에서 멀리 떨어진 바다.

陽 볕 양	좌부변(阝) 총 12획 언덕 부(阜)	• 양건(陽乾) : 햇볕에 말림. • 양기(陽氣) : 양의 기운. 만물이 발생 활동하려는 기운. 　　　　　　　맑고 환한 남자의 정기(精氣). • 태양(太陽) : 태양계의 중심을 이룬 항성의 하나. 해. • 음양(陰陽) : 천지 만물이 상대되는 두 가지의 성.
`'` `7` `3` `阝` `阝'` `阝''` `阝''` `阝''` `陽` `陽` `陽`		

養 기를 양	밥 식(食) 총 15획	• 양성(養成) : 길러냄. 육성(育成). • 양계(養鷄) : 닭을 기름. 또는 그 닭. • 양육(養育) : 길러 자라게 함. 부양(扶養)하여서 기름. • 교양(敎養) : 학식을 배워서 닦은 수양. 가르쳐 기름. • 수양(修養) : 몸과 마음을 닦아 지식과 인격을 높임. • 봉양(奉養) : 부모나 조부모를 받들어 모심.
`'` `''` `''` `'兰` `''` `产` `羊` `美` `美` `羊` `养` `养` `養` `養` `養`		

語 말씀 어	말씀 언(言) 총 14획	• 어색(語塞) : 말을 하다가 막혀서 답변하기 곤란함을 　　　　　　　이름. • 어학(語學) : 언어를 연구하는 학문. 언어학(言語學). • 국어(國語) : 국민 전체가 쓰는 그 나라의 고유한 말. 　　　　　　　우리말. 나랏말. • 일어(日語) : 일본의 나라 말.
`'` `''` `二` `三` `三` `言` `言` `言'` `訂` `語` `語` `語` `語` `語`		

魚 고기 어	물고기 어(魚) 총 11획	• 어류(魚類) : 물고기의 총칭. • 어물(魚物) : 생선을 가공하여 말린 것. • 어육(魚肉) : 생선의 고기와 짐승의 고기. 아주 짓밟 　　　　　　　아 결단을 냄의 비유. • 대어(大漁) : 큰 물고기. 불어(不漁). • 북어(北魚) : 마른 명태. • 석어(石魚) : 조기.
`'` `''` `''` `'乃` `角` `角` `角` `魚` `魚` `魚` `魚`		

漁 고기잡을 어	삼수변(氵) 총 14획	• 어부(漁夫) : 고기 잡는 사람. 고기잡이를 업으로 삼 　　　　　　　는 사람. • 어선(漁船) : 고기잡이 배. 고깃배. • 어장(漁場) : 물고기를 잡는 곳. 고기잡이를 하는 곳. • 풍어(豊漁) : 물고기가 많이 잡힘. • 흉어(凶漁) : 물고기가 아주 적게 잡힘.
`'` `''` `氵` `氵'` `沪` `沪` `漁` `漁` `漁` `漁` `漁` `漁` `漁` `漁`		

億 억 억	사람인변(亻) 총 15획	• 억만(億萬) : 가장 많은 수. 썩 많은 수효. • 억측(臆測) : 어림치고 생각함. 이유와 근거가 없는 추측. • 억조창생(億兆蒼生) : 수많은 백성.
ノイイイ゛イ゛イ゛イ゛俨俨倍倍倍億億億		
言 말씀 언	말씀 언(言) 총 7획	• 언행(言行) : 말과 행실. 언어행동(言語行動). • 언어(言語) : 인류가 말소리 또는 글자로서 사상, 감정을 나타내어 전달하는 활동. • 무언(無言) : 말이 없음. • 다언(多言) : 말이 많음. 여러 말. • 과언(寡言) : 말이 적음. • 신언(愼言) : 말을 삼감.
丶亠宁宁言言言		
業 업 업	나무 목(木) 총 13획	• 업무(業務) : 직업으로 하는 일. 맡아서 하는 일. • 업자(業者) : 그 사업을 직접 경영하는 사람. 당업자(當業者). • 사업(事業) : 일. 어떤 목적을 가지고 계획적으로 운영되는 일. • 직업(職業) : 관직상의 일. 일상 종사하는 업무. 생계를 세우기 위한 일. 생업(生業).
丨丨丬丬丵丵丵丵丵业业業業		
然 그럴 연	연화발(灬) 총 12획	• 연즉(然則) : 그런즉. 그러면. • 연후(然後) : 그런 뒤. 그런 다음. • 자연(自然) : 사람의 힘을 더하지 않은 상태. 저절로. • 우연(偶然) : 뜻하지 않은 일.
ノクタタ多タ外狄狄狄然然然		
熱 더울 열	연화발(灬) 총 15획	• 열기(熱氣) : 뜨거운 기운. 고열(高熱)의 기세. • 열성(熱誠) : 열렬한 정성. • 열도(熱度) : 열의 도수. 열심의 정도. • 가열(加熱) : 어떤 물질에 열을 가함. 어떤 사건에 열기를 더함. • 치열(熾熱) : 세력이 불길같이 맹렬함. 불길이나 햇볕이 매우 성함.
一十土尹末去幸幸割執執執熱熱熱		

葉 잎 엽 초두머리(艹) 총 13획 一 十 卄 艹 艹 艹 芦 苹 苹 苹 華 葉 葉	• 엽차(葉茶) : 차나무 잎을 달여서 먹는 차. • 엽초(葉草) : 잎 담배. • 지엽(枝葉) : 가지와 잎. 본체에서 갈라져 나간 중요 　　　　　　하지 않은 부분. • 낙엽(落葉) : 떨어진 나뭇잎.

英 꽃부리 영 초두머리(艹) 총 9획 一 十 卄 艹 艹 艹 苔 英 英	• 영재(英才) : 뛰어난 재주. 또는 그 사람. • 영문(英文) : 영어로 쓴 글씨. 또는 책. • 영특(英特) : 영명스럽고 뛰어남. • 낙영(落英) : 떨어진 꽃. 꽃이 떨어짐. • 군영(群英) : 여러 가지 꽃.

永 길 영 물 수(水) 총 5획 丶 丁 才 永 永	• 영주(永住) : 오랫동안 한곳에서 삶. • 영원(永遠) : 영구한 세월. 세월이 끝이 없이 길고 　　　　　　오램. • 영영(永永) : 영원히. 언제까지나. • 영면(永眠) : 영원히 잠을 잠, 곧 죽음.

午 낮 오 열 십(十) 총 4획 丿 ノ 二 午	• 오전(午前) : 밤 0시부터 낮 12시까지의 동안. 　　　　　　아침부터 점심 때까지. 상오(上午). • 오후(午後) : 낮 12시부터 밤 12시까지. 점심 때 부터 　　　　　　저녁 때까지의 사이. 하오(下午). • 정오(正午) : 낮 12시. 오정(午正) 때. • 갑오(甲午) : 육십갑자(六十甲子)의 31번째.

五 다섯 오 두 이(二) 총 4획 一 丁 五 五	• 오색(五色) : 다섯 가지 색깔. 청, 황, 적, 백, 흑. • 오미(五味) : 신맛, 쓴맛, 매운맛, 단맛, 짠맛의 다섯 　　　　　　가지 맛. • 사오(四五) : 넷과 다섯. 네댓. • 십오야(十五夜) : 음력 보름날 밤. 삼오야(三五夜).

屋 집 옥 一 コ P P P 戸 戸 屋 屋 屋	주검시엄(尸) 총 9획	• 옥상(屋上) : 지붕 위. • 옥외(屋外) : 집 밖. 한데. • 옥우(屋宇) : 집. 여러 집채. • 양옥(洋屋) : 서양식으로 지은 집. • 초옥(草屋) : 초가집. 지붕을 이엉과 풀 따위로 이은 　　　　　　　　집. 초가(草家). • 와옥(瓦屋) : 기와집.
溫 따뜻할 온 丶 丶 氵 汀 洐 洐 洠 洰 溜 溜 溫 溫 溫	삼수변(氵) 총 13획	• 온대(溫帶) : 열대와 한대 사이의 지대. • 온실(溫室) : 덥게 장치하여 인공으로 식물을 자라게 　　　　　　　　하는 방. • 고온(高溫) : 높은 온도. • 기온(氣溫) : 대기의 온도.
完 완전할 완 丶 丷 宀 宀 宇 完	갓머리(宀) 총 7획 집 면(宀)	• 완벽(完璧) : 흠 잡을 데 없이 완전함. 사물이 완전히 이 　　　　　　　　루어짐. 빌렸던 물건을 온전히 돌려보냄. • 완비(完備) : 완전히 갖추어 있음. • 완료(完了) : 완전히 끝마침. 완제(完濟). • 미완(未完) : 완전치 못함. 미완성(未完成). • 불완품(不完品) : 완전하지 못한 물품.
王 임금 왕 一 丁 干 王	임금 왕(王) 총 4획	• 왕가(王家) : 임금의 집안. • 왕명(王命) : 임금의 명령. • 선왕(先王) : 선대(先代)의 임금. 선군(先君). • 군왕(君王) : 임금.
外 바깥 외 丿 夕 夕 外 外	저녁 석(夕) 총 5획	• 외국(外國) : 자기 나라 밖의 딴 나라. 외방(外邦). • 외교(外交) : 다른 나라와 교제 또는 교섭하여 나라 　　　　　　　　일을 잘 처리하는 것. • 해외(海外) : 바다를 사이에 두고 떨어져 있는 나라. • 물외(物外) : 형태 있는 물건 이외의 세계. 　　　　　　　　세상 물정을 벗어난 바깥.

要 요긴할 요	덮을 아(襾) 총 9획	• 요구(要求) : 달라고 청함. 필요한 것을 청구함. • 요긴(要緊) : 중요하고도 긴함. • 요람(要覽) : 중요한 것만 간추려서 보게 한 책. • 필요(必要) : 꼭 소용이 됨. 쓸모가 있음. 수요(須要). • 강요(强要) : 억지로 요구함. • 개요(槪要) : 대강의 요점. 대략의 요지. 개략(槪略).
一 丆 冂 丙 两 两 要 要 要		

曜 빛날 요	날 일(日) 총 18획	• 요요(曜曜) : 빛나는 모양. • 요일(曜日) : 그 주 일주일 중의 하루. • 칠요성(七曜星) : 일월(日月)과 수, 화, 목, 금, 토성을 　　　　　　　이름. • 월요(月曜) : 칠요(七曜)의 둘째. 월요일(月曜日).
丨 刀 日 日 日‘ 日” 日” 旷 旷 昭 昭 昭 昭 曜 曜 曜 曜		

浴 목욕할 욕	삼수변(氵) 총 10획	• 용맹(勇猛) : 날래고 사나움. • 용사(勇士) : 용기가 있는 남자. 용감한 군인. • 용감(勇敢) : 씩씩하고 기운차다. • 무용(武勇) : 무예에 익숙하고 용기가 많음. • 만용(蠻勇) : 멋모르고 함부로 날뛰는 용맹. 　　　　　야만적인 용기.
丶 丶 氵 氵 浏 汾 浴 浴 浴 浴		

勇 날랠 용	힘 력(力) 총 9획	• 용맹(勇猛) : 날래고 사나움. • 용사(勇士) : 용기가 있는 남자. 용감한 군인. • 용감(勇敢) : 씩씩하고 기운차다. • 무용(武勇) : 무예에 익숙하고 용기가 많음. • 만용(蠻勇) : 멋모르고 함부로 날뛰는 용맹. 　　　　　야만적인 용기.
丶 マ マ 丒 丙 甬 甬 勇 勇		

用 쓸 용	쓸 용(用) 총 5획	• 용심(用心) : 마음을 씀. 심술을 부려 남을 해치는 　　　　　마음. • 용도(用途) : 쓰이는 곳. 쓰이는 길. • 작용(作用) : 움직이게 되는 힘. 한 힘이 다른 힘에 　　　　　미치어서 영향이 일어나는 힘. • 운용(運用) : 부리어 씀. 잘 이용함. 기회를 잘 살려 　　　　　서 변통하여 돌려씀. 활용(活用).
丿 刀 月 月 用		

| 右 오른 우 | 입 구(口) 총 5획 | • 우수(右手) : 오른 손.
• 우상(右相) : 우의정(右議政). 의정부(議政府)의 정일
   품(正一品) 벼슬. 우정승(右政丞).
• 좌우(左右) : 왼쪽과 오른쪽.
• 극우(極右) : 극단한 우익사상. 또는 극단한 우익파. |
| ノ ナ オ 右 右 | | |

| 雨 비 우 | 비 우(雨) 총 8획 | • 우기(雨期) : 비가 많이 오는 계절.
• 우량(雨量) : 비가 온 분량.
• 우로(雨露) : 비와 이슬.
• 세우(細雨) : 가랑비.
• 강우(降雨) : 비가 내림. 또는 내린 비.
• 폭우(暴雨) : 갑자기 많이 쏟아지는 비. |
| 一 厂 厂 雨 雨 雨 雨 雨 | | |

| 友 벗 우 | 또 우(又) 총 4획 | • 우애(友愛) : 형제간의 정애(情愛). 벗 사이에 정분
   (情分).
• 우정(友情) : 친구 간의 정의. 우의(友誼).
• 우호(友好) : 벗과의 교제. 나라 사이가 친함.
• 학우(學友) : 학교에서 함께 공부하는 벗. 학문상으
   로서의 벗. 글동무.
• 교우(交友) : 벗을 사귐. |
| 一 ナ 方 友 | | |

| 牛 소 우 | 소 우(牛) 총 4획 | • 우마(牛馬) : 소와 말.
• 우각(牛角) : 소의 뿔.
• 우유(牛乳) : 소의 젖.
• 농우(農牛) : 농사일에 부리는 소.
• 투우(鬪牛) : 소싸움. 싸움하는 소. |
| ノ ト 二 牛 | | |

| 運 옮길 운 | 책받침(辶) 총 13획 쉬엄쉬엄갈 착(辶) | • 운전(運轉) : 기계나 수레 등을 움직여 굴림.
• 운수(運數) : 사람의 힘을 초월한 천운과 기수(氣數).
• 대운(大運) : 큰 행운. 굉장히 좋은 운수.
• 천운(天運) : 자연히 돌아가는 운수. 하늘이 정한 운
   수. 천수(天數). |
| ' ア 戸 戸 戸 肩 冒 宣 軍 軍 運 運 運 | | |

雲 구름 운	비 우(雨) 총 12획	• 운무(雲霧) : 구름과 안개. • 운우(雲雨) : 구름과 비. 대업(大業)을 이룰 기회. • 운하(雲霞) : 구름과 노을. • 백운(白雲) : 흰 구름. • 청운(靑雲) : 푸른 구름. 높은 이상이나 벼슬을 가리 키는 말.
一 厂 厂 雨 雨 雲 雲 雲 雲 雲 雲 雲		

雄 수컷 웅	새 추(隹) 총 12획	• 웅지(雄志) : 큰 뜻. 웅장한 뜻. 씩씩하고 큰 뜻. • 웅건(雄建) : 웅대하고 건전함. 뛰어나게 힘이 셈. • 웅장(雄壯) : 용감하고 씩씩한 모양. 으리으리하게 크 고도 굉장함. • 영웅(英雄) : 재능(才能)과 지력(智力)이 썩 훌륭한 사람. 용맹과 담력(膽力)이 뛰어난 사람.
一 ナ 左 左 広 広 広 広 雄 雄 雄 雄		

園 동산 원	큰입구몸(口) 총 5획 나라 국(國)의 고자(古字)	• 원예(園藝) : 채소 화초 과목 따위를 심어 가꾸는 일. • 원두(園頭) : 들 근처 밭에 심은 참외, 수박 등. • 원두막(園頭幕) : 원두밭을 지키기 위하여 지은 막. • 공원(公園) : 공중의 보건, 휴양, 유락(遊樂)을 위하여 시설된 동산. • 화원(花園) : 꽃동산.
丨 冂 冂 門 門 闌 周 闌 闌 闌 園 園 園		

遠 멀 원	책받침(辶) 총 14획 쉬엄쉬엄갈 착(辵)	• 원방(遠方) : 먼 지방. 서울에서 멀리 떨어진 시골. • 원대(遠大) : 생각 따위가 멀고 큼. • 원거리(遠距離) : 먼 거리. 서로 떨어진 사이가 멀다. • 경원(敬遠) : 공경하여 멀리함. 귀신 섬기는 도리. • 요원(遼遠) : 아득하게 멂.
一 十 士 ナ 古 古 吉 声 声 袁 袁 遠 遠 遠		

元 으뜸 원	어진사람인발 (儿) 총 4획	• 원가(元價) : 본값. 생산비(生産費). • 원소(元素) : 물체의 성분을 형성하는 근본. 산소, 수소, 질소 따위. • 원수(元首) : 처음. 근본. 임금. 천자, 또는 대통령. • 기원(紀元) : 나라를 세운 첫 해. 연대를 헤아리는데 기초가 되는 해. • 건원(建元) : 나라의 연호를 세움.
一 二 テ 元		

願 원할 원	머리 혈(頁) 총 19획	• 원서(願書) : 청원하는 뜻을 쓴 글. 지원 서류. • 원망(願望) : 원하고 바람. • 숙원(宿願) : 오래 묵은 소원. • 소원(所願) : 원하는 바. 바라는 바. • 염원(念願) : 생각하고 바람.
ˉ 厂 厂 厂 厂 厡 厡 原 原 原 厡 原 願 願 願 願 願		

原 언덕 원	민엄호(厂) 총 10획	• 원래(原來) : 본디. 날 때부터. 처음부터. 최초에. • 원문(原文) : 문서 중의 주장되는 글. 주석(註釋), 강의(講義) 등의 원 문장. 본디 그대로의 문장. 번역 또는 가감하지 아니한 원문(原文). • 초원(草原) : 풀이 난 벌판. 풀밭. 초평(草坪). • 평원(平原) : 평평한 들판.
ˉ 厂 厂 厂 厈 厡 厡 原 原 原		

院 집 원	좌부변(阝) 총 10획 언덕 부(阜)	• 원장(院長) : 병원, 학원 등, 원(院)의 우두머리. • 원락(院落) : 울안에 따로 막아놓은 정원이나 집. • 병원(病院) : 환자(患者)의 병을 진료하고 치료하는 곳. • 사원(寺院) : 절이나 암자. 천주교의 성당이나 수도원.
ˊ 3 阝 阝 阝 阼 阼 陸 院 院		

月 달 월	달 월(月) 총 4획	• 월색(月色) : 달빛. • 월석(月夕) : 달 밝은 밤. 달 밝은 저녁. 음 8월 15일. • 일월(日月) : 해와 달. • 반월(半月) : 반달.
ˊ 刀 月 月		

偉 클 위	사람인변(亻) 총 11획	• 위대(偉大) : 매우 큼. 거룩함. • 위업(偉業) : 위대한 사업. • 위인(偉人) : 뛰어난 큰 인물. • 위공(偉功) : 위대한 공로.
ˊ 亻 亻 仁 伫 作 佳 佳 偉 偉 偉		

位 **자리 위** ノ イ イ゛ 仁 件 位 位	사람인변(亻) 총 7획	• 위품(位品) : 관직의 품계(品階). • 위치(位置) : 차지한 자리. 지위, 신분, 지보(地步). • 위토(位土) : 조상의 시제(時祭)를 지내기 위하여 장만한 논밭. • 지위(地位) : 신분의 어떠한 위치. • 품위(品位) : 품격(品格)과 지위(地位). 인간이 가지는 절대적 가치로서 스스로 존경을 요구하는 특징, 위엄, 존엄.
有 **있을 유** ノ ナ ナ 有 有 有	달 **월**(月) 총 6획	• 유명(有名) : 이름이 있음. 세상에 이름이 널리 알려져 있음. • 유무(有無) : 있고 없는 것. • 국유(國有) : 국가의 소유. 공유(公有). • 소유(所有) : 가진 물건. 자기 것으로 가지고 있음.
由 **말미암을 유** ㅣ 冂 冋 由 由	밭 **전**(田) 총 5획	• 유래(由來) : 사물의 내력. 종래(從來). • 유서(由緒) : 전하여 오는 까닭과 내력. • 자유(自由) : 남의 구속을 받지 않고 제 마음대로 함. 제가 뜻하는 대로 함. 마음 내키는대로 함. 권리와 의무를 가지는 일. • 사유(事由) : 일의 까닭. 연유(緣由).
油 **기름 유** ` ` ` ` ` 氵 氵 汀 油 油 油	삼수변(氵) 총 8획	• 유전(油田) : 석유가 매장 되어 있는 곳. • 유지(油脂) : 동 · 식물에서 짜낸 기름. • 석유(石油) : 여러 가지 탄화수소의 혼합물. 등불, 땔감으로 사용하는 기름. • 원유(原油) : 땅속에서 천연으로 산출된 그대로의 광유(鑛油). 이것을 가공하여 경유, 휘발유, 등유를 만듦.
育 **기를 육** ` ㅗ 云 云 育 育 育 育	육달 **월** (月, 肉) 총 8획	• 육성(育成) : 길러냄. 길러서 자라나게 함. 양성(養成). • 육영(育英) : 수재(秀才)를 교육함을 이름. • 교육(敎育) : 가르치고 지도하는 것. • 보육(保育) : 어린이를 보살펴 기름.

銀 은 은 ノノケ卢牟牟金金金¹金¹金³鈩鋃銀	쇠 금(金) 총 14획	• 은전(銀錢) : 은으로 만든 돈. 은돈, 은자(銀子), 은화. • 은행(銀行) : 예금, 대부 등을 업무로 하는 대표적인 　　　　　　　금융기관. • 금은(金銀) : 금과 은. 보화를 이름. • 양은(洋銀) : 구리, 아연, 니켈을 합금하여 만든 쇠.
音 소리 음 `一亠亠立产音音音	소리 음(音) 총 9획	• 음악(音樂) : 소리의 고저, 장단, 강약을 일정한 방 　　　　　　　법에 의하여 조화하고 결합시켜 미감 　　　　　　　(美感)을 일으키게 하는 예술. • 음율(音律) : 소리. 음악의 가락. • 발음(發音) : 목소리를 냄. • 소음(騷音) : 시끄러운 소리. 공해(公害)가 됨.
飮 마실 음 ノノケ牟牟牟含含食食了飮飮	밥 식(食) 총 13획	• 음식(飮食) : 먹고 마심. 또는 그 물건. • 음료(飮料) : 술, 차, 물 등과 같이 마시는 물건. • 음료수(飮料水) : 먹는 물. 마셔서 해롭지 않은 물. • 통음(痛飮) : 술을 흠씬 많이 마심. • 폭음(暴飮) : 술을 마구 많이 마심. 아무 것이나 가 　　　　　　　리지 않고 마심.
邑 고을 읍 `ロワヤ무믑몸邑	고을 읍(邑) 총 7획	• 읍내(邑內) : 고을 안. • 읍장(邑長) : 고을의 우두머리. • 도읍(都邑) : 서울. • 군읍(郡邑) : 옛날의 지방 제도인 주(州), 부(府), 　　　　　　　군(郡), 현(縣)의 총칭. 군현(郡縣).
意 뜻 의 `一亠亠产音音音音意意意	마음 심(心) 총 13획	• 의견(意見) : 마음속에 느낀 생각. 의사(意思). • 의지(意志) : 마음, 생각, 뜻. 생각하고 선택하고 결심하 　　　　　　　여 실행하는 능력. 지식 감정과 대립되는 　　　　　　　정신작용. • 호의(好意) : 친절한 마음씨. 선의(善意). • 고의(故意) : 일부러 함. 남의 권리를 침해함을 알고 　　　　　　　도 행하는 의식.

醫 의원 의	닭 유(酉) 총 18획	• 의사(醫師) : 의술에 의하여 병을 고치는 일을 업으로 　　　　　　　삼는 사람. • 의료(醫療) : 병을 치료함. 또는 고치는 일. • 명의(名醫) : 이름난 의사. • 한의(漢醫) : 한방(漢方)의 의술.
`一 ア ア テ テ テ 医 医 医 医 殹 殹 殹 殹 醫`		

衣 옷 의	옷 의(衣) 총 6획	• 의식(衣食) : 의복과 음식. • 의식주(衣食住) : 사람이 생활하는 세가지 요소. 　　　　　　　　곧 옷과 양식과 집. 의복, 음식, 주택. • 상의(上衣) : 저고리. 웃옷. • 하의(下衣) : 아랫바지. 아래옷. • 내의(內衣) : 속옷.
`ー 亠 ナ 才 才 衣 衣`		

二 두 이	두 이(二) 총 2획	• 이세(二世) : 다음 세대. • 이중(二重) : 겹침. 두 겹. • 일이(一二) : 한 둘. 하나 둘. • 십이(十二) : 열둘.
`ー 二`		

以 써 이	사람 인(人) 총 5획	• 이전(以前) : 오래 전. 이왕(已往). • 이후(以後) : 그 뒤. 이다음. 이강(以降). • 이외(以外) : 이 밖. 그 밖. • 소이(所以) : 까닭. • 소이연(所以然) : 그렇게 된 까닭.
`丨 丶 丷 以 以`		

耳 귀 이	귀 이(耳) 총 6획	• 이목(耳目) : 귀와 눈. 봄과 들음. • 이과(耳科) : 귓병 전문의 의술. • 내이(內耳) : 고막의 속 부분으로 고막의 진동을 신 　　　　　　경에 전하는 곳. • 외이(外耳) : 청각기(聽覺器)의 바깥쪽. 고막, 중이(中 　　　　　　耳)를 보호하며 소리가 잘 들리도록 함.
`一 丅 丆 F F 耳 耳`		

人 사람 인 ノ 人	사람 인(人) 총 2획	• 인간(人間) : 사람. 인류. 사람이 사는 곳. • 인생(人生) : 생명을 가진 사람. 사람이 이 세상에 살아 　　　　　　 있는 동안. 일생(一生). 사람의 생활. • 주인(主人) : 한 집안의 어른. 손님을 상대하는 주장. • 주인장(主人丈) : 남편을 달리 이르는 말. 주인공(主人 　　　　　　 公). 고용자를 고용하는 사람. 나그네 　　　　　　 를 치르는 사람. • 명인(名人) : 이름난 사람.
因 인할 인 丨 冂 冂 冈 因 因	큰입구몸(囗) 총 6획 나라 국(國)의 고자(古字)	• 인과(因果) : 원인(原因)과 결과(結果). 먼저 한 일의 　　　　　　 갚음. • 인습(因習) : 이전부터 전하여 몸에 젖은 풍습. • 원인(原因) : 일의 말미암은 까닭. • 패인(敗因) : 실패한 원인.
一 한 일 一	한 일(一) 총 1획	• 일생(一生) : 살아 있는 동안. • 일두(一頭) : 한 마리. 소, 말, 양 등 동물을 세는데 　　　　　　 쓰는 말. • 동일(同一) : 똑같음. 다른 데가 없이 똑같음. • 합일(合一) : 합쳐서 하나가 됨.
日 날 일 丨 冂 日 日	날 일(日) 총 4획	• 일출(日出) : 해가 솟아오름. • 일입(日入) : 해가 짐. 일몰(日沒). • 평일(平日) : 보통 날. 보통 때. 평시(平時). • 공일(空日) : 쉬는 날. 일요일.
任 맡길 임 ノ 亻 仁 仟 任 任	사람인변(亻) 총 6획	• 임명(任命) : 직무를 맡김. • 임무(任務) : 맡은 일. • 부임(赴任) : 일을 맡아볼 자리에 감. • 해임(解任) : 자리를 내놓음. 또는 내놓게 함. • 유임(留任) : 그 자리나 직위에 머물러 있음.

入 들 입 ノ入	들 입(入) 총 2획	• 입구(入口) : 들어가는 어귀. • 입격(入格) : 격식 조건에 맞음. 또는 자격을 얻음. 　　　　　　　생원(生員), 진사(進士), 초시(初試)에 　　　　　　　합격함. • 출입(出入) : 나가고 들어오는 것. • 불입(拂入) : 치를 돈을 넣음.
自 스스로 자 ´ ｨ ｨ ｨ 自 自	스스로 자(自) 총 6획	• 자유(自由) : 남의 구속을 받지 않고 제 마음대로 함. • 자기(自己) : 나. 그 사람 자신. • 각자(各自) : 각각의 자기 자신. 제각기. • 독자(獨自) : 혼자. 자신에게만 특유함.
子 아들 자 ｧ 了 子	아들 자(子) 총 3획	• 자손(子孫) : 아들과 손자. • 자식(子息) : 아들과 딸을 통털어 일컬음. • 동자(童子) : 사내아이. • 수자(豎子) : 더벅머리 아이. 　　　　　　　남을 경멸하여 일컫는 말.
字 글자 자 ´ ｨ ｨ 字 字 字	아들 자(子) 총 6획	• 자수(字數) : 글자의 수. • 자모(字母) : 한 음절을 자음과 모음으로 갈라서 적 　　　　　　　을 수 있는 낱낱의 글자. 어미 자. • 문자(文字) : 말의 음과 뜻을 표시하는 시각적 기호. 　　　　　　　한문으로 된 어려운 귀절. • 약자(略字) : 글자의 획수를 줄여 간략하게 쓴 글자.
者 놈 자 一 十 土 耂 耂 者 者 者 者	늙을로엄(耂) 총 9획	• 사자(使者) : 사명을 띤 사람. 심부름을 하는 사람. • 필자(筆者) : 글이나 글씨를 쓴 사람. • 혹자(或者) : 어떠한 사람. • 술자(述者) : 짓는 사람.

昨 어제 작 ⎸ ⎢ ⎢ ⎢ ⎢ ⎢ 昨 昨 昨	날 일(日) 총 9획	• 작일(昨日) : 어제. • 작금(昨今) : 어제와 이제. 요즈음. • 작년(昨年) : 지난해. • 재작년(再昨年) : 그러께. 지지난해.
作 지을 작 ⎹ ⎸ ⎸ ⎸ 作 作 作	사람인변(亻) 총 7획	• 작국(作局) : 체격이나 짜임새 등이 갖추어 있음. 골상(骨相), 묏자리 따위의 생김새. • 작란(作亂) : 난리를 일으킴. 애들이 까불면서 노는 것. • 시작(始作) : 처음으로 함. 하기를 비롯함. • 풍작(豊作) : 풍년이 든 농사. • 흉작(凶作) : 농작물이 잘 되지 못함.
長 길 장 ⎸ ⎢ ⎢ ⎢ 튼 튼 튼 長	길 장(長) 총 8획	• 장형(長兄) : 맏형. • 장자(長子) : 맏아들. • 가장(家長) : 집안의 어른. • 문장(門長) : 문중(門中)의 어른. 한 집안에서 항렬 (行列)로나 나이로나 가장 높은 사람.
場 마당 장 ⎺ ⎹ ⎸ ⎸ ⎸ 坍 坍 坍 堭 塢 場 場	흙 토(土) 총 12획	• 장소(場所) : 처소. 자리. 좌석. 무엇이 있거나 무슨 일이 벌어지는 곳. • 장내(場內) : 장소의 안. 회장(會場)의 내부(內部). • 도장(道場) : 무술을 단련하는 곳. 마음을 수련하는 곳. • 입장(入場) : 식장(式場)이나 장내에 들어감.

章
 글 장
 ⎺ ⎺ ⎺ ⎺ 产 产 咅 咅 音 竜 章
	설 립(立)
	 총 11획
		• 장귀(章句) : 글의 장과 귀절.
		 • 훈장(勳章) : 나라에 훈공이 있는 사람에게 내리는
		                 휘장(徽章).
		 • 휘장(徽章) : 신분을 나타내기 위하여 옷 모자 등에
		                 붙이는 표장(表章).
		 • 도장(圖章) : 인(印), 인장(印章)의 속칭.

才 재주 재	재방변(扌) 총 3획	• 재사(才士) : 재주가 있는 사람. • 재간(才幹) : 일을 적절하게 잘 처리하는 능력(기능). • 천재(天才) : 날 때부터 갖춘 뛰어난 재주, 또는 그 사람. • 범재(凡才) : 평범한 재주.
一十才		

在 있을 재	흙 토(土) 총 6획	• 재가(在家) : 집에 있음. 집에서 중처럼 도를 닦음. • 재야(在野) : 초야(草野)에 파묻혀 있음. 관계(官界)에 나가지 아니하고 민가(民家)에 있음. • 존재(存在) : 사물이 있음. 현재 있음. • 소재(所在) : 있는 바. 있는 곳.
一ナオ存存在		

財 재물 재	조개 패(貝) 총 10획	• 재물(財物) : 돈이나 그 밖의 값이 나가는 물건. • 재력(財力) : 재물의 힘. 금력(金力). 비용을 부담할 수 있는 경제적인 힘. • 재원(財源) : 재물의 근원. 돈의 출처(出處). • 축재(蓄財) : 재물을 모음. 돈이나 재물을 모아 쌓음. • 횡재(橫財) : 뜻밖에 재물을 얻음. 또는 그 재물. • 분재(分財) : 재산을 나누어 줌.
丨冂冃月目貝貝貝-財財		

材 재목 재	나무 목(木) 총 7획	• 재목(材木) : 건축이나 기구를 만드는데 재료가 되는 나무. • 재료(材料) : 물건을 만드는 감. 일을 할 거리. • 제재(製材) : 재목을 만듦. 베어낸 나무로 재목(材木)을 만듦. • 취재(取材) : 어떤 사물에서 기사나 작품의 재료를 취하는 일.
一十才木木材材		

災 재앙 재	불 화(火) 총 7획	• 재난(災難) : 뜻밖에 일어난 불행한 일. 액난(厄難). • 재앙(災殃) : 천재지변(天災地變) 따위로 인한 온갖 불행한 일. • 화재(火災) : 불이 나는 재앙. 화난(火難). 회록(回祿). • 수재(水災) : 큰 물로 인한 재앙. 홍수의 재앙. • 풍재(風災) : 농작물이 받는 바람의 재앙.
〜〜〜〜〜〜炎災		

再 두 재 멀경몸(冂) 총 6획	・재차(再次) : 두 번째. 두 차례째. 또다시. 재도(再度). ・재기(再起) : 다시 일어남. ・재배(再拜) : 두 번 하는 절. 편지 끝에 쓰는 말. ・재고(再考) : 다시 생각함.

一 冂 冂 币 再 再

爭 다툴 쟁 손톱 조(爪) 총 8획	・쟁탈(爭奪) : 서로 다투어 빼앗음. ・쟁취(爭取) : 투쟁하여 얻음. 싸워서 빼앗아 가짐. ・쟁의(爭議) : 서로 다른 의견을 주장하여 다툼. ・전쟁(戰爭) : 싸움. 무력(武力)으로 국가 간에 싸우는 일. ・투쟁(鬪爭) : 다투어 싸움. 어떤 목적을 이루기 위한 　다툼.

´ ´ ´ ´ 广 号 爭 爭

貯 쌓을 저 조개 패(貝) 총 12획	・저축(貯蓄) : 절약하여 모아둠. 소득을 다 쓰지 않고 　아껴 모아둠. ・저장(貯藏) : 쌓아서 간직하여 둠. ・저금(貯金) : 돈을 모아둠. 또는 그 돈. 돈을 금융기 　관에 맡기어 모음. ・저수(貯水) : 상수도(上水道), 관개용(灌漑用)으로 물 　을 모아둠.

丨 冂 冂 目 目 貝 貝 貯 貯 貯 貯

的 과녁 적 흰 백(白) 총 8획	・적당(的當) : 틀림없이 꼭 맞음. ・적실(的實) : 틀림없음. 꼭 그러함. ・공적(公的) : 공공(公共)에 관한 것. ・표적(標的) : 목표로 삼는 물건.

´ ´ ´ 竹 自 自 的 的

赤 붉을 적 붉을 적(赤) 총 7획	・적색(赤色) : 붉은 빛. 혁명 또는 공산주의의 상징. ・적두(赤豆) : 붉은 팥. ・적빈(赤貧) : 아주 살림이 가난함. ・적자(赤字) : 지출이 수입보다 많은 것. 붉은 잉크로 　쓴 교정의 글씨.

一 十 土 尹 方 赤 赤

電 비 우(雨) 총 13획 번개 전 一 厂 厂 币 币 币 币 虐 虐 雷 雷 電	• 전기(電氣) : 전자의 이동으로 생기는 에너지의 형태. • 전화(電話) : 전화기로 서로 이야기 함. • 발전(發電) : 전기를 일으킴. • 정전(停電) : 송전(送電)이 중지됨.
全 들 입(入) 총 6획 온전 전 丿 人 入 仝 全 全	• 전국(全國) : 한나라의 전체. • 전체(全體) : 온통. 전부. 총체. • 완전(完全) : 부족함이 없음. 필요한 것이 모두 갖추 　　　　　　　어져 있음. • 만전(萬全) : 아주 완전함. 조금도 실수가 없음.
前 선칼도방(刂) 총 9획 앞 전 丶 丷 产 广 前 前 前 前 前	• 전후(前後) : 앞과 뒤. 먼저와 나중. • 전방(前方) : 중심의 앞쪽. 일선(一線). 전선(戰線). • 사전(事前) : 일이 발생(發生)하기 전. • 생전(生前) : 살아 있는 동안.

戰 창 과(戈) 총 16획 싸움 전 丶 丷 丷 丬 丬 胃 胃 胃 單 單 戰 戰 戰	• 전쟁(戰爭) : 싸움. 무력으로 국가 간에 싸우는 일. 　　　　　　　병과(兵戈). • 전선(戰線) : 전쟁을 하고 있는 지대. 일선(一線). • 격전(激戰) : 격렬(激烈)한 싸움. • 정전(停戰) : 싸우는 일을 중지함.
典 여덟 팔(八) 총 8획 법 전 丨 冂 冂 曲 曲 曲 典 典	• 전형(典型) : 법칙, 규칙, 틀. 모범이나 본보기가 될 만한 것. • 전당(典當) : 재산을 담보하고 돈을 융통하는 일. 토지, 가 　　　　　　　옥, 물품 등을 담보하여 돈을 빌림. • 법전(法典) : 국가가 제정한 통일된 체계있는 성문법규집 　　　　　　　(成文法規集). • 경전(經典) : 변하지 않는 법식과 도리(道理). 성인이 지은 　　　　　　　글. 성인의 말과 행실을 적은 글. 사서오경(四 　　　　　　　書五經).

傳 사람인변(亻) 총 13획 전할 전	• 전설(傳說) : 전하여 오는 말. 옛날부터 전해오는 이야기. • 전통(傳統) : 계통을 받아 전함. 또는 이어받은 계통. • 전달(傳達) : 전하여 닿게 함. • 선전(宣傳) : 말하여 널리 전함. 어떤 일이나 주의사항을 널리 이해시켜 공감을 얻는 일. • 유전(遺傳) : 끼쳐 내려옴. 조상의 몸의 형태나 성질이 자손에게 전하여지는 일.

丿亻亻亻亻亻亻伸伸伸伸傳傳

展 주검시엄(尸) 총 10획 펼 전	• 전시(展示) : 책이나 편지 따위를 펴서 봄. 또는 펴서 보임. 여러 가지 물건을 모아 벌려놓고 보임. • 전람(展覽) : 펴서 봄. 벌려 놓고 봄. 펴거나 늘어놓고 보임. • 진전(進展) : 진보하여 발전함. • 친전(親展) : 몸소 펼쳐 봄. 편지를 받는 분이 몸소 펴보아 주기를 원하는 말.

丆丆尸尸尸屈屈展展展

節 대 죽(竹) 총 15획 마디 절	• 절개(節介) : 지조(志操)가 있는 것. 꿋꿋한 뜻과 바른 조행(操行). • 절조(節操) : 절개와 지조. 부인이 정조를 굳게 지킴. • 고절(苦節) : 어떤 곤란을 당해도 굽히지 않는 굳은 절개. • 훼절(毀節) : 절조(節操)를 깨트림.

丿仁仁仁仁仁仁竹竹竹竹竹竹節節

切 칼 도(刀) 총 4획 끊을 절	• 절감(切感) : 절실하게 느낌. • 절박(切迫) : 시기가 아주 가까이 닥침. 기한이 급하여 여유가 없음. • 단절(斷切) : 끊어짐. 잘라버림. 절단(切斷). • 일절(一切) : 아주 도무지의 뜻으로 사물을 부인, 또는 금지할 때에 쓰는 말.

一土切切

店 엄호밑(广) 총 8획 집 엄(广) 가게 점	• 점포(店鋪) : 가게. 상점. • 점원(店員) : 상점에서 일을 보살피는 사람. • 상점(商店) : 가게. 상포(商鋪). • 노점(露店) : 한데서 벌려놓은 가게.

丶一广广广庐店店

正 바를 정 一 丁 下 正 正	그칠 지(止) 총 5획	• 정직(正直) : 마음이 바르고 곧음. • 정도(正道) : 올바른 길. 바른 도리(道理). • 부정(不正) : 바르지 않음. 옳지 못한 짓. 　　　　　　　정직하지 않음. 온당하지 않음. • 시정(是正) : 그릇된 것을 바로 잡음.
庭 뜰 정 丶 宀 广 广 庀 庄 庭 庭 庭 庭	엄호밑(广) 총 10획 집 엄(广)	• 정원(庭園) : 집에 딸린 뜰. 집안에 있는 화원(花園). • 정구(庭球) : 테니스. • 가정(家庭) : 집안. • 교정(校庭) : 학교의 마당. • 후정(後庭) : 뒤뜰. 후미진 곳.
定 정할 정 丶 丷 宀 宀 宀 宇 定 定	갓머리(宀) 총 8획 집 면(宀)	• 정가(定價) : 정해놓은 값. 값을 정함. • 정각(定刻) : 정한 시각. 일정한 시각. • 긍정(肯定) : 그렇다고 인정함. • 부정(否定) : 그러하다고 인정하지 않음. • 미정(未定) : 아직 결정하지 못함. • 부정(不定) : 일정하지 않음.
情 뜻 정 丶 丶 忄 忄 忄 忓 忭 情 情 情 情	심방변(忄) 총 11획	• 정감(情感) : 느낌. 마음의 움직임. • 정서(情緒) : 생각에 따라 일어나는 감정의 실마리. • 정상(情狀) : 실제의 형편과 사정. • 감정(感情) : 불만이 있어 성내는 마음. 사물에 느끼 　　　　　　　어 일어나는 마음. • 심정(心情) : 마음.
停 머무를 정 丿 亻 亻 亻 广 广 停 停 停 停 停	사람인변(亻) 총 11획	• 정류(停留) : 수레 따위가 가다가 머묾. • 정지(停止) : 하던 일을 중간에서 그침. 한때 금하여 　　　　　　　막음. • 정년(停年) : 정하여져 있는 나이. • 정간(停刊) : 신문, 잡지 등의 간행(刊行)을 한때 중 　　　　　　　지함.

弟 아우 제	활 궁(弓) 총 7획	• 제자(弟子) : 문인(門人). 가르침을 받은 사람. • 제부(弟夫) : 자매간 아우의 남편(男便). 제랑(弟郎). • 자제(子弟) : 남의 아들. 남을 높혀 그 아들을 일컫 　　　　　　는 말. • 형제(兄弟) : 형과 아우. 곤계(昆季).
` ` `` `` 当 当 弟 弟		

第 차례 제	대 죽(竹) 총 11획	• 제일(第一) : 첫째. 가장. • 제삼자(第三者) : 당사자(當事者) 밖의 사람. 나와는 　　　　　　　　관계가 없는 사람. 삼자(三者). • 급제(及第) : 과거(科擧)에 합격함. 시험에 합격함. • 낙제(落第) : 시험에 떨어짐. 낙방(落榜).
ノ ト 七 代 竹 竹 竺 笃 第 第		

題 제목 제	머리 혈(頁) 총 18획	• 제목(題目) : 글제. 책 겉에 쓰는 책의 이름. 표제(表題). • 제자(題字) : 책머리나 족자 같은데 쓴 글자. • 화제(話題) : 이야기꺼리. 이야기 제목. • 문제(問題) : 대답을 얻기 위한 물음. • 주제(主題) : 주장이 되는 제목. 주제파악(主題把握).
` 冂 冃 日 旦 루 昰 昰 昰 是 題 題 題 題 題 題		

祖 할아비 조	보일 시(示) 총 10획	• 조국(祖國) : 조상 때부터 살아온 나라. • 조모(祖母) : 할머니. • 선조(先祖) : 먼 대의 조상. 부조(父祖). • 시조(始祖) : 한 종족의 맨 우두머리 조상. 　　　　　　비조(鼻祖), 태조(太祖).
` 二 亍 亓 示 礻 衤 衵 衵 祖		

朝 아침 조	달 월(月) 총 12획	• 조간(朝刊) : 아침에 발간하는 신문. • 조공(朝貢) : 작은 나라가 큰 나라에게 물건을 바치 　　　　　　는 일. • 힐조(詰朝) : 이른 아침. • 숭조(崇朝) : 조반을 뜰 때까지의 이른 아침.
一 十 十 古 古 卣 卓 朝 朝 朝 朝		

調 고를 조	말씀 언(言) 총 15획	• 조화(調和) : 서로 잘 어울림. 음악의 가락이 잘 어울리는 것. • 조사(調査) : 어떤 사물을 밝히기 위하여 살펴보는 것. • 조절(調節) : 잘 골라서 알맞게 함. • 시조(詩調) : 고려 말엽부터 발달하여 온 우리 나라 고유의 　　　　　　정형시. 시절가(時節歌). • 음조(音調) : 소리의 가락. 진동수에 따른 소리의 고저(高 　　　　　　低). 시가(詩歌)의 운율(韻律).
`ᅩ ᅩ ᅩ ᅦ ᅦ ᅨ ᅨ 訁 訂 訋 調 調 調 調 調`		

操 잡을 조	재방변(扌) 총 16획	• 조종(操縱) : 마음대로 다루어 부림. • 조율(調律) : 악기의 음을 표준음에 맞추어 고르는 일. • 조심(操心) : 마음을 삼가 가져 틀림이 없도록 힘씀. • 지조(志操) : 꿋꿋한 뜻과 바른 조행(操行). • 절조(節操) : 절개와 지조.
`一 亻 扌 扌 扌' 扌' 扩 护 挀 捏 捏 捏 操 操 操 操`		

足 발 족	발 족(足) 총 7획	• 족장(足掌) : 발바닥. • 족하(足下) : 편지받을 사람의 성명 아래에 쓰는 　　　　　　경칭의 한 가지. • 부족(不足) : 모자람. 넉넉하지 못함. • 만족(滿足) : 조금도 언짢음이 없음. 흐뭇함. 　　　　　　마음이 흡족(洽足)함.
`丶 口 口 口 무 무 足`		

族 겨레 족	모 방(方) 총 11획	• 족장(族丈) : 같은 문중(門中)의 유복친(有服親) 이외의 　　　　　　웃 항렬(行列)이 되는 어른. • 족친(族親) : 유복친 이외의 같은 성의 일가. • 민족(民族) : 말과 풍속이 같고 독특한 문화를 가지는 같 　　　　　　은 겨레. • 동족(同族) : 같은 겨레. 동일한 종족. • 부족(部族) : 공통된 언어 종교를 가진 지역적인 공동체 　　　　　　로서 원시적 민족의 단위를 이루는 것.
`丶 一 亐 方 方' 方' 扩 旅 旅 族 族`		

卒 군사 졸	열 십(十) 총 8획	• 졸병(卒兵) : 병사(兵士). 병졸(兵卒). 졸병. • 졸업(卒業) : 일정한 규정이 있는 학업을 마침. • 창졸(倉卒) : 급작스러운 동안. • 병졸(兵卒) : 군인의 총칭. 계급이 낮은 군인. 　　　　　　군사(軍士). 사병(士兵).
`丶 一 ᅩ 亠 亣 卒 卒 卒`		

種 벼 화(禾) 총 14획 심을 종 씨 종 丿 二 千 千 禾 禾 柯 柯 稻 稻 種 種 種	<ul><li>종자(種子) : 씨. 씨앗.</li><li>종목(種目) : 종류(種類)의 품목.</li><li>종류(種類) : 물건의 갈래.</li><li>잡종(雜種) : 온갖 것이 뒤섞인 종류.</li><li>접종(接種) : 병의 예방, 치료들을 위하여 병원균(病原菌)이나 독소(毒素)를 사람이나 동물의 체내(體內)에 넣는 일.</li></ul>

| 終 실 사(糸) 총 11획 마칠 종 丿 幺 幺 纟 糸 糸 糸 紗 終 終 終 | <ul><li>종결(終結) : 일을 끝맺음. 또는 끝냄.</li><li>종국(終局) : 끝판.</li><li>종지부(終止符) : 한 문장이 끝났음을 나타내거나 연이어 끝맺음을 나타내는 부호.</li><li>시종(始終) : 처음과 끝.</li><li>최종(最終) : 맨 나중.</li></ul> |

| 左 장인 공(工) 총 5획 왼 좌 一 ナ ナ 左 左 | <ul><li>좌편(左便) : 왼쪽.</li><li>좌천(左遷) : 중앙에서 지방으로 전근이 됨. 높은 지위에서 낮은 지위로 떨어짐.</li><li>부좌(祔左) : 부부(夫婦)를 합장(合葬)하는데 아내를 남편의 왼편에 묻음.</li><li>강좌(江左) : 강 왼쪽. 강동(江東)과 같음.</li></ul> |

| 罪 그물 망 (罒, 冈, 罓) 총 13획 허물 죄 丨 冂 罒 罒 罒 罒 罪 罪 罪 罪 罪 | <ul><li>죄악(罪惡) : 죄가 될 만한 나쁜 짓.</li><li>죄송(罪悚) : 매우 황송함.</li><li>무죄(無罪) : 허물이 없음. 재판상 죄가 되지 아니함.</li><li>유죄(有罪) : 죄가 있음. 재판으로 범죄가 성립됨.</li><li>범죄(犯罪) : 죄를 지음. 또는 지은 죄.</li><li>사죄(謝罪) : 죄에 대한 용서를 빔.</li></ul> |

| 主 점 주(丶) 총 5획 주인 주 丶 二 十 主 主 | <ul><li>주객(主客) : 주인과 손. 주빈(主賓).</li><li>주상(主上) : 임금. 군상(君上).</li><li>자주(自主) : 자신이 일을 스스로 처리함. 남의 보호나 간섭을 받지 아니함.</li><li>민주(民主) : 주권(主權)이 국민에게 있음.</li></ul> |

住 살 주 ノイイ竹竹住住	사람인변(亻) 총 7획	• 주소(住所) : 살고 있는 곳. 생활의 근거를 둔 곳. 　　　　　　현주소(現住所). • 주민(住民) : 그 땅에 사는 사람. • 거주(居住) : 한곳에 삶. 일정한 곳에 자리잡고 머물 　　　　　　러 삶. • 이주(移住) : 집을 옮겨서 삶.
注 물댈 주 丶丶氵氵沪注注注	삼수변(氵) 총 8획	• 주의(注意) : 마음에 두어 조심함. 곁으로부터 충고 　　　　　　함. 어떤 대상에 정신을 집중함. • 주력(注力) : 힘을 들임. • 집주(集注) : 한곳으로 모음. 한곳에 힘을 쏟음. • 경주(傾注) : 기울여 부음. 강물이 급히 바다로 흘러 　　　　　　들어감.
晝 낮 주 フラヨキ聿聿書書書書晝	날 일(日) 총 11획	• 주간(晝間) : 낮 동안. • 주야(晝夜) : 밤낮. 주소(晝宵). • 주식(晝食) : 점심. • 백주(白晝) : 대낮.
週 주일 주 丶丶氵辶辶沪沪涓渦渦週週	책받침(辶) 총 12획 쉬엄쉬엄갈 착(辵)	• 주말(週末) : 한 주일의 끝. • 주간(週間) : 한 주일 동안. • 주기(週期) : 한 바퀴를 도는 시기. • 일주(一週) : 한 바퀴 돎. • 매주(每週) : 각주 또는 주간(週間)마다.
州 고을 주 丶丿丿州州州	내 천(川) 총 6획	• 주현(州縣) : 주(州)와 현(縣)을 아울러 이르는 말. • 주목(州牧) : 주지사(州知事). 지금의 도지사. 주(州) 　　　　　　를 다스리는 목사(牧使). 중국 한(漢)나 　　　　　　라 당(唐)나라 때에 둔 주(州)의 으뜸벼 　　　　　　슬아치.

中 가운데 중	뚫을 곤(丨) 총 4획	• 중심(中心) : 한가운데가 되는 곳. 　　　　　　매우 중요한 지위. 줏대. • 중간(中間) : 한가운데. 중앙(中央). • 천중(天中) : 하늘의 한가운데. 이마의 위쪽. • 인중(人中) : 코와 입 사이에 오목하게 파인 곳.
丨 冂 口 中		

重 무거울 중	마을 리(里) 총 9획	• 중요(重要) : 매우 귀중하고 중요로움. • 중책(重責) : 중요한 책임. 엄중한 책망. • 자중(自重) : 제 스스로를 소중하게 여김. 말과 행동 　　　　　　을 조심하여 제 스스로를 훌륭하게 함. 　　　　　　물건이 가진 무게. 제 무게. • 경중(輕重) : 가볍고 무거움. 큰일과 작은 일.
丿 二 仁 仨 冇 盲 盲 重 重		

紙 종이 지	실 사(糸) 총 10획	• 지필(紙筆) : 종이와 붓. • 지폐(紙幣) : 금속화폐 대신 주로 국내에서 강제 통 　　　　　　용되는 종이로 만든 화폐. • 휴지(休紙) : 못쓰게 된 종이. 수지. • 파지(破紙) : 찢어진 종이.
丿 幺 纟 纟 乡 糸 糸' 糽 紅 紙		

地 땅 지	흙 토(土) 총 6획	• 지상(地上) : 땅 위. 땅의 거죽이 되는 위. • 지방(地方) : 수도(首都) 이외의 시골. • 농지(農地) : 농사짓는 땅. • 공지(空地) : 빈터. 공터.
一 十 土 圠 圳 地		

知 알 지	화살 시(矢) 총 8획	• 지각(知覺) : 알아 깨달음. 사물을 이해하는 감각. • 지능(知能) : 지식과 재능. • 지식(知識) : 사물을 아는 마음의 작용. 알고 있는 내용. • 선지(先知) : 앞 일을 알아차림. 남보다 일찍 도를 깨달음. • 무지(無知) : 아는 것이 없음. 지식이 없음. 어리석음. 　　　　　　하는 짓이 우악함.
丿 仁 二 午 矢 知 知 知		

止 그칠 지 ㅣ ㅏ ㅑ 止	그칠 지(止) 총 4획	• 지식(止息) : 하던 일이나 앓던 병이 잠시 그침. 침식(寢息). • 지열(止熱) : 병의 열이 내림. • 금지(禁止) : 금하여 못하게 함. • 제지(制止) : 말리어서 못하게 함.
直 곧을 직 一 十 十 古 古 直 直 直	눈 목(目) 총 8획	• 직전(直前) : 바로 앞. 일이 생기기 바로 전. • 직기(直己) : 자기 몸을 바르게 가짐. • 수직(守直) : 맡아서 지킴. • 숙직(宿直) : 직장에서 잠을 자면서 지키는 일.

質
 바탕 질
 ´ ´ ´ ´ ´ ´ 所 所 斦 斦 斦 質 質 質 質
	조개 패(貝)
	 총 15획
		• 질문(質問) : 모르거나 의심나는 점을 묻거나 물어서
		          밝힘.
		 • 질의(質疑) : 의심나는 점을 물어서 밝힘.
		 • 성질(性質) : 본디부터 가지고 있는 본바탕.
		 • 소질(素質) : 본래 타고난 성질. 천성. 장래 뻗어나
		          갈만한 성질. 자질(資質).

集 모을 집 ´ ´ ´ ´ ´ ´ 伊 伊 佳 佳 隹 集 集 集	새 추(隹) 총 12획	• 집합(集合) : 한곳으로 모임. 한곳에 모음. • 집산(集散) : 한곳으로 모여듦과 거기서 흩어져 나감. • 모집(募集) : 희망자를 널리 모음. 뽑아서 모음. • 수집(收集) : 거두어 모음. • 소집(召集) : 불러서 모음. 제대 군인이나 예비역 군인을 필요에 의하여 불러 모음.
着 붙을 착 ´ ´ ´ ´ ´ ´ ´ ´ 羊 羊 着 着 着 着	눈 목(目) 총 12획	• 착공(着工) : 공사를 시작함. • 착복(着服) : 옷을 입음. 남의 금품을 부당하게 자기 것으로 함. • 도착(到着) : 목적지에 이름.

參 참여할 참 석 삼	마늘모(厶) 총 11획 사사 사(厶)	• 참고(參考) : 살펴서 생각함. • 참모(參謀) : 모의에 참여하는 일. 또는 그 중심인물. • 동참(同參) : 같이 참여함. • 불참(不參) : 참석하지 않음. • 인삼(人蔘) : 인삼의 말린 뿌리. 보혈, 강장제로 유명함.
``` ʼ ʼ ʼ ʼ ㅿ ㅿ ㅿ 夂 夅 夅 參 參 ```		

窓 창 창	구멍 혈(穴) 총 11획	• 창문(窓門) : 햇빛과 통풍을 위하여 별도로 지붕에 만든 문. • 창구(窓口) : 문서나 돈 따위를 받아들이거나 내어주기 위하여 자그마하게 만든 창문. • 동창(同窓) : 한 학교에서 같이 공부한 사람. 동창생(同窓生). • 사창(紗窓) : 사(紗)로 바른 창. 여자가 거처하는 방의 창문을 비유하는 말. ※ 紗는 발이 성긴 얇은 비단. • 객창(客窓) : 나그네가 거처하는 방. 객지에서 묵고 있는 방. 여창(旅窓).
``` ʼ 八 宀 宀 宏 窏 窏 窏 窓 窓 窓 ```		

唱 부를 창	입 구(口) 총 11획	• 창가(唱歌) : 곡조에 맞추어 노래를 부름. • 창극(唱劇) : 광대노래의 연극. 중국의 창(唱)으로 유명함. • 합창(合唱) : 여러 사람이 소리를 맞추어 노래함. • 독창(獨唱) : 혼자 노래를 부름.
``` ㅣ ㅁ ㅁ ㅁ 叩 叩 吧 吧 唱 唱 唱 ```		

責 꾸짖을 책	조개 패(貝) 총 11획	• 책임(責任) : 맡아서 해야 할 일. • 책선(責善) : 친구사이에 서로 착한 일을 하도록 권함. • 문책(問責) : 잘못을 캐묻고 책망함. • 자책(自責) : 제 잘못을 스스로 꾸짖음. • 힐책(詰責) : 잘못을 따져 꾸짖음.
``` 一 十 丰 丰 丰 青 青 青 青 責 責 ```		

川 내 천	내 천(川) 총 3획	• 천류(川流) : 냇물이 흐름. • 천택(川澤) : 내와 못. • 하천(河川) : 시내. • 대천(大川) : 큰 하천.
``` ノ 刀 川 ```		

千 열 십(十) 총 3획 일천 천 一二千	• 천년(千年) : 1년의 천 갑절. 썩 오랜 세월. 　　　　　　　 천재(千載). • 천자(千字) : 한자의 천 글자. 천자문. • 수천(數千) : 천의 여러 배. 아주 많은 수(數). • 삼천(三千) : 우리 한국과 관계있는 수. 　　　　　　　 삼천리 강토. 삼천궁녀.

天 큰 대(大) 총 4획 하늘 천 一二千天	• 천지(天地) : 하늘과 땅. 소양(霄壤). • 천하(天下) : 하늘 아래의 온 세상. • 상천(上天) : 하늘. 하느님. 겨울하늘. • 호천(昊天) : 넓고 큰 하늘. 여름하늘.

鐵 쇠 금(金) 총 21획 쇠 철	• 철물(鐵物) : 쇠로 만든 온갖 물건. • 철칙(鐵則) : 변경할 수 없는 규칙. • 철재(鐵材) : 공업용으로 쓰는 무쇠 재료. • 제철(製鐵) : 광석으로부터 쇠를 제련하거나 또는 　　　　　　　 고철로부터 정제하는 일. • 강철(鋼鐵) : 무쇠를 녹이어 아주 단단하게 한 쇠.

靑 푸를 청(靑) 총 8획 푸를 청 一十土土丰靑靑靑	• 청년(靑年) : 20~30세 가량의 젊은 사람. • 청사(靑史) : 역사적인 사실을 적은 책. 사기(史記). • 남청(藍靑) : 짙고 검푸른 빛. • 군청(群靑) : 짙은 남색 물감.

淸 삼수변(氵) 총 11획 맑을 청 丶丶氵汀汗汗清清清清	• 청풍(淸風) : 맑은 바람. • 청백(淸白) : 청렴하고 결백함. • 청량(淸涼) : 맑고 서늘함. • 청아(淸雅) : 깨끗하고 속되지 않음. 맑고 우아함. • 숙청(肅淸) : 잘못이나 그릇된 일. 또는 그런 사람을 　　　　　　　 치워 없앰.

體　몸 체	뼈 골(骨) 총 23획	• 체구(體軀) : 몸뚱이. • 체격(體格) : 몸의 생김새나 골격. 근육 골격 영양 상 　　　　　　태로 나타나는 몸의 외관적 형상의 전체. 　　　　　　형격(形格). • 육체(肉體) : 물질적인 신체. 육신(肉身). • 영체(靈體) : 영묘한 몸. 신령한 몸. • 복합체(複合體) : 두 가지 이상이 거듭하여 합쳐진 몸.
｜ 冂 冃 冎 冎 骨 骨 骨 骨 骨 骨 骨 骨 骨 骨 骨 骨 骨 骨 骨 骨 骨 體		

草　풀 초	초두머리(艹) 총 10획	• 초가(草家) : 볏짚으로 이엉을 엮어 지붕을 이은 집. 　　　　　　초려(草廬). • 초막(草幕) : 조그마한 초가의 별장. • 수초(水草) : 물과 풀. 물속에서 자라는 풀. • 야초(野草) : 사람이 가꾸지 않고 저절로 나는 풀.
｜ 艹 艹 艹 芇 苩 苩 苩 草 草		

初　처음 초	칼 도(刀) 총 7획	• 초보(初步) : 걷기 시작한 첫 걸음. 　　　　　　학문과 기술이 가장 낮은 정도의 것. • 초면(初面) : 처음으로 대하여 봄. • 시초(始初) : 처음. 애초 본초(本初). • 당초(當初) : 애초.
｀ 亠 亍 齐 齐 初 初		

寸　마디 촌	마디 촌(寸) 총 3획	• 촌수(寸數) : 친족 간의 멀고 가까운 관계를 나타내 　　　　　　는 수. • 촌음(寸陰) : 얼마 못되는 짧은 시간. 촌각(寸刻). • 삼촌(三寸) : 아버지의 형제를 말함. • 사촌(四寸) : 삼촌이나, 이모, 고모 등의 아들딸.
一 寸 寸		

村　마을 촌	나무 목(木) 총 7획	• 촌민(村民) : 시골 사람. 농촌에 사는 사람. 　　　　　　촌맹(村氓). • 촌부(村婦) : 시골의 부녀자(婦女子). • 산촌(山村) : 산에 있는 마을. 두메. • 어촌(漁村) : 고기잡이를 하는 사람들이 모여 사는 　　　　　　마을.
一 十 才 オ 木 村 村		

最 가장 최	가로 왈(曰) 총 12획	• 최대(最大) : 가장 큼. • 최선(最善) : 가장 좋음. 가장 착함. • 최적(最適) : 가장 알맞음. 가장 적당하거나 적합함. • 최근(最近) : 가장 가까움.

`丶 冂 冂 曰 旦 무 무 무 무 므 最 最`

秋 가을 추	벼 화(禾) 총 9획	• 추풍(秋風) : 가을바람. • 추색(秋色) : 가을철의 빛. 또는 경치. 추광(秋光). • 중추(中秋) : 음력 8월 보름. 추석. 한가위. • 만추(晚秋) : 늦가을. 모추(暮秋).

`丶 二 千 禾 禾 禾 秒 秒 秋`

祝 빌 축	보일 시(示) 총 10획	• 축복(祝福) : 행복을 빌음. 앞날에 행복을 빎. • 축하(祝賀) : 축수하고 치하함. 경사를 빌고 치하함. • 감축(感祝) : 감사하여 축하함. 경사를 축하함. • 경축(慶祝) : 기쁜 일을 축하함. 경하(慶賀).

`丶 二 千 禾 禾 禾 祁 祁 祁 祝`

春 봄 춘	날 일(日) 총 9획	• 춘추(春秋) : 봄과 가을. 어른의 나이. 세월. 중국 노(魯)나라의 역사서. 대의명분을 밝혀 세우는 사필(史筆)의 준엄한 논법. • 춘화(春花) : 봄철에 피는 꽃. • 삼춘(三春) : 봄의 석 달. 세 해의 봄. • 양춘(陽春) : 음력 정월(正月)의 딴 이름.

`丶 二 三 丰 夫 未 春 春 春`

出 날 출	위튼입구몸(凵) 총 5획 입벌릴 감(凵)	• 교장(校長) : 학교에서 대표되는 우두머리. 학교장. • 교정(校庭) : 학교의 마당. • 등교(登校) : 학교에 나감. • 복교(復校) : 학교에 다시 다니게 됨.

`丨 屮 屮 出 出`

充 채울 충	어진사람인발 (儿) 총 6획	• 충만(充滿) : 가득하게 함. • 충실(充實) : 속이 알차서 단단하고 여묾. 몸이 굳세고 튼튼함. • 보충(補充) : 모자람을 보태어 채움. • 확충(擴充) : 늘리고 넓히어 충실하게 함.
`丶 一 亠 ナ 充 充`		

致 이를 치	이를 지(至) 총 10획	• 치부(致富) : 재물을 모아 부자가 됨. • 치성(致誠) : 있는 정성을 다함. 신이나 부처에게 정성을 다함. • 납치(拉致) : 강제로 끌고 감. • 유치(誘致) : 꾀어냄. • 초치(招致) : 불러들임. 초입(招入).
`一 ᄼ ᄌ 至 至 至 到 ᇫ致 致 致`		

則 법칙 칙	선칼도방(刂) 총 9획	• 원칙(原則) : 근본적인 규칙. 여러 가지 현상에 공통되는 규칙. • 법칙(法則) : 반드시 지켜야만 하는 규범(規範). • 규칙(規則) : 규약한 법칙. 지키고 따라야 할 준칙. • 벌칙(罰則) : 법규에 대한 위반행위의 처벌을 정해 놓은 규칙.
`丨 冂 冂 月 目 貝 貝 則 則`		

親 친할 친	볼 견(見) 총 16획	• 친척(親戚) : 혈족관계(血族關係)와 배우자(配偶者) 관계에 있는 사람들. • 친지(親知) : 아주 가깝게 지내는 사람. • 친가(親家) : 시집간 여자의 생가(生家). 본가댁. 친정(親庭). • 양친(兩親) : 부모. 쌍친(雙親). • 가친(家親) : 어버이. • 친형제(親兄弟) : 친언니와 친동생.
`丶 ᅩ ᅭ 立 立 立 辛 亲 亲 亲 亲 亲 亲 親 親 親`		

七 일곱 칠	한 일(一) 총 2획	• 칠석(七夕) : 견우와 직녀가 만난다는 음력 7월 7일. • 칠보(七寶) : 금(金), 은(銀), 유리(琉璃), 산호(珊瑚), 호박(琥珀), 차거(硨磲), 마노(瑪瑙). • 칠규(七竅) : 얼굴에 있는 귀, 눈, 코, 입의 일곱 구멍의 일컬음. • 칠교(七敎) : 사람이 지켜나갈 일곱 가지 가르침. 군신(君臣), 부자(父子), 형제(兄弟), 부부(夫婦), 장유(長幼), 붕우(朋友), 빈객(賓客).
`一 七`		

打 칠 타 一 十 扌 扌 打	재방변(扌) 총 5획	• 타개(打開) : 얼크러지거나 막힌 것을 잘 처리하여 나아 갈 길을 엶. • 타산(打算) : 이가 되나 해가 되나 셈을 쳐 봄. • 타자(打者) : 야구에서 배트로 공을 치는 사람. 타수(打手). • 안타(安打) : 야구에서 투수가 던진 공을 타자가 안전하 게 받아 치는 일. • 구타(毆打) : 몹시 때리고 두들김.
他 다를 타 丿 亻 仆 佃 他	사람인변(亻) 총 5획	• 타향(他鄉) : 다른 고향. 타관(他關). • 타의(他意) : 다른 생각. 남의 생각. 딴생각. • 타인(他人) : 남. • 배타(排他) : 남을 배척(排斥)함. • 출타(出他) : 다른 지방에 나감. 외출(外出).
卓 높을 탁 丨 卜 广 占 卢 占 卓 卓	열 십(十) 총 8획	• 탁자(卓子) : 책상. 테이블. • 탁상(卓上) : 책상이나 식탁 등의 위. • 식탁(食卓) : 여러 사람이 식사할 때에 음식물을 벌 려 놓는데 쓰이는 큰 탁자. • 원탁(圓卓) : 둥글게 만든 탁자.
炭 숯 탄 丨 屵 屵 屵 屵 炭 炭 炭	불 화(火) 총 9획	• 탄광(炭鑛) : 석탄을 파내는 구덩이. • 탄소(炭素) : 빛과 맛이 없는 기체원소(氣體元素)의 하나. • 석탄(石炭) : 땅속에 매장된 화석연료(化石燃料). • 빙탄(氷炭) : 얼음과 숯. 둘이 서로 어긋나 용납하지 못함의 비유.
太 클 태 一 ナ 大 太	큰 대(大) 총 4획	• 태음(太陰) : 달을 지구의 위성(緯星)으로 일컫는 말. • 태수(太守) : 지방관(地方官). 지방관으로 한 주(州)의 장관. • 태자(太子) : 천자, 제후의 맏아들. 한(漢)나라 이후에는 황태자만을 이름. • 태후(太后) : 살아 있는 황제의 어머니. 황태후(皇太后). • 두태(豆太) : 팥과 콩.

宅 집 택	갓머리(宀) 총 6획 집 면(宀)	• 택지(宅地) : 집터. • 택거(宅居) : 집에 거처(居處)함. • 자택(自宅) : 지기의 집[自家]. • 저택(邸宅) : 왕후(王侯)의 집. 구조(構造)가 큰 집.
`丶 宀 宀 宀 宅 宅`		

土 흙 토	흙 토(土) 총 3획	• 토지(土地) : 땅. 흙. 지면(地面). 지각(地殼). • 토석(土石) : 흙과 돌. • 옥토(沃土) : 기름진 땅. 비양(肥壤). • 박토(薄土) : 메마른 땅. 척토(瘠土).
`一 十 土`		

通 통할 통	책받침(辶) 총 11획 쉬엄쉬엄갈 착(辵)	• 통근(通勤) : 근무처에 일하러 다님. • 통달(通達) : 막힘없이 환히 통함. 사물에 거침없이 숙달함. 통하여 알려줌. 통지(通知). 상급관청이 소관의 기관(機關) 및 직원에 대하여 행하는 통지. 통첩(通牒). • 통과(通過) : 통하여 지나감. 회의에서 의안이 가결(可決)됨. 관청에 제출한 원서가 허가됨. • 도통(道通) : 사물의 묘리(妙理)를 깨달아서 통함. • 신통(神通) : 모든 일을 신기하게 통달함. 이상하고도 묘함. • 방통(旁通) : 조리가 있고 분명하게 잘 앎.
`丂 丂 丬 丙 丙 甬 甬 涌 涌 涌 通`		

特 특별할 특	소 우(牛) 총 10획	• 특별(特別) : 일반과 다름. • 특혜(特惠) : 특별히 베푸는 은혜. • 특허(特許) : 특별히 허가함. • 특성(特性) : 그것에만 있는 특별한 성질. • 특수(特殊) : 특별히 다름. • 독특(獨特) : 특별하고 다름.
`丿 片 牛 牛 牛 牜 牸 牿 特 特`		

板 널 판	나무 목(木) 총 8획	• 판자(板子) : 널빤지. 판자 집. 나무로 된 널조각. • 철판(鐵板) : 쇠로 만든 넓은 조각. • 간판(看板) : 글이나 그림으로 여러 사람의 눈에 띄도록 내어 건 판자. • 목판(木板) : 음식을 담아 나르게 나무로 만든 그릇.
`一 十 オ 木 朾 朾 板 板`		

八
 여덟 팔
 ノ 八
	여덟 **팔**(八)
	 총 2획
		• 팔자(八字) : 사람의 생년월일시의 간지(干支).
		            평생의 운수.
		 • 팔도(八道) : 우리 나라의 여덟 개의 도.
		 • 칠팔(七八) : 그 수량이 일곱이나 여덟임을 나타내는
		            말.
		 • 남팔(南八) : 남씨의 여덟째 아들.

敗 패할 패 丨 冂 冄 冄 目 貝 貝 財 財 敗 敗	등글월문(攵) 총 11획 칠 **복**(攴)	• 패배(敗北) : 싸움에 짐. 또는 지고 도망감. • 패망(敗亡) : 패하여 멸망함. • 성패(成敗) : 성공과 실패. • 부패(腐敗) : 썩어서 결단남. 타락하여 생기가 없어 짐.
便 편할 편 똥오줌 변 ノ イ イ´ イ⁻ � 佰 俥 便 便	사람인변(亻) 총 9획	• 편지(便紙) : 소식을 서로 알리는 글. • 편안(便安) : 편하고 한결같이 좋음. • 불편(不便) : 편하지 못함. • 변소(便所) : 뒷간. 화장실. • 변비(便秘) : 대변이 잘 뉘지 않는 병. • 대소변(大小便) : 사람의 똥과 오줌.

平
 평평할 평
 ⁻ ⁻ ⊏ ⊏ 平
	방패 **간**(干)
	 총 5획
		• 평안(平安) : 무사하여 마음에 걱정이 없음.
		 • 평생(平生) : 일생(一生). 나서 죽을 때까지의 동안.
		 • 불평(不平) : 평평하지 아니함. 공평하지 아니함.
		            불만이 있어 못마땅하게 여김. 병으로
		            몸이 편하지 못함. 남에게 원망을 품음.
		 • 형평(衡平) : 고요한 물 위와 같이 평평한 상태.

表
 겉 표
 一 十 キ 主 丰 丰 表 表
	옷 **의**(衣)
	 총 8획
		• 표리(表裏) : 겉과 속. 안과 밖. 앞과 뒤.
		 • 표면(表面) : 겉으로 드러난 면.
		 • 표시(表示) : 나타내어 보임.
		 • 표정(表情) : 감정을 외모에 나타냄. 또는 그 감정. 따뜻한 정의
		            를 밖으로 나타냄.
		 • 정표(情表) : 물건을 보내어 따뜻한 마음을 표함. 또는 그 물건.
		 • 도표(圖表) : 그리어 나타낸 표. 그림표.
		 • 발표(發表) : 널리 드러내어 세상에 알림. 여러 사람에게 드러
		            내 보임.

品 물건 품	입 구(口) 총 9획	• 품목(品目) : 물품의 종목. • 품계(品階) : 옛날 벼슬자리에 대하여 매기던 등급. • 품위(品位) : 물품의 등급. 직품과 직위. • 인품(人品) : 사람이 갖춘 품위. • 작품(作品) : 만든 물건. 제작물, 창작물.
ノ ロ ロ ロ ロ ロ ロ 口 品 品 品 品		

風 바람 풍	바람 풍(風) 총 9획	• 풍월(風月) : 청풍(淸風)과 명월(明月)의 뜻으로 자연의 미를 이르는 말. 　　　　　　음풍농월(吟風弄月). • 풍우(風雨) : 바람과 비. 비바람. • 풍상(風霜) : 바람과 서리. 많이 격는 세상의 고난. • 풍진(風塵) : 바람에 불려 일어나는 티끌. 더럽혀진 속세. 풍진세상(風塵世上). • 풍경(風景) : 경치, 경관(景觀). 풍경화(風景畵). • 풍운(風雲) : 바람과 구름. 영웅이 큰 뜻을 펼 수 있는 좋은 기회. 　　　　　　풍운아(風雲兒). 풍운조화(風雲造化). • 풍류(風流) : 속된 일을 떠나서 풍치가 멋있게 노는 일. 운치 있는 일. 　　　　　　풍류남아(風流男兒). • 가풍(家風) : 집안의 풍속. 교화.　　• 위풍(威風) : 위엄이 서리는 풍채. • 폭풍(暴風) : 매우 거세게 부는 바람.
ノ 几 凡 凡 凡 凨 風 風 風		

必 반드시 필	마음 심(心) 총 5획	• 필요(必要) : 꼭 소용이 됨. 쓸모가 있음. • 필연(必然) : 반드시 그렇다고 정하여진 것. • 기필(期必) : 꼭 되기를 약속함. • 하필(何必) : 어찌 반드시. 무슨 필요가 있어서.
丶 ソ 必 必 必		

筆 붓 필	대 죽(竹) 총 12획	• 필기(筆記) : 글씨로 써서 기록함. • 필설(筆舌) : 붓과 혀. 글과 말. • 집필(執筆) : 붓을 들어 글을 씀. • 운필(運筆) : 글씨나 그림을 그리기 위하여 붓을 놀림.
ノ ト ャ ャ ゲ ゲ ゲ 竹 筆 筆 筆 筆		

下 아래 하	한 일(一) 총 3획	• 하수(下手) : 손을 댐. 착수(着手). 솜씨가 낮음. 　　　　　　낮은 실력을 가진 사람. • 하류(下流) : 강이나 내의 흘러내리는 아래편. 하등(下等)의 지위. 하등사회(下等社會)를 말함. • 지하(地下) : 땅속. 구천(九泉). • 수하(手下) : 손아래.
一 丁 下		

夏 여름 하	뒤져올 **치**(夊) 총 10획	• 하복(夏服) : 여름에 입는 옷. 여름옷. 하의(夏衣). • 하운(夏雲) : 여름철의 구름. 산봉우리같이 기이하게 　　　　　　　솟아오른 여름철의 구름. • 성하(盛夏) : 한창인 여름. 한여름. • 염하(炎夏) : 여름. 더운 여름.
一　一　一　一　面　面　百　戸　夏　夏		

河 물 하	삼수변(氵) 총 8획	• 하해(河海) : 큰 강과 바다. • 하한(河漢) : 은하(銀河). 밝은 날밤에 흰 구름 모양 　　　　　　　으로 남북으로 길게 보이는 별의 무리. 　　　　　　　은하수(銀河水). • 산하(山河) : 산과 강. • 운하(運河) : 육지를 파서 강을 내고 배가 다니게 하 　　　　　　　는 길.
丶　丶　氵　氵　汀　汀　河　河		

學 배울 학	아들 **자**(子) 총 16획	• 학교(學校) : 일정한 설비와 방안으로써 계속적으로 　　　　　　　학생을 가르치는 교육기관. • 학원(學院) : 일정한 자격을 갖추지 못한 학교. • 입학(入學) : 학교에 들어감. • 휴학(休學) : 학업(學業)을 쉼. 병 따위로 재적(在籍) 　　　　　　　한 채 학교를 일정기간 쉼.
丶　丷　ν　ν　ν　ド　ド　ド　ド　ド　ド　ド　ド　學　學　學		

韓 나라 한	다룸가죽**위**(韋) 총 17획	• 한국(韓國) : 우리 나라를 일컬음. • 한중(韓中) : 한국과 중국. • 남한(南韓) : 38선 이남의 한국. • 삼한(三韓) : 상고시대에 우리 나라 남쪽에 있었던 　　　　　　　세 나라. 곧 마한(馬韓), 진한(辰韓), 변 　　　　　　　한(弁韓).
一　十　古　古　古　声　車　卓　卓　乾　乾　乾　乾　韓　韓　韓　韓		

漢 한수 한	삼수변(氵) 총 14획	• 한문(漢文) : 중국 한대(漢代)의 문장. 한자로 된 글. • 한학(漢學) : 한어(漢語)에 관한 학문. • 운한(雲漢) : 밝은 달밤에 흰 구름 모양으로 남북으 　　　　　　　로 길게 보이는 별의 무리 은하(銀河). • 괴한(怪漢) : 행동이 괴상한 사나이.
丶　丶　氵　氵　汀　汁　汁　浩　浩　浩　漢　漢　漢　漢		

寒 찰 한	갓머리(宀) 총 12획 집 면(宀) 丶丶宀宀宀宔宔宝実実実寒	• 한미(寒微) : 구차하고 지체가 변변하지 못함. • 한심(寒心) : 딱하게 여기는 마음. 걱정되는 마음. 　　　　　　　기막힌 마음. • 기한(飢寒) : 배고프고 추움. • 빈한(貧寒) : 가난하여 집안이 쓸쓸함.
合 합할 합	입 구(口) 총 6획 丿人合合合合	• 합계(合計) : 한데 몰아서 계산함. • 합산(合算) : 합하여 셈함. • 합리(合理) : 이치에 합당함. 떳떳한 도리에 합당함. • 합방(合邦) : 두 나라를 한나라로 합침. • 통합(統合) : 여럿을 모아서 하나로 만듦. • 경합(競合) : 서로 힘을 다투는 일. • 결합(結合) : 관계를 맺고 합쳐서 하나로 됨.
海 바다 해	삼수변(氵) 총 10획 丶丶氵氵沪沪海海海海	• 해공(海空) : 바다와 하늘. 해군과 공군. • 해안(海岸) : 바닷가. 바닷가의 언덕. 요새(要塞). • 동해(東海) : 동쪽에 있는 바다. 한국 동쪽의 바다. • 공해(公海) : 어느 나라의 주권에도 속하지 않고 모든 　　　　　　　나라가 공동으로 사용할 수 있는 바다. • 영해(領海) : 한나라의 연안(沿岸) 중 그 나라의 통치 　　　　　　　권이 미칠 수 있는 범위의 바다.
害 해할 해	갓머리(宀) 총 10획 집 면(宀) 丶丶宀宀宀宝宝害害害	• 해독(害毒) : 해와 독. • 해충(害蟲) : 사람이나 농작물 등에 해를 주는 벌레. • 가해(加害) : 남에게 해를 끼침. • 박해(迫害) : 핍박하여 해롭게 함. • 손해(損害) : 해를 입음. 이익을 잃어버림. 　　　　　　　손실(損失).
幸 다행 행	방패 간(干) 총 8획 一十土土去去幸幸	• 행복(幸福) : 좋은 운수. 뜻을 이루어 조금도 부족함 　　　　　　　이 없는 마음의 상태. • 행운(幸運) : 행복한 운명. 좋은 운명. 복운(福運). • 다행(多幸) : 운수가 좋음. 뜻밖에 잘 됨. • 불행(不幸) : 운수가 언짢음. 비운(悲運). • 요행(僥幸) : 뜻밖에 요행으로 이루어지는 일. 　　　　　　　요행수(僥幸數).

行 다닐 행 항렬 항 ノ 彳 彳 行 行	다닐 행(行) 총 6획	• 행로(行路) : 사람이 걸어 다니는 길. 세상에서 살아나가는 길. 　　　　　　인생세로(人生世路). • 행방(行方) : 간 곳. 간 방향. • 행실(行實) : 성품과 행실. 품행(品行). 조행(操行). • 통행(通行) : 길로 통하여 다님. • 보행(步行) : 걸어감.　　• 수행(隨行) : 따라감. • 미행(微行) : 남이 모르도록 미복(微服)으로 슬그머니 다님. 　　　　　　※ 미복 : 미행할 때에 입는 옷. • 항렬(行列) : 같은 혈족(血族) 간에 있어서의 관계를 표시하는 계급. 　　　　　　항렬자(行列字). • 항오(行伍) : 군대를 조직한 행렬.
向 향할 향 ノ 亻 冂 冋 向 向	입 구(口) 총 6획	• 향배(向背) : 좇음과 등짐. 배향(背向). • 향방(向方) : 향하는 곳. 향방부지(向方不知). • 향학(向學) : 학문에 뜻을 두고 그 길로 나아감. • 경향(傾向) : 마음이나 형세가 한쪽으로 향해 기울어 　　　　　　져 쏠림. • 의향(意向) : 생각. 마음. 뜻. 쏠리는 마음이나 생각. • 취향(趣向) : 취미가 쏠리는 방향.
許 허락할 허 丶 亠 亖 言 言 言 許 許 許 許 許	말씀 언(言) 총 11획	• 허다(許多) : 몹시 많음. 수두룩함. 허다반(許多般). • 허용(許容) : 허락하여 용납함. • 불허(不許) : 허락하거나 허락하지 않음. • 십리허(十里許) : 십리(十里) 가량. 십 리쯤.
現 나타날 현 一 丁 F 王 玗 玥 珇 珼 珼 現 現	구슬 옥(玉) 총 11획	• 현재(現在) : 이제 지금. • 현실(現實) : 현재의 사실. 지금 나타나 있는 것. • 현행(現行) : 현재 행함. 또는 행하고 있음. • 현주소(現住所) : 현재 살고있는 곳. • 실현(實現) : 실제로 나타남. • 실현성(實現性) : 실현될 가능성. • 표현(表現) : 보임. 나타냄. 표면에 나타냄.
兄 맏 형 丨 冂 冂 吊 兄	어진사람인발 (儿) 총 5획	• 형부(兄夫) : 언니의 남편. 형랑(兄郎). • 형장(兄丈) : 평교간(平交間)에 상대자를 높혀 일컫는 　　　　　　말. • 인형(仁兄) : 친구끼리 서로 높혀 이르는 편지말. 　　　　　　존형(尊兄). • 노형(老兄) : 동년배 사이에서 높혀 부르는 말. 　　　　　　아형(雅兄).

形 모양 형	터럭삼(彡) 총 7획 삐친석삼(彡)	• 형체(形體) : 물건의 생김새와 바탕이 되는 몸. • 형상(形狀) : 물건의 생김새와 생긴 모양. 형상(形象). • 형식(形式) : 겉모습. 격식(格式). 꼴. 모형(模型). • 기형(奇形,畸形) : 동·식물이 정상이 아닌 이상 야릇한 모양. 사물이 기괴한 형편. • 물형(物形) : 물건의 생긴 모양.
一 二 干 开 形 形 形		

號 이름 호	범호밑(虍) 총 13획	• 호령(號令) : 지휘하여 명령함. 큰 소리로 꾸짖음. 구령(口令). • 호읍(號泣) : 목 놓아 울음. • 국호(國號) : 나라 이름. • 상호(商號) : 상인이 사업체를 표시하는데 쓰는 칭호. • 아호(雅號) : 예술가나 학자가 본 이름 외에 지어 부르는 이름. • 칭호(稱號) : 어떠한 뜻으로 일컫는 이름. • 별호(別號) : 딴 이름. 본 이름 밖에 그 사람의 생김새 행동 성질 같은 것으로 남들이 지어 부르는 이름. 별명(別名).
丶 口 口 므 号 号' 号 号丿 号戸 號 號 號		

湖 호수 호	삼수변(氵) 총 12획	• 호수(湖水) : 큰 못. • 호반(湖畔) : 호수(湖水)가. 못 언저리. • 강호(江湖) : 강과 호수. 넓은 세상. 벼슬을 아니한 자가 숨어사는 곳. • 기호(畿湖) : 경기도와 충청도.
丶 丶 氵 汁 汁 沽 汁 湖 湖 湖 湖		

火 불 화	불 화(火) 총 4획	• 화산(火山) : 땅속의 암장이 밖으로 터져 나와 퇴적하여 이루어진 산. 가스체나 용암(溶岩) 등을 내품는 산. 분화산(噴火山). • 화력(火力) : 불의 힘. 불의 세력. 총포(銃砲)의 위력. • 활화(活火) : 불이 잘 타서 불꽃이 활활 일어나는 불. • 진화(鎭火) : 난 불을 끔.
丶 丶 丿 火		

話 말씀 화	말씀 언(言) 총 13획	• 화두(話頭) : 이야기의 말머리. 이야기의 실마리. • 화제(話題) : 이야기꺼리. 제목. • 대화(對話) : 서로 마주하는 이야기. • 동화(童話) : 어린이를 상대로 하여 취미를 일으키는 교훈될 만한 이야기.
丶 二 亖 言 言 言 言 計 計 計 話 話		

花 꽃 화 ノ 十 ++ 世 ガ 芯 花 花	초두머리(++) 총 8획	• 화초(花草) : 꽃이 피는 풀이나 나무. 꽃이 안 피더라도 　　　　　　　 관상용(觀賞用)으로 분에 심는 모든 식물. • 화환(花環) : 조화나 생화를 모아 고리모양으로 만든 것. 　　　　　　　 경조(慶弔)나 환영의 뜻으로 보냄. • 생화(生花) : 살아 있는 꽃. 산 화초에서 꺾은 생생한 꽃. • 조화(造花) : 만든 꽃. 인공으로 만든 꽃. 가화(假花).
和 화할 화 ノ 二 千 禾 禾 和 和 和	입 구(口) 총 8획	• 화기(和氣) : 화창한 천기(天氣). 온화한 기운. • 화순(和順) : 온화하고 순량함. 고분고분 잘 쫓음. • 화창(和暢) : 날씨나 마음이 온화하고 맑음. • 평화(平和) : 평온하고 화합함. 전쟁이 없이 세상이 　　　　　　　 잘 다스려짐. • 심화, 기화, 인화(心和, 氣和, 人和) : 마음이 화하고 　　　　　　　 기운이 화하면 사람이 화목해진다.
畫 그림 화 그을 획 フ ユ ヨ 聿 聿 聿 書 書 書 書 畫 畫 畫	밭 전(田) 총 13획	• 화가(畫家) : 그림을 그리는 것을 전문으로 하는 사람. 화백(畫伯). • 화랑(畫廊) : 회화(繪畫:온갖 그림을 가리키는 말)를 전람해 놓은 방. • 화첩(畫帖) : 여러 그림을 한데 모아 만든 책. 화집(畫集). • 도화(圖畫) : 그림을 그림. 그림과 도안. • 명화(名畫) : 유명한 그림. 잘된 그림이나 명화. 　　　　　　　 그림을 잘 그리는 사람[名畫家]. • 획수(畫數) : 글씨 획의 수효. 자획의 수. • 획순(畫順) : 글씨 획의 순서(順序). 자획의 차례. • 자획(字畫) : 글자의 획. 필획(筆劃). 글자와 획(畫).
化 될 화 ノ 亻 亻 化	비수 비(匕) 총 4획	• 화신(化神) : 신으로 화함. • 화장(化粧) : 분, 연지 등으로 얼굴을 곱게 꾸밈. • 덕화(德化) : 덕행(德行)으로 감화시킴. • 감화(感化) : 사람이나 사물의 영향을 받아 마음이 　　　　　　　 착하게 변함.
患 근심 환 丶 口 口 口 串 串 串 患 患 患 患	마음 심(心) 총 11획	• 환자(患者) : 병을 앓는 사람. • 환난(患難) : 근심과 재난(災難). • 우환(憂患) : 근심이나 걱정이 되는 일. • 질환(疾患) : 질병(疾病). 온갖 병(病). • 후환(後患) : 사물에 대한 뒷날의 근심과 걱정.

活 삼수변(氵) 총 9획 살 활	• 활동(活動) : 활발하게 움직임. 힘차게 몸을 움직임. • 활력(活力) : 살아 움직이는 힘. 생활하는 힘. 활동하는 힘. • 생활(生活) : 살아서 활동함. 생계를 유지하여 살아나감. • 사활(死活) : 죽기와 살기.

`丶丶氵氵氵汗汗活活`

黃 누를 황(黃) 총 12획 누를 황	• 황토(黃土) : 황갈색(黃褐色)의 흙. 풍성층(風成層)의 하나. • 황금(黃金) : 누런 금. 순금(純金). 황금만능(黃金萬能). • 황태(黃太) : 노랗게 말린 명태. • 우황(牛黃) : 소 쓸개에서 병으로 생겨 뭉친 물건. 강장제 또는 경간약(驚癎藥)으로 씀. • 창황(蒼黃) : 매우 급함.

`一十卄廿芷苎苔苗黄黄黄黄`

會 가로 왈(曰) 총 13획 모일 회	• 회사(會社) : 여러 사람이 모여서 영리사업을 경영하는 법인단체. • 회화(會話) : 서로 만나서 이야기함. 외국말로 하는 말이나 이야기. • 회의(會議) : 여러 사람이 모여서 의논함. • 밀회(密會) : 비밀리에 모이거나 만남. • 재회(再會) : 두 번째 만남. 다시 만남

`丿入入⋏合合合合會會會會會`

孝 아들 자(子) 총 7획 효도 효	• 효도(孝道) : 부모를 섬기는 도리. • 효우(孝友) : 부모에 대한 효도와 형제에 대한 우애. • 불효(不孝) : 효도를 하지 아니함. 부모에게 자식된 도리를 못함. • 망효(忘孝) : 부모에게 효하는 생각을 망각(忘却)함.

`一十土耂考孝孝`

效 둥글월문(攵) 총 10획 칠 복(攴) 본받을 효	• 효과(效果) : 보람. 좋은 결과. 보람이 드러나는 결과. • 효력(效力) : 일의 좋은 보람. 효험(效驗). • 시효(時效) : 법정기한이 지남에 의하여 권리를 취득함. • 약효(藥效) : 약의 효력.

`丶ㅗ六方亥亥交效效`

後

뒤 후

두인변(彳)
총 9획
자축거릴 척(彳)

ノ 彡 彳 彳' 彳幺 彳幺 後 後 後

- 후세(後世) : 뒤의 세상. 죽은 뒤에 오는 세상.
- 후궁(後宮) : 뒤에 있는 궁전(宮殿)으로 궁녀(宮女)가 사는 곳. 제왕(帝王)의 첩.
- 식후(食後) : 밥을 먹은 뒤. 식사를 마친 뒤.
- 신후(身後) : 죽은 뒤.

訓

가르칠 훈

말씀 언(言)
총 10획

丶 亠 亠 亠 言 言 言 訁 訓 訓

- 훈장(訓長) : 글방의 스승. 학구(學究).
- 훈련(訓練) : 무예(武藝)의 가르침을 받아 단련함. 실무를 배워 익힘.
- 훈수(訓手) : 바둑 장기 따위에서 퉁겨나와 가르쳐줌.
- 훈민정음(訓民正音) : 세종대왕이 지은 우리 나라 글자. 모음 11자, 자음 17자로 되었음. 한글.
- 교훈(敎訓) : 가르치고 타이름.
- 음훈(音訓) : 뜻글자의 음과 뜻.

休

쉴 휴

사람인변(亻)
총 6획

ノ 亻 亻 什 休 休

- 휴교(休校) : 학교에서 수업을 쉼.
- 휴가(休暇) : 직장 따위에서 일정한 기간을 정하여 쉬는 일.
- 공휴(公休) : 정한 날에 같이 쉼.
- 주휴(週休) : 한 주간에 한 번 또는 두 번 쉬기로 되어 있는 날.

凶

흉할 흉

위트입구몸(凵)
총 4획
입벌릴 감(凵)

ノ 乂 凶 凶

- 흉계(凶計) : 흉악한 계책.
- 흉몽(凶夢) : 불길(不吉)한 꿈.
- 흉물(凶物) : 성질이 음흉한 사람.
- 길흉(吉凶) : 좋은 일과 나쁜 일.
- 음흉(陰凶) : 마음이 음침하고 흉악함. 음휼(陰譎).

黑

검을 흑

검을 흑(黑)
총 12획

丨 冂 冂 冂 四 甲 甲 里 里 黑 黑 黑

- 흑색(黑色) : 검은 빛.
- 흑막(黑幕) : 검은 장막(帳幕). 겉으로 드러나지 않은 음흉한 내막.
- 흑자(黑字) : 검은 글자. 수지결산(收支決算)의 결과 이익이 생김.
- 흑연(黑煙) : 새까만 연기.
- 흑심(黑心) : 욕심을 품은 마음.

한자능력시험대비

척척박사 해법한자

▶부록◀

▶용천만음◀

1. 고사성어(故事成語) 천자문(千字文)

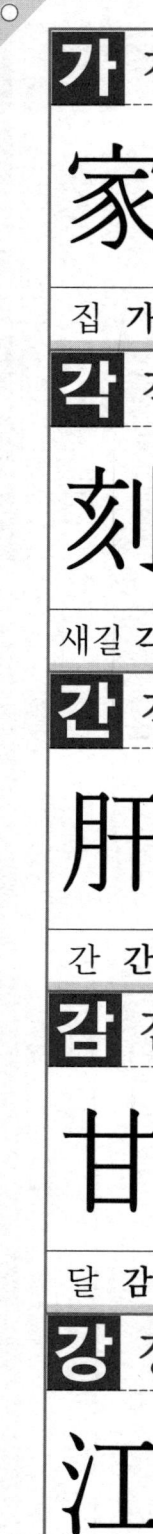

가 가빈친노				집은 가난하고 부모는 늙음.
家	貧	親	老	집이 가난하고 부모가 늙었을 때는 그 봉양을 위해서 마땅치 않은 벼슬자리라도 가서 한다는 말.
집 **가**	가난할 **빈**	친할 **친**	늙을 **노**	출전(出典) : 사기 한시외전(史記 韓詩外傳)

각 각주구검				뱃전에 표를 하여 잃은 칼을 찾으려 함.
刻	舟	求	劍	판단력이 둔하여 세상일에 어둡고 어리석음을 말함. 초나라 사람이 배에서 칼을 물속에 떨어뜨리고 그 위치를 배 뱃전에 표시하였다가 나중에 배가 움직인 것을 생각하지 않고 칼을 찾았다는데서 유래한다.
새길 **각**	배 **주**	구할 **구**	칼 **검**	출전(出典) : 여씨춘추(呂氏春秋) 찰금(察今)

간 간담상조				서로 속마음을 털어놓고 친하게 사귐.
肝	膽	相	照	간과 쓸개에 있는 속마음을 서로 터놓고 비우어 보임.
간 **간**	쓸개 **담**	서로 **상**	비칠 **조**	출전 : 고사성어고(古事成語考) 후청록(侯鯖錄)

감 감탄고토				달면 삼키고 쓰면 뱉는다는 뜻.
甘	呑	苦	吐	사리의 옳고 그름을 돌보지 않고 자기 비위에 맞으면 좋아하고 맞지 아니하면 싫어한다는 뜻.
달 **감**	삼킬 **탄**	쓸 **고**	토할 **토**	

강 강호연파				강과 호수에 낀 연기의 물결.
江	湖	煙	波	강이나 호수 위에 안개처럼 뽀얗게 이는 기운과 잔물결을 말함.
강 **강**	호수 **호**	연기 **연**	물결 **파**	

객 객창한등

客	窓	寒	燈
손 객	창 창	찰 한	등불 등

객창에 비치는 차가운 등불.
나그네의 외로운 숙소에 비치는 차고 쓸쓸한 등불을 말함.
외로운 나그네 신세를 일컬음.

거 거괴대특

巨	魁	大	慝
클 거	괴수 괴	큰 대	사특할 특

도둑의 두목과 큰 역적.
흉악(凶惡)한 도둑의 우두머리[頭目]와 나라에 반역(叛逆)을 꾀하는 아주 못된 큰 죄인.

건 건곤일척

乾	坤	一	擲
하늘 건	땅 곤	한 일	던질 척

흥망을 걸고 있는 힘을 다하여 마지막 승부를 겨룸.
주사위를 던져 승패를 건다는 뜻으로 운명을 걸고 단판걸이로 승부를 겨룸을 이르는 말.

격 격화소양

隔	靴	搔	癢
막을 격	신 화	긁을 소	가려울 양

신을 신고 가려운 발바닥을 긁는다는 뜻으로 "일을 하느라고 애를 쓰되 정통을 찌르지 못해 답답함"을 이르는 말.
출전 : 시화총구(詩話總龜)

견 견강부회

牽	强	附	會
끌 견	강할 강	붙을 부	모일 회

말을 억지로 만들어 붙여서 조건이나 이치에 맞도록 한다는 말.
이치에 맞지 않는 말을 억지로 끌어 붙여 자기에게 유리하게 함.

결	결초보은	죽은 뒤에라도 은혜를 잊지 않고 갚음을 이르는 말. 중국 춘추시대에 진나라의 위과(魏顆)가 아버지가 세상을 떠난 후에 서모를 개가시켜 따라 죽지 않게 하였더니 그 뒤 싸움터에서 그 서모 아버지의 혼이 적군의 앞길에 풀을 묶어 적을 넘어뜨려 위과가 공을 세울 수 있도록 하였다는 고사에서 유래한다.
結	草	報	恩	출전 : 춘추좌전(春秋左傳)
맺을 **결**	풀 초	갚을 보	은혜 은	

경	경거망동	경솔하고 분수없이 행동함.
		경솔하여 생각없이 망령되게 행동함.
輕	擧	妄	動	일의 결과를 생각지도 않고 자기 기분 내키는 대로 마구잡이로 행동하는 자는 대개 거만하고 무지한 자이다.
가벼울 **경**	들 거	망령될 **망**	움직일 동	

계	계저주면	약을 먹을 때에 병증에 따라 금하는 닭고기, 돼지고기, 술, 밀가루 음식을 아울러 이르는 말.
鷄	猪	酒	麵	
닭 **계**	돼지 저	술 주	국수 **면**	

고	고마문령	눈 어두운 말이 앞에 가는 말의 방울소리를 듣고 그대로 쫓아간다는 말.
		자기 주견없이 남이 하는대로 쫓아서 함을 이르는 말.
瞽	馬	聞	鈴	눈 먼 망아지가 워낭 소리를 듣고 따라간다는 뜻으로 맹목적으로 남이 하는대로 따라함을 이르는 말.
소경 **고**	말 마	들을 문	방울 **령**	

곡	곡돌사신	굴뚝을 구부러지게 만들고 땔나무를 멀리 옮김. 재화(災禍)를 미연에 방지함의 비유.
		출전 : 회남자설산훈(淮南子說山訓)
曲	突	徙	薪	
굽을 **곡**	굴뚝 돌	옮길 사	섶 신	

곤	곤구직석			짚신을 신고 돗자리를 짬. 집의 형편(形便)이 어려워서 짚신을 신고 돗자리를 짜서 팔아가지고 생활함. 출전 : 삼국지제43회(三國志第四十三回)
梱	屨	織	席	
두드릴 곤	신 구	짤 직	자리 석	

공	공중누각			공중에 누각을 짓는 것처럼 근거가 없는 가공의 사물. 신기루, 공중에 떠있는 누각이라는 뜻으로 아무런 근거나 토대가 없는 사물이나 생각을 비유적으로 이르는 말. 출전 : 몽계필담(夢溪筆談)
空	中	樓	閣	
빌 공	가운데 중	다락 누	누각 각	

과	과공비예			지나치게 공손함은 도리어 예가 아니라는 말. 너무 지나칠 정도로 공손한 것이 도리어 예가 아니라는 것은 마음을 속이는 가식(假飾)이 중용지도(中庸之道:마땅하고 떳떳한 도리)에 벗어나기 때문임.
過	恭	非	禮	
지날 과	공손할 공	아닐 비	예도 예	

괄	괄구마광			때를 벗기고 빛을 나게 닦는다는 뜻으로 사람의 결점을 고치고 장점을 발휘하여 인재를 길러냄을 말함. 출전 : 한유(韓愈)의 진학해(進學解)
刮	垢	磨	光	
닦을 괄	때 구	갈 마	빛 광	

광	광거기부			대나무로 결어서 만든 네모진 광주리와 둥근 바구니 그리고 세발이 달린 가마와 보통 가마솥.
筐	筥	錡	釜	
모난 광주리 광	둥근 광주리 거	세발가마 기	가마 부	

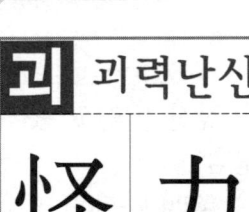

괴	괴력난신			괴이(怪異)한 것과 날래고 굳센 힘과 도리에 벗어난 짓을 하며 일을 어지럽힘과 귀신이라는 뜻으로 이성적으로 설명하기 어려운 보통 생각으로는 도저히 믿어 알 수 없는 존재나 현상을 이르는 말. 군자(君子)가 말하지 않는 네 가지. 출전 : 논어술이편(論語述而篇)
怪	力	亂	神	
괴이할 괴	힘 력	어지러울 난	귀신 신	

교	교주고슬			비파나 거문고의 기둥을 아교풀로 교착시키면 한가지 소리 밖에 나지 않는 것처럼 변통성이 없는 소견을 비유하는 말. 출전 : 문자도덕편(文子道德篇) 회남자 제속훈 (淮南子 齊俗訓)
膠	柱	鼓	瑟	
아교 교	기둥 주	북칠 고	큰거문고 슬	

구	구재휼린			재난을 만난 사람을 구제하고 이웃에게 긍휼(矜恤:가엾게 여겨 동정(同情)함)을 베풀고 가엾게 여긴다.
救	災	恤	隣	
구원할 구	재앙 재	구휼할 휼	이웃 린	

국	국궁진췌			존경의 뜻으로 몸을 굽혀 나라 일에 힘씀. 몸이 축나도록 정성을 다 바쳐 나라에 이바지함. 출전 : 제갈량후출사표(諸葛亮後出師表)
鞠	躬	盡	瘁	
굽힐 국	몸 궁	다할 진	병들 췌	

군	군의만복			많은 의심이 마음에 가득함. 여러사람의 의심이 배에 가득할 만큼 처사가 온당(穩當)치 않음. 출전 : 제갈량후출사표(諸葛亮後出師表)
群	疑	滿	腹	
무리 군	의심할 의	가득할 만	배 복	

궁	궁실대사

宮	室	臺	榭
집 궁	집 실	돈대 대	정자 사

궁실(宮室)은 궁전(宮殿)의 방(房)을 이르며 대사(臺榭)는 누각(樓閣) 또는 정각(亭閣)의 높고 큰 집을 이름. 토목공사(土木工事)를 연상(聯想)케 함.

출전 : 서경태서상편(書經泰誓上篇)

권	권토중래

捲	土	重	來
거둘 권	흙 토	거듭할 중	올 래

한번 패하였다가 세력을 회복하여 다시 쳐들어옴. 땅을 말아 일으킬 것 같은 기세로 다시 온다는 뜻으로 한번 실패하였으나 힘을 회복하여 다시 쳐들어옴을 이르는 말.

출전 : 두목시(杜牧詩) 오강정(烏江亭)의 제(題)

궐	궐기천맥

蹶	起	阡	陌
일어날 궐	일어날 기	밭둑길 천	밭둑길 맥

벌떡 일어남. 어떤 목적을 이루기 위하여 마음을 돋우고 기운을 내서 힘차게 일어남.
산 기슭이나 밭 사이에 난 길.
남북으로 난 것을 천, 동서로 난 것을 맥이라 한다.

궤	궤람이읍

氿	濫	易	挹
샘 궤	넘칠 람	쉬울 이	퍼낼 읍

작은 샘물은 뜨기가 쉽다. 옆줄기에서 나는 것을 궤(氿)라 하고 원줄기에서 나는 것을 람(濫)이라고 한다. 작은 그릇의 비유.

출전 : 후한서황헌전(後漢書黃憲傳)

규	규구준승

規	矩	準	繩
법 규	법 구	표준 준	먹줄 승

일상생활에서 지켜야 할 법도, 사물의 준칙.
목수가 쓰는 그림쇠, 자, 수준기, 먹줄을 통틀어 이르는 말.

출전 : 맹자이루상편(孟子離婁上篇)

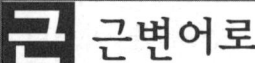

근	근변어로			
僅	辨	魚	魯	
겨우 근	분별할 변	고기 어	나라이름 로	

겨우 물고기 어(魚)자와 나라 이름 로(魯)자를 분변함. 간신히 무식을 면하게 되었다고 자신을 낮추는 말.

출전 : 구운몽(九雲夢)

글	글란말갈			
契	丹	靺	鞨	
부족이름 글	붉을 란	종족이름 말	종족이름 갈	

내몽골의 시라무런강 유역에서 살던 유목민 몽골계와 퉁구스계의 혼혈족으로 10세기 초 야율아보기가 요나라를 건국한 후 발해를 멸하고 말갈은 중국 수(隋)나라 당(唐)나라 때에 동북지방에서 한반도 북부에 거주한 퉁구스계의 여러 민족을 통틀어 이르는 말.

금	금의환향			
錦	衣	還	鄕	
비단 금	옷 의	돌아올 환	고향 향	

비단옷을 입고 고향에 돌아온다는 뜻으로 출세를 하여 고향에 돌아가거나 돌아옴을 비유적으로 이르는 말.

기	기군망상			
欺	君	罔	上	
속일 기	임금 군	속일 망	웃 상	

임금이나 윗 사람을 속임. 바르지 못한 사도(邪道)를 써서 임금을 기만함.

긴	긴축정책			
緊	縮	政	策	
긴요할 긴	다스릴 축	정사 정	채찍 책	

재정상의 어려운 기초를 바로잡기 위하여 지출을 바짝 줄여 참아 이겨내게 하는 시정(施政)의 방편(方便).

길	길흉화복				좋은 일과 나쁜 일과 재앙(災殃)과 복록(福祿). 시시각각으로 변하여 옮겨가며 돌고 도는 운수(運數)의 형세(形勢).
	吉	凶	禍	福	
	길할 길	흉할 흉	재화 화	복 복	

남	남남북녀				남쪽은 남자가 씩씩하고 용맹하며 남자답고 북쪽은 여자가 아름답다는 말. 우리 나라에서 남자는 남쪽지방 사람이 잘나고 여자는 북쪽 지방 사람이 고움을 이르는 말.
	南	男	北	女	
	남녘 남	사내 남	북녘 북	계집 녀	

내	내홍외구				집안이나 조직의 내부에서 자기들끼리 일으킨 분쟁과 밖의 도적. 집안이나 나라 안의 싸움을 내홍(內訌)이라 하고 국외(國外)에서 쳐들어오는 적(敵)을 외구(外寇)라고 한다.
	內	訌	外	寇	
	안 내	어지러울 홍	바깥 외	도적 구	

년	년심세구				세월이 매우 오래됨. 시일이 많이 흘러서 해는 깊어가고 오랜 세월이 지나감.
	年	深	歲	久	
	해 년	깊을 심	해 세	오랠 구	

노	노망멸렬				거칠고 서투르다. 찢기고 흩어져 완전히 형태를 잃음. 일을 하는데 꼼꼼하지 못하고 거칠음을 이름. 출전 : 장자측양편(莊子則陽篇)
	鹵	莽	滅	裂	
	잔땅 노	추솔할 망	멸할 멸	찢어질 렬	

녹	녹빈홍안			아름답고 젊은 여자의 얼굴. 윤이 나는 검은 귀밑머리와 발그레한 얼굴이라는 뜻으로 젊고 아름다운 여자의 얼굴 또는 젊은 여자의 아름다움을 이르는 말.
綠	鬂	紅	顔	
푸를 녹	살쩍 빈	붉을 홍	얼굴 안	

논	논공행상			공의 있고 없고 크고 작음을 의논하고 결정하여 각각 알맞은 상을 주는 일. 공적의 크고 작음 따위를 논의하여 거기에 알맞은 상을 줌. 출전 : 사기(史記) 소상국세가(蕭相國世家)
論	功	行	賞	
논의할 논	공 공	행할 행	상줄 상	

농	농가성진			실없이 한 일이 참으로 한 것 같이 됨. 장난삼아 한 것이 진심으로 한 것 같이 됨. 출전 : 쇄철록(鎖綴錄) 나륜초오여필시(羅倫誚 　　　　吳與弼詩)
弄	假	成	眞	
희롱할 농	거짓 가	이룰 성	참 진	

뇌	뇌구전격			요란한 천둥소리와 번개. 심한 뇌성벽력(雷聲霹靂)을 이름. 출전 : 곽박(郭璞)의 강부(江賦)
雷	呴	電	激	
우레 뇌	숨내쉴 구	번개 전	과격할 격	

다	다기망양			학문의 길이 너무 다방면으로 갈리어 진리를 얻기 어려움. 방침이 많아서 도리어 갈 바를 모름. 달아난 양을 찾으려 할 때 갈림길이 많아 끝내는 양을 잃는다는 뜻으로 학문의 길이 여러 갈래로 나뉘어져 있어서 진리를 얻기 어려움을 이르는 말. 출전 : 열자설부편(列子說符篇)
多	岐	亡	羊	
많을 다	갈림길 기	잃을 망	양 양	

단	단식호장				대나무로 만든 밥그릇에 담은 밥과 병에 넣은 마실 것이라는 뜻으로 넉넉하지 못한 사람의 거친 음식을 이르는 말.
	簞	食	壺	漿	출전 : 맹자양혜왕하편(孟子梁惠王下篇)
	소쿠리 단	밥 식	병 호	미음 장	

달	달권능변				그때그때 형편에 따라 일을 알맞게 잘 처리함을 달권(達權)이라고 하고 말을 능숙하게 잘 하는 것을 능변(能辯)이라 한다.
	達	權	能	辯	
	통달할 달	권세 권	능할 능	말잘할 변	

담	담장농말				산뜻한 화장과 짙은 화장. 부녀자의 화장. 여자가 화장을 하는 방법도 다양하지만 사람에 따라서 엷은 화장을 하는 것과 짙은 화장의 선택을 잘하는데 매력이 달라짐.
	淡	粧	濃	沫	출전 : 소식(蘇軾)의 시(詩)
	묽을 담	단장할 장	짙을 농	거품 말	

당	당랑거철				제 역량을 생각하지 않고 강한 상대나 되지 않을 일에 덤벼드는 무모한 행동거지를 비유적으로 이르는 말. 중국 제나라 장공(莊公)이 사냥을 나가는데 사마귀가 앞발을 들고 수레바퀴를 멈추게 했다는데서 유래한다.
	螳	螂	拒	轍	출전 : 장자인간세편(莊子人間世篇)
	버마재비 당	버마재비 랑	막을 거	수레바퀴자국 철	회남자인간훈(淮南子人間訓)

대	대처식육				중이 아내를 두고 고기를 먹음. 중으로서 아내를 두고 고기를 먹는 일.
	帶	妻	食	肉	
	띠 대	아내 처	먹을 식	고기 육	

도	도로무익			헛되이 죽도록 애만 쓰고 아무런 그에 대한 대가나 이익을 전연 찾지 못함.
徒	勞	無	益	출전 : 장자천하편(莊子天下篇)
헛될 도	수고로울 로	없을 무	이익 익	

독	독오거서			다섯 대의 수레에 가득 실을 만큼 많은 책을 읽음.
讀	五	車	書	〈남아수독오거서독(男兒須讀五車書讀) ; 남자는 모름지기 다섯 수레에 실을 만큼의 책을 읽으라는 말.〉
읽을 독	다섯 오	수레 거	글 서	

돈	돈수재배			머리가 땅에 닿도록 두 번 절을 함. 경의를 표한다는 뜻으로 주로 편지의 첫머리나 끝에 쓰는 말의 하나이다.
頓	首	再	拜	출전 : 주례변구배(周禮辨九拜)
조아릴 돈	머리 수	두번 재	절 배	

두	두견전병			진달래 꽃잎에 찹쌀가루를 묻혀 끓는 기름에 띄워 지진 떡.
杜	鵑	煎	餅	
막을 두	두견새 견	지질 전	떡 병	

득	득롱망촉			만족할 줄을 모르고 계속 욕심을 부리는 경우를 비유적으로 이르는 말. 후한의 광무제가 농(隴)지방을 평정한 후에 촉(蜀)지방까지 삼키기를 원하였다는 고사에서 유래한다.
得	隴	望	蜀	출전 : 후한서잠팽전(後漢書:岑彭傳)
얻을 득	땅이름 롱	바랄 망	나라이름 촉	

등 등고자비

登	高	自	卑
오를 등	높을 고	스스로 자	낮을 비

높은 곳에 올라가려면 낮은 곳에서부터 오른 다는 말로 일을 하는 데는 반드시 차례를 밟 아야 한다는 말.

출전 : 중용제십사장(中庸第十四章)

류 류추해석

類	推	解	釋
닮을 류	밀 추	풀 해	해석할 석

어떤 사항에 대해서 직접 규정한 법규가 없을 때 그와 비슷한 사항을 규정한 법규를 적용하 는 법의 해석 방법.

마 마권찰장

摩	拳	擦	掌
문지를 마	주먹 권	비빌 찰	손바닥 장

주먹과 손바닥을 비빈다는 뜻으로 기운을 모 아서 용감하게 나갈 태세를 갖추고 기회를 엿 본다는 뜻.

막 막아감승

莫	我	敢	承
없을 막	나 아	감히 감	이을 승

나에게 감히 대항하지 못한다는 뜻. 네가 감 히 나에게 무엄하게 대항하려고 하느냐고 얼 러댐.

출전 : 맹자등문공하편(孟子滕文公下篇)

말 말유야이

末	由	也	已
끝 말	말미암을 유	어조사 야	따름 이

따를 길이 없음. 방도가 없음. 아무리 따라가 려고 노력해 봐도 힘이 미치지 못함.

출전 : 논어자한편(論語子罕篇)

매	매란국죽				매화(봄), 난초(여름), 국화(가을), 대나무(겨울). 이것을 사군자(四君子)라고 일컬음.
	梅	蘭	菊	竹	
	매화 매	난초 란	국화 국	대 죽	

맥	맥락관통				사리(事理)가 한결같이 통하여 있음. 조리(條理:일의 가닥 또는 경로)가 가지런하고 질서가 있으며 하나로 꿰어 계통(系統)이 서 있음을 이름. 출전 : 주희(朱熹)의 중용장귀서(中庸章句序)
	脈	絡	貫	通	
	맥 맥	이을 락	꿸 관	통할 통	

맹	맹인안질				있으나마나 상관없다는 뜻. 소경은 원래 눈이 보이지 않는 자라 안질을 앓더라도 통증의 감각을 느낄 수 없으니 있으나마나 하다는 뜻.
	盲	人	眼	疾	
	소경 맹	사람 인	눈 안	병 질	

멸	멸이가의				그 위에 더할 나위가 없음. 여기에다 더 나을 수 없이 아주 완벽(完璧)함. 출전 : 좌전(左傳)
	蔑	以	加	矣	
	없을 멸	써 이	더할 가	어조사 의	

명	명경지수				밝은 거울과 고요한 물. 밝은 거울은 티끌이 없어 잘 보이니 사람의 본성이요, 움직이지 않는 고요한 물은 맑고 깨끗한 마음의 형상(形狀)이니 달인(達人)의 경지(境地)임. 출전 : 장자덕충부편(莊子德充符篇)
	明	鏡	止	水	
	밝을 명	거울 경	그칠 지	물 수	

모 모몰염치

冒	沒	廉	恥
무릅쓸 모	가라앉을 몰	청렴할 염	부끄러울 치

염치없는 줄을 알면서도 이를 무릅쓰고 함. 수신(修身)이 안된 소인배는 양심의 가책을 받으면서 염치없는 일을 기탄없이 한다.
예의염치 국지사유(禮儀廉恥 國之四維)

목 목후이관

沐	猴	而	冠
머리감을 목	원숭이 후	말이을 이	갓 관

원숭이가 관을 썼다는 뜻으로 의관(衣冠)은 갖추었으나 사람답지 못한 사람을 비유적으로 이르는 말.
출전 : 사기항우기(史記項羽記)

몽 몽환포영

夢	幻	泡	影
꿈 몽	허깨비 환	물거품 포	그림자 영

꿈, 환상, 거품, 그림자라는 뜻으로 인생이 헛되고 덧없음을 비유적으로 이르는 말. 인생이 사는 것이 흡사(恰似) 꿈과 같고 환상(幻像)과도 같으며 물거품처럼 허무(虛無)하기도 하고 그림자처럼 불완전하거나 불확실하다.
출전 : 금강경(金剛經)

묘 묘시파리

眇	視	跛	履
에꾸눈 묘	볼 시	절름발이 파	밟을 리

애꾸눈이가 보려 하고 절름발이가 걸으려 함. 되지 않을 일을 무리하게 한다는 뜻으로 분수 밖에 일은 화를 불러들임에 비유.
출전 : 역경리괘육삼효사(易經履卦六三爻辭)

무 무협원제

巫	峽	猿	啼
무당 무	골짜기 협	원숭이 원	울 제

무협(巫峽)의 깊은 산골짝에서는 원숭이가 운다. 무협원(巫峽猿)은 휘파람 곡조 여덟곡 가운데 하나.
출전 : 고적(高適)의 송이소부시(送李小府詩)

문	문무겸전			문관(文官)의 지식(知識)과 무관(武官)의 전쟁하는 지략(誌略)을 다 갖추고 있음.
文	武	兼	全	문관의 지식과 무관의 능력을 다 갖춰 완전함. 옛날에는 문무겸전한 것을 양반(兩班)이라고 하였음.
글월 문	호반 무	겸할 겸	온전할 전	출전 : 당서배행검전(唐書裴行儉傳)

물	물각유주			무슨 물건이나 그것을 가질 사람은 따로 있다는 말. 모든 물건은 제각기 임자가 있다는 뜻으로 어떤 물건이라도 아무 손에나 되는대로 들어가는 것이 아님을 이르는 말.
物	各	有	主	
물건 물	각각 각	있을 유	주인 주	출전 : 소식(蘇軾)의 전적벽부(前赤壁賦)

미	미사여구			아름다운 말과 훌륭한 글귀. 아름다운 말로 듣기 좋게 꾸민 글귀. 문장의 수식으로 표현되는 멋지고 화려한 웅문(雄文)의 귀절(句節).
美	辭	麗	句	
아름다울 미	말씀 사	고울 여	구절 구	

밀	밀운불우			짙은 구름이 끼어 있으나 비가 오지 않음. 어떤 일의 징조만 있고 그 일은 이루어지지 않음. 은덕이 아래까지 고루 미치지 않음을 이르는 말.
密	雲	不	雨	
빽빽할 밀	구름 운	아니 불	비 우	출전 : 역경소축괘사(易經小畜卦辭)

반	반근착절			서린 뿌리와 엉크러진 마디라는 뜻으로 처리하기가 매우 어려운 사건을 이르는 말. 뿌리가 많이 내리고 마디가 이리저리 서로 얽혀 있다는 뜻이다. 세력이 뿌리깊이 박혀있고 당파가 잘 조직되어 있어 제거하기가 어려울 때 쓰는 말.
盤	根	錯	節	
쟁반 반	뿌리 근	어긋날 착	마디 절	출전 : 후한서우후전(後漢書虞詡傳)

발 발본색원

拔	本	塞	源
뺄 발	근본 본	막을 색	근원 원

나무의 뿌리를 뽑아 제거하고 물의 근원을 틀어 막음을 말한다. 즉 사물의 근원에서 처치한다는 뜻이다. 좋지 않은 일의 근본 원인이 되는 요소를 완전히 없애 버려서 다시는 그러한 일이 생길 수 없도록 함.
출전 : 좌전소공구년(左傳昭公九年)

배 배산임류

背	山	臨	流
등 배	메 산	임할 임	흐를 류

지세가 뒤로는 산을 등지고 앞으로는 물이 흐르고 있음. 뒤에는 산을 배경(背景)으로 조화를 이루고 앞에는 시내가 흐르고 있는 곳이 가까우니 두루 편리한 여건을 갖추었음.
출전 : 중장통(仲長統)의 낙지론(樂志論)

번 번리지안

藩	籬	之	鷃
울타리 번	울타리 리	갈 지	종달새 안

새장에 들어있는 작은새. 식견이 좁은 소인이 담장에 앉아있는 종달새라는 뜻으로 식견이 좁고 옹졸한 사람을 이르는 말.
출전 : 송옥(宋玉)의 대초왕문(對楚王問)

범 범백소여

凡	百	掃	如
무릇 범	일백 백	쓸 소	같을 여

모든 사물을 남김없이 쓸어낸 듯하다. 여러 가지 예의범절(禮儀凡節)을 다 비로 쓸어낸 듯이 나무랄 것 없을 만큼 능란한다.

벽 벽항궁촌

僻	巷	窮	村
궁벽할 벽	거리 항	궁할 궁	마을 촌

궁벽한 곳인 외딴 곳에 떨어져 있는 가난한 마을. 사람 사는 동네와 멀리 떨어져 있는 후미진 곳에 자리잡은 어려운 마을.

변	변비우맹			중앙에서 멀리 떨어져 있는 하찮고 궁벽한 시골에 사는 어리석은 백성.
邊	鄙	愚	氓	
가장자리 변	더러울 비	어리석을 우	백성 맹	

별	별명아호			사람의 외모나 성격 따위의 특징을 바탕으로 남들이 지어 부르는 이름을 별명(別名) 또는 별호(別號)라 하고 문인이나 예술가 따위의 호나 별호를 높여 이르는 것을 아호(雅號)라고 한다.
別	名	雅	號	
다를 별	이름 명	아담할 아	이름 호	

병	병기전형			떳떳한 법을 폐기(廢棄)함. 예전부터 내려오는 법전(法典)을 쓰지 않고 내버림.
屏	棄	典	刑	출전 : 서경태서하편(書經泰誓下篇)
물리칠 병	버릴 기	법 전	형벌 형	

보	보리반야			불교 최고의 이상인 불타정각의 지혜를 보리라고 하며 불타정각의 지혜를 얻기 위하여 닦는 도, 불과(佛果)에 이르는 길을 반야라 한다. 대승불교에서 만물의 참다운 실상을 깨닫고 불법을 꿰뚫은 지혜의 온갖 분별과 망상에서 벗어나 존재의 참모습을 앎으로써 성불에 이르게 되는 마음의 작용을 반야라고 한다.
菩	提	般	若	
보리나무 보	보리수 리	돌아올 반	반야 야	

봉	봉건제도			천자가 여러 제후에게 토지를 나누어 주어 제후가 각자의 영유 지역에 대하여 전권(全權)을 가지는 국가조직. 중국 주나라의 국가 체제에서 비롯된 것으로 제후는 왕실(王室)을 종사(宗事)로 받들며 공납과 부역을 부담하였다.
封	建	制	度	
봉할 봉	세울 건	마를 제	법도 도	

부 부탕도화

赴	湯	蹈	火
달릴 **부**	끓을 **탕**	밟을 **도**	불 **화**

끓는 물이나 뜨거운 불도 가리지 아니하고 밟고 간다는 뜻으로 아주 어렵고 힘겨운 일이나 수난을 겪음을 이르는 말.

출전 : 신론변악(新論辯樂)

분 분골쇄신

粉	骨	碎	身
가루 **분**	뼈 **골**	부술 **쇄**	몸 **신**

뼈를 가루로 만들고 몸을 부순다는 뜻으로 정성으로 노력함을 이르는 말. 또는 그렇게 하여 뼈가 가루가 되고 몸이 부서짐.

출전 : 선림류찬(禪林類纂)

불 불려호획

弗	慮	胡	獲
아닐 **불**	생각할 **려**	어찌 **호**	얻을 **획**

생각하지 않으면 무엇을 얻으리오. 무슨 일이든지 신중(愼重)히 생각하지 않으면 좋은 결과를 얻을 수 없음.

출전 : 서경태갑하편(書經太甲下篇)

붕 붕정만리

鵬	程	萬	里
붕새 **붕**	길 **정**	일만 **만**	마을 **리**

붕새가 날아간 하늘 가. 끝없이 멀고 먼 곳을 비유적으로 이르는 말. 아주 양양한 장래를 비유적으로 이르는 말.

출전 : 여정(呂定)의 등동악시(登東嶽詩)

비 비조이손

鼻	祖	耳	孫
코 **비**	할아비 **조**	귀 **이**	손자 **손**

시조(始祖)와 잉손(仍孫:현손의 아들 또는 내손의 손자. 비조(鼻祖)는 시조라는 뜻으로 태안에서 사람의 코가 맨 처음에 생김으로 코를 처음이란 뜻으로 씀.) 이손(耳孫)은 먼 세대(世代)의 자손. 원손(遠孫)을 이름.

출전 : 양웅(楊雄)의 반리소(反離騷),
　　　한서혜제기(漢書惠帝紀)

빈	빈번온조			개구리밥과 산흰쑥과 수초(水草) 네 가지가 모두 먹는 풀, 빈(蘋)은 마름, 번(蘩)은 흰쑥, 온조(蘊藻)는 수초(水草). 출전 : 좌전(左傳)
蘋	蘩	蘊	藻	
개구리밥 빈	새발쑥 번	마름 온	마름 조	

빙	빙공영사			공적인 것을 빙자하여 사적인 이득을 꾀함. 겉으로는 공사(公事)를 한다고 핑계하여 놓고 내용은 자기 개인의 이익을 도모함.
憑	公	營	私	
빙자할 빙	공변될 공	경영할 영	사사 사	

사	사면초가			사면이 적병으로 포위되어 고립된 상태. 아무에게도 도움을 받지 못하는 외롭고 곤란한 지경에 빠진 형편을 이르는 말. 초나라 항우가 사면을 둘러싼 한나라 군사쪽에서 들려오는 초나라의 노랫소리를 듣고 초나라 군사가 이미 항복한 줄 알고 놀랐다는 데서 유래한다. 출전 : 사기항우본기(史記項羽本記)
四	面	楚	歌	
넉 사	낮 면	초나라 초	노래 가	

삭	삭탈관직			죄를 지은 자의 벼슬과 품계를 빼앗고 벼슬아치의 명부에서 그 이름을 지우던 일.
削	奪	官	職	
깎을 삭	빼앗을 탈	벼슬 관	벼슬 직	

삼	삼한갑족			예로부터 대대로 문벌이 높은 집이나 대대로 높은 벼슬을 한 지체가 좋은 이름난 가문(家門).
三	韓	甲	族	
석 삼	나라이름 한	갑옷 갑	일가 족	

상	상전벽해			뽕나무밭이 변하여 푸른 바다가 된다는 뜻으로 세상일의 변천이 심함을 비유적으로 이르는 말.
桑	田	碧	海	출전 : 갈홍(葛洪)의 신선전(神仙傳)
뽕나무 상	밭 전	푸를 벽	바다 해	

색	색쇠애이			사랑을 받던 아름다운 여자도 나이가 들어서 늙으면 그 사랑을 잃어버림.
色	衰	愛	弛	출전 : 한비자설난편(韓非子說難篇)
빛 색	쇠할 쇠	사랑 애	느즈러질 이	

서	서우극긍			호미, 고무래, 가시나무로 만든 화살, 창, 혹자는 서우(鉏櫌)는 괭이자루, 극긍(棘矜)은 창자루를 이름. 곧 시원찮은 무기를 말함.
鉏	櫌	棘	矜	출전 : 가의(賈誼)의 과진론(過秦論)
호미 서	호미자루 우	가시나무 극	창자루 긍	

석	석사유학			석사는 예전에 벼슬이 없는 선비를 높여 이르던 말이고 유학은 고려, 조선시대에 벼슬하지 아니한 유생(儒生)을 이르던 말.
碩	士	幼	學	
클 석	선비 사	어릴 유	배울 학	

선	선참후계			군율을 어긴 자를 먼저 처형한 뒤에 임금에게 아뢰던 일.
先	斬	後	啓	
먼저 선	벨 참	뒤 후	여쭐 계	

설	설니홍조			눈 위에 난 기러기의 발자국이 눈이 녹으면 없어진다는 뜻으로 인생의 자취가 눈 녹듯이 사라져 무상함을 비유적으로 이르는 말.
雪	泥	鴻	爪	출전 : 소식(蘇軾)의 화자유시(和子由時)
눈 설	진흙 니	기러기 홍	손톱 조	

성	성경현전			유학의 성현(聖賢)이 남긴 글. 성인(聖人)의 글을 경(經)이라 하고 현인(賢人)의 글은 전(傳)이라고 한다. 경전(經傳).
聖	經	賢	傳	출전 : 문심조룡(文心雕龍)
성인 성	글 경	어질 현	전할 전	

세	세대교체			늙은 사람이 주도하는 세대가 젊은 사람이 주도하는 세대로 바뀌어짐.
世	代	交	替	
인간 세	시대 대	사귈 교	바꿀 체	

소	소리장도			웃는 마음 속에 칼이 있다는 뜻으로 겉으로는 웃고 있으나 마음 속에는 해칠 마음을 품고 있음을 이르는 말.
笑	裡	藏	刀	출전 : 당서간신전(唐書姦臣傳)
웃을 소	속 리	감출 장	칼 도	

속	속현개가			속현(續絃)은 거문고와 비파의 끊어진 줄을 다시 잇는다는 뜻으로 아내를 여윈 뒤에 다시 새 아내를 맞는 일을 비유적으로 이르는 말이고[再娶], 개가(改嫁)는 결혼하였던 여자가 남편과 사별하거나 이혼하여 다른 남자와 결혼함을 이름[再嫁]. 그러나 여자가 재혼함을 속현이라고는 하지 않는다.
續	絃	改	嫁	
이을 속	악기줄 현	고칠 개	시집갈 가	

率	솔이조고			당장 글을 지음. 조고(操觚)는 시문을 지음.
率	爾	操	觚	출전 : 문선(文選) 육기문부(陸機文賦)
거느릴 솔	너 이	잡을 조	술잔 고	

松	송무백열			소나무가 무성하면 잣나무가 기뻐한다는 뜻으로 벗이 잘 되는 것을 기뻐함을 비유적으로 이르는 말.
松	茂	栢	悅	
소나무 송	무성할 무	잣나무 백	기쁠 열	

鎖	쇄문도주			문을 걸어 잠그고 몰래 도망침.
鎖	門	逃	走	
잠글 쇄	문 문	도망할 도	달아날 주	

數	수간두옥			몇 칸 안되는 작은 집. 두서너 칸 밖에 안되는 아주 작은 집.
數	間	斗	屋	
두서너 수	사이 간	말 두	집 옥	

夙	숙흥야매			아침에 일찍 일어나고 밤에 늦게 잔다는 뜻으로 부지런히 일함을 이르는 말.
夙	興	夜	寐	출전 : 예기제자직편(禮記弟子職篇)
일찍 숙	일어날 흥	밤 야	잘 매	

순	순양방정				성품이 순박하고 마음이 선량하며 말이나 행동이 바르고 점잖음.
淳	良	方	正		출전 : 송사조필원전(宋史趙必愿傳)
순박할 순	어질 양	네모 방	바를 정		

숭	숭유척불				유교를 높혀 숭상(崇尚)하고 불교를 배척(排斥)함. 근세 조선정책(近世 朝鮮政策).
崇	儒	斥	佛		
높일 숭	선비 유	물리칠 척	부처 불		

습	습유보완				잃어버린 것을 주워 모자라거나 부족한 것을 보충하여 완전하게 함. 고려시대에 중서문하성(中書門下省)에 속한 종육품(從六品) 벼슬.
拾	遺	補	完		
주울 습	남길 유	고칠 보	완전할 완		

시	시위소찬				재덕이나 공로가 없어 직책을 다하지 못하면서 자리만 차지하고 녹(祿)을 받아 먹음을 비유적으로 이르는 말. 한서주운전(漢書朱雲傳)에 "오늘날 대신들이 위로는 임금님을 바로 보필하지 못하고 아래로는 백성을 유익되게 못하니 시위소찬하는 자들이다." 하였다. 시위(尸位)의 시(尸)는 시동(尸童)을 말한다. 옛날 중국에서는 조상을 제사 지낼 때 조상의 혈통을 이은 어린아이를 조상의 신위(神位)에 앉혀놓고 제사를 지냈다는데 신위에 앉아있는 아이가 시동이다. 출전 : 한서주운전(漢書朱雲傳)
尸	位	素	餐		
주검 시	자리 위	흴 소	먹을 찬		

식	식자우환				학식이 있는 것이 오히려 근심을 사게 됨. 서투른 지식 때문에 도리어 일을 망치는 경우 이럴 때 흔히 쓰는 문자이다. 글자를 아는 것이 우환이라는 말.
識	字	憂	患		출전 : 소식(蘇軾)의 시(詩)
알 식	글자 자	근심 우	근심 환		

신 신종추원				상사(喪事)를 당하여 예절을 정중히 하고 제사에 정성을 다하여 조상을 추모함.
愼	終	追	遠	출전 : 논어학이편(論語學而篇)
삼갈 신	마칠 종	따를 추	멀 원	

심 심광체반				마음이 너그러우면 몸이 편해 살이 찜. 마음을 넓게 쓰면 몸이 살찜. 대인(大人) 군자(君子)의 형용(形容).
心	廣	體	胖	출전 : 대학성의장(大學誠意章)
마음 심	넓을 광	몸 체	살찔 반	

십 십상팔구				열 가운데 여덟이나 아홉은 그러함. 거의 다 됨을 가리킴. 열에 여덟이나 아홉정도로 거의 예외가 없음.
十	常	八	九	
열 십	떳떳할 상	여덟 팔	아홉 구	

아 아유구용				남에게 아첨하여 구차스럽게 굶. 또는 그런 모양. 소인배(小人輩)의 태도(態度). 교언영색(巧言令色). 협견첨소(脅肩諂笑).
阿	諛	苟	容	출전 : 사기한서광형전(史記漢書匡衡傳)
아첨할 아	아첨할 유	구차할 구	모양 용	공총자항지(孔叢子抗志)

악 악치연청				인격(人格)이 고상(高尚)한 것. 산악(山嶽)처럼 우뚝 솟아있고 연수(淵水)같이 맑다는 뜻. 자존심(自尊心)을 굽히지 않고 소신(所信), 신의(信義)를 지키는 사람의 비유.
嶽	峙	淵	淸	출전 : 유준세설주(劉峻世說注)
큰산 악	우뚝솟을 치	못 연	맑을 청	

안	안거낙업			편안한 마음으로 제 분수를 지키면서 하는 일을 즐김. 자기 분수에 만족하여 다른데 마음을 두지 않고 자기가 하는 일을 천직(天職)으로 알아 즐겁게 함. 안빈낙도(安貧樂道).
安	居	樂	業	
편안할 안	살 거	즐길 낙	업 업	

알	알격명구			옥돌을 쳐서 소리나게 하고 옥돌로 만든 경쇠를 울림. 출전 : 서경익직편(書經益稷篇)
戛	擊	鳴	球	
끌 알	칠 격	울릴 명	구슬 구	

애	애매모호			애매하고 모호함. 희미하여 분명치 못하고 흐리어서 똑똑하지 못하다. 출전 : 진서두예전(晉書杜預傳)
曖	昧	模	糊	
희미할 애	어두울 매	모호할 모	풀 호	

액	액비분뇨			물거름이 되는 똥과 오줌. 옛날에는 분뇨(糞尿)를 오줌장군에 넣어가지고 지게로 짊어져다 전답(田畓)에 주다가 비료(肥料)가 나왔음.
液	肥	糞	尿	
진 액	거름 비	똥 분	오줌 뇨	

앵	앵소유지			꾀꼬리가 버들가지에 둥지를 만들다.
鶯	巢	柳	枝	
꾀꼬리 앵	새집 소	버들 유	가지 지	

야 야유비방

揶	揄	誹	謗
희롱할 야	희롱할 유	비방할 비	헐뜯을 방

남을 빈정거리며 놀리면서 비웃고 헐뜯음. 사람을 비방하거나 야유하는 것은 상대방의 인격(人格)을 모독(冒瀆)하는 처사이니 해서는 안됨.

양 양수거지

兩	手	据	地
두 양	손 수	가질 거	땅 지

절을 한 뒤 두 손을 땅에 대고 꿇어 엎드림. 두 손을 마주 잡고 서 있음. 어른을 모시고 있을 때 취하는 자세.

어 어제교지

御	製	教	旨
어거할 어	지을 제	가르칠 교	뜻 지

임금이 몸소 짓거나 만든 글이나 물건을 어제(御製)라 하고 임금이 신하에게 관직, 관작, 자격, 시호, 토지, 노비 등으로 내려주는 문서를 교지라 한다. 사품이상(四品以上)의 벼슬의 사령(辭令), 관고(官誥), 관교(官教).

억 억조창생

億	兆	蒼	生
억 억	조 조	푸를 창	날 생

억조는 셀 수 없이 많은 수를 의미하고 세상의 모든 사람을 창생이라 함.

언 언앙굴신

偃	仰	屈	伸
누울 언	우러를 앙	굽힐 굴	펼 신

엎드렸다 젖혔다 굽혔다 폈다 한다는 뜻으로 몸을 자유로이 움직임을 이르는 말.

출전 : 왕포성주득현신송(王褒聖主得賢臣頌)

엄	엄목포작			눈가리고 참새를 잡으려 함. 얕은 수를 써서 사람을 속이려고 하지만 소용없는 짓인 것이 눈가리고 아웅하는 것과 같음. 출전 : 후한서하진전(後漢書何進傳)
掩	目	捕	雀	
가릴 엄	눈 목	사로잡을 포	참새 작	

여	여염즐비			백성의 살림집이 많이 모여 있는 것. 즐비(櫛比)는 빗살처럼 촘촘히 늘어섬.
閭	閻	櫛	比	
마을 여	마을 염	빗 즐	견줄 비	

역	역취순수			도리에 어긋난 행위로 천하를 빼앗아 바른 도리로 지킴. 신하로써 임금을 치는 것은 도리에 어긋난 일이지만 임금이 무도하여 천명(天命)을 거역(拒逆)할 때에 허용(許容)되는 일이고 기강을 바로 세워 잘 다스리면 보완이 되는 고(故)로 이런 고사가 생겼다. 탕무(湯武). 출전 : 사기육가전(史記陸賈傳)
逆	取	順	守	
거스릴 역	취할 취	순할 순	지킬 수	

연	연옹지치			종기의 고름을 빨고 치질 앓는 밑을 핥는다는 뜻으로 남에게 지나치게 아첨하기를 조금도 수치스러운 줄 모름을 일컬음.
吮	癰	舐	痔	
빨 연	종기 옹	핥을 지	치질 치	

열	열좌기차			그 지체가 높고 낮은 차례대로 질서정연하게 앉아 있는 것. 출전 : 왕희지(王羲之)의 난정기(蘭亭記)
列	坐	其	次	
차례 열	앉을 좌	그 기	버금 차	

염	염장미부			소금 치부책과 쌀 장부. 염상(鹽商)의 장부(帳簿)와 미곡상(米穀商)의 물품(物品) 및 금전출납부(金錢出納簿).
鹽	帳	米	簿	
소금 염	치부책 장	쌀 미	장부 부	

영	영리집서			고양이에게 쥐를 잡게 하는 것. 고양이를 시켜서 쥐를 잡게 하는 것은 극히 적절하고 이치에 맞는 알맞은 일임.
令	狸	執	鼠	천리마(千里馬)에게 고양이의 대우를 해주고 쥐를 잡으라고 한다면 "나는 쥐를 잡는 데는 고양이만 같지 못하니 사양하겠다"고 거절하는 것은 천리마의 자존심 때문이다.
하여금 영	살쾡이 리	잡을 집	쥐 서	출전 : 한비자양권편(韓非子揚權篇)

예	예궐알현			궁궐(宮闕)에 들어가서 지체가 높은 어른을 뵙던 일. 아침에 대궐(大闕)로 나아가 상감(上監:임금)을 알현(謁見)하는 것을 조회(朝會)라고 한다.
詣	闕	謁	見	
나아갈 예	대궐 궐	보일 알	뵈올 현	

오	오만방자			태도나 행동이 건방지거나 거만하고 버릇이 없음. 예의에 어긋나고 거만하여 함부로 행동함.
傲	慢	放	恣	
거만할 오	거만할 만	방자할 방	방자할 자	

옥	옥석혼효			옥과 돌이 한데 섞여 있다는 뜻으로 착한 것과 악한 것, 좋은 것과 나쁜 것이 한데 섞여 있음을 이르는 말. 포박자(抱朴子)에 "근래에 대인물이 나타나지 않고 참[眞]과 거짓[僞]이 거꾸로 되고 구슬과 돌이 섞이는 형상이어서 참으로 한탄스러운 일이다." 하였다.
玉	石	混	淆	
구슬 옥	돌 석	섞을 혼	뒤섞일 효	출전 : 서경윤정편(書經胤征篇)

온	온고지신			옛것을 익히고 그것을 미루어서 새것을 앎. 옛 학문을 되풀이하여 연구하고 새로운 학문을 이해해야 비로소 남의 스승이 될 자격이 있다는 뜻임. 출전 : 논어위정편(論語爲政篇)
溫	故	知	新	
따뜻할 온	옛 고	알 지	새 신	

완	완명부지			죽지않고 모질게 살아 있는 목숨을 상당히 어렵게 보존하거나 유지하여 나감.
頑	命	扶	持	
완고할 완	목숨 명	붙들 부	가질 지	

왕	왕척직심			사소한 욕을 참고 견디어 큰 일을 이룸. 한자만큼 되는 굴욕을 슬기롭게 참아내어 여덟자나 되는 큰 것을 바로 잡음. 출전 : 맹자등문공하편(孟子滕文公下篇)
枉	尺	直	尋	
굽을 왕	자 척	곧을 직	찾을 심	

외	외얼점설			외(椳)는 문지도리, 얼(闑)은 문지방, 점(扂)은 빗장, 설(楔)은 문설주. 서로 분리(分離)될 수 없는 사물들. 출전 : 한유(韓愈)의 진학해(進學解) 외
椳	闑	扂	楔	
문지도리 외	문지방 얼	빗장 점	문설주 설	

요	요림경수			사람의 재질이 고상하여 보통사람보다 비범(非凡)함을 옥수(玉樹)에 비유한 말.
瑤	林	瓊	樹	
아름다운옥 요	수풀 림	아름다운옥 경	나무 수	

욕	욕교반졸			잘 만들려고 너무 기교를 다하다가 도리어 졸렬한 결과를 보게 되었다는 뜻으로 너무 잘하려 하면 도리어 잘되지 아니함을 이르는 말.
欲	巧	反	拙	
하고자할 **욕**	공교로울 **교**	돌이킬 **반**	졸할 **졸**	

용	용두사미			용의 머리와 뱀의 꼬리라는 뜻으로 처음은 왕성하나 끝이 부진한 현상을 이르는 말. 처음 시작할 때는 그럴듯하게 보였는데 끝이 시원치 못한 것을 가리켜 『용두사미』라고 한다. 출전 : 오등회원(五燈會元)
龍	頭	蛇	尾	
용 **용**	머리 **두**	뱀 **사**	꼬리 **미**	

우	우승열패			나은 자는 이기고 못한 자는 패함. 또는 강한 자는 번성하고 약한 자는 쇠멸함. 우승열패는 자연의 법칙이며 힘의 논리(論理)이다.
優	勝	劣	敗	
나을 **우**	이길 **승**	못할 **열**	패할 **패**	

운	운주유악			주판을 놓듯이 이리저리 궁리하고 작전 계획을 짜는 것. 휘장과 장막 속에서 이리저리 꾀를 짜냄. 출전 : 사기태사공자서(史記太史公自序)
運	籌	帷	幄	
돌릴 **운**	산가지 **주**	휘장 **유**	장막 **악**	

울	울발포번			울발(鬱勃)은 속에 꽉 찬 기운이 밖으로 나올듯이 왕성한 모양이고 포번(炮燔)은 불에 구워 익힌 반찬을 이름. 걷잡을 수 없는 욕심에 비유한 말.
鬱	勃	炮	燔	
쌓일 **울**	우쩍일어날 **발**	구울 **포**	구울 **번**	

웅	웅비도약			기운차고 용기있게 뛰어나는 것을 이름. 용감하게 날아 뛰어오름.
雄	飛	跳	躍	출전 : 후한서조흥전(後漢書趙興傳)
수컷 웅	날 비	뛸 도	뛸 약	

원	원앙금침			원앙을 수놓은 이불과 베개. 원앙은 물에서 노는 물새이름, 부부가 같이 덮는 이불과 베개에 이것을 수놓음은 떨어지지 않는 다정한 부부의 비유.
鴛	鴦	衾	枕	출전 : 시경소아(詩經小雅)
원앙새 원	원앙새 앙	이불 금	베개 침	

월	월진승선			나루를 건너고 나서 배를 탄다는 뜻으로 일을 순서대로 하지 않고 거꾸로 처리함을 이르는 말. 상대자를 제쳐 놓고 엉뚱한 사람에게 싸움을 거는 것을 가리키는 말.
越	津	乘	船	
넘을 월	나루 진	탈 승	배 선	

위	위빈어부			위수(渭水)가에서 물고기를 낚고 있던 태공망(太公望). 때를 기다리는 능력자를 말함.
渭	瀬	漁	父	출전 : 사기범휴전(史記范睢傳)
물이름 위	물가 빈	고기잡을 어	아버지 부	

유	유단유예			유단(油斷)은 정신을 늦추어 넋을 잃고 있는 것. 말하자면 주의(注意)를 게을리 함을 이름이요[不注意], 유예(猶豫)는 일을 할까 말까 망설이고 주저하여 결단을 내리지 못하면서 시일을 늦춤을 말함.
油	斷	猶	豫	
기름 유	결단할 단	머뭇거릴 유	머뭇거릴 예	

육 육국쟁패

六	國	爭	覇
여섯 육	나라 국	다툴 쟁	으뜸 패

여섯 나라가 패권(覇權)을 다툼. 전국시대(戰國時代)에 할거하던 제후국들. 초(楚), 연(燕), 제(齊), 한(韓), 위(魏), 조(趙)를 이름. 진(秦)을 합해서 칠국(七國) 또는 칠웅(七雄)이라고도 함. 서로 수령(首領)이 되어 승자(勝者)의 권력을 차지하려고 다투던 일.

윤 윤리도덕

倫	理	道	德
윤리 윤	도리 리	길 도	덕 덕

사람으로서 마땅히 행하거나 지켜야 할 도리 및 사회의 구성원들이 양심, 사회적 여론, 관습 따위에 비추어 스스로 마땅히 지켜야 할 행동 준칙이나 규범의 모든 것.

융 융적시응

戎	狄	是	膺
오랑캐 융	북쪽오랑캐 적	이 시	칠 응

중국에서 서쪽 오랑캐와 북쪽 오랑캐를 징계(懲戒)한다는 뜻. 융적(戎狄)을 정복(征服)하여 다스림.
출전 : 시경노송비궁편(詩經魯頌閟宮篇)

음 음담패설

淫	談	悖	說
음란할 음	말씀 담	어그러질 패	말씀 설

음탕하고 덕의에 벗어나는 상스러운 이야기. 음탕(淫蕩)한 말과 예속(禮俗)에 어긋나는 저속한 상스러운 말.

읍 읍빈양도

揖	賓	攘	盜
읍할 읍	손 빈	물리칠 양	도둑 도

손에게는 읍하여 예모를 갖추고 도둑은 물리쳐 쫓아버림. 찾아오는 손님은 두 손 들어 읍을 하여 맞고 물건을 훔치려고 침입해 온 도둑을 물리쳐 쫓는 것은 순리임. 읍객양도(揖客攘盜).
출전 : 동래박의(東萊博議) 진살기세자신생편(晉殺其世子申生篇)

응 응구첩대				묻는대로 거침없이 대답함. 묻는 말에 응하여 말이 떨어지기가 바쁘게 즉시 대답하는 것.
應	口	輒	對	
응할 응	입 구	문득 첩	대답할 대	

의 의기소침				기운이 없어지고 풀이 죽음. 의기(意氣)가 쇠하여 사그라짐. 사람이 살다보면 일이 순조롭게 잘 풀릴 때에는 의기가 양양하지만 일이 꼬여 안 풀리고 골치 아플 때에는 자연히 의기는 사그라져 풀이 죽게 됨.
意	氣	銷	沈	
뜻 의	기운 기	쇠녹일 소	잠길 침	

이 이해타산				이해관계를 이모저모 모두 따져 보는 일. 이해관계를 따져 계산함. 너무 지나치게 이해타산만 하는 것도 소인배라고 지적되기 쉬운 일임.
利	害	打	算	
이로울 이	해할 해	칠 타	셈할 산	

인 인순고식				낡은 관습이나 폐단을 벗어나지 못하고 당장의 편안함을 취함. 일을 행함에 있어 결단력이 없이 우물쭈물함. 출전 : 한서순리전(漢書循吏傳)
因	循	姑	息	
인할 인	돌 순	아직 고	쉴 식	

일 일근간회				간사한 소인배를 친근하여 가깝게 지내는 것. 그것이 바로 소인임. 출전 : 북제서안덕왕전(北齊書安德王傳)
昵	近	姦	回	
친근할 일	가까울 근	간사할 간	간사할 회	

자	자두연기				콩을 삶기 위하여 같은 뿌리에서 자란 콩깍지를 태운다는 뜻으로 형제끼리 서로 시기하고 다툼을 비유적으로 이르는 말. 중국 위나라 때 조식(曹植)의 칠보시(七步詩)에서 유래한다.
	煮	豆	燃	萁	
	삶을 자	콩 두	불태울 연	콩깍지 기	

작	작취미성				어제 마신 술이 아직 깨지 아니함. 어저께 마신 술기운이 덜 깬 기분으로 취하여 살다가 꿈같이 가는 것이[醉生夢死] 태반(殆半) 인생임. 작주미성(昨酒未醒).
	昨	醉	未	醒	
	어제 작	취할 취	아닐 미	술깰 성	

잔	잔배냉적				마시다 남은 술과 다 식은 구운 고기라는 뜻으로 보잘 것 없는 음식을 비유적으로 이르는 말. 출전 : 안씨가훈잡예편(顏氏家訓雜藝篇)
	殘	杯	冷	炙	
	남을 잔	잔 배	찰 냉	고기구울 적	

잠	잠영벌열				대대로 높은 벼슬을 하여온 겨레붙이. 잠영(簪纓)은 관원이 쓰던 비녀와 갓끈이란 뜻으로 양반(兩班)의 딴 이름.
	簪	纓	閥	閱	
	비녀 잠	갓끈 영	문벌 벌	지낼 열	

잡	잡동산이				잡다한 것이 한데 뒤섞인 것. 또는 그런 물건. 조선 정조 때 안정복이 엮은 잡기.
	雜	同	散	異	
	섞일 잡	한가지 동	흩어질 산	다를 이	

장	장원급제				과거에서 갑과(甲科)의 첫째로 급제함. 우리 나라에서는 과거(科擧)를 볼 때 문과(文科) 갑과(甲科)에서 수석(首席)으로 급제한 사람.
	壯	元	及	第	
	웅장할 장	으뜸 원	미칠 급	과거 제	

재	재배경복				싹수가 있는 식물은 심어서 북돋아 가꾸고 기우러져 쓸모가 없는 놈은 엎어서 없애버림. 출전 : 중용제십칠장(中庸第十七章)
	栽	培	傾	覆	
	심을 재	북돋을 배	기우러질 경	엎을 복	

쟁	쟁저초반				솥 밑에 누른 밥. 누룽지. 출전 : 남사(南史)
	鎗	底	焦	飯	
	쇳소리 쟁	밑 저	그을릴 초	밥 반	

저	저립사양				석양(夕陽)을 바라보며 우두커니 머물러 서 있음.
	佇	立	斜	陽	
	오래설 저	설 립	비낄 사	볕 양	

적	적모난측				도적의 간악한 꾀를 헤아리기 어려움. 적의 교활한 음모를 예측(豫測)하기 어렵다는 말.
	賊	謀	難	測	
	도적 적	꾀 모	어려울 난	헤아릴 측	

전	전안납채			혼례 때 신랑이 기러기[木雁]을 가지고 신부 집에 가서 상 위에 놓고 절하는 것을 전안이 라 하고 신랑집에서 신부집으로 혼인을 구하 는 예를 납채라고 한다. 납채로는 청단홍단을 예물로 보내었다.
奠	雁	納	采	
드릴 전	기러기 안	들일 납	채색 채	

절	절치액완			이를 갈고 팔을 걷어부치며 몹시 분개함. 출전 : 전국연책(戰國燕策)
切	齒	扼	腕	
끊을 절	이 치	잡을 액	팔목 완	

점	점입가경			점점 좋은 경지(境地)로 들어감. 들어갈수록 점점 재미가 있음. 일이 점차로 잘 되어감. 문 장이나 산수 따위가 점차로 재미있게 풀려가 고 멋지고 황홀한 지경으로 열려 펼쳐짐을 이 름. 출전 : 진서(晉書)
漸	入	佳	境	
점점 점	들 입	아름다울 가	지경 경	

제	제궤의혈			방죽도 개미 구멍으로 인해 무너진다는 뜻으 로 작은 일이라도 신중을 기해야 된다는 뜻. 출전 : 양웅(楊雄)의 유주목잠(幽州牧箴)
隄	潰	蟻	穴	
방죽 제	무너질 궤	개미 의	구멍 혈	

조	조걸위학			못된 사람을 부추기어 악한 짓을 더하게 함. 못된 임금을 도와서 악한 짓을 하도록 부추기 고 도와주는 사람의 죄는 못된 짓을 하는 그 사람만 못지 않음. 출전 : 사기유후세가(史記留候世家)
助	桀	爲	虐	
도울 조	사나울 걸	할 위	사나울 학	

족	족려괄우			학문을 닦고 슬기를 연마하여 훌륭한 인물이 됨의 비유.
鏃	礪	括	羽	출전 : 공자가어(孔子家語)
살촉 족	갈 려	맺을 괄	깃 우	

존	존양성찰			본 마음을 잃지 않도록 착한 성품을 기르는 것을 존양이라 하고 자기의 마음을 반성하고 살피는 것을 성찰이라고 한다.
存	養	省	察	
보존할 존	기를 양	살필 성	살필 찰	

종	종묘사직			왕실과 나라를 통틀어 이르는 말. 종묘는 조선시대에 역대 임금과 왕비의 위패를 모시던 왕실의 사당이요, 사직은 나라 또는 조정을 이르는 말로 임금이 백성을 위하여 토신(土神)인 사(社)와 곡신(穀神)인 직(稷)에게 제사를 지냈음.
宗	廟	社	稷	
마루 종	사당 묘	토지의 신 사	곡신의 신 직	출전 : 주례소종백직(周禮小宗伯職)

좌	좌고우면			이쪽 저쪽을 돌아봄. 이쪽 저쪽 좌우(左右)를 돌아보기만 하고 일을 결정하지 못함.
左	顧	右	眄	출전 : 문선조직여오계중서(文選曺稷與吳季重書)
왼 좌	돌아볼 고	오른쪽 우	곁눈질할 면	

주	주단포목			명주, 비단, 베, 무명 따위의 온갖 직물류를 통틀어 이르는 말. 우리들이 지어 입는 의복의 원단(原段).
紬	緞	布	木	
명주 주	비단 단	베 포	나무 목	

준 준민고택				재물을 마구 착취하여 백성을 괴롭힘. 백성의 몸에 기름을 쳐서 착취함을 이름.
浚	民	膏	澤	
칠 준	백성 민	기름 고	못 택	

즉 즉록무우				안내자 없이 짐승을 쫓는다는 뜻으로 한갓 녹위(祿位)를 탐내는 자의 비유. 출전 : 역경둔괘육삼효사(易經屯卦六爻辭)
卽	鹿	无	虞	
나아갈 즉	사슴 록	없을 무	헤아릴 우	

지 지원극통				지극히 원통함. 억울하게 당한 것이 한이 맺혀서 분통이 터질 지경임.
至	冤	極	痛	
지극할 지	원통할 원	지극할 극	아플 통	

진 진수성찬				푸짐하게 잘 차린 맛있는 음식. 진기(珍奇)하고 썩 맛이 좋은 음식을 보기 드물 만큼 성대(盛大)하게 마련하였음.
珍	羞	盛	饌	
보배 진	음식 수	성할 성	반찬 찬	

징 징분질욕				분한 생각을 경계하고 욕심을 막음. 분한 마음을 참아서 이겨내고 일어나는 욕심을 막는 것은 수련과 극기공부(克己工夫 : 제 욕심을 이지(理智)로써 억눌려 이기는 공부)가 없는 사람은 불가능한 과제임. 출전:역경손괘대상사(易經損卦大象辭)
懲	忿	窒	慾	
징계할 징	분할 분	막을 질	욕심 욕	

참	참칭황제			분수에 넘치게 스스로를 임금이라 이름. 되지 못하게 스스로 임금이라고 일컬어 법도와 기강을 어지럽힘.
僭	稱	皇	帝	
참람할 참	일컬을 칭	임금 황	임금 제	

척	척견폐요			중국에서 악하기로 유명한 도척이라는 사람이 기르던 개가 착한 임금으로 이름난 요임금을 보고 짖었다는 데에서 누구나 자기 주인에게 충실한 법임을 이르는 말. 출전 : 사기회음후전(史記淮陰侯傳)
跖	犬	吠	堯	
사람이름 척	개 견	짖을 폐	요임금 요	

천	천방지축			못난 사람이 종작없이 덤벙이는 모양. 너무 성급하게 방향을 분별하지 못하고 함부로 날뜀.
天	方	地	軸	
하늘 천	모 방	땅 지	굴대 축	

철	철주모순			철주는 팔굽을 당긴다는 뜻으로 간섭하여 마음으로 하지 못하게 함을 비유적으로 이르는 말이고 모순은 어떤 사실의 앞뒤, 또는 두 사실이 이치상 어긋나서 서로 맞지 않음을 이르는 말. 창과 방패라는 뜻. 출전 : 공자가어굴절편(孔子家語屈節篇) 한비자난편(韓非子難篇)
掣	肘	矛	盾	
당길 철	팔꿈치 주	창 모	방패 순	

첩	첩잉엄폐			첩과 여자 종과 환관(宦官)과 총애(寵愛)를 받는 애첩(愛妾). 남에게 매어 순종(順從)해야 할 사람들. 그런데 이 사람들이 발호(跋扈)하여 불씨가 되는 일이 많았다. 출전 : 후한서양사전(後漢書楊賜傳)
妾	媵	閹	嬖	
첩 첩	잉첩 잉	내시 엄	사랑할 폐	

청 청천백일

靑	天	白	日
푸를 청	하늘 천	흰 백	날 일

하늘이 맑게 갠 대낮. 맑은 하늘에 뜬 해. 광명정대(光明正大)한 장부(丈夫)의 마음의 비유.
출전 : 한유(韓愈)의 여최군서(與崔群書)

초 초동목수

樵	童	牧	豎
나무할 초	아이 동	칠 목	더벅머리 수

땔나무하는 아이와 가축을 치는 아이. 땔나무하고 마소에게 풀을 뜯기는 시골 아이.
배우지 못해 식견이 좁은 사람을 이르는 말.

촌 촌지박사

寸	志	薄	謝
마디 촌	뜻 지	엷을 박	사례할 사

마음이 담긴 작은 선물을 촌지(寸志)라 하고 사례(謝禮)를 주는 얼마 안되는 돈이나 물품을 박사(薄謝)라고 한다.

총 총산해와

蔥	蒜	薤	萵
파 총	마늘 산	부추 해	상추 와

파, 마늘, 부추, 상추. 양념과 채소류.

최 최고납후

摧	枯	拉	朽
꺾을 최	마를 고	꺾을 납	썩을 후

마른 나무와 썩은 나무를 꺾는다는 뜻으로 쉽사리 상대를 굴복시킴을 이르는 말.
출전 : 진서(晉書)

추	추풍낙엽				가을 바람에 떨어지는 나뭇잎. 어떤 형세나 세력이 갑자기 기울어지거나 헤어져 흩어지는 모양을 비유적으로 이르는 말. 세상에서 날뛰던 세력도 고비가 지나면 가을바람에 낙엽처럼 우수수 떨어진다는 비유이기도 하다. 출전 : 문선(文選)
	秋	風	落	葉	
	가을 추	바람 풍	떨어질 낙	잎 엽	

축	축조심의				한 조목씩 차례로 모두 심의함. 조목의 순서에 따라 차례대로 하나하나씩 심사함.
	逐	條	審	議	
	쫓을 축	조목 조	살필 심	의논할 의	

출	출곡천교				새가 봄에 깊은 산골에서 나와 높은 나무에 옮겨 앉는다는 뜻으로 사람의 출세를 비유하여 이르는 말.
	出	谷	遷	喬	
	날 출	골 곡	옮길 천	높을 교	

취	취모멱자				상처를 찾으려고 터럭을 불어 헤친다는 뜻으로 억지로 남의 작은 허물을 들추어냄을 비유적으로 이르는 말.[吹毛求疵] 출전 : 한비자대체편(韓非子大體篇)
	吹	毛	覓	疵	
	불 취	터럭 모	찾을 멱	흠 자	

층	층암절벽				몹시 험한 바위가 겹겹으로 쌓인 낭떠러지. 여러 층의 험한 바위가 겹겹으로 쌓인 깎아지른 듯한 낭떠러지.
	層	岩	絕	壁	
	층 층	바위 암	끊을 절	벽 벽	

치	치정관계			남녀간의 사랑으로 생기는 온갖 어지러운 정에 얽힌 사연.
癡	情	關	係	
어리석을 치	뜻 정	관계할 관	걸릴 계	

칠	칠보장엄			칠보(七寶)로 단장(丹粧)하기를 장엄하게 장식함. 출전 : 수서(隋書)
七	寶	莊	嚴	
일곱 칠	보배 보	장엄할 장	엄할 엄	

침	침선방적			침선은 바늘과 실을 아울러 이르는 말로 바느질과 자수(刺繡)를 뜻하며 방적은 길쌈을 말한다.
針	線	紡	績	
바늘 침	실 선	실뽑을 방	길쌈할 적	

탄	탄쟁박비			쟁(箏)을 타고 비(髀)를 침. 쟁(箏)은 열석줄의 명주실로 된 현악기(絃樂器)이고 비(髀)는 가죽으로 메운 비파의 일종이다. 혹은 쟁(箏)을 치는데 넓적다리를 장단에 맞추어 두드리는 것이라고 함. 출전 : 이사(李斯)의 간축객서(諫逐客書)
彈	箏	搏	髀	
퉁길 탄	쟁 쟁	칠 박	넓적다리 비	

탈	탈피구각			옛 껍질이나 가죽을 벗어버리고 새로운 형태로 다시 태어나는 것.
脫	皮	舊	殼	
벗을 탈	가죽 피	옛 구	껍질 각	

탐	탐색색은			그윽하고 깊은 것은 더듬어서 은미한 것을 찾음. 탐색은 깊이 숨겨져 보이지 않는 것을 찾아 구함이요, 색은은 사물의 숨은 이치를 찾아내는 것임.
探	賾	索	隱	출전 : 역경계사상전(易經繫辭上傳)
찾을 **탐**	깊을 **색**	찾을 **색**	숨을 **은**	

탕	탕석리거			뿔뿔이 흩어져 거처(居處)를 떠남. 살림이 거덜이 나서 다 망하여 살던 곳을 떠나 흩어져 떠돌아 다님.
蕩	析	離	居	출전 : 서경반경하편(書經盤庚下篇)
쓸어버릴**탕**	쪼갤 **석**	떠날 **리**	살 **거**	

태	태강즉절			너무 굳거나 빳빳하면 꺾어지기가 쉬움. 강철(鋼鐵)은 부드러워 잘 휘지만 무쇠는 너무 강하여 부러지는 것처럼 지나치게 억세어도 적(敵)이 많다는 말.
太	剛	則	折	
클 **태**	굳셀 **강**	곧 **즉**	꺾을 **절**	

토	토사구팽			토끼가 죽으면 토끼를 잡던 사냥개도 필요없게 되어 주인에게 삶아 먹히게 된다는 뜻으로 필요할 때는 쓰고 필요 없을 때는 야박하게 버리는 경우를 이르는 말.
兎	死	狗	烹	출전 : 사기월세가(史記越世家) 사기(史記)에 "높이 나는 새가 없어지면 좋은 활은 필요없게 되며 날쌘 토끼가 죽으면 좋은 개는 삼키게 되고 적국이 망하게 되면 모신(謀臣)이 죽게 된다는 기사에서 유래된 말이다."
토끼 **토**	죽을 **사**	개 **구**	삶을 **팽**	

퇴	퇴타위미			기력(氣力)이나 정신(精神)이 쇠퇴(衰退)하여 활기(活氣)가 없어짐을 이름.
頹	墮	萎	靡	
무너질 **퇴**	떨어질 **타**	시들 **위**	쓰러질 **미**	

투	투기능욕			
妬	忌	凌	辱	
투기할 **투**	꺼릴 **기**	업신여길 **능**	욕될 **욕**	

투기(妬忌)는 강새암을 하는 것이요, 능욕(凌辱)은 업신여기어 욕보임. 소인이나 소견이 옹졸한 아녀자의 행투.

파	파라척결			
爬	羅	剔	抉	
긁을 **파**	벌일 **라**	뼈바를 **척**	도려낼 **결**	

손톱으로 긁거나 후벼 모조리 파낸다는 뜻으로 숨은 인재를 발굴하거나 남의 흠집을 모조리 들추어 내는 것.
출전 : 한유(韓愈)의 진학해(進學解)

편	편모슬하			
偏	母	膝	下	
치우칠 **편**	어머니 **모**	무릎 **슬**	아래 **하**	

홀로 남은 어머니를 모시고 있는 처지.
홀어머니를 모시고 사는 아들.

폐	폐극경필			
陛	戟	警	蹕	
섬돌 **폐**	갈라진창 **극**	경계할 **경**	길 치울 **필**	

섬돌 양쪽에서 창을 들고 호위하면서 임금이 거동할 때 일반인(一般人)의 통행을 금지시키던 일.
출전 : 후한서마원전(後漢書馬援傳)

포	포호빙하			
暴	虎	溿	河	
맨손으로칠 **포**	범 **호**	업신여길 **빙**	물 **하**	

맨손으로 범을 때려잡고 걸어서 황하강(黃河江)을 건넌다는 뜻으로 용기는 있으나 무모함을 이르는 말. 마음이 거만한 자는 자기 자신을 과대평가하고 남을 업신여긴다. 이러므로 교만한 자들은 흔히 파멸되기 직전에 가장 뽐내고 무례하며 거만해진다. 교만은 패망의 선봉이요, 거만한 마음은 넘어짐의 앞잡이다.
출전 : 논어술이편(論語述而篇)

폭	폭주병진			수레의 바퀴통에 바퀴살이 모이듯 한다는 뜻으로 한곳으로 많이 모여듦을 이르는 말.
輻	湊	並	進	출전 : 전국책(戰國策)
바퀴살 폭	모일 주	아우를 병	이를 진	

표	표비랑호			표(彪)는 범의 종류이며 비(貔)는 맹수(猛獸), 낭(狼)은 이리, 호(狐)는 여우임. 사나운 짐승들.
彪	貔	狼	狐	
작은범 표	사나운짐승비	이리 랑	여우 호	

풍	풍자해학			남의 결점을 다른 것에 빗대어 비웃으면서 폭로하고 공격하는 것을 풍자라 하고 익살스럽고도 품위가 있는 말이나 행동을 해학이라 한다.
諷	刺	諧	謔	출전 : 문심조룡(文心雕龍)
빗대말할풍	헐뜯을 자	희롱할 해	희롱할 학	

피	피사간금			모래를 헤쳐 금을 가려낸다는 뜻으로 문장속에서 간혹 아름다운 곳이 있음을 평한 말.
披	沙	揀	金	
헤 칠 피	모래 사	가릴 간	금 금	

필	필주묵벌			붓과 먹으로 징벌한다는 뜻으로 남의 죄과를 글로 써서 공격함. 사람의 잘못을 붓으로 지적하여 토론하며 규탄하는 것.
筆	誅	墨	伐	구주필벌(口誅筆伐).
붓 필	벨 주	먹 묵	칠 벌	

하	하충어빙			사람의 견문(見聞)이 좁고 지식(知識)이 모자람의 비유. 여름철의 벌레는 겨울까지 살지도 못하는 주제에 얼음이 어떻다고 말하는 것은 사리에 맞지 않는 일임.
夏	虫	語	氷	
여름 하	벌레 충	말씀 어	얼음 빙	

학	학정부저			학과 물오리가 노는 물가. 그윽하고 고요한 경치를 이름.
鶴	汀	鳧	渚	
학 학	물가 정	물오리 부	물가 저	

한	한화휴제			쓸데없는 이야기는 그만함. 어떤 내용을 써 나갈 때 한동안 다른 내용을 쓰다가 다시 본래의 내용으로 돌아갈 때 쓰는 말이다.
閒	話	休	題	
한가할 한	말씀 화	쉴 휴	물음 제	

할	할거성곽			성의 둘레, 내성(內城)과 외성(外城)의 전부를 나누어서 차지하고 크게 막아서 지킴.
割	據	城	廓	
나눌 할	웅거할 거	성 성	둘레 곽	

함	함벽여츤			벽옥(碧玉)을 머금고 관(棺)을 등에 지는 것으로 고대에 항복하는 예식임. 출전 : 좌전(左傳)
銜	璧	輿	櫬	
머금을 함	둥근옥 벽	수레 여	널 츤	

합	합종연횡			합종(合縱)은 중국 전국시대에 소진(蘇秦)이 주장한 육국이 동맹하여 서쪽의 진(秦)나라를 공격하고 대항하자는 의견이고 연횡(連衡)은 육개국이 횡(橫)으로 연합하여 진나라를 섬기자던 장의(張儀)의 의견.
合	從	連	衡	
합할 합	세로 종	이어질 연	가로 횡	

항	항만시설			배를 대고 물건 또는 사람의 오르고 내림이 편리하도록 모든 설비를 해놓은 곳.
港	灣	施	設	
항구 항	물굽이 만	베풀 시	베풀 설	

해	해망구실			게와 그물을 모두 잃었다는 뜻으로 이익을 보려다가 도리어 밑천까지 잃음을 이르는 말.
蟹	網	俱	失	
게 해	그물 망	함께 구	잃을 실	

허	허장성세			실속은 없으면서 큰소리 치거나 허세를 부림. 실력은 없으면서 허세만 떠벌린다는 뜻으로 얼마 안되는 것을 가지고 대단하고 엄청난 것처럼 허풍(虛風)을 치는 것. 출전 : 원곡선원앙피(元曲選鴛鴦被)
虛	張	聲	勢	
빌 허	베풀 장	소리 성	기세 세	

헌	헌범려도			월(越)나라의 이름난 신하 범려(范蠡)가 오호(五湖)에서 놀고 있는 것을 그린 그림을 바침. 출전 : 권유록(倦遊錄)
獻	范	蠡	圖	
드릴 헌	성 범	사람이름 려	그림 도	

현 현주편패

懸	珠	編	貝
달 현	구슬 주	엮을 편	조개 패

매단 구슬과 나란히 벌리어 놓은 조개껍질. 빛나고 아름다운 눈과 희고 가지런한 이(齒)를 비유하여 이르는 말.
출전 : 한서동방삭전(漢書東方朔傳)

협 협박공갈

脅	迫	恐	喝
으를 협	핍박할 박	두려울 공	꾸짖을 갈

으르고 대들기를 무섭게 함. 위협(威脅)하며 바싹 가까이 다가와서 공포심(恐怖心)이 생기도록 무섭게 함.

형 형제자매

兄	弟	姉	妹
맏 형	아우 제	누이 자	손아래누이매

형과 아우와 누이와 손아래 누이.

호 호노한복

豪	奴	悍	僕
호걸 호	종 노	사나울 한	종 복

예전에 고분고분한 면이 없고 몹시 드센 종을 이르던 말. 나긋나긋하게 굴지 않는 포악(暴惡)하고 성미가 거칠게 생긴 종들.

혼 혼승백강

魂	昇	魄	降
넋 혼	오를 승	넋 백	내릴 강

죽은 사람의 영혼은 하늘로 올라가고 시체는 땅으로 내려감. 신기(神氣)를 혼(魂)이라 하고 형해(形骸)를 백(魄)이라 이름. 혼은 양(陽)에 속하고 백은 음(陰)에 속함. 혼기귀우천 형백귀우지(魂氣歸于天 形魄歸于地).
출전 : 예기교특생편(禮記郊特牲篇)

화 화조월석				꽃피는 아침과 달 뜨는 저녁이라는 뜻으로 경치가 좋은 때를 이르는 말.
花	朝	月	夕	출전 : 구당서라위전(舊唐書羅威傳)
꽃 화	아침 조	달 월	저녁 석	

환 환과고독				늙어서 아내 없는 사람, 젊어서 남편 없는 사람, 어려서 어버이 없는 사람, 늙어서 자식 없는 사람을 아울러 이르는 말. 몹시 외롭고 의지할 곳 없는 사람들.
鰥	寡	孤	獨	출전 : 맹자양혜왕상편(孟子梁惠王上篇)
홀아비 환	과부 과	외로울 고	홀로 독	

효 효제충신				효우(孝友)와 충신(忠信). 부모에게 효하고 형에게 공손하고 마음에서 우러나는 정성을 다하고 믿음성과 의리를 지킴.
孝	悌	忠	信	
효도 효	공손할 제	충성 충	믿을 신	

회 회녹탐총				봉록(俸祿)만 생각하고 총애(寵愛)만 탐냄. 제사(祭祀)에는 마음이 없고 잿밥에만 마음이 있다고 탐위모록(貪位慕祿 : 지위를 탐내고 녹만 생각함)에 급급하고 은총(恩寵)에만 연연(戀戀)함.
懷	祿	耽	寵	
품을 회	녹 녹	탐할 탐	괼 총	

홰 홰희체해				홰는 딸꾹질, 희는 게트림, 체는 재채기, 해는 기침을 이름. 어른을 모실 때 삼가야 할 행동.
噦	噫	嚔	咳	출전 : 소학(小學)
딸꾹질 홰	트림할 희	재채기할 체	기침 해	

횡 횡삭부시

橫	槊	賦	詩
가로 **횡**	창 삭	부할 **부**	시 시

군중(軍中)에서 창을 비껴들고 시를 부(賦) 한다는 뜻으로 영웅(英雄)의 마음이 활달(豁達)함을 이름.

출전 : 소식(蘇軾)의 전적벽부(前赤壁賦)

훈 훈호처창

焄	蒿	悽	愴
김오를 **훈**	쑥 호	슬퍼할 **처**	슬퍼할 **창**

향기가 서려 올라 사람의 기분을 오싹하게 하 한다는 뜻으로 귀신의 분위기가 서림을 형용하여 이르는 말.

훼 훼와획만

毀	瓦	劃	墁
헐 **훼**	기와 **와**	그을 **획**	흙손 **만**

기와를 헐고 흙손질한 벽에 금을 긋는다는 뜻으로 남의 집에 해를 끼침을 이르는 말.

출전 : 맹자고자상편(孟子告子上篇)

휘 휘황찬란

輝	煌	燦	爛
빛날 **휘**	빛날 **황**	빛날 **찬**	빛날 **란**

광채가 나서 눈부시게 번쩍이다. 못된 꾀가 많아서 믿을 수 없음의 비유.

흔 흔연대접

欣	然	待	接
기뻐할 **흔**	그럴 **연**	기다릴 **대**	대접할 **접**

기쁜 마음으로 대접함. 흔연(欣然)한 마음으로 잘 대접함.

2. 자자소학(四字小學)

一. 孝道				부모 섬기는 도리
父 아버지 부	生 날 생	我 나 아	身 몸 신	하시고 • 아버지 내 몸을 낳으시고
母 어머니 모	鞠 기를 국	我 나 아	身 몸 신	하사 • 어머니 내 몸을 기르사
腹 배 복	以 써 이	懷 품을 회	我 나 아	하시고 • 배로써 나를 품으시고
乳 젖 유	以 써 이	哺 먹일 포	我 나 아	하시며 • 젖으로써 나를 먹이시며
衣 옷 의	以 써 이	溫 따뜻할 온	我 나 아	하시고 • 옷으로써 나를 따뜻하게 하시고
食 밥 식	以 써 이	飽 배부를 포	我 나 아	하시니 • 밥으로써 나를 배부르게 하시니

恩	高	如	天	하고
은혜 은	높을 고	같을 여	하늘 천	• 은혜는 하늘같이 높고

德	厚	如	地	라
큰 덕	두터울 후	같을 여	땅 지	• 덕은 땅같이 두터운지라

爲	人	子	者	
될 위	사람 인	아들 자	놈 자	• 사람의 아들이 된 자

曷	不	爲	孝	리오
어찌 갈	아닐 불	할 위	효도 효	• 어찌 효도하지 아니하리요

父	母	呼	之	어시든
아버지 부	어머니 모	부를 호	어조사 지	• 부모 부르시거든

唯	以	趨	進	하고
대답할 유	써 이	빠를 추	나아갈 진	• 대답하고서 빨리 나아가고

父	母	責	之	어시든
아버지 부	어머니 모	책망할 책	어조사 지	• 부모 책망하시거든

勿	怒	勿	答	하며
말 **물**	성낼 **노**	말 **물**	대답 **답**	• 성내지 말고 대답하지 말며

侍	坐	父	母	에
모실 **시**	앉을 **좌**	아버지 **부**	어머니 **모**	• 부모를 모시고 앉음에

勿	踞	勿	臥	라
말 **물**	걸터앉을 **거**	말 **물**	누울 **와**	• 걸터앉지 말고 눕지 말지니라

父	母	出	入	이어시든
아버지 **부**	어머니 **모**	날 **출**	들 **입**	• 부모 나가고 들어오시거든

每	必	起	立	이니라
매양 **매**	반드시 **필**	일어날 **기**	설 **립**	• 매번 반드시 일어설지니라

勿	立	門	中	하며
말 **물**	설 **립**	문 **문**	가운데 **중**	• 문 가운데 서지 말며

勿	坐	房	中	이니라
말 **물**	앉을 **좌**	방 **방**	가운데 **중**	• 방 가운데 앉지 말지니라

須	勿	大	唾	하고
모름지기 수	말 물	큰 대	침뱉을 타	• 모름지기 큰 침을 뱉지 말고

亦	勿	私	言	이니라
또 역	말 물	사사 사	말씀 언	• 또한 사사로운 말을 말지니라

口	勿	雜	談	하고
입 구	말 물	잡될 잡	말씀 담	• 입으로 잡된 말을 말고

手	勿	雜	戲	니라
손 수	말 물	잡될 잡	희롱할 희	• 손으로 잡된 희롱을 말지니라

獻	物	父	母	에
드릴 헌	물건 물	아버지 부	어머니 모	• 부모에게 물건을 드림에

跪	以	進	之	니라
꿇어앉을 궤	써 이	나아갈 진	어조사 지	• 꿇어앉아서 드릴지니라

行	勿	慢	步	하고
다닐 행	말 물	게으를 만	걸음 보	• 다닐 때 게을리 걷지 말고

坐	勿	倚	身	이니라
앉을 **좌**	말 **물**	의지할 **의**	몸 **신**	• 앉음에 몸을 의지하지 말지니라

器	有	飮	食	에
그릇 **기**	있을 **유**	마실 **음**	밥 **식**	• 그릇에 음식이 있음에

不	與	共	食	이니라
아닐 **불**	더불 **여**	한가지 **공**	먹을 **식**	• 더불어 한가지로 먹지 말지니라

父	母	臥	命	이어니든
아버지 **부**	어머니 **모**	누울 **와**	명할 **명**	• 부모 누워 명하시거든

俯	首	聽	之	하고
구부릴 **부**	머리 **수**	들을 **청**	어조사 **지**	• 머리를 숙이고 듣고

坐	命	跪	聽	하고
앉을 **좌**	명할 **명**	꿇어앉을 **궤**	들을 **청**	• 앉아서 명하시거든 꿇어앉아 듣고

立	命	立	聽	이니라
설 **입**	명할 **명**	설 **립**	들을 **청**	• 서서 명하시거든 서서 들을지니라

衣	服	帶	靴	를
옷 의	옷 복	띠 대	신 화	• 의복과 띠와 신을

勿	失	勿	裂	이니라
말 물	잃을 실	말 물	찢을 열	• 잃지 말고 찢지 말지니라

勿	與	人	鬪	라
말 물	더불 여	사람 인	싸울 투	• 사람으로 더불어 싸우지 말라

辱	及	父	母	니라
욕될 욕	미칠 급	아버지 부	어머니 모	• 욕됨이 부모에게 미치느니라

衣	裳	雖	厭	이나
옷 의	치마 상	비록 수	싫을 염	• 옷과 치마가 비록 싫으나

賜	之	必	服	하고
줄 사	어조사 지	반드시 필	입을 복	• 주시거든 반드시 입고

飮	食	雖	厭	이나
마실 음	밥 식	비록 수	싫을 염	• 음식이 비록 싫으나

賜	之	必	食	이니라
줄 사	어조사 지	반드시 필	먹을 식	• 주시거든 반드시 먹을지니라

滿	坐	親	前	에
가득할 만	앉을 좌	어버이 친	앞 전	• 어버이 앞에 가득히 앉음에

勿	怒	責	人	하며
말 물	성낼 노 (로)	책망할 책	사람 인	• 성내어 사람을 책망하지 말며

飮	食	親	前	에
마실 음	밥 식	어버이 친	앞 전	• 어버이 앞에서 음식을 먹음에

毋	出	器	聲	이니라
말 무	날 출	그릇 기	소리 성	• 그릇 소리를 내지 말지니라

父	母	不	食	이어시든
아버지 부	어머니 모	아닐 불	먹을 식	• 부모가 잡수시지 아니하시거든

思	得	良	饌	하고
생각 사	얻을 득	좋을 양	반찬 찬	• 좋은 반찬 얻기를 생각하고

父	母	有	疾	이어시든
아버지 **부**	어머니 **모**	있을 **유**	병 **질**	• 부모 병이 있으시거든

憂	以	謀	瘳	하며
근심 **우**	써 **이**	꾀할 **모**	병나을 **추**	• 근심하여 병 나으시기를 도모하며

父	母	有	過	이어시든
아버지 **부**	어머니 **모**	있을 **유**	허물 **과**	• 부모 허물이 있으시거든

諫	以	勿	逆	이니라
간할 **간**	써 **이**	말 **물**	거스를 **역**	• 충고하여서 거스리지 말지니라

出	入	門	戶	에
날 **출**	들 **입**	문 **문**	집 **호**	• 집으로 출입하는 문에 나가고 들어옴에

開	閉	必	恭	하고
열 **개**	닫을 **폐**	반드시 **필**	공손 **공**	• 열고 닫는 것을 반드시 공손히 하고

出	必	告	之	하며
날 **출**	반드시 **필**	알릴 **고**	어조사 **지**	• 나아갈 제 반드시 알리며

反	必	拜	謁	이오
돌아올 **반**	반드시 **필**	절 **배**	아뢸 **알**	• 돌아옴에 반드시 절을 하여 아뢰고

若	告	西	適	이어든
만일 **약**	고할 **고**	서녘 **서**	갈 **적**	• 만일 서쪽으로 간다고 하였거든

不	復	東	往	이니라
아니 **불**	다시 **부**	동녘 **동**	갈 **왕**	• 다시 동쪽으로 가지 않을지니라

平	生	一	欺	면
평할 **평**	날 **생**	한 **일**	속일 **기**	• 평생에 한번 속이면

其	罪	如	山	이니라
그 **기**	죄 **죄**	같을 **여**	메 **산**	• 그 죄가 산과 같으니라

我	身	能	善	이면
나 **아**	몸 **신**	능할 **능**	착할 **선**	• 내 몸이 능히 훌륭하면

榮	名	及	親	하나니라
영화 **영**	이름 **명**	미칠 **급**	어버이 **친**	• 영화로운 이름이 어버이에게 미치느니라

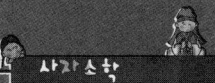

父	母	無	衣	어든
아버지 **부**	어머니 **모**	없을 **무**	옷 **의**	• 부모 옷이 없으시거든

我	衣	莫	思	니라
나 **아**	옷 **의**	없을 **막**	생각 **사**	• 내 옷은 생각지 말지니라

若	得	甘	旨	어든
만일 **약**	얻을 **득**	달 **감**	맛있을 **지**	• 만일 달고 맛있는 것을 얻거든

歸	獻	父	母	니라
돌아갈 **귀**	드릴 **헌**	아버지 **부**	어머니 **모**	• 돌아가 부모에게 드릴지니라

昏	定	褥	席	하고
어두울 **혼**	정할 **정**	요 **욕**	자리 **석**	• 어두울때 침구 까는 자리를 정하고

晨	省	安	否	하며
새벽 **신**	살필 **성**	편안 **안**	아닐 **부**	• 새벽에는 안부를 살피며

室	堂	有	塵	이어든
집 **실**	대청 **당**	있을 **유**	티끌 **진**	• 집과 대청이 더렵혀져 있거든

常	以	箒	掃	니라
떳떳 **상**	써 **이**	비 **추**	쓸 **소**	• 떳떳이 빗자루로 쓸지니라

親	坐	勿	坐	하고
어버이 **친**	자리 **좌**	말 **물**	앉을 **좌**	• 어버이 자리에 앉지 말고

親	影	勿	履	니라
어버이 **친**	그림자 **영**	말 **물**	밟을 **리**	• 어버이 그림자를 밟지 말지니라

晨	必	先	起	오
새벽 **신**	반드시 **필**	먼저 **선**	일어날 **기**	• 새벽에는 반드시 먼저 일어나고

暮	須	後	寢	이니라
저물 **모**	모름지기 **수**	뒤 **후**	잘 **침**	• 해질녘에는 모름지기 뒤에 잘지니라

父	母	唾	洟	를
아버지 **부**	어머니 **모**	침 **타**	콧물 이 눈물(**체**)	• 부모의 침이나 콧물을

每	必	覆	之	니라
매양 **매**	반드시 **필**	덮을 **부**	어조사 **지**	• 매 때마다 반드시 덮을지니라

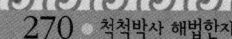

出	入	飲	食	에
날 출	들 입	마실 음	먹을 식	• 나가고 들어와 음식을 먹음에

每	後	父	母	니라
매양 매	뒤 후	아버지 부	어머니 모	• 언제나 부모의 뒤에 할지니라

暑	毋	褰	裳	하며
더울 서	말 무	걷을 건	치마 상	• 덥더라도 아랫도리 옷을 걷지 말며

衣	帶	必	飭	이니라
옷 의	띠 대	반드시 필	갖출 칙	• 옷과 띠를 반드시 갖출지니라

顔	色	和	悅	하고
얼굴 안	빛 색	화할 화	기쁠 열	• 낯빛을 화하고 기쁘게 하고

言	語	謹	愼	이니라
말씀 언	말씀 어	삼갈 근	삼갈 신	• 말을 조심하여 삼갈지니라

擇	師	以	敎	에
가릴 택	스승 사	써 이	가르칠 교	• 스승을 선택하여 가르침에

勿	逆	勿	怠	하고
말 물	거스릴 역	말 물	게으를 태	• 거스리지 말며 게을리 하지 말고

裹	糧	以	送	에
쌀 과	양식 양	써 이	보낼 송	• 양식을 싸서 보냄에

勿	懶	讀	書	니라
말 물	게으를 라	읽을 독	글 서	• 글읽는 것을 게을리 말지니라

事	親	如	此	면
섬길 사	어버이 친	같을 여	이 차	• 어버이 섬김을 이같이 하면

可	謂	人	子	오
옳을 가	이를 위	사람 인	아들 자	• 가히 사람의 자식이라 할 것이요

不	能	如	此	면
아닐 불	능할 능	같을 여	이 차	• 능히 이같이 못하면

無	異	禽	獸	로다
없을 무	다를 이	새 금	짐승 수	• 새나 짐승과 다를 것이 없으리로다

二. 友愛　형제 사랑하는 도리

兄	生	我	先	하고
맏 형	날 생	나 아	먼저 선	• 형은 나보다 먼저 나고

弟	生	我	後	하야
아우 제	날 생	나 아	뒤 후	• 아우는 뒤에 나서

骨	肉	雖	分	이나
뼈 골	고기 육	비록 수	나눌 분	• 뼈와 살은 비록 나누었으나

本	生	一	氣	하고
근본 본	날 생	한 일	기운 기	• 근본은 한가지 기운에서 나고

形	貌	雖	殊	나
얼굴 형	모양 모	비록 수	다를 수	• 얼굴 모양은 비록 다르나

素	受	一	血	하니
본디 소	받을 수	한 일	피 혈	• 본래 한가지 피를 받았으니

比	之	於	水	에 • 물에 비함에
견줄 비	어조사 지	어조사 어	물 수	
同	源	異	流	하고 • 한가지 근원에 흐름이 다르고
한가지 동	근원 원	다를 이	흐를 류	
比	之	於	木	에 • 나무에 비함에
견줄 비	어조사 지	어조사 어	나무 목	
同	根	異	枝	니 • 한가지 뿌리에 가지가 다르니
한가지동	뿌리 근	다를 이	가지 지	
爲	兄	爲	弟	에 • 형이 되고 아우가 됨에
될 위	맏 형	될 위	아우 제	
何	忽	不	和	리오 • 어찌 소홀히 화목하지 아니하리오.
어찌 하	소홀할 홀	아닐 불	화할 화	
事	兄	必	恭	하고 • 형 섬기기를 반드시 공손히 하고
섬길 사	맏 형	반드시 필	공손 공	

愛	弟	如	友	하야
사랑 애	아우 제	같을 여	벗 우	• 아우 사랑하기를 벗과 같이 하여

兄	雖	責	我	나
맏 형	비록 수	책망할 책	나 아	• 형이 비록 나를 책망하나

不	敢	怒	怨	이니라
아닐 불	구태 감	성낼 노	원망할 원	• 감히 성내고 원망하지 않을지니라

一	粒	之	食	이라도
한 일	쌀알 립	어조사 지	먹을 식	• 한 알의 음식이라도

必	分	以	食	하고
반드시 필	나눌 분	써 이	먹을 식	• 반드시 나누어서 먹고

一	杯	之	物	이라도
한 일	잔 배	어조사 지	물건 물	• 한 잔의 물건이라도

必	分	以	飲	하며
반드시 필	나눌 분	써 이	마실 음	• 반드시 나누어서 마시며

一	斗	之	粟	이라도
한 일	말 두	어조사 지	곡식 속	• 한 말의 곡식이라도

必	分	以	舂	하고
반드시 필	나눌 분	써 이	찧을 용	• 반드시 나누어서 찧고

一	尺	之	布	라도
한 일	자 척	어조사 지	베 포	• 한 자의 베라도

必	分	以	縫	하야
반드시 필	나눌 분	써 이	재봉할 봉	• 반드시 나누어서 재봉하며

兄	無	衣	服	이면
맏 형	없을 무	옷 의	옷 복	• 형이 의복이 없으면

弟	必	獻	之	하고
아우 제	반드시 필	드릴 헌	어조사 지	• 아우는 반드시 드리고

弟	無	衣	服	이면
아우 제	없을 무	옷 의	옷 복	• 아우가 의복이 없으면

兄	必	與	之	니라
맏 **형**	반드시 **필**	줄 **여**	어조사 **지**	• 형이 반드시 줄지니라

私	其	飮	食	하면
사사 **사**	그 **기**	마실 **음**	밥 **식**	• 그 음식을 사사로이 여기면

禽	獸	之	類	오
새 **금**	짐승 **수**	어조사 **지**	무리 **류** (유)	• 새나 짐승의 무리요

私	其	衣	服	이면
사사 **사**	그 **기**	옷 **의**	옷 **복**	• 그 의복을 사사로이 여기면

夷	狄	之	徒	라
오랑캐 **이**	오랑캐 **적**	어조사 **지**	무리 **도**	• 오랑캐의 무리니라

我	身	不	然	이면
나 **아**	몸 **신**	아니 **불**	그럴 **연**	• 내 몸이 그렇지 않으면

兄	弟	亦	則	하나니라
맏 **형**	아우 **제**	또 **역**	법칙 **칙**	• 형제가 또한 법을 받을 것이니라

我	打	我	弟	면 • 내가 내 아우를 때리면
나 아	칠 타	나 아	아우 제	
猶	打	父	母	오 • 부모를 때리는 것과 같을 것이오
같을 유	칠 타	아버지 부	어머니 모	
我	欺	我	弟	면 • 내가 내 아우를 속이면
나 아	속일 기	나 아	아우 제	
如	欺	父	母	니라 • 부모를 속이는 것과 같을지니라
같을 여	속일 기	아버지 부	어머니 모	
兄	弟	有	善	이어든 • 형이나 아우가 착한 일이 있거든
맏 형	아우 제	있을 유	착할 선	
必	譽	于	外	하고 • 반드시 명예가 밖으로 나게 하고
반드시 필	명예 예	어조사 우	바깥 외	
兄	弟	有	惡	이어든 • 형이나 아우가 악한 일이 있거든
맏 형	아우 제	있을 유	악할 악	

隱	而	勿	現	이니라
숨길 은	말이을 이	말 물	나타날 현	• 숨기고 나타내지 말지니라

兄	有	過	失	이면
맏 형	있을 유	허물 과	잃을 실	• 형에게 실수나 허물이 있으면

和	氣	以	諫	하고
화할 화	기운 기	써 이	간할 간	• 화한 기운으로써 간하고

弟	有	過	失	이면
아우 제	있을 유	허물 과	잃을 실	• 아우에게 실수나 허물이 있으면

怡	聲	以	訓	이니라
화할 이	소리 성	써 이	가르칠 훈	• 화한 소리로써 가르칠지니라

兄	弟	有	病	이어든
맏 형	아우 제	있을 유	병들 병	• 형이나 아우가 병이 있거든

憫	而	思	救	니라
근심할 민	말이을 이	생각 사	구원할 구	• 근심하여 돕기를 생각할지니라

弟	出	不	還	이면
아우 제	날 출	아닐 불	돌아올 환	• 아우가 나아가 돌아오지 않으면

倚	門	俟	之	하고
의지할 의	문 문	기다릴 사	어조사 지	• 문에 의지하여 기다리고

兄	出	不	還	이면
맏 형	날 출	아닐 불	돌아올 환	• 형이 나가시고 돌아오지 않으면

登	高	望	之	니라
오를 등	높을 고	바랄 망	어조사 지	• 높은데 올라가 바라볼지니라

我	有	憂	患	이면
나 아	있을 유	근심 우	근심 환	• 나에게 근심이나 걱정이 있으면

兄	弟	亦	憂	오
맏 형	아우 제	또 역	근심 우	• 형제가 또한 근심하는 것이오

我	有	歡	樂	이면
나 아	있을 유	기쁠 환	즐거울 락	• 나에게 즐거움이 있으면

兄	弟	亦	樂	하나니
맏 **형**	아우 **제**	또 **역**	즐거울 **락**	• 형제가 또한 즐거워 하나니

凡	今	之	人	은
무릇 **범**	이제 **금**	어조사 **지**	사람 **인**	• 이제 모든 사람은

莫	如	兄	弟	라
없을 **막**	같을 **여**	맏 **형**	아우 **제**	• 형제만 함이 없나니라

雖	有	良	朋	이나
비록 **수**	있을 **유**	좋을 **양**	벗 **붕**	• 비록 좋은 벗이 있으나

豈	能	如	此	며
어찌 **기**	능할 **능**	같을 **여**	이 **차**	• 어찌 능히 이 같으며

雖	有	他	親	이나
비록 **수**	있을 **유**	다를 **타**	친할 **친**	• 비록 다른 친척이 있으나

豈	能	如	此	리오
어찌 **기**	능할 **능**	같을 **여**	이 **차**	• 어찌 능히 이 같으리오

敬	我	兄	後	에
공경 경	나 아	맏 형	뒤 후	• 나의 형을 공경한 뒤에

敬	他	人	兄	하고
공경 경	다를 타	사람 인	맏 형	• 다른 사람의 형을 공경하고

愛	我	弟	後	에
사랑 애	나 아	아우 제	뒤 후	• 나의 아우를 사랑한 뒤에

愛	他	人	弟	니라
사랑 애	다를 타	사람 인	아우 제	• 다른 사람의 아우를 사랑할지니라

我	愛	人	弟	면
나 아	사랑 애	사람 인	아우 제	• 내가 남의 아우를 사랑하면

人	愛	我	弟	오
사람 인	사랑 애	나 아	아우 제	• 남이 내 아우를 사랑하는 것이오

我	敬	人	兄	이면
나 아	공경 경	사람 인	맏 형	• 내가 남의 형을 공경하면

人	敬	我	兄	하나니
사람 인	공경 경	나 아	맏 형	• 남도 내 형을 공경하나니

若	兄	若	弟	는
같을 약	맏 형	같을 약	아우 제	• 형같이 하고 아우같이 함은

父	母	所	愛	라
아버지 부	어머니 모	바 소	사랑 애	• 부모가 사랑하는 바라

我	若	不	愛	면
나 아	만일 약	아닐 불	사랑 애	• 내 만일 사랑하지 않으면

是	慢	父	母	니
이 시	설만할 만	아버지 부	어머니 모	• 이것은 부모를 설만함이니 註 설만 ; 하는 짓이 무례하고 거만하다.

不	慾	慢	親	인댄
아닐 불	하고자할 욕	설만할 만	어버이 친	• 어버이를 설만히 않고자 할진댄

敢	不	愛	之	리오
구태 감	아닐 불	사랑 애	어조사 지	• 어찌 사랑하지 아니하리오

三. 敬長	어른 공경하는 도리

日	長	日	幼	는 • 어른이라 하고 어린이라 함은
가로 **왈**	어른 **장**	가로 **왈**	어릴 **유**	
年	齒	有	序	라 • 나이로써 차례가 있나니라
해 **년(연)**	나 **치**	있을 **유**	차례 **서**	
長	者	來	到	어시든 • 어른께서 이르시거든
어른 **장**	놈 **자**	올 래(내)	이를 **도**	
拜	而	問	安	하고 • 절하여 안부를 여쭙고
절 **배**	말이을 **이**	물을 **문**	편안 **안**	
長	者	言	歸	어시든 • 어른이 돌아가시겠다 하시거든
어른 **장**	놈 **자**	말씀 **언**	돌아갈 **귀**	
拜	而	奉	餞	이니라 • 절하고 받들어 전송할지니라
절 **배**	말이을 **이**	받들 **봉**	보낼 **전**	

長	老	出	入	이어든
어른 장	늙을 노 (로)	날 출	들 입	• 어른이나 노인이 나가고 들어오시거든

每	必	起	之	니라
매양 매	반드시 필	일어날 기	어조사 지	• 매번 반드시 일어설지니라

侍	行	長	者	에
모실 시	갈 행	어른 장	놈 자	• 어른을 모시고 감에

先	勿	疾	行	이니라
먼저 선	말 물	빠를 질	갈 행	• 먼저 빨리 가지 말지니라

長	者	問	焉	이어든
어른 장	놈 자	물을 문	어조사 언	• 어른이 묻거든

問	終	而	對	니라
물을 문	마침 종	말이을 이	대답 대	• 물음이 끝난 뒤에 대답할지니라

辟	咡	詔	之	어든
부를 벽	귓속말 이	가르칠 조	어조사 지	• 가까이 말씀하시거든

揜	口	而	對	니라 • 입을 가리고 대답할지니라
가릴 엄	입 구	말이을 이	대답 대	

侍	坐	長	者	에 • 어른을 모시고 앉음에
모실 시	앉을 좌	어른 장	놈 자	

暑	不	敢	翣	이니라 • 더워도 감히 부채질하지 않을지니라
더울 서	아닐 불	감히 감	부채 삽	

路	遇	長	者	에 • 길에서 어른을 만남에
길 로(노)	만날 우	어른 장	놈 자	

趨	進	拱	立	이로되 • 빨리 나아가 손을 모으고 서되
빠를 추	나갈 진	손꽂을 공	설 립	

不	請	所	之	하고 • 가시는 곳을 묻지 말고
아닐 불	청할 청	바 소	갈 지	

不	言	而	退	니라 • 말하지 않고 물러날지니라
아닐 불	말씀 언	말이을 이	물러날 퇴	

長	者	賜	果	어든
어른 장	놈 자	줄 사	실과 과	• 어른이 과실을 주시거든

核	子	在	手	오
씨 핵	아들 자	있을 재	손 수	• 씨를 손에다 간수하고

長	者	賜	肉	이어든
어른 장	놈 자	줄 사	고기 육	• 어른이 고기를 주시거든

骨	不	投	狗	니라
뼈 골	아닐 불	던질 투	개 구	• 뼈를 개에게 던져주지 말지니라

十	年	之	長	은
열 십	해 년	어조사 지	어른 장	• 열 해 어른은

呼	以	老	兄	하고
부를 호	써 이	늙을 노	맏 형	• 노형이라 부르고 註 노형 ; 동년배에서 나이를 더 먹은 사람을 높여서 부름

二	十	年	長	이면
두 이	열 십	해 년	어른 장	• 스무 해 어른이면

呼	以	尊	長	이니라
부를 호	써 이	높을 존	어른 장	• 존장(웃어른)이라 부를지니라

長	者	慈	幼	하고
어른 장	놈 자	사랑 자	어릴 유	• 어른은 어린이를 사랑하고

幼	者	敬	長	하나니
어릴 유	놈 자	공경 경	어른 장	• 어린이는 어른을 공경하나니

慈	幼	敬	長	을
사랑 자	어릴 유	공경 경	어른 장	• 어린이를 사랑하고 어른을 공경함을

是	謂	順	德	이니라
이 시	이를 위	순할 순	큰 덕	• 이것을 순덕이라 이를지니라 註 순덕 ; 도리에 공손히 따르는 덕

四. 交 友	친구 사귀는 도리

人	生	處	世	에
사람 인	날 생	처할 처	인간 세	• 사람이 세상에 살아가는데

不	可	無	友	니
아닐 불	옳을 가	없을 무	벗 우	• 가히 벗이 없어서 안될 것이니

擇	而	交	之	하면
가릴 택	말이을 이	사귈 교	어조사 지	• 가리어 사귀면

有	所	補	益	하고
있을 유	바 소	도울 보	더할 익	• 도울 바 유익함이 있고

不	擇	而	交	하면
아닐 불	가릴 택	말이을 이	사귈 교	• 가리지 않고 사귀면

有	所	損	害	니라
있을 유	바 소	덜 손	해할 해	• 더는 바 해됨이 있나니라

實	心	相	交	하야
진실로 실	마음 심	서로 상	사귈 교	• 진실한 마음으로 서로 사귀어서

過	勿	憚	改	니라
허물 과	말 물	꺼릴 탄	고칠 개	• 허물 고치기를 꺼리지 말지니라

友	其	德	也	에
벗 우	그 기	큰 덕	어조사 야	• 그 덕을 벗함에

不	可	有	挾	이니
아닐 불	옳을 가	있을 유	낄 협	• 가히 믿고 뽐내게 두지 못할 것이니 註 협(挾) : 낀다는 것을 믿고 유세(有勢)하는 것.

不	挾	富	貴	하고
아닐 불	낄 협	부자 부	귀할 귀	• 부하고 귀함을 자랑하지 말고

不	挾	兄	弟	니라
아닐 불	낄 협	맏 형	아우 제	• 형이나 아우를 내세우지 말지니라

友	其	正	人	하면
벗 우	그 기	바를 정	사람 인	• 그 바른 사람을 벗하면

我	亦	自	正	하고
나 아	또 역	스스로 자	바를 정	• 내 또한 스스로 바르고

友	其	邪	人	하면
벗 우	그 기	간사할 사	사람 인	• 그 간사한 사람을 벗하면

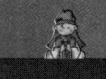

我	亦	自	邪	니라
나 아	또 역	스스로 자	간사할 사	• 내 또한 스스로 간사할지니라

近	墨	者	黑	하고
가까울 근	먹 묵	놈 자	검을 흑	• 먹에 가까이 하는 자는 검고

近	朱	者	赤	이니라
가까울 근	붉은 주	놈 자	붉을 적	• 붉은데 가까이 하는 자는 붉으니라

蓬	生	麻	中	에
쑥 봉	날 생	삼 마	가운데 중	• 쑥이 삼 속에서 나매

不	扶	自	直	하고
아닐 불	붙들 부	스스로 자	곧을 직	• 붙들지 않아도 스스로 곧아지고

白	沙	在	泥	에
흰 백	모래 사	있을 재	진흙 니	• 흰 모래가 진땅에 있음에

不	染	自	黑	이니라
아닐 불	물들일 염	스스로 자	검을 흑	• 물들이지 않아도 스스로 검나니라

毋	與	面	交	하고
말 무	더불 여	낯 면	사귈 교	• 겉으로만 더불어 사귀지 말고

知	心	以	交	니라
알 지	마음 심	써 이	사귈 교	• 마음을 알고서 사귈지니라

不	責	我	身	은
아닐 불	책망할 책	나 아	몸 신	• 내 몸을 책망하지 않는 이는

諂	諛	之	人	이오
아첨할 첨	아첨할 유	어조사 지	사람 인	• 알랑거리며 아첨하는 사람이오

面	責	我	過	는
낯 면	책망할 책	나 아	허물 과	• 내 잘못을 당면하여 책망하는 이는

剛	直	之	人	이니라
강할 강	곧을 직	어조사 지	사람 인	• 마음이 굳세고 곧은 사람이니라

友	其	諂	諛	하면
벗 우	그 기	아첨할 첨	아첨할 유	• 그 아첨하는 이를 벗하면

是	爲	損	者	오
이 시	될 위	덜 손	놈 자	• 이것은 손해봄이 되는 것이요

友	其	剛	直	하면
벗 우	그 기	강할 강	곧을 직	• 그 강직한 이를 벗하면

是	爲	益	者	니라
이 시	될 위	더할 익	놈 자	• 이것은 유익함이 되나니라

人	無	責	友	면
사람 인	없을 무	책망할 책	벗 우	• 사람이 책망하는 벗이 없으면

易	陷	不	義	하나니
쉬울 이	빠질 함	아닐 불	옳을 의	• 정의에 어긋나는 일에 빠지기 쉬우니

百	足	之	蟲	은
일백 백	발 족	어조사 지	벌레 충	• 발이 백이나 되는 벌레는

至	死	不	僵	하고
이를 지	죽을 사	아닐 불	자빠질 강	• 죽음에 이르러도 자빠지지 아니하고

多	友	之	人	은
많을 다	벗 우	어조사 지	사람 인	• 벗이 많은 사람은

當	事	無	誤	니라
당할 당	일 사	없을 무	그릇 오	• 일을 당함에도 그릇됨이 없나니라

初	不	擇	交	다가
처음 초	아닐 불	가릴 택	사귈 교	• 처음에 가리어 사귀지 않다가

後	若	絶	之	댄
뒤 후	만일 약	끊을 절	어조사 지	• 뒤에 만일 끊으려 할진댄

彼	必	大	怨	하야
저 피	반드시 필	큰 대	원망할 원	• 저 사람이 반드시 크게 원망하여

反	爲	害	矣	니
돌아올 반	될 위	해할 해	어조사 의	• 도리어 해가 될 것이니

我	益	我	害	
나 아	더할 익	나 아	해할 해	• 나에게 유익하고 나에게 손해됨이

惟	在	我	矣	니 • 오직 나에게 있으니
오직 유	있을 재	나 아	어조사 의	

友	而	不	信	이면 • 벗이오 진실치 못하면
벗 우	말이을 이	아닐 불	믿을 신	

非	直	友	矣	로다 • 정직한 벗이 아니로다
아닐 비	곧을 직	벗 우	어조사 의	

內	疎	外	親	이면 • 안으로 소홀하고 밖으로 친밀하면
안 내	소홀할 소	바깥 외	친할 친	

是	爲	不	信	이오 • 이것은 진실치 못함이 되고
이 시	될 위	아닐 불	믿을 신	

行	不	如	言	이면 • 행실이 말과 같지 않으면
행실 행	아닐 불	같을 여	말씀 언	

亦	曰	不	信	이니 • 또한 진실치 못하다 이를지니
또 역	이를 왈	아닐 불	믿을 신	

若	爲	君	子	하야는 • 만일 군자가 되어서는
만일 **약**	될 **위**	임금 **군**	아들 **자**	
亦	不	行	此	니라 • 또한 행실이 이렇지 않나니라
또 **역**	아닐 **불**	행할 **행**	이 **차**	
同	師	受	學	에 • 같은 스승에게 배움을 받음에
한가지 **동**	스승 **사**	받을 **수**	배울 **학**	
必	與	親	愛	하고 • 반드시 더불어 가까이 사랑하고
반드시 **필**	더불 **여**	친할 **친**	사랑 **애**	
必	相	規	戒	하야 • 반드시 서로 규간(規諫)하고 경계하여 註 규간(規諫) : 옳은 도리를 간함.
반드시 **필**	서로 **상**	법 **규**	경계할 **계**	
勿	或	起	鬧	니라 • 혹 다툼을 일으키지 말지니라
말 **물**	혹 **혹**	일어날 **기**	다툴 **뇨**	
少	不	凌	長	하고 • 젊은이는 어른을 업신여기지 말고
젊을 **소**	아닐 **불**	업신여길 **능**	어른 **장**	

長	不	慢	幼	하야 • 어른은 어린이를 업신여기지 아니하여
어른 장	아닐 불	설만할 만	어릴 유	

各	盡	其	道	라야 • 각각 그 도리를 다하여야
각각 각	다할 진	그 기	길 도	

無	或	相	爭	이니라 • 혹 서로 다툼이 없을지니라
없을 무	혹 혹	서로 상	다툴 쟁	

若	不	相	愛	하야 • 만일 서로 사랑하지 아니하여
만일 약	아닐 불	서로 상	사랑 애	

人	面	獸	心	이면 • 사람의 낯으로 짐승의 마음이 되면
사람 인	낯 면	짐승 수	마음 심	

瞻	彼	鳥	獸	에 • 새나 짐승의 겉을 봄에
볼 첨	겉 피	새 조	짐승 수	

亦	各	同	群	이어늘 • 또한 각각 무리를 한가지 하거늘
또 역	각각 각	한가지 동	무리 군	

況	乎	人	者	• 하물며 사람이
하물며 **황**	어조사 **호**	사람 **인**	놈 **자**	

不	如	鳥	獸	아 • 새나 짐승만 같지 못하랴
아닐 **불**	같을 **여**	새 **조**	짐승 **수**	

	五. 隆師			스승 섬기는 도리

事	師	如	親	하야 • 스승 섬기기를 어버이 같이 하여
섬길 **사**	스승 **사**	같을 **여**	어버이 **친**	

必	敬	必	恭	이니라 • 반드시 공경하고 반드시 공손할지니라
반드시 **필**	공경 **경**	반드시 **필**	공손 **공**	

非	教	不	知	오 • 가르치지 않으면 알지 못하고
아닐 **비**	가르칠 **교**	아닐 **부**	알 **지**	

非	知	不	行	이니 • 알지 못하면 행하지 못할 것이니
아닐 **비**	알 **지**	아닐 **불**	행할 **행**	

坐	必	跪	坐	하고
앉을 **좌**	반드시 **필**	꿇어앉을 **궤**	앉을 **좌**	• 앉음에 반드시 꿇어앉고

毋	搖	身	體	니라
말 **무**	흔들 **요**	몸 **신**	몸 **체**	• 몸을 흔들지 말지니라

能	孝	能	弟	이
능할 **능**	효도 **효**	능할 **능**	공손할 **제**	• 능히 효도하고 능히 공손함이

莫	非	師	德	이니
없을 **막**	아닐 **비**	스승 **사**	큰 **덕**	• 스승의 덕이 아닌 것이 없으니

若	非	師	功	이면
만약 **약**	아닐 **비**	스승 **사**	공 **공**	• 만일 스승의 공이 아니면

能	智	能	信	가
능할 **능**	지혜 **지**	능할 **능**	믿을 **신**	• 능히 지혜롭고 능히 진실할 것인가

非	爾	成	智	라
아닐 **비**	너 **이**	이룰 **성**	지혜 **지**	• 네 절로 지혜를 이룬 것이 아니라

惟	師	導	之	로다
오직 유	스승 사	인도할 도	어조사 지	· 오직 스승이 인도한 것이로다

其	恩	其	功	이
그 기	은혜 은	그 기	공 공	· 그 은혜와 그 공이

亦	如	天	地	로다
또 역	같을 여	하늘 천	땅 지	· 또한 하늘과 땅 같도다

欲	孝	父	母	댄
하고자할 욕	효도 효	아버지 부	어머니 모	· 부모에게 효도하고저 할진대

何	不	敬	師	리오
어찌 하	아닐 불	공경 경	스승 사	· 어찌 스승을 공경치 않으리오

報	賜	以	力	이
갚을 보	줄 사	써 이	힘 력	· 주신 것을 갚되 힘으로써 하는 것이

人	之	道	也	라
사람 인	어조사 지	길 도	어조사 야	· 사람의 도리라

師	無	衣	服	이면
스승 사	없을 무	옷 의	옷 복	• 스승의 옷이 없으면

卽	必	獻	之	하고
곧 즉	반드시 필	드릴 헌	어조사 지	• 곧 반드시 드리고

師	有	疾	病	이어시든
스승 사	있을 유	병 질	병들 병	• 스승의 병이 있으시거든

卽	必	看	護	니라
곧 즉	반드시 필	볼 간	보호할 호	• 곧 반드시 보살피어 돌볼지니라

若	有	命	呼	어시든
만일 약	있을 유	명할 명	부를 호	• 만일 명하여 부르시거든

唯	而	走	之	니라
대답할 유	말이을 이	빨리갈 주	어조사 지	• 대답하고 뛰어갈지니라

見	善	從	之	하고
볼 견	착한 선	좇을 종	어조사 지	• 착한 것을 보면 좇고

聞	義	則	服	하며
들을 **문**	옳을 **의**	곧 **즉**	복종할 **복**	• 의로운 것을 들으면 복종하며

應	對	必	謹	하고
응할 **응**	대답 **대**	반드시 **필**	삼가할 **근**	• 응하고 대답함을 반드시 삼가하고

衣	帶	必	飭	이니라
옷 **의**	띠 **대**	반드시 **필**	신칙할 **칙**	• 옷과 띠를 반드시 신칙할지니라 註 신칙 ; 단단히 타일러서 경계함.

請	業	則	起	하고
청할 **청**	업 **업**	곧 **즉**	일어날 **기**	• 업을 청하면 일어서고

請	益	則	起	니라
청할 **청**	더할 **익**	곧 **즉**	일어날 **기**	• 더 청함에도 일어설지니라

先	生	之	前	에는
먼저 **선**	날 **생**	어조사 **지**	앞 **전**	• 선생 앞에서는

稱	我	必	名	하고
일컬을 **칭**	나 **아**	반드시 **필**	이름 **명**	• 반드시 내 이름을 일컬으고

一	宿	之	上	은
한 일	잘 숙	어조사 지	윗 상	• 하룻밤 자고 나서는

必	拜	以	謁	이니라
반드시 필	절 배	써 이	아뢸 알	• 반드시 절하고서 아뢸지니라

慢	師	不	敬	이면
설만한 만	스승 사	아닐 불	공경 경	• 스승을 설만히하여 공경하지 아니하면

是	爲	背	師	오
이 시	될 위	배반할 배	스승 사	• 이것은 스승을 배반함이 되고

輕	師	不	信	이면
가벼울 경	스승 사	아닐 불	믿을 신	• 스승을 가벼히 하여 믿지 않으면

亦	曰	背	師	니라
또 역	이를 왈	배반할 배	스승 사	• 또한 스승을 배반한다 이를 것이라

一	或	犯	此	면
한 일	혹 혹	범할 범	이 차	• 한번이라도 혹 이것을 범하면

罪	在	不	容	이니라
죄 **죄**	있을 재	아닐 **불**	용납할 **용**	• 죄가 용납하지 못하는데 있을지니라

一	字	是	師	니
한 **일**	글자 **자**	이 시	스승 사	• 한 글자라도 이 스승이니

豈	敢	慢	忽	가
어찌 기	구태 **감**	설만할 **만**	소홀히 할 **홀**	• 어찌 감히 업신여기고 소홀히 할 것인가

沒	身	敬	之	하야
죽을 **몰**	몸 신	공경 **경**	어조사 **지**	• 몸이 맞도록 공경하여

罔	有	少	懈	니라
없을 **망**	있을 **유**	적을 **소**	게으를 **해**	• 조금이라도 해이(解弛)함이 있을 수 없을지니라 註 해이(解弛) : 마음의 긴장.

生	三	事	一	이
날 **생**	석 **삼**	섬길 **사**	한 **일**	• 남이 셋이오 섬김을 한결같이 하는 것이

君	父	與	師	니
임금 **군**	아버지 **부**	같이한 **여**	스승 **사**	• 임금과 아버지와 같은 스승이니

一	事	之	地	에
한 일	섬길 사	어조사 지	땅 지	• 한가지로 섬김에

敢	不	極	力	가
구태 감	아닐 불	다할 극	힘 력	• 감히 힘을 다하지 않을 것인가

是	以	古	人	이
이 시	써 이	옛 고	사람 인	• 이로써 옛 사람이

有	師	必	敬	이니라
있을 유	스승 사	반드시 필	공경 경	• 스승이 있음에 반드시 공경하였나니라

3. 본자(本字)와 약자(略字)

[본자(本字)와 약자(略字) 또는 속자(俗字)에 대(對)한 음훈(音訓)]

本字(본)字(자)	略字(약)字(자)	訓(훈)	音(음)	本字(본)字(자)	略字(약)字(자)	訓(훈)	音(음)	本字(본)字(자)	略字(약)字(자)	訓(훈)	音(음)
價	価	값	가	岡	崗	산등성이	강	堅	坚	굳을	견
假	仮	거짓	가	強	强	굳셀	강	決	决	결단할	결
卻	却	물리칠	각	個	仜	낱	개	潔	絜	깨끗할	결
覺	覚	깨달을	각	蓋	盖	덮을	개	更	叓	고칠	경
珏	玨	쌍옥	각	儉	倹	검소할	검	徑	径	지름길	경
愨	慤	성실할	각	秔	粳	메벼	갱	經	経	글	경
郤	郄	물리칠	각	去	厺	갈	거	輕	軽	가벼울	경
腳	脚	다리	각	據	拠	의거할	거	京	亰	서울	경
榦	幹	줄기	간	舉	挙	들	거	屆	届	이를	계
杆	桿	나무이름	간	傑	杰	뛰어날	걸	笄	筓	비녀	계
看	督	볼	간	劍	劒	칼	검	繼	継	이을	계
趕	趂	쫓을	간	檢	検	봉함	검	栭	枅	장해	계
稈	秆	볏짚	간	劫	刧	위협할	겁	溪	谿	시내	계
減	减	덜	감	憩	憇	쉴	게	鷄	雞	닭	계
鑑	監	거울	감	鵙	鶪	왜가리	격	考	攷	상고할	고
羗	羌	종족이름	강	鵑	鹃	두견이	견	敲	敵	두드릴	고

本字 (본자)	略字 (약자)	訓 (훈)	音 (음)	本字 (본자)	略字 (약자)	訓 (훈)	音 (음)	本字 (본자)	略字 (약자)	訓 (훈)	音 (음)
鼓	皷	북	고	關	関	빗장	관	軀	躯	몸	구
槀	槗	마를	고	寬	寛	너그러울	관	懼	惧	두려울	구
稾	稿	볏짚	고	廣	広	넓을	광	拘	抅	거리낄	구
顧	顧	돌아볼	고	鑛	鉱	쇳돌	광	枸	构	구기자	구
高	髙	높을	고	光	兂	빛	광	國	国	나라	국
皐	皋	못	고	掛	挂	걸	괘	麴	趜	누룩	국
穀	穀	곡식	곡	怪	恠	기이할	괴	羣	群	무리	군
髡	髠	머리깍을	곤	觥	觵	뿔잔	굉	裙	裠	치마	군
蚣	蚣	메뚜기	공	敎	教	가르칠	교	躬	躳	몸	궁
恭	恭	공손할	공	區	区	구역	구	窮	竆	궁할	궁
筇	笻	대지팡이	공	舊	旧	옛	구	權	权	권세	권
果	菓	실과	과	寇	冦	도둑	구	勸	勧	권할	권
款	欵	정성스러울	관	句	勾	글귀	구	龜	亀	거북	귀
館	舘	집	관	歐	欧	토할	구	歸	帰	돌아올	귀
灌	潅	물댈	관	廐	厩	마구간	구	叫	吅	부르짖을	규
觀	観	볼	관	驅	駆	몰	구	規	規	법도	규

本字(본자)	略字(약자)	訓(훈)	音(음)	本字(본자)	略字(약자)	訓(훈)	音(음)	本字(본자)	略字(약자)	訓(훈)	音(음)
剋	尅	이길	극	羇	羈	나그네	기	團	団	둥글	단
隙	隙	틈	극	羈	羇	굴레	기	斷	断	끊을	단
巹	巹	술잔	근	夔	夒	조심할	기	擔	担	멜	담
襟	衿	옷깃	금	拏	拿	붙잡을	나	聃	聸	귀바퀴없을	담
亙	亘	뻗칠	긍	懦	愞	나약할	나	膽	胆	쓸개	담
器	噐	그릇	기	暖	煖	따뜻할	난	黨	党	무리	당
冀	兾	바랄	기	捏	揑	이길	날	當	当	마땅할	당
棄	弃	버릴	기	埒	埓	길돋을	날	戇	戅	어리석을	당
既	既	이미	기	枏	楠	녹나무	남	餳	餹	엿	당
氣	気	기운	기	迺	廼	어조사	내	對	対	대할	대
汽	滊	끓는김	기	奈	柰	어찌	내	臺	薹	돈대	대
寄	寄	부칠	기	內	内	안	내	玳	瑇	대모	대
崎	﨑	산길험할	기	年	秊	해	년	擡	抬	들	대
棋	碁	바둑	기	寧	寕	편안할	녕	德	徳	덕	덕
岐	歧	두갈래	기	多	夛	많을	다	圖	図	그림	도
飢	饑	주릴	기	單	单	홑	단	稻	稲	벼	도

本字 (본)(자)	略字 (약)(자)	訓 (훈)	音 (음)	本字 (본)(자)	略字 (약)(자)	訓 (훈)	音 (음)	本字 (본)(자)	略字 (약)(자)	訓 (훈)	音 (음)
睹	覩	볼	도	郎	郎	사내	랑	躐	躐	넘을	렵
逃	迯	달아날	도	琅	瑯	옥이름	랑	靈	灵	신령	령
滔	滔	물넘칠	도	螂	蜋	사마귀	랑	禮	礼	예도	례
獨	独	홀로	독	來	来	올	래	隸	隷	붙을	례
讀	読	읽을	독	略	畧	다스릴	략	勞	労	힘쓸	로
蠹	蠹	좀	두	兩	両	두	량	爐	炉	화로	로
竇	竇	구멍	두	涼	凉	서늘할	량	牢	窂	우리	로
遁	遯	달아날	둔	蠣	蛎	조개	려	蘆	芦	갈대	로
燈	灯	등잔	등	驢	馿	나귀	려	鱸	鈩	농어	로
懶	懶	게으를	라	勵	励	힘쓸	려	綠	緑	푸를	록
欒	栾	나무이름	란	歷	歴	지낼	력	瀧	滝	비올	롱
亂	乱	어지러울	란	櫟	櫪	상수리나무	력	賴	頼	의지할	뢰
覽	覧	볼	람	聯	联	잇달	련	料	斵	헤아릴	료
欖	欖	감람나무	람	鍊	練	단련할	련	龍	竜	용	룡
蠟	蝋	밀	랍	奩	奩	경대	렴	樓	楼	다락	루
鑞	鎈	땜납	랍	獵	猟	사냥할	렵	縷	缕	실	루

本字 (본)(자)	略字 (약)(자)	訓 (훈)	音 (음)	本字 (본)(자)	略字 (약)(자)	訓 (훈)	音 (음)	本字 (본)(자)	略字 (약)(자)	訓 (훈)	音 (음)
陋	陋	더러울	루	凜	凛	찰	름	萬	万	일만	만
婁	娄	별이름	루	楞	棱	모	릉	滿	満	찰	만
柳	栁	버들	류	菱	菱	마름	릉	鏝	墁	흙손	만
畱	留	머무를	류	釐	厘	다스릴	리	灣	湾	물굽이	만
榴	榴	석류나무	류	犂	犁	얼룩소	리	込	亡	망할	망
旒	㫍	깃발	류	裏	裡	속	리	莽	莽	초목우거질	망
溜	溜	물방울	류	貍	狸	살쾡이	리	賣	売	팔	매
瘤	瘤	혹	류	梨	棃	배	리	麥	麦	보리	맥
餾	餾	밥뜸들	류	悋	悋	아낄	린	脈	脉	맥	맥
驑	駵	검은갈기에붉은말	류	隣	鄰	이웃	린	霢	霡	가랑비	맥
鶹	鶹	올빼미	류	麻	蔴	삼	마	甍	甍	용마루	맹
瑠	瑠	유리	류	麼	麽	어찌	마	冪	羃	덮을	멱
類	類	무리	류	邈	邈	멀	막	覓	覔	구할	멱
劉	刘	성	류	蠻	蛮	오랑캐	만	面	面	낯	면
隆	隆	높일	륭	曼	曼	끌	만	麪	麵	국수	면
癃	癃	파리할	륭	漫	漫	부질없을	만	綿	緜	이어질	면

本字 (본자)	略字 (약자)	訓 (훈)	音 (음)	本字 (본자)	略字 (약자)	訓 (훈)	音 (음)	本字 (본자)	略字 (약자)	訓 (훈)	音 (음)
冒	冐	무릅쓸	모	盤	盆	소반	반	凡	凣	무릇	범
帽	㡌	모자	모	般	搬	옮길	반	琺	珐	법랑	법
夢	梦	꿈	몽	拔	抜	뺄	발	邊	辺	가	변
懜	懵	어리석을	몽	跋	跂	밟을	발	變	変	변할	변
歿	没	죽을	몰	發	発	필	발	胼	胼	굳은살	변
猫	貓	고양이	묘	旁	㫄	곁	방	骿	骿	통갈비	변
畞	亩	밭이랑	묘	榜	牓	방	방	便	偄	문득	변
無	无	없을	무	坏	坯	굽지않은기와	배	別	别	다를	별
默	黙	잠잠할	묵	輩	軰	무리	배	鼈	鱉	자라	별
微	微	작을	미	拜	拝	절	배	軿	軿	부인의수레	병
彌	弥	두루	미	杯	盃	잔	배	迸	迸	달아날	병
美	羑	아름다울	미	裵	裴	성	배	倂	倂	어우를	병
眉	睂	눈썹	미	柏	栢	잣나무	백	瓶	瓶	병	병
瀰	㳽	물넓을	미	繁	緐	번성할	번	屛	屏	병풍	병
獼	猕	원숭이	미	飜	翻	뒤집을	번	幷	并	합할	병
珉	玟	옥돌	민	罰	罸	벌줄	벌	竝	並	아우를	병

本字 (본)(자)	略字 (약)(자)	訓 (훈)	音 (음)	本字 (본)(자)	略字 (약)(자)	訓 (훈)	音 (음)	本字 (본)(자)	略字 (약)(자)	訓 (훈)	音 (음)
騈	骈	나란히할병		佛	髴	비슷할	불	舍	舎	집	사
餠	餅	떡	병	祕	秘	숨길	비	俟	竢	기다릴	사
寶	宝	보배	보	脾	胇	지라	비	蓑	簑	도롱이	사
譜	譜	족보	보	痺	痹	암메추리	비	傘	仐	우산	산
步	歩	걸음	보	鼻	鼻	코	비	殺	煞	죽일	살
本	本	근본	본	卑	𤰞	낮을	비	參	参	석	삼
峯	峰	봉우리	봉	毗	毘	도울	비	摻	掺	잡을	삼
蜂	蠭	벌	봉	賓	賔	손	빈	插	挿	꽂을	삽
烽	燧	봉화	봉	濱	浜	물가	빈	嘗	甞	맛볼	상
富	冨	부자	부	鬢	鬂	살쩍	빈	桑	桒	뽕나무	상
負	負	질	부	憑	凭	의지할	빙	象	象	코끼리	상
缶	缻	장군	부	冰	氷	얼음	빙	顙	顙	이마	상
墳	坟	무덤	분	辭	辞	말씀	사	牀	床	평상	상
奔	奔	달아날	분	師	师	스승	사	狀	状	형상	상
佛	仏	부처	불	寫	写	베낄	사	璽	壐	도장	새
拂	払	떨칠	불	絲	糸	실	사	敍	叙	차례	서

本字(본자)	略字(약자)	訓(훈)	音(음)	本字(본자)	略字(약자)	訓(훈)	音(음)	本字(본자)	略字(약자)	訓(훈)	音(음)
壻	婿	사위	서	所	珎	바	소	數	数	헤아릴	수
鼠	䑕	쥐	서	屬	属	엮을	속	讎	讐	원수	수
棲	栖	깃들일	서	續	続	이을	속	肅	粛	엄숙할	숙
釋	釈	풀	석	巽	㢲	손괘	손	儵	倏	빠를	숙
石	㼛	돌	석	飱	飡	저녁밥	손	徇	狥	두루	순
旋	捵	빙빙돌	선	鎖	鎖	쇠사슬	쇄	脣	唇	입술	순
璇	琁	아름다운옥	선	灑	洒	물뿌릴	쇄	倅	伜	버금	쉬
躚	躃	춤출	선	曬	晒	볕쬘	쇄	蝨	虱	이	슬
尟	尠	적을	선	鬚	須	수염	수	濕	湿	젖을	습
膳	饍	반찬	선	酬	酧	갚을	수	繩	縄	줄	승
絏	紲	맬	설	豎	竪	더벅머리	수	乘	乗	탈	승
纖	繊	가늘	섬	搜	搜	찾을	수	顋	腮	뺨	시
聲	声	소리	성	瞍	睃	소경	수	諡	謚	시호	시
世	卋	대	세	收	収	거둘	수	實	実	열매	실
疏	疎	성길	소	修	脩	닦을	수	尋	尋	찾을	심
穌	甦	깨어날	소	壽	寿	목숨	수	澀	澁	떫을	십

本字 (본) (자)	略字 (약) (자)	訓 (훈)	音 (음)	本字 (본) (자)	略字 (약) (자)	訓 (훈)	音 (음)	本字 (본) (자)	略字 (약) (자)	訓 (훈)	音 (음)
雙	双	쌍	쌍	愛	爱	사랑	애	姸	姸	고울	연
亞	亜	버금	아	阨	阸	막힐	액	娟	娟	아름다울	연
兒	児	아이	아	椰	枒	야자나무	야	捐	捐	버릴	연
鵝	鵞	거위	아	藥	薬	약	약	涓	涓	가릴	연
惡	悪	악할	악	樣	様	모양	양	煙	烟	연기	연
樂	楽	풍류	악	糧	粮	양식	양	軟	輭	연할	연
鱷	鰐	악어	악	御	御	어거할	어	沿	沿	따를	연
雁	鴈	기러기	안	於	扵	어조사	어	硏	研	갈	연
戞	戛	창	알	彦	彦	선비	언	悅	悦	기쁠	열
巖	岩	바위	암	孽	孼	첩의자식	얼	鹽	塩	소금	염
庵	菴	암자	암	嚴	厳	엄할	엄	艷	艶	고울	염
暗	闇	어두울	암	餘	余	남을	여	髥	髯	구레나룻	염
壓	圧	누를	압	與	与	줄	여	冉	冄	나아갈	염
昂	昻	높을	앙	歟	歁	어조사	여	穎	頴	빼어날	영
卬	卭	나	앙	譯	訳	번역할	역	佞	侫	아첨할	영
礙	碍	막을	애	驛	駅	정거장	역	營	営	경영할	영

本字 (본자)	略字 (약자)	訓 (훈)	音 (음)	本字 (본자)	略字 (약자)	訓 (훈)	音 (음)	本字 (본자)	略字 (약자)	訓 (훈)	音 (음)
榮	栄	영화	영	往	徃	갈	왕	兪	俞	대답할	유
譽	誉	기릴	예	要	要	구할	요	游	游	헤엄칠	유
豫	予	미리	예	幺	么	작을	요	遊	逰	놀	유
藝	芸	재주	예	窰	窑	기와굽는가마	요	幼	㓜	어릴	유
霓	蚬	무지개	예	宂	冗	쓸데없을	용	臾	臾	잠깐	유
蕊	蘂	꽃술	예	祐	佑	도울	우	踰	逾	넘을	유
奧	奥	아랫목	오	勖	勗	힘쓸	욱	諛	諌	아첨할	유
溫	温	따뜻할	온	韻	韵	운	운	衄	蚵	코피	육
慍	愠	성낼	온	殞	隕	죽을	운	隱	隠	숨을	은
媼	媪	할미	온	鬱	欝	막힐	울	陰	陰	그늘	음
榲	榲	기둥	온	圓	円	둥글	원	應	応	응할	응
褞	褌	굵은베옷	온	寃	冤	원통할	원	懿	懿	아름다울	의
甕	瓮	독	옹	遠	逺	멀	원	議	讥	의논할	의
臥	卧	누울	와	圍	囲	둘레	위	醫	医	의원	의
玩	翫	놀	완	爲	為	위할	위	敳	敳	거룩하다할	의
盌	碗	주발	완	衞	衛	지킬	위	毅	殺	굳셀	의

本字(본자)	略字(약자)	訓(훈)	音(음)	本字(본자)	略字(약자)	訓(훈)	音(음)	本字(본자)	略字(약자)	訓(훈)	音(음)
宜	冝	마땅할	의	絍	絍	베짤	임	腸	膓	창자	장
貳	弐	두	이	剩	剰	남을	잉	場	塲	마당	장
異	異	다를	이	姊	姉	누이	자	丈	丈	어른	장
頤	頥	턱	이	煮	煑	삶을	자	藏	蔵	감출	장
爾	尔	너	이	呰	呰	헐뜯을	자	壯	壮	씩씩할	장
禰	祢	아비사당	이	諮	咨	물을	자	將	将	장차	장
邇	迩	가까울	이	勺	勺	잔질할	작	獎	奨	권면할	장
彛	彝	떳떳할	이	殘	残	해칠	잔	哉	㦲	어조사	재
迤	迆	비스듬할	이	蠶	蚕	누에	잠	災	灾	재앙	재
益	益	더할	익	潛	潜	잠길	잠	齋	斎	재계할	재
因	囙	인할	인	雜	雑	섞일	잡	爭	争	다툴	쟁
刃	刄	칼날	인	帀	匝	두루	잡	抵	牴	막을	저
靭	靭	질긴	인	葬	塟	장사지낼	장	猪	豬	산돼지	저
壹	壱	하나	일	妝	粧	단장할	장	佇	竚	오래설	저
姙	妊	아이밸	임	莊	荘庄	장중할	장	著	着	나타날	저
袵	衽	옷깃	임	牆	墻	담	장	跡	迹	발자취	적

本字 (본자)	略字 (약자)	訓 (훈)	音 (음)	本字 (본자)	略字 (약자)	訓 (훈)	音 (음)	本字 (본자)	略字 (약자)	訓 (훈)	音 (음)
迪	廸	나아갈	적	濟	済	건널	제	旨	旨	맛	지
翦	剪	자를	전	曹	曺	무리	조	遲	遅	더딜	지
轉	転	구를	전	條	条	가지	조	直	直	곧을	직
錢	銭	돈	전	弔	吊	조상할	조	眞	真	참	진
田	畋	밭	전	皁	皂	하인	조	珍	珎	보배	진
戰	戦	싸움	전	縱	縦	늘어질	종	鎭	鎮	누를	진
傳	伝	전할	전	從	従	좇을	종	晉	晋	나아갈	진
竊	窃	도둑질할	절	晝	昼	낮	주	盡	尽	다할	진
點	点	점	점	廚	厨	부엌	주	質	貭	바탕	질
淨	浄	깨끗할	정	鬻	粥	죽	죽	徵	徴	부를	징
靜	静	고요할	정	準	準	법	준	箚	箚	찌를	차
鄭	鄭	나라이름	정	衆	衆	무리	중	斲	斵	깎을	착
亭	亭	정자	정	卽	即	곧	즉	着	著	붙을	착
旌	旌	기	정	櫛	櫛	빗	즐	瓚	瓉	제기	찬
鼎	鼑	솥	정	蒸	烝	찔	증	纘	纉	이을	찬
齊	斉	가지런할	제	證	証	증거	증	讚	讃	기릴	찬

本字 (본) 字 (자)	略字 (약) 字 (자)	訓 (훈)	音 (음)	本字 (본) 字 (자)	略字 (약) 字 (자)	訓 (훈)	音 (음)	本字 (본) 字 (자)	略字 (약) 字 (자)	訓 (훈)	音 (음)
鑽	鑚	뚫을	찬	甜	㖭	달	첨	總	惣	모두	총
餐	湌	먹을	찬	簷	檐	처마	첨	塚	冢	무덤	총
贊	賛	찬성할	찬	籤	籖	제비	첨	聰	聡	귀밝을	총
僭	僣	주제넘을	참	輒	輙	문득	첩	麤	麁	거칠	추
讖	讝	비결	참	靑	青	푸를	청	樞	枢	지도리	추
慙	慚	부끄러울	참	聽	聴	들을	청	鰍	鰌	미꾸라지	추
刱	剙	비롯할	창	廳	庁	관청	청	芻	蒭	꼴	추
窓	窻	창문	창	遞	逓	갈마들	체	趨	趍	달릴	추
倡	娼	광대	창	體	体	몸	체	筑	筑	악기이름	축
彩	彩	채색	채	酢	醋	초	초	衝	衛	충돌할	충
册	冊	책	책	草	艸	풀	초	蟲	虫	벌레	충
處	処	살	처	楚	楚	나라	초	沖	冲	빌	충
淺	浅	얕을	천	觸	触	닿을	촉	悴	忰	초췌할	췌
巛	川	내	천	邨	村	마을	촌	醉	酔	취할	취
遷	迁	옮길	천	傯	偬	바쁠	총	脆	脃	무를	취
鐵	鉄	쇠	철	悤	忽	급할	총	嘴	觜	부리	취

本字 (본자)	略字 (약자)	訓 (훈)	音 (음)	本字 (본자)	略字 (약자)	訓 (훈)	音 (음)	本字 (본자)	略字 (약자)	訓 (훈)	音 (음)
廁	厕	뒷간	측	嘆	歎	탄식할	탄	炮	炰	구울	포
恥	耻	부끄러울	치	耽	耽	즐길	탐	稟	稟	여쭐	품
稚	穉	어릴	치	塔	塔	탑	탑	品	品	물건	품
齒	歯	이	치	馱	馱	짐실을	태	豐	豊	풍년	풍
卮	巵	술잔	치	擇	択	가릴	택	弼	弻	도울	필
致	玟	이를	치	澤	沢	못	택	筆	笔	붓	필
癡	痴	어리석을	치	撑	撑	버틸	탱	逼	偪	핍박할	핍
勅	敕	칙서	칙	兔	兎	토끼	토	鰕	蝦	새우	하
漆	柒	옻	칠	統	統	거느릴	통	廈	厦	큰집	하
沈	沉	잠길	침	鬪	鬭	싸움	투	學	学	배울	학
針	鍼	바늘	침	妒	妬	투기할	투	閒	閑	할가할	한
稱	称	일컬을	칭	佩	珮	찰	패	鷳	鷴	흰꿩	한
陀	陁	험할	타	霸	覇	으뜸	패	鹹	醎	짤	함
駝	駞	타조	타	廢	廃	폐할	폐	函	圅	함	함
斁	斁	휘늘어질	타	褒	襃	기릴	포	銜	啣	재갈	함
朶	朵	꽃송이	타	鋪	舖	펼	포	盍	蓋	어찌아니할	합

本字 (본) 字 (자)	略字 (약) 字 (자)	訓 (훈)	音 (음)	本字 (본) 字 (자)	略字 (약) 字 (자)	訓 (훈)	音 (음)	本字 (본) 字 (자)	略字 (약) 字 (자)	訓 (훈)	音 (음)
恆	恒	항상	항	邢	邢	나라이름	형	回	囬	돌아올	회
姮	嫦	항아	항	螢	蛍	반딧불	형	廻	廻	돌	회
解	觧	풀	해	醯	醯	초	혜	會	会	모일	회
蟹	蟹	게	해	號	号	부르짖을	호	獲	獲	얻을	획
鄕	郷	고을	향	皓	皞	밝을	호	效	効	본받을	효
虛	虚虗	빌	허	冱	冴	얼	호	肴	殽	안주	효
獻	献	드릴	헌	魂	蒐	넋	혼	勳	勛	공	훈
驗	験	증험할	험	昏	昬	어두울	혼	毁	毀	헐	훼
險	険	험할	험	花	苍	꽃	화	卉	芔	풀	훼
顯	顕	나타날	현	畫	畵画	그림	화	攜	携	끌	휴
縣	県	매달	현	禍	裍	재앙	화	凶	兇	흉악할	흉
脇	脅	옆구리	협	歡	歓	기쁠	환	黑	黒	검을	흑
狹	狭	좁을	협	闊	濶	넓을	활	興	兴	일어날	흥
衡	衝	저울	형	恍	怳	황홀할	황	羲	羲	복희	희
刑	刑	형벌	형	況	况	하물며	황	戲	戲	희롱할	희
形	形	모양	형	繪	絵	그림	회	熙	熙	빛날	희

馬圖(마도)

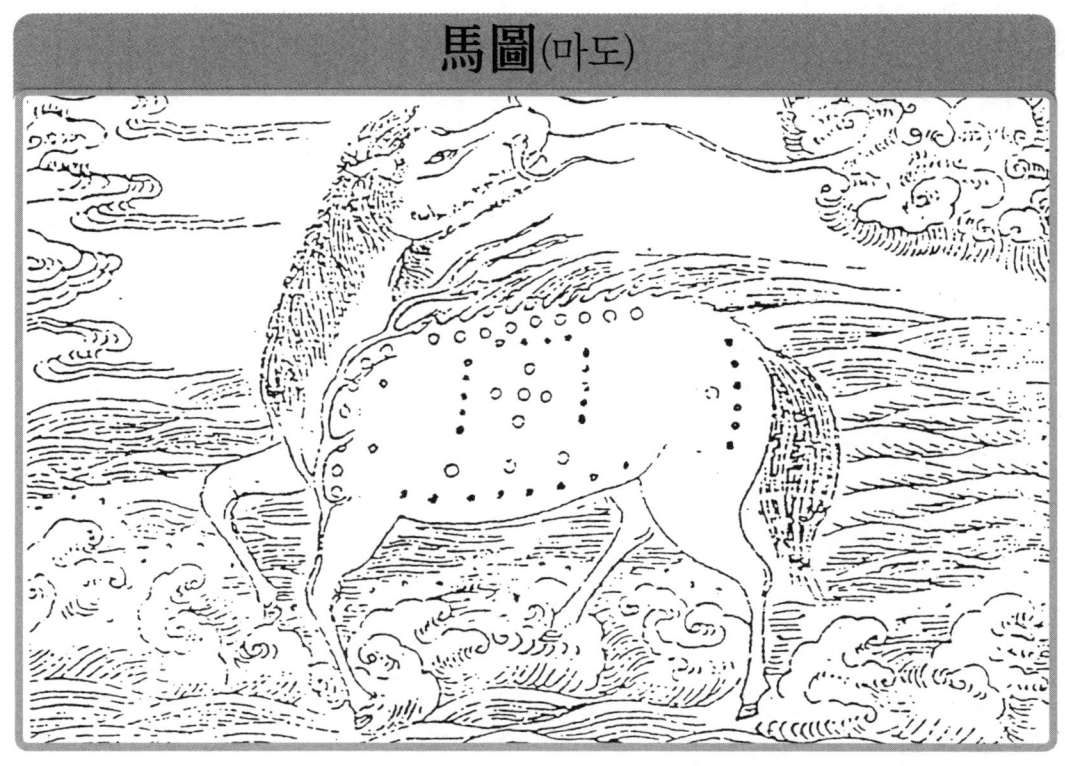

龜書圖(구서도)

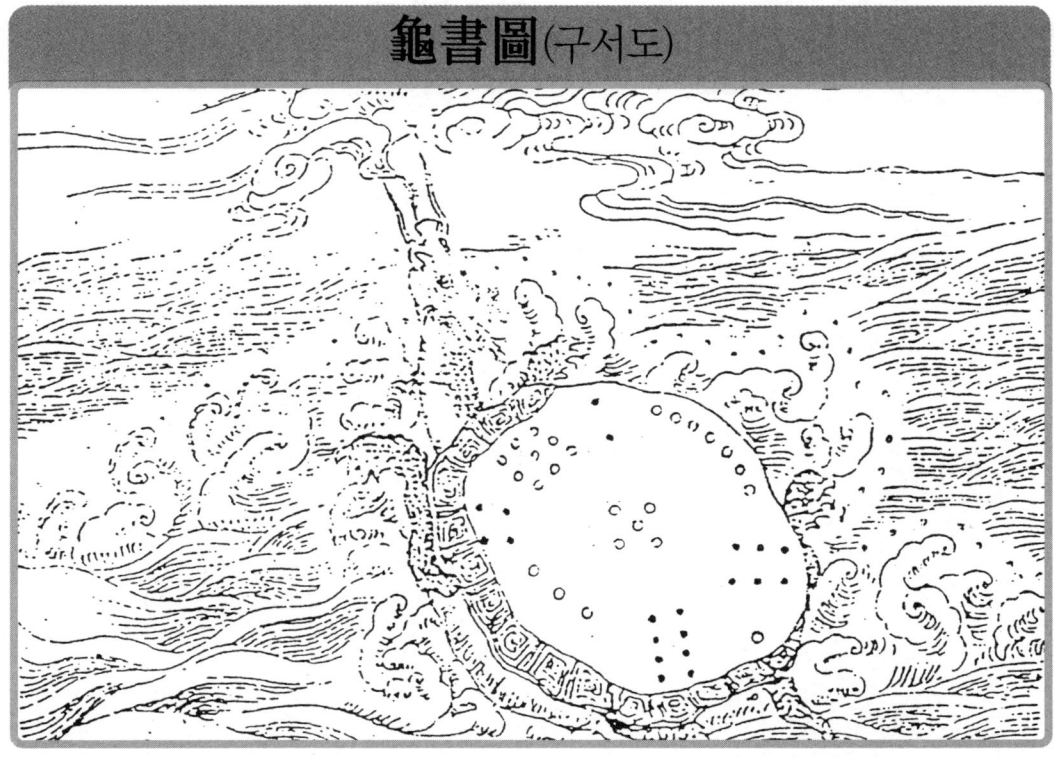

【註繹】八卦 : 태호복희씨가 용마하도(龍馬河圖)를 보고 그었다는 여러가지 卦. 그것이
변하여 六十四괘가 되었고 그것을 연역(連繹)한 것이 주역(周易)임.

4. 문자(文字)의 기원(起源)

一	한 일			几	안 석 궤 책상궤		
丨	뚫을 곤			凵	입벌릴감 위튼입구몸		
丶	불 똥 주 점주			刀	칼 도 刂 선칼도		
丿	삐칠별 삐침			力	힘 력		
乙	새 을			勹	쌀 포		
亅	갈고리궐			匕	비 수 비		
二	두 이			匚	상 자 방 터진입구몸		
亠	머 리 두 돼지해머리			匸	감 출 혜 터진에운담		
人	사 람 인 亻 인변			十	열 십		
儿	어진 사람인발			卜	점 복		
入	들 입			卩	병 부 절 㔾 마디절		
八	여 덟 팔			厂	굴바위엄 민엄호		
冂	멀 경 몸			厶	마 늘 모		
冖	덮 을 멱 민갓머리			又	또 우		
冫	얼 음 빙 이수변			口	입 구		

口	에운담몸 큰입구		
土	흙 토		
士	선 비 사		
夂	뒤져올치		
夊	천천히걸을쇠발		
夕	저 녁 석		
大	큰 대		
女	계 집 녀		
子	아 들 자		
宀	집 면 갓머리		
寸	마 디 촌		
小	작 을 소		
尢	절름발이왕 兀 尣		
尸	주 검 시 엄		
屮	풀 철 왼손좌		
山	메 산		
巛	내 천 川개미허리		
工	장 인 공		
己	몸 기		
巾	수 건 건		
干	방 패 간		
幺	작 을 요		
广	집 엄 엄호		
廴	걸 을 인 민책받침		
廾	들 공 스물입발		
弋	주 살 익		
弓	활 궁		
彐	돼 지 계 彑 彑 터진가로왈		
彡	터 럭 삼 삐친석삼		
彳	자축거릴척 두인변		
心	마 음 심 忄 忄 심방변		
戈	창 과		

戶	지게 호 문호			殳	칠 수 갖은등글월문	
手	손 수 扌 재방변			毋	말 무	
支	지탱할 지			比	견줄 비	
攴	칠 복 攵 등글월문			毛	터럭 모	
文	글월 문			氏	성 씨씨 각시씨	
斗	말 두			气	기운기엄	
斤	무게 근 도끼근			水	물 수 氺 氵 삼수변	
方	모 방			火	불 화	
无	없을 무 旡 이미기방			爪	손톱 조	
日	날 일			父	아비 부	
曰	가로 왈			爻	점괘 효	
月	달 월			爿	장수장변	
木	나무 목			片	조각 편	
欠	하품 흠			牙	어금니 아	
止	그칠 지			牛	소 우	
歹	뼈앙상알 歺 죽을사변			犬	개 견 犭 개사슴록변	

玄	검을 현			矢	화살 시		
玉	구슬 옥			石	돌 석		
瓜	오이 과			示	보일 시		
瓦	기와 와			禸	짐승발자국유		
甘	달 감			禾	벼 화		
生	날 생			穴	구멍 혈		
用	쓸 용			立	설 립		
田	밭 전			竹	대 죽 대죽머리		
疋	필 필			米	쌀 미		
疒	병질엄			糸	실 사		
癶	걸을발 필발머리			缶	장군 부		
白	흰 백			网	그물 망		
皮	가죽 피			羊	양 양		
皿	그릇 명			羽	깃 우		
目	눈 목			老	늙을 로		
矛	창 모			而	말이을 이		

耒	가래 뢰 쟁기뢰			血	피 혈		
耳	귀 이			行	다닐 행		
聿	붓 율 오직율			衣	옷 의		
肉	고기 육 月 육달월			襾	덮을 아		
臣	신하 신			見	볼 견		
自	스스로 자			角	뿔 각		
至	이를 지			言	말씀 언		
臼	절구 구 臼 확구			谷	골 곡		
舌	혀 설			豆	콩 두		
舛	어그러질천			豕	돼지 시		
舟	배 주			豸	갖은돼지시		
艮	머무를간 쾌이름간			貝	조개 패 자개패		
色	빛 색			赤	붉을 적		
艸	풀 초 艹 초두			走	달릴 주		
虍	문채 호 범호엄			足	발 족		
虫	벌레 충			身	몸 신		

車	수 레 거			非	아 닐 비		
辛	매 울 신			面	낯 면		
辰	별 진(신)			革	가 죽 혁		
辵	쉬엄쉬엄갈착 辶 책받침			韋	다룸가죽위		
邑	고 을 읍 阝 우부방			韭	부 추 구		
酉	닭 유			音	소 리 음		
釆	나 눌 변 釆 분별할변			頁	머 리 혈		
里	마 을 리			風	바 람 풍		
金	쇠 금			飛	날 비		
長	길 장			食	밥 식 먹을식		
門	문 문			首	머 리 수		
阜	언 덕 부 阝 좌부방			香	향 기 향		
隶	미 칠 이			馬	말 마		
隹	새 추			骨	뼈 골		
雨	비 우			高	높 을 고		
靑	푸 를 청			鼠	쥐 서		

鹵	소금밭로 잔땅로	田		龠	피 리 약	龠	
鹿	사 슴 록						
麥	보 리 맥	麥					
麻	삼　　마	麻					
黃	누 를 황	黃					
黍	기 장 서						
黑	검 을 흑						
黹	바느질할치						
黽	맹꽁이맹						
鼎	솥　　정						
鼓	북　　고						
鼻	코　　비						
齊	가지런할제						
齒	이　　치						
龍	용　　룡						
龜	거 북 귀						

5. 한문 문법의 이해(理解)

1. 한문(漢文)의 구성(構成)

한문(漢文)의 구성요소(構成要素)를 살펴보면 하나의 문장(文章)을 이루는데는 주어(主語), 서술어(敍述語), 보어(補語), 객어(客語), 목적어(目的語), 관형어(冠形語 : 修飾語), 부사어(副詞語 : 限定語), 독립어(獨立語) 등이 안배(按配)되어 체계(體系)가 세워져 있는 것이다. 지어놓은 집에는 기둥도 있고 서까래도 있고 들보도 있고 중방이나 도리도 있어 구조(構造)가 맞아야 하듯이 문단(文段)이 갖추어야 할 구비조건(具備條件)에 하자(瑕疵)가 없어야 하는 것은 물론(勿論)이다.

문단의 구성을 분석(分析)해 보면,

```
              ┌ 主要部分(주요부분) - ① 主語(주어)    ② 敍述語(서술어)
문단의 구성 ─┤ 補充部分(보충부분) - ③ 補語(보어)    ④ 客語(객어)    ⑤ 目的語(목적어)
              │ 修飾部分(수식부분) - ⑥ 冠形語(관형어)  ⑦ 副詞語(부사어)
              └ 獨立部分(독립부분) - ⑧ 獨立語(독립어)
```

(1) 主要部分(주요부분)

大海暖流(큰바다에 흐르는 뜨거운 물)
①   ②

山高水長(산은 높고 물은 길게 흐른다.)
① ② ① ②

夫婦는 人倫之始也라.(부부는 인륜의 처음이다.)
①   ②

百川이 祖宗于海라.(모든 시내가 바다로 모인다.)
①   ②   ④

柳綠花紅(버들은 푸르고 꽃은 붉다.)
① ② ① ②

大事已去了라.(큰일은 이미 지나가 끝났다.)
①   ②

(2) 補充部分(보충부분)

氷爲水라.(얼음이 물이 되었다.)
① ② ③

金剛을 又稱蓬萊라.(금강산을 또한 봉래산이라고 일컫는다.)
①   ⑦ ② ③

歲月이 如流라.(세월이 흐르는 물과 같다.)
①   ② ③

魚游大澤이라.(물고기가 큰못에서 논다.)
① ② ④

聖人之道 傳於後世也라.(성인의 도를 후세에 전한다.)
①   ②   ④

丈夫一言이 重乎千金이라.(대장부의 한 말이 천금보다 중하다.)
①   ② ④

霜葉이 紅於二月花라.(단풍잎이 2월에 핀 꽃보다 더 붉다.)
①   ② ④

富潤屋이라.(부(富)는 집을 윤택하게 한다.)
① ② ⑤

아 능 문 장
我 能 文章이라. (나는 문장에 능란하다.)
① ② ⑤

수 운 양 가 자
誰 云 良 家子나. (비록 양가(良家)집 자식 (子息)이라고는 하나.)
① ② ⑤ ③

거 세 위 화 담 명 인
擧世 謂 花潭 名人이라. (온세상이 화담(花潭)을 명인(名人)이라 이르다.)
① ② ⑤ ③

모 초 아 방 중
母 楚 兒 房中이라. (어머니가 아이를 방 가운 데에서 종아리를 때리다.)
① ② ⑤ ③

우 곤 관 영 어 대 택
羽 困 灌嬰 於大澤이라. (항우(項羽)가 큰 늪에서 관영 (灌嬰)에게 곤욕을 당하다.)
① ② ⑤ ④

빙 생 어 수
氷 生 於水라. (얼음은 물에서 생긴다.)
① ② ④

기 지 안 어 소 뉴
其志 安 於小狃라. (그 뜻이 조금 익숙 (益熟)하는데 만족함.)
① ② ④

왕 양 위 어 세 자
王이 讓 位於世子하다. (왕이 자리를 세자(世子) 에게 물려주다.)
① ② ④ ⑤

주 영 빈 어 객 사
主 迎 賓 於客舍하다. (주인이 손님을 객사(客舍) 에서 맞다.)
① ② ⑤ ④

(3) 修飾部分(수식부분)

수 파 불 흥
水 波는 不 興이라. (물결은 일지 않는다.)
⑥ ① ⑦ ②

고 지 신 인 하 단 목
古之 神人이 下 檀木이라. (옛적에 신인(神人)이 박달 나무 아래로 내려오다.)
⑥ ① ② ⑤

동 해 안 극 청
東海岸이 極 淸이라. (동해 언덕이 아주 맑다.)
① ⑦ ②

백 운 고 비
白 雲이 孤 飛라. (흰구름이 외로이 날아 다니고 있다.)
⑥ ① ⑦ ②

(4) 獨立部分(독립부분)

외 외 호 유 천 위 대
巍巍乎 唯天이 爲 大어시늘 (높고 높도다. 오직 하늘이 큼이 되시거늘)
⑧ ① ⑤ ②

명 호 애 재
嗚呼 哀哉라. (아아! 슬프도다.)
⑧ ②

2. 한문(漢文)의 바탕이 되는 숙어(熟語)의 구성(構成)

한문장(漢文章)은 여러개의 단어(單語)가 합(合)하여 구성(構成)되어 있는만큼 먼저 개개(個個)의 단어(單語)의 의미(意味)를 이해(理解)하고 말 자체(自體)를 통할(統轄)시 켜 우리말에 적용(適用)되어야 한다. 한문장(漢文章)의 구조원리(構造原理)를 이해(理

解)하는데 첩경(捷徑)은 상용(常用)의 숙어(熟語)를 고찰(考察)해야 하는바 재간(才幹)이 있는 사람을 재사(才士)라고 할지언정 「사재(士才)」라고는 말하지 않는다. 이것으로 우리는 한문의 숙어(熟語)가 언어(言語)나 생활(生活)에까지 침투(浸透)되어 있음을 실감(實感)할 수 있다. 다음은 몇가지 유형(類型)으로 기본구조(基本構造)를 공부해 보기로 한다.

(1) 주술관계(主述關係)

⇒ 주어(主語)나 술어(述語)의 관계(關係) 되는 것(① 主語(주어), ② 述語(술어))

例) 天高(하늘이 높다.) 　 氣銳(기운이 팔팔하다.) 　 力强(힘이 세다.)
　 ① ②　　　　　　　　　　① ②　　　　　　　　　　　① ②

人困馬乏(사람과 말이 다함께 피곤(疲困)하다.)
① ② ① ②

(2) 수식관계(修飾關係)

⇒ 수식어(修飾語)나 피수식어(被修飾語)와 관계(關係)되는 것(① 修飾語(수식어), ② 被修飾語(피수식어))

例) 秋菊(가을의 국화) 　 幽香(그윽한 향기) 　 過勞(지나친 노력(努力))
　 ① ②　　　　　　　　　　① ②　　　　　　　　　　① ②

激變(급격(急激)히 변한다.)
① ②

(3) 병열관계(並列關係)

⇒ 두 개의 공통(共通)된 자(字)가 상반(相反)되는 두 자를 병열(並列)하는 것.

例) 陰陽(음과 양), 草木(풀과 나무), 是非(옳고 그름), 成敗(이루고 패함), 年年(해마다)

(4) 보충관계(補充關係)

⇒ 술어(述語)와 보충어(補充語)로 관계(關係)되는 것.

例) 修身^{수신}(몸을 닦는다), 乘馬^{승마}(말을 탄다), 上京^{상경}(서울로 올라간다), 入山^{입산}(산으로 들어간다)

(5) 인정관계(認定關係)

⇒ 부정(否定)과 긍정(肯定)을 인정(認定)하는 관계(關係)를 나타내는 것.

例) 不當^{부당}(마땅치 못하다), 未知^{미지}(알지 못한다), 無不^{무불}(아니함이 없다),

不可不^{불가불}(아니할 수 없다. 꼭 한다), 可能^{가능}(할 수 있다),

易知^{역지}(알기 쉽다), 如夢^{여몽}(꿈과 같다).

위의 5종(種) 기본구조(基本構造)를 숙어(熟語)의 구성원리(構成原理)에 확충(擴充)해 나가면 큰 한문장구조(漢文章構造)는 전개(展開)가 원활(圓滑)할 것이다.

3. 주술구조(主述構造)—기본구조(基本構造) **1**

주어(主語)는 일반적(一般的)으로 명사(名詞)가 되지만 술어(述語)는 동사(動詞), 형용사(形容詞), 명사(名詞)가 된다.
만물(萬物) – 생(生)이라.(만물이 생긴다) → 서술구(敍述句)
처세(處世) – 난(難)이라.(세상 살기 어렵다) → 묘사구(描寫句)
퇴율(退栗) – 한국인야(韓國人也)라.(퇴계와 율곡은 한국사람이다) → 판정구(判定句)
하나의 문장(文章)을 완성(完成)하려면 두 가지 이상(以上)의 성분(成分)인 주어(主語)와 술어(述語)를 갖추고 있어야 한다.

① 花開^{화개}(꽃이 피었다) 술어(述語)에 동사(動詞)가 붙는다.

② 花笑^{화개}(꽃이 웃는다) 술어(述語)에 형용사(形容詞)가 붙는다.

③ 花^화는 杜鵑也^{두견야}라.(꽃은 진달래이다) 술어(述語)에 명사(名詞)가 붙으며 「也^야」라는 종결사(終結詞)가 붙는다.

④ 功成身退는 天之道也라.(공을 이루고 몸이 물러남은 하늘의 도이다.)

主 部	述 部
주 부	술 부
主述 主述	修 飾
주술 주술	수 식

⑤ 無惻隱之心이면 非人也라.(측은한 마음이 없으면 사람이 아니다.)

主 部	述 部
주 부	술 부
修 飾	認 定
수 식	인 정
補 充	
보 충	

「주어(主語)」나 「술어(述語)」가 긴 단위(單位)로 이어져 성립(成立)되는 경우에 이를 「주부(主部)」 또는 「술부(述部)」라 부른다.

⑥ 廏有肥馬하고 疱有肥肉이라.(마구간에는 살찐 말이 있고 포줏간에는 살진 고기가 있다.)

⑦ 澤梁을 無禁하며 罪人을 不孥라.(못과 돌다리를 금하지 않으며 죄인을 처자(妻子)까지 처벌(處罰)하지 않는다.)

⑧ 持 – 久이리오.(오랫동안 버티어감)

⑨ 何待 – 明年(어떻게 명년(明年)까지 기다리겠는가.)

이상(以上)의 주술구조(主述構造)라는 것은 「무엇이 ~한다(하다, 이다)」 라는 뜻을 나타내는 것이므로 이에 맞는 조사(助詞)나 활용사(活用詞)를 추가하면 된다.

4. 수식구조(修飾構造)–기본구조(基本構造) ❷

문장(文章)의 주성분(主成分)인 주어(主語), 술어(述語)는 전장(前章)과 같고, 문장(文章)을 수식(修飾)하는 것으로는 주어(主語), 보충어(補充語) 앞에서 그 의미(意味)하고 수식(修飾)하고 형용(形容)하는 관형사(冠形詞)와 술어(述語) 앞에서 그 의미(意味)를 한정(限定) 수식(修飾)하는 부사어(副詞語)가 있다.

① 白－花(흰 → 꽃)　　　白花爛漫 ⎫
　　백　화　　　　　　　　　　백 화 난 만 ⎬ 형용사(形容詞)로 수식(修飾)
② 博－愛(넓이 → 사랑)　博愛爲仁 ⎭
　　박　애　　　　　　　　　　박 애 위 인

③ 甚－急(매우 → 급하다)　促戰益急 ⎫
　　심　급　　　　　　　　　　촉 전 익 급 ⎬ 부사(副詞)로 수식(修飾)
④ 已－死(이미 → 죽었다)　已死更何爲 ⎭
　　이　사　　　　　　　　　　이 사 경 하 위

⑤ 七－進(일곱번 → 나가다)　七進七退 ⇒ 수사(數詞)로 수식(修飾)
　　칠　진　　　　　　　　　　칠 진 칠 퇴

⑥ 是－人(이 → 사람)　　　　是何人也 ⇒ 지시사(指示詞)로 수식(修飾)
　　시　인　　　　　　　　　　시 하 인 야

　이 이외(以外)에 명사(名詞)나 동사(動詞)로 수식(修飾)하는 경우가 있어 「지(之)」로 수식관계(修飾關係)를 나타낸다.

⑦ 天下之士雲集하다.(천하의 선비가 구름처럼 모여든다.)
　 천 하 지 사 운 집

⑧ 王이 坐於堂上이어시늘(임금이 칩위에 앉아 있거시늘)
　 왕　　좌 어 당 상

⑨ 秦王이 車裂商君以徇하다.(진왕이 상앙을 수레로 찢어서 백성에 보이니라.)
　 진 왕　　차 열 상 군 이 순

⑩ 被秦者는 酷使其民이라.(저 진나라는 가혹(苛酷)하게 그 백성을 사역한다.)
　 피 진 자　　혹 사 기 민

⑪ 生不得一人이라.(산 채로 한 사람을 잡지 못하다.)
　 생 부 득 일 인

⑫ 無羞惡之心이라.(부끄러하고 미워하는 마음이 없다.)
　 무 수 악 지 심

　명사(名詞)가 수식어(修飾語)로 쓰일 때 비유를 나타낸 것(⑦)과 장소(場所)를 나타낸 것(⑧)과 기구(器具)를 나타낸 것(⑨)과 사람의 태도(態度)를 나타낸 것(⑩)이 있으며 동사(動詞)가 수식어(修飾語)로 쓰일 경우는 드물고 자동사(自動詞)에 한(限)하며 관형사(冠形詞)를 만드는 조사(助詞)는 「지(之)」자(字)에 국한(局限)되어 있다. 수식어(修飾語)의 형성(形成)을 정리(整理)하면 아래와 같다.

(1) 관형사(冠形詞)＋체언(體言)

① 開花(동사(動詞)＋체언(體言)) : 핀 꽃
　 개 화

② 白雲(형용사(形容詞)＋체언(體言)) : 흰구름
　 백 운

③ 秋月(체언(體言)+체언(體言)) : 가을달

④ 萬人之心(체언(體言)+조사(助詞)+체언(體言)) : 만 사람의 마음

(2) 부사(副詞)+동사(動詞)

① 回見(동사(動詞)+동사(動詞)) : 돌아보다.

② 悠然去(형용사(形容詞)+동사(動詞)) : 숙연(悠然)히 가다.

③ 英雄視(체언(體言)+동사(動詞)) : 영웅심리(英雄心理)로 노려봄.

④ 微行(부사(副詞)+동사(動詞)) : 남몰래 숨어 다님.

(3) 부사어(副詞語)+형용사(形容詞)

① 甚美(부사(副詞)+형용사(形容詞)) : 심히 아름답다.

② 過大(동사(動詞)+형용사(形容詞)) : 지나치게 크다.

③ 高遠(형용사(形容詞)+형용사(形容詞)) : 높고도 멀다.

④ 實物大(체언(體言)+형용사(形容詞)) : 실물(實物)이 크다.

(4) 동사(動詞), 형용사(形容詞)를 수식(修飾)하는 부사(副詞)

甚(심;심히), 最(최;가장), 尤(우;더욱), 皆(개;다), 咸(함;다), 盡(진;모두), 悉(실;모두), 獨(독;홀로), 頗(파;자못), 殆(태;거의), 稍(초;점점), 固(고;진실로), 自(자;스스로, 저절로), 偕(해;함께), 俱(구;함께), 更(경;다시), 凡(범;무릇), 必(필;반드시), 須(수;모름지기), 蓋(개;대개), 夫(부;대저), [何(하)·安(안)·奚(해)·豈(개)·胡(호);어찌], 寧(녕;차라리, 어찌), 敢(감;감히), 能(능;능히), 若如(약여;만약), 復(복;다시), 亦(역;또한), 又(우;또), 常(상;항상), 已旣(이기;이미), 卽(즉;곧), 乃(내;이에), 輒(첩;문득), 嘗(상;일찍이), 素(소;본래), 直(직;곧), 漸(점;점점), 忽(홀;갑자기), 遂(수;드디어), 終(종;끝까지), 卒(졸;끝내), 竟(경;마침내), 良(양;참으로), 愈愈(유유;더욱더욱), 數數(수수;자주자주), 宜(의)·當(당;마땅히), 善(선;잘), 深(심;깊이), 方(방;바야흐로), 聊(료;애오라지), 卒然(졸연;갑자기), 慨然(개

연 ; 서글픈듯), 悠然(유연 ; 태연히, 침착하게), 油然(유연 ; 왕성하게), 沛然(패연 ; 성하게), 勃然(발연 ; 벌컥 일어섬)

5. 병렬구조(並列構造)-기본구조(基本構造) 🄱

　두 개의 명칭이 대등(對等)하게 늘어선 것 또는 유사(類似)하거나 반대(反對)의 의미(意味)를 나타낸 말들을 병렬(並列)시켜 내용(內容)을 명백(明白)히 하는 점 등의 배경(背景)으로 생기게 된 것이다.

①　^{제환} ^{진문} ^{제환공} ^{진문공}
　　齊桓・晉文(齊桓公과 晉文公)　⎫
　　^{부 여 귀}　　　　　　　　　　　　　⎬ 명사(名詞)가 병렬(並列)된 것
　　富與貴(부와 귀)　　　　　　　 ⎭

②　^{공 이 안}
　　恭而安(공손하고＋편안하다)　⎫
　　^{인 차 지}　　　　　　　　　　　⎬ 형용사(形容詞)가 병렬(並列)된 것
　　仁且智(어질고＋지혜롭다)　　⎭

③　^{배 기}
　　拜起(절하고＋일어나다)　　　⎫
　　^{취 이 와}　　　　　　　　　　　⎬ 동사(動詞)가 병렬(並列)된 것
　　醉而臥(취해서＋누웠다)　　　⎭

④　^{오십여육십 오 육}
　　五十如六十(五〇＋혹은 六〇)　⇒ 수사(數詞)가 병렬(並列)한 것

　명사(名詞)가 병렬(並列)하는 경우(境遇)에는 『여(與)』나 『급(及)』을 명사(名詞) 사이에 넣는 일이 있다.

　^{한 군 급 제 후 지 병 사 기 항 우 기}
　漢軍及諸侯之兵(史記項羽記) : 한나라 군사와 그리고 제후의 군사

　^{제후이제후지사 침 채 수 대 초 좌 전 희 사 년}
　齊侯以諸侯之師로 侵蔡하고 遂代楚하다.(左傳僖四年) : 제(齊)나라 임금이 제후(諸侯)의 군사로 채(蔡)나라를 침노하고 드디어 초(楚)나라를 치다.

　형용사(形容詞)나 동사(動詞)가 병렬(並列)될 경우는 접속사 『이(而)』를 사이에 넣는 일이 많다.

　^{전 패 이 부 굴}
　戰敗而不屈이라.(싸워서 졌으나 굽히지 않았다.)

　형용사(形容詞)나 동사(動詞)에 『차(且)』가 들어가면 첨가(添加)의 뜻을 나타낸다.

인 차 지　　　부 자　　기 성 의　　　맹 자 공 손 축
仁且智하시니 夫子는 旣聖矣신져.(孟子公孫丑)(어질고 또 지혜로우니 夫子는 임이 聖

인
人이신져)

■ 주술구조(主述構造)가 병렬(並列)한 경우

임 중 이 도 원　　　　　　　　　　　　　　　　　　　　　　　　　　임 중 도 원　　주 술 구 조
任重而道遠이라.(책임이 무겁고 길이 멀다.) ⇒ 任-重, 道-遠은 主述構造

■ 수식구조(修飾構造)가 병렬(並列)한 경우

박 학 이 독 지　　　절 문 이 근 사
博學而篤志하고 切問而近思라.(널리 배우고 뜻을 독실히 하며 간절히 묻고 가까이 생

박 학　　독 사　　　수 식 관 계
각한다.) ⇒ 博學, 篤思 등은 修飾關係

■ 보충구조(補充構造)가 병렬(並列)한 경우

문 일 이 지 십　　　　　　　　　　　　　　　　　　　　문 일　　지 십　　보 충 관 계
問一而知十이요.(하나를 듣고서 열을 안다.) ⇒ 問一과 知十은 補充關係
곡 굉 이 침 지　　　　　　　　　　　　　　　　　　　　　　곡 굉　　침 지　　보 충 관 계
曲肱而枕之라.(팔을 굽혀 그것을 베개로 한다.) ⇒ 曲肱과 枕之는 補充關係

6. 보충구조(補充構造)-기본구조(基本構造) **4**

주술(主述), 수식(修飾), 병렬(並列)의 세 구조(構造)는 한국어(韓國語)의 배열순서 (排列順序)와 같아서 역독(譯讀)하는데 어렵지 않으니 보충(補充) 인정(認定)의 양구조 (兩構造)는 한국어(韓國語)와 어순(語順)이 상반(相反)되어 어순(語順)을 바꿔야 훈독 (訓讀)하기 쉽다. 행위(行爲)와 현상(現象)을 나타내는 보충구조(補充構造)로 나눈다.

(1) 행위(行爲)의 보충관계(補充關係)

　1) 행위대상(行爲對象)의 보충(補充)

음 주
飮酒(마신다 ← 술을)

탄 금
彈琴(탄다 ← 거문고를)

대상(對象)의
보충(補充)

현 양 두 매 구 육
懸羊頭賣狗肉이라.(양두(羊頭)를 걸고 구육(狗肉)을 판다.)

例) 治天下五十年에(천하(天下)를 다스린 지 오십년(五十年)) ⇒ 주어(主語)로 쓰임

上醫는 醫國이오 其次는 愈人이라.

(상의(上医)는 나라를 낫게 하고 그 다음은 사람을 고친다.) ⇒ 술어(述語)로 쓰임

生我者는 父母요 知我者는 駒叔也라.

(나를 낳은 것은 부모(父母)지만 나를 아는 것은 포숙아(鮑叔牙)이다.)

⇒ 수식어(修飾語)로 쓰임

행위동사(行爲動詞)＋대상(對象)의 보충(補充)으로 목적어(目的語)에 『을』을 붙여 해석한다.

2) 행위장소(行爲場所)의 보충(補充)

登校(오른다 ← 학교(學校)에)

昇進(오른다 ← 나아가는데) ｝ 장소(場所)의 보충(補充)

入寺院(들어가다 ← 사원(寺院)으로)

행위동사(行爲動詞)＋장소(場所)의 보충(補充)의 관계(關係)로 구성(構成)되며 「에 (에서)」 같은 토를 붙여 해석하며 보충(補充)의 위치(位置)에서 상대(相對)를 나타낼 때에는 「에게」를 붙여 해석한다.

昇於堂이라.(마루에 오른다.)

入於虎穴(범의 굴에 들어간다.)

3) 「어(於)」「우(于)」「호(乎)」의 용법(用法)

전치사(前置詞)는 명사류(名詞類)[명사(名詞), 대명사(代名詞), 수사(數詞), 명사구 (名詞句), 명사형(名詞形)] 앞에 놓여서 서술어(敍述語)와의 관계(關係)를 명확(明確) 하게 하는데 어(於), 우(于), 호(乎)는 객어(客語) 앞에 놓아서 장소(場所), 출발(出 發), 비교(比較)를 나타내고 대상(對象)을 나타내기도 한다.

① 장소(場所)

㉮ 彼居於海濱이라.(저 사람은 바닷가에 산다.)
피 거 어 해 빈

㉯ 遷于岐山之下라.(기산 밑에 옮기다.)
천 우 기 산 지 하

㉰ 鷄鳴狗吠 達乎四境이라.(닭울음과 개짖음이 사방의 국경에 이르다.)
계 명 구 폐 달 호 사 경

② 출발(出發)

㉮ 靑出於藍而靑於藍이라.(푸른 색이 쪽에서 나왔으나 쪽보다 더 푸르다.)
청 출 어 람 이 청 어 람

㉯ 告于皇天后土라.(황천(皇天)과 후토(后土)에 고(告)하다.)
고 우 황 천 후 토

㉰ 出乎爾者反乎爾라.(너에게 나온 것은 너에게 되돌아간다.)
출 호 이 자 반 호 이

③ 비교(比較)

㉮ 寒於水라.(물보다 차다.)
한 어 수

㉯ 罪莫大于不孝라.(죄가 불효보다 더 큰 것이 없다.)
죄 막 대 우 불 효

㉰ 國之語音이 異乎中國이라.(나라의 말이 중국과 다르다.)
국 지 어 음   이 호 중 국

④ 대상(對象)

㉮ 三年을 無改於父之道라야 可謂孝矣니라.
삼 년   무 개 어 부 지 도   가 위 효 의
(3년 동안 아버지가 하시던 일을 고치지 말아야 효도라 할 수 있다.)

㉯ 貪于飮食하고 冒于貨賄라.(음식을 탐내고 재물을 탐내다.)
탐 우 음 식   모 우 화 회

㉰ 功乎異端이면 斯害也而니라.(이단을 치면 해로우니라.)
공 호 이 단   사 해 야 이

　어(於), 우(于), 호(乎)가 비교(比較)를 나타낼 때는 예(例)와 같이 술어(述語)는 대체로 형용사(形容詞)를 사용(使用)한다.「형용사(形容詞)＋어(於)＋명사(名詞)」 지명(地名)에는「우(于)」를 썼으며 피동구(被動句)에나 묘사구(描寫句)에는「어(於)」를 썼고 피동구(被動句)에는 호(乎)자를 쓰지 않는다.「동패어제(東敗於齊)」라고는 해도「동패호제(東敗乎齊)」라고는 하지 않는다.「에, 대(對)하여」라고 할 때에도「호(乎)」를 쓰지 않는다.「호(乎)」는「어(於), 우(于)」와 거의 용법(用法)은 같으나「객어성분(客語成分)」에만 한(限)하고 한정(限定)에는 쓰이지 않는다.

4)『위(爲)·왈(曰)』의 보충(補充)

爲大夫라.(대부가 되다.)
위 대 부

女爲君子하라.(너는 군자가 되어라.)
여 위 군 자

王이 以爲然하다.(왕은 그렇게 여기다.)
　　왕　　이 위 연

天子自稱曰朕이라.(천자는 자칭해서 짐(朕)이라 말한다.)
천 자 자 칭 왈 짐

伊川先生이 曰冠婚喪祭는 禮之大者라.
이 천 선 생　　왈 관 혼 상 제　　　예 지 대 자

(이천선생(伊川先生)이 가라사대 관혼상제는 예의 큰 것이다.)

위에서 「위(爲), 이위(以爲)」「왈(曰)」은 불완전동사(不完全動詞)이다. 「위(爲)」는 「되다」라고 새기며 사물(事物)의 변화를 말하며 「왈(曰)」은 「말하기를…」 「…고 말한다」는 뜻으로 해석한다. 「위(爲), 왈(曰)」은 반드시 뒤에 보어(補語)를 가져야 주어(主語)를 설명할 수 있다.

　　　　　필 부 이 위 백 세 사
例) 匹夫而爲百世師하고 [조주한문공비(潮州韓文公碑)] (필부로 백세의 스승이 되다.)

　　　김 춘 추 위 신 라 왕
金春秋爲新羅王이라. [삼국사기(三國史記)] (김춘추가 신라의 왕이 되다.)

　　백 성　　이 위 소
百姓이 以爲小라. [맹자(孟子)] (백성은 써 작다고 한다.)

　　제 후 조 이 천 자 왈 술 직
諸侯朝於天子曰述職이라. [맹자(孟子)] (제후가 천자에 조회하는 것을 술직이라 이른다.)

　　자 왈 방 어 이 이 행　　　다 원
子曰放於利而行이면 多怨이니라. [논어(論語)]
(공자께서 말씀하시기를 이해만을 생각하고 행동하면 원망을 많이 사게 된다.)

「왈(曰), 위(爲)」의 용법(用法)에 주의(注意)할 것은 경우에 따라서는 불완전타동사(不完全他動詞)로 쓰이는 일이 있어 「주어(主語)＋목적어(目的語)＋서술어(敍述語)＋보어(補語)」로 되는 특이(特異)한 형태를 취한다.

號爲關王廟라.(이름을 관왕묘라고 한다.)
호 위 관 왕 묘

天他之生에 人爲貴라.(천지의 생물(生物) 가운데 사람을 귀하다고 한다.)
천 타 지 생　　인 위 귀

小人은 以王爲寶라.(소인은 옥으로써 보배를 삼는다.)
소 인　　이 왕 위 보

父之長兄曰伯父라.(아버지의 맏형을 백부라고 한다.)
부 지 장 형 왈 백 부

高宗之父曰興宣大院君이라.(고종의 아버지를 흥선대원군(興宣大院君)이라 한다.)
고 종 지 부 왈 흥 선 대 원 군

5) 이중(二重)의 보충관계(補充關係) 「서술어(敍述語)＋목적어(目的語)＋객어(客語)」

이 경우에 동사(動詞) ㄱ에 대해서 ㄴ과 ㄷ의 2개의 보충어(補充語)가 필요하다. 해석할 때에 반드시 목적어(目的語) 다음에는 「을, 를」을, 객어(客語) 다음에는 「~에게」「~에서」「~에게로」「~으로」「~으로써」를 붙여 새긴다.

[어찌하다 ← 무엇을 – 무엇에(서·게)]

ㄱ ㄴ ㄷ
賞花古宮이라.(꽃을 고궁에서 구경하다.)
상 화 고 궁

葬項王於穀城하다.(항왕을 곡성에 장사하다.)
장 항 왕 어 곡 성

이 경우에도 장소(場所)와 지명(地名) 위에 전치사(前置詞)를 놓으면 장소(場所)의 관계를 분명(分明)하게 하는 경우가 있다.

救民於水火之中이라.(백성을 수화지중에서 구하다.)
구 민 어 수 화 지 중

移其民於河東하다.(그 백성을 하동에 옮기다.)
이 기 민 어 하 동

天報之以福이라.(하늘이 이것을 복으로써 갚는다.)
천 보 지 이 복

例) 徙蘇武於北海上無人處하다. [한소무전(漢蘇武傳)] (소무를 북쪽바다위 사람없는
사 소 무 어 북 해 상 무 인 처

곳으로 옮기다.)

齊宣王見孟子於雪宮이라. [맹자(孟子)] (제선왕이 맹자를 설궁에서 뵈이다.)
제 선 왕 현 맹 자 어 설 궁

張良擊秦始皇於博浪沙中하다. [사기유후전(史記留侯傳)] (장량이 진시황을 박랑
장 양 격 진 시 황 어 박 랑 사 중

사 가운데서 저격(狙擊)하다.) 註) 박랑사(博浪沙) : 지명(地名)

6) 이중(二重)의 보충관계(補充關係) 「서술어(敍述語)＋객어(客語)＋목적어(目的語)」

이런 경우에는 서술어는 「주고 뺏는다」는 뜻을 가진 말이 사용(使用)되며 객어(客語) 앞에 놓이는 전치사(前置詞) 「우(于), 어(於), 호(乎)」는 쓰이지 않는다. 그리고 객어(客語)에는 사람을, 목적어(目的語)에는 물품에 관한 말이 사용되어 사람에게 물품을 주는 것이 된다.

張良이 – 遺漢王書하다.(장양(張良)이 한왕(漢王)에게 책을 주었다.)
장 양   유 한 왕 서

上이 – 賜臣書하다.(임금이 신하에게 책을 주었다.)
상   사 신 서

위의 문형(文型)은 목적어(目的語)와 객어(客語)의 자리가 뒤바뀐 것이다. 즉 목적어+객어 → 객어+목적어로 전위(轉位)된 것으로 해석할 때에는 객어 다음에는 「~에게」 목적어 다음에는 「을」「를」을 붙여 새긴다. 즉 무엇은 - 어찌하다. - 무엇에게, - 무엇을.

例) 后稷이 - 教民稼穡이라. [맹자(孟子)] (후직이 백성에게 농사짓는 것을 가르치다.)

師 - 授弟子書하다. [한유(韓愈)] (스승이 제자에게 책을 주다.)

師 - 授書于弟子하다. (스승이 책을 제자에게 주다.)

7) 이중(二重)의 보충관계(補充關係)

「서술어(敍述語)(불완전타동사(不完全他動詞))+목적어(目的語)+보어(補語)」

서술어(敍述語)가 불완전타동사(不完全他動詞)로서 보어(補語)를 취하는 경우에는 「무엇을 - 어찌하다. - 무엇을 - 무엇이라」고 새긴다.

人謂吾才子라.(남이 나를 재자(才子)라 이른다.)
인 위 오 재 자

世人이 稱開城松都라.(세상 사람이 개성을 송도라고 칭한다.)
세 인   칭 개 성 송 도

위의 ㄴ은 사람 「물(物)」, ㄷ은 그 명칭(名稱)과 평판(評判)을 나타내는 말로 새길 때는 ㄴ을 ㄷ이라 이른다. 「위(謂)」와 같이 토를 목적어(目的語) ㄴ에 「을, 를」, 보어(補語) ㄷ에 「이라」 붙여 새긴다.

例) 賊仁者를 謂之賊이요 賊義者를 謂之殘이요 殘賊之人을 謂之一夫니라. [맹자(孟子)]
적 인 자   위 지 적   적 의 자   위 지 잔   잔 적 지 인   위 자 일 부

(어진 이를 해하는 자를 도적이라 이르고 옳은 이를 해하는 자를 잔인하다 하고 잔인하고 해하는 자를 한 지아비라 이른다.)

世人이 稱彼天才라.(세상 사람이 저를 천재라고 일컫는다.)
세 인   칭 피 천 재

我云此知己라.(내 이르기를 이 사람이 나를 알아준다고 한다.)
아 운 차 지 기

今人이 尊崇孔子聖人이라.(이제 사람이 공자를 높여 성인이라고 한다.)
금 인   존 숭 공 자 성 인

(2) 현상(現象)의 보충관계(補充關係)

　자연(自然)히 일어나는 현상(現象)과 유무(有無)의 현상(現象)을 한문장(漢文章)으로 표현(表現)하는데는 먼저 ㄱ으로 「…이 있다(기(起)하다)」라 말해놓고 다음에 「무엇이」 있는가(일어났는가) 하는 것을 ㄷ으로 말한다. ㄱ은 현상(現象)을 나타내는 동사(動詞)요, ㄴ은 명사(名詞)가 된다.

ㄱ	ㄴ	
起(기 ; 일어나다)	風(풍 ; 바람이)	起風(기풍)
降(항 ; 내리다)	雨(우 ; 비가)	降雨(항우)
有(유 ; 있다)	德(덕 ; 덕이)	有德(유덕)
無(무 ; 없다)	道(도 ; 도가)	無道(무도)
落(낙 ; 떨어지다)	葉(엽 ; 잎이)	落葉(낙엽)
明(명 ; 밝다)	月(월 ; 달이)	明月(명월)
有(유 ; 있다)	識(식 ; 아는 것이)	有識(유식)
無(무 ; 없다)	能(능 ; 능한 것이)	無能(무능)

　이렇게 보면 한문(漢文)과 우리말과는 그 표현(表現)이 다르다. 새길 때에는 「음풍(吟風)」이나 「등루(登樓)」와 같이 「풍월(風月)을 읊는다」 「다락에 오르다」와 같이 「을」 「에」를 붙이는 것과는 달리 「기풍(起風)」(바람이 일어나다) 「무도(無道)」(도가 없다) 등에서 「이」나 「가」를 붙여 훈독(訓讀)한다.

(1) 장소(場所) 주어(主語)

　場所(主語) – 現象의 補充關係(述語)
　장소 주어　　현상　　보충관계 술어

　山中에 – 開花 (꽃이 피었다.)
　산중　　개화

　門前에 – 有大樹 (큰 나무가 있다.)
　문전　　유대수

　이것은 주어(主語)의 위치(位置)에 장소(場所)를 말하는 말이 놓여 있다. 산중(山中), 문전(門前) 등은 장소(場所)를 말하는 것이므로 「에」라는 토를 붙여 새긴다.

(2) 자동사(自動詞) 유(有)·무(無)의 어휘(語彙)

　서술어(敍述語)는 주어(主語)의 아래에 놓이는 것이 상례(常例)이지만 자동사(自動詞)의 유(有)·무(無)는 다른 용어(用語)와 달라서 주어(主語)를 그 아래에 취하는 것이 원칙(原則)이다.

① 有朋이 自遠方來면 不亦樂乎아.(벗이 있어 멀리서 오면 또한 즐겁지 아니하랴.)
　유붕　자원방래　불역낙호

② 察隣國之政흔대 無如寡人之用心者라.
　찰인국지정　　무여과인지용심자
(이웃나라 정치를 살피건대 과인의 마음 쓰는 것 같이 하는 자가 없다.)

무(無)는 거의 예외(例外)가 없으나 유(有)는 때로는 주어(主語) 아래에 오는 일이 있다.

③ 苗而不秀者有矣夫ㄴ져.(싹만 트고 곡식의 이삭 따위가 나오지 아니한 것이 있구나.)
　묘이불수자유의부

④ 千里馬는 常有라.(천리를 가는 말은 언제나 있다.)
　천리마　　상유

⑤ 子弑其父者有之라.(자식이 그 애비를 죽이는 자가 있다.)
　자시기부자유지

③은 감탄문(感嘆文)으로 아래에 종결사(終結詞)를 가지는 경우, ④는 바로 앞에 부사(副詞)가 놓여 있을 경우, ⑤는 주어(主語)를 제시(提示)하고 그 위치(位置)에 대명사(代名詞) 「지(之)」를 삽입(挿入)하는 경우, 그다음 ⑥, ⑦은 유(有)·무(無)를 타동사(他動詞)로 사용(使用)한 예(例)이다.

⑥ 匹夫而有天下者는 德必若堯舜이라.(필부로써 천하를 둔 자는 덕이 반드시 요, 순
　필부이유천하자　　덕필약요순
과 같다.)

⑦ 楊氏는 爲我하니 是無君也라.(양씨는 자기만을 위하니 이는 임금이 없는 것이다.)
　양씨　　위아　　　시무군야

例) 無恒産而有恒心者는 惟士爲能이라. [맹자(孟子)]
　무항산이유항심자　　유사위능
(떳떳한 재산이 없고 떳떳한 마음이 있는 것은 오직 선비라야 능히 한다.)

君子而不仁者有矣夫ㄴ져. [논어(論語)] (군자가 인하지 못한 자는 있거니와)
군자이불인자유의부

臣弑其君者有之라. [맹자(孟子)] (신하로써 그 임금을 죽이는 자가 있다.)
신시기군자유지

(3) 형용사(形容詞) 다(多)·소(少)의 어휘(語彙)

형용사(形容詞)가 서술어(敍述語)로 사용(使用)되는 경우 주어(主語) 아래 오는 것이 당연(當然)하지만 양(量)을 나타내는 다(多)·소(少) 「과, 중(寡, 衆)」가 서술어(敍述語)로 된 경우 주어(主語)의 위에 놓인다. 마치 유(有)·무(無)가 서술어(敍述語)로 사용(使用)될 경우와 좋은 대조가 된다.

固多大言이면 少成事라.(본래 대언이 많으면 성사가 적다.)
고다대언　　소성사

得道者는 多助하고 失道者는 寡助라.
득도자　다조　　실도자　　과조
(도를 얻은 사람은 도움이 많고 도를 잃은 사람은 도움이 적다.)

菊之愛를 陶後에 鮮有聞이라.(국화 사랑함을 도연명이 죽은 후에 들었다 함이 적다.)
국지애　　도후　선유문

「소(少)」 대신 고전(古典)에서는 「선(鮮), 희(稀), 희(希)」를 사용(使用)하는 때도 있다. 「다(多), 소(少)」가 다음과 같은 경우에는 주어(主語) 아래에 온다. ① 주어(主語)를 위에 제시(提示)하고 종결사(終結詞)가 붙이는 경우, ② 다음 말과 대구적(對句的)으로 쓰이는 경우, ③ 부사(副詞)를 덧붙이는 경우 등이 있다.

① 其爲人也孝悌요 而好犯上者鮮矣니라.
　기위인야효제　　이호범상자선의
(그 사람이 효도하고 우애하면서 웃사람을 범하기 좋아하는 이가 적다.)

② 食少事繁하니 豈能久乎아.
　식소사번　　　기능구호
(먹는 것은 적고 일은 번거로우니 어찌 능히 오래 가겠는가.)

③ 可樂者는 常少而可悲者는 常多라.
　가락자　상소이가비자　상다
(즐거워할 만한 일은 언제나 적고 슬퍼할만한 일은 언제나 많다.)

7. 인정구조(認定構造)-기본구조(基本構造) **5**

지금까지의 주술(主述) 병렬(並列) 보충구조(補充構造)는 어느 것이나 명확(明確)한 독자적(獨自的)인 의미(意味)를 가지면서 다시 상호연관(相互聯關)되어 복잡(複雜)한 내용(內容)을 나타낸다. 그러나 인정구조(認定構造)는 다음 「불량(不良)·장래(將來)」의 조립(組立)을 살펴볼 때 「양(良)·내(來)」는 「좋다·오다」와 같은 뜻을 가진데 대(對)하여 「불(不)·장(將)」은 「않다·하려한다」라고 하는 불분명(不分明)한 내용(內容)밖에 나타나지 않고 있다. 극단적(極端的)으로 말하면 위의 「불(不)·장(將)」은 뒤에 계속되는 말이 없다면 무엇을 말한 것인지 알 수 없을 것이다. 아랫말 「양(良)·내(來)」로 인하여 비로소 부정(否定), 추정(推定), 단정(斷定) 등을 할 수 있는 인정(認定)의 기능(機能)을 나타내고 있는 것이다. 이런 서술어(敍述語)로서 자립(自立)할 수 있는 말의 위에서 그 내용(內容)에 심리적판단(心理的判斷)을 내리는 말이 더해진 어법(語法)을 인정관계(認定關係)라 부르며 위를 인정어(認定語) 아래를 피인정어(被認定語)라 한다.

(1) 부정형(否定形)

부인(否認)함을 나타내는데는 보통 「불(不)·비(非)·미(未)」 등의 말을 구분하여 사용한다.

不言(불언 ; 말하지 않는다.)
非禮(비례 ; 예가 아니다.)   부정(否定)
未定(미정 ; 아직 정하지 못했다.)

~지 아니하다.
~이 아니다.
~지 못하다.

「불(不)」은 용언(用言)을 부정(否定)하고 「비(非)」는 체언(體言)과 명사적(名詞的)인 구(句)「이유(理由)나[사정(事情) 내용(內容)]」을 부정(否定)한다. 「미(未)」는 「아직~지 못하다」라고 훈독(訓讀)한다.

例) 不知人(사람을 알지 못한다.)
    불 지 인

不愛其親이요 而愛他人者를 謂之悖德이라. [효경(孝經)]
불 애 기 친   이 애 타 인 자   위 지 패 덕
(그 어버이를 사랑하지 아니하고 다른 사람을 사랑하는 것을 거스리는 덕이라고 이른다.)

非有知也라.(알고 있는 것이 아니다.)
비 유 지 야

非爾所及也라.(너의 미칠바 아니다.)
비 이 소 급 야

未果約束이라.(과감하게 실현할 수 없는 약속)
미 과 약 속

未定之事를 不可以臆斷이라.(정하지 못한 일을 억측으로 단정할 수는 없다.)
미 정 지 사   불 가 이 억 단

(2) 이중부정(二重否定)

부정(否定)을 나타내는 방법(方法)에 다음과 같이 이중(二重)으로 되는 일이 있다.

王之不王은 不爲也언정 非不能也니이다.
왕 지 불 왕   불 위 야   비 불 능 야
(왕께서 왕노릇 못하는 것은 하지 않는 것이지 할 수 없는 것은 아니다.)

言不可不愼也니라.(말을 삼가하지 않으면 안된다.)
언 불 가 불 신 야

不敢不盡心이라.(아무래도 마음을 다하지 않을 수 없다.)
불 감 불 진 심

이와 같이 두 개의 부정어(否定語)가 겹쳐질 경우 이중부정(二重否定)이라 하고 뜻은 긍정(肯定)이 된다. 그러나 두 개의 절(節)로 분리(分離)해서 두 개의 부정어(否定語)가 사용(使用)되었을 때는 부정(否定)의 뜻을 나타내는 것이다.

不入虎穴이면 不得虎子라.(범굴에 들어가지 않으면 범새끼를 얻지 못한다.)
불 입 호 혈　　　부 득 호 자

「… 어떻게 하지 않으면 어떻게 하지 못한다.」

例) 普天之下 莫非王土라.(넓은 하늘아래가 왕의 땅이 아닌 것이 없다.)
보 천 지 하 막 비 왕 토

所見所期를 不可不遠且大니라. [근사록]
소 견 소 기　　불 가 불 원 차 대
(보고 기약하는 것을 가(可)히 멀고 또한 크게 아니할 수 없다.)

弟子不必不如師라. [당송팔가문(唐宋八家文)]
제 자 불 필 불 여 사
(제자가 반드시 스승만 같지 못한 것은 아니다.)

暮雲千里色에 無處不傷心이라. [형숙(荊叔)]
모 운 천 리 색　　무 처 불 상 심
(저믄 구름 천리빛에 가는 곳마다 마음이 상하지 않을 수 없다.)

君子之至於斯也에 吾未嘗不得見이라. [논어(論語)]
군 자 지 지 어 사 야　　오 미 상 불 득 견
(군자가 이에 이르러 내 일찍이 능히 보지 아니치 못할 것이라.)

(3) 부정법(否定法)의 특색(特色)

不患人之不己知오 患不知人也니라.
불 환 인 지 불 기 지　　환 불 지 인 야
(남이 나를 알지 못함을 걱정하지 말고 남을 알지 못함을 걱정하라.)

至誠而不動者未之有也라.(지성하고서 감동하지 않는 자 있지 않으리라.)
지 성 이 부 동 자 미 지 유 야

위에서 「불기지(不己知)」와 「불지인(不知人)」을 비교해 보면 표현(表現)이 다른 것을 알 수 있다. 대명사(代名詞)가 보충어(補充語)로 쓰여 위에 「불(不)·미(未)」의 부정조동사(否定助動詞)가 있을 경우 보충어(補充語)「오(吾), 아(我), 기(己), 지(之), 시(是)와 대명사(代名詞)나 지시어(指示語)일 때」는 동사(動詞)의 위로 가서 「불기지(不己知)」「미지유(未之有)」라고 표현(表現)한다. 이와 같은 용법(用法)은 당이전(唐以前)의 작품(作品)에 사용(使用)된 예(例)이다.

例) 父母之不我愛는 於我에 何哉오. [맹자(孟子)]
부 모 지 불 아 애　　어 아　　하 재
(부모가 나를 사랑하지 않는 것은 나의 무슨 잘못이 있어서인가.)

俎豆之事는 則嘗聞之矣어니와 軍旅之事는 未之學也니라.[논어(論語)]
조두지사　칙상문지의　군려지사　미지학야

(조두 다루는 법은 곧 일찍이 들었거니와 군려의 일은 배우지 못했소이다.)

君子三患은 未之聞엔 患不得聞이오 旣得聞之엔 患不得學이오 旣得學之엔 患不能
군자삼환　미지문　환부득문　기득문지　환부득학　기득학지　환불능

行이라.[공자가어소증(孔子家語疏證)] (군자의 세 가지 근심은 듣지 못하여서는
행

얻어 듣지 못할까 근심하고 이미 얻어 들어서는 얻어 배우지 못할까 근심하고
이미 얻어 배워서는 능히 행하지 못할까 근심한다.)

(4) 부정(否定)이 어디까지인가.

- 不常來(불상래)라.(항상 오지는 않는다.)　⋯ 불(不)은 상래(常來)를 부정(否定)함.
- 常不來(상불래)라.(항상 오지 않는다.)　⋯ 상(常)은 불래(不來)에 걸림.
- 不俱生(불구생)이라.(함께 다 살지는 않는다.) ⋯ 불(不)은 구생(俱生)을 부정(否定)함.
- 俱不生(구불생)이라.(어느 것도 살지 못한다.) ⋯ 구(俱)는 불생(不生)에 걸림.

「양호(兩虎)－구불생(俱不生)」이라 하면 양호(兩虎)가 모두 죽는다는 것, 「양호(兩虎)－불구생(不俱生)」이라 하면 쌍방이 다는 살아남지 않는다. 곧 한쪽은 반드시 죽는다는 뜻이 된다. 이 「불상래(不常來)」「불구생(不俱生)」과 같은 표현(表現)을 「부분적(部分的) 부정(否定)」이라 말하는데 정확(正確)히 말하면 부정사(不定詞)가 어디까지 걸리는가 하는 것이 문제인 것이다.

例) 兩虎共鬪하니 其勢不俱生이라. [사기(史記)]
　　양호공투　　　기세불구생
(두 범이 함께 싸우니 그 형세가 함께 살지 못한다.)

有言者는 不必有德이요 勇者는 不必有仁이니라. [논어(論語)]
유언자　불필유덕　　용자　불필유인
(말만 하는 사람은 반드시 덕이 있을 수 없고 용맹만 있는 사람은 반드시 어질 수는 없다.)

(5) 가능성(可能性)의 인정(認定)

가능(可能)은 말하는 조동사(助動詞)에는 가(可)「가이(可以)」· 득(得)「득이(得以)」· 능(能) 등의 말이 사용(使用)된다.

1) 가(可)와 불가(不可) : 장황(狀況)이나 성질상(性質上)으로 보아 가부(可否)의 판단(判斷)을 나타낸다.

2) 득(得)과 부득(不得) : 기회(機會)의 유무(有無)에 대(對)하여 나타낸다.

3) 능(能)과 불능(不能) : 생리적(生理的) 본래적(本來的) 능력(能力)에 대하여 말한다.

이와 같이 쓰임이 세분(細分)되어 있어 「가(可)·득(得)·능(能)」은 똑같이 「…할 수 있다.」「불가(不可)·부득(不得)·불능(不能)」도 똑같이 「…할 수 없다」라고 번역하지만 각각 다소의 차이(差異)가 있는 것이다. 그래서 세심(細心)한 주의(注意)가 필요(必要)하다.

例) ① 君子는 可欺也언정 不可罔也니라. [논어(論語)]
　　　군자　가기야　　불가망야
(군사는 가히 속일수는 있어도 사리판단마저 흐리게는 할 수 없느니라.)

② 可以託六尺之孤하고 可以寄百里之命이라. [논어(論語)]
　가이탁육척지고　　　가이기백리지명
(가히 6척의 어린 임금을 맡길 수 있고 가히 백리나 되는 나라의 운명을 맡긴다.)

③ 天大寒이면 手指를 不可屈伸이라. [맹자(孟子)]
　천대한　　수지　불가굴신
(하늘이 크게 차면 가히 손가락을 굽혔다 펴지 못한다.)

④ 得見漢使라. [한서소무전(漢書蘇武傳)] (한나라 사신을 얻어 보다.)
　득현한사

⑤ 終不得伸其情者多矣라. [훈민정음(訓民正音)]
　종부득·신기정자다의
(마침내 그 실정을 펴는 것을 얻지 못할 것이 많은지라.)

⑥ 家雖貧이나 酒能常得이라. [오유선생전(五柳先生傳)]
　가수빈　　주능상득
(집은 비록 가난하나 술은 능히 항상 얻을 수 있다.)

⑦ 非此母면 不能生此子라. [사기(史記)]
　비차모　불능생차자
(이 어머니가 아니면 능히 이 자식을 낳지 못한다.)

(6) 허가성(許可性)의 인정(認定)

「…해도 좋다」고 인정(認定)하는데는 「가(可)」를 사용(使用)하고 반대(反對)로 「…해서는 안된다」고 말한데는 「불가(不可)」를 사용(使用)한다.

子謂公冶長하시대 可妻也로다.(공자께서 공야장에게 이르시되 가히 처를 줄만하다.)
자위공야장　　　가처야

不可하다 直不百步耳언정 是亦走也니이다.
불가　　직불백보이　　시역주야

(옳지 않다. 단지 백 보가 아닐뿐이니 또한 달아남이니라.)

같은 「가(可)」 「불가(不可)」는 전항(前項)에서와 같이 「가능성(可能性)의 인정(認定)」에도 쓰이고 또 「허가성(許可性)의 인정(認定)」에도 사용(使用)되는 것이다.

例) 國人이 皆曰可殺 然後에 殺之니라. [맹자(孟子)]
　　국인　개왈가살 연후　살지
(나라 사람이 다 말하기를 가히 죽인다고 한 그런 뒤에 죽일지니라.)

名曰餠湯이라하야 以供祀接客하야 爲歲饌之不可闕者라. [동국세시기(東國歲時記)]
명왈병탕　　　　이공사접객　　위세찬지불가궐자
(이름하여 말하기를 떡국이라 해서 제사에 이바지하고 손대접하여 세찬을 하는데 가히 궐하지 못할 것이다.)

(7) 기타(其他)의 인정(認定)

인정구조(認定構造)는 「불행(不行)·미행(未行)·당행(當行)·가행(可行)」과 같이 「조동사(助動詞)와 동사(動詞)」가 연결(連結)된 것이므로 조동사(助動詞)가 위에 온다 생각하면 되는 것이다. 여기 여타(餘他)의 인정관계(認定關係)에 속하는 것을 예시(例示)해 본다.

▪ 유사(類似)의 인정(認定)

如(여 ; …와 같다.)

富貴不歸故鄕이면 如衣繡夜行이라. [사기(史記)]
부귀불귀고향　　　여의수야행
(부귀해서 고향에 돌아가지 아니하면 비단옷을 입고 밤길 가는 것과 같다.)

不如(불여 ; …만 못하다. 같이 아니하다.)

天時不如地利요 地利不如人和니라. [맹자(孟子)]
천시불여지리　지리불여인화
(천시(天時)는 지리(地利)만 같지 못하고 지리(地利)는 인화(人和)만 같지 못하다.)

▪ 당연(當然)의 인정(認定)

當(당 ; 마땅히 …어야 한다. …하는 것이 마땅하다.)

大丈夫當以馬革裹屍니라. [십팔사기(十八史記)]
대장부당이마혁과시
(대장부 마땅히 말가죽으로써 시체를 쌀지니라.)

▪ 필요(必要)의 인정(認定)

須(수 ; 반드시 …할 필요가 있다. 모름지기 …어야 한다.)

勤君莫惜金縷衣하고 勤君須惜少年時라. [두목(杜牧)]
근 군 막 석 금 루 의　　　근 군 수 석 소 년 시

(권하노니 그대는 금으로 수놓은 비단옷을 아끼지 말고 권하노니 그대는 모름치기 소년시절을 아낄지니라.)

■ 필연(必然)의 인정(認定)

將(장 ; 바야흐로 …려 한다.)

天將以夫子로 爲木鐸이시리라. [논어(論語)]
천 장 이 부 자　　위 목 탁

(하늘이 바야흐로 부자로써 목탁을 삼으리라.)

且(차 ; 바야흐로 …려 한다.)

項羽且東이라. [사기(史記)] (항우가 바야흐로 동쪽으로 가려 하다.)
항 우 차 동

■ 적의(適宜)의 인정(認定)

宜(의 ; 의당 …하는 것이 좋다.)

惟仁者야 宜在高位니라.[맹자(孟子)]
유 인 자　　의 재 고 위

(오직 어진 자라야 의당 높은자리에 있어야 할지니라.)

■ 과부족(過不足)의 인정(認定)

足(족 ; …만하다.)

吾力足以舉百鈞而不足以舉一羽하며 [맹자(孟子)]
오 역 족 이 거 백 균 이 부 족 이 거 일 우

(내가 힘이 족(足)히 천근을 들만한데 족히 한 새깃을 들지 못한다.)

明足以察秋毫之末而不見輿薪이라. [맹자(孟子)]
명 족 이 찰 추 호 지 말 이 불 현 여 신

(밝은 것이 족(足)히 가을의 가늘어진 짐승 터럭의 끝을 살필만한데 수레에 실려있는 섶을 보지 못한다.)

1. 피동형(被動形)

- 현(見) : 匹夫見辱에 拔劍而起라.(필부가 봉욕(逢辱)을 당하면 칼을 들고 나선다.)
  <small>필부현욕   발검이기</small>

  欲與恐見欺라.(주고자 하나 속임을 당할까 무섭다.)
  <small>욕여공현기</small>

- 피(被) : 爲私鬪者는 各以輕重으로 被刑하다.
  <small>위사투자   각이경중   피형</small>

  (사사로이 싸움을 한 자는 각각 가볍고 무거움으로써 형(刑)을 입는다.)

  被人欺하다.(사람에게 속임을 입다.)
  <small>피인가</small>

- 위(爲) : 厚者는 爲戮하고 薄者는 見疑라.
  <small>후자   위륙   박자   현의</small>

  (후한 자는 죽게 되고 박한 자는 의심함을 본다.)

  爲友人譏라.(벗의 조롱꺼리가 된다.)
  <small>위우인가</small>

- 소(所) : 所殺者는 赤帝子오 殺者는 白帝子라.
  <small>소살자   적제자   살자   백제자</small>

  (죽임을 당한 자는 적제의 아들이오 죽인 것은 백제의 아들이라.)

- 위(爲)~소(所) : 先則制人하고 後則爲人所制라.
  <small>선즉제인   후즉위인소제</small>

  (먼저 손을 쓰면 사람을 제어하고 뒤에 하면 사람에게 제어한바 되
  느니라.)

  戰終而爲君所賞이라.(싸움을 마치고 임금의 상 준바 되다.)
  <small>전종이위군소상</small>

- 어(於)~호(乎) : 窮者常制於人하며 不信乎朋友라.
  <small>궁자상제어인   불신호붕우</small>

  (궁한 자는 항상 남에게 제압 당하며 친구에게 불신을 당한다.)

  仁則榮하고 不仁則辱이라.(어질면 영화하고 어질지 못하면 욕된다.)
  <small>인즉영   불인즉욕</small>

2. 사역형(使役形)

- **사(使)** : 王이 使人問疾하다.(왕(王)이 사람으로 하여금 병을 묻다.[문질(問疾)하다.])
  王 　使人問疾

  長使英雄으로 淚滿襟이라.(긴 영웅으로 하여금 눈물이 옷깃에 가득케하다.)
  장사영웅　　누만금

- **영(令)** : 魏文帝嘗令東阿王으로 七步中作詩하야 令人知之라.
  위문제상령동아왕　　칠보중작시　　영인지지

  (위문제가 일찍이 동아왕으로 하여금 일곱 걸음 걷는 동안 시를 짓게하여
  사람으로 하여금 알게 하다.)

- **교(敎)** : 敎急來하라.(하여금 급히 오게 하라.)
  교급래

  誰敎使令으로 作此風流오.(누가 사령으로 하여금 이 풍류를 짓게 할 것인가?)
  수교사령　　작차풍류

- **견(遣)** : 遣從者懷璧하고 間行先歸하다.
  견종자회벽　　간행선귀

  (따라간 사람을 보내어 구슬을 품고 사이길로 먼저 돌아오게 하다.)

  趙王이 遣相如奉璧하고 西入秦하다.
  조왕　　견상여봉벽　　서입진

  (조왕이 인상여를 보내어 구슬을 받들고 서쪽으로 진나라로 들어가게 하다.)

- **비(俾)** : 俾民遵法하고 無俾民憂라.
  비민준법　　무비민우

  (백성으로 하여금 법을 따르게 하고 백성으로 하여금 근심을 없게 하다.)

- **명(命)** : 命虞美人起舞하다.(우미인을 명하여 일어나 춤추게 하다.)
  명우미인기무

  命近臣行하다.(가까운 신하에 명하여 가게 하다.)
  명근신행

  命臣修高麗史하다.(신하를 명하여 고려사를 편찬하게 하다.)
  명신수고려사

- **권(勸)** : 增이 勸羽殺沛公하다.(범증이 항우를 권하여 패공을 죽이게 하다.)
  증　 권우살패공

  呂蒙이 初不學이러니 權이 勸蒙讀書하다.
  여몽　초부학　　　권　권몽독서

  (여몽이 처음에 배우지 않더니 손권이 여몽을 권하여 글을 읽게 하였다.)

- **설(說)** : 說燕文侯하야 與趙從親하다.
  설연문후　　여조종친

  (연문후를 달래어 조나라로 더불어 서로 화친하게 하다.)

  說夫差赦越하다.(부차를 달래어 월나라를 놓아주게 하다.)
  설부차사월

▪소(召) : 召儒臣講書하다.(유신을 불러서 글을 강의하게 하다.)
　　　　　소 유 신 강 서

　　　　　嘗欲作露臺하야 召匠計之하다.
　　　　　상 욕 작 노 대　　　　소 장 계 지
　　　　　(일찍이 노대를 짓코저 하여 장인을 불러 계획을 세우게 하다.)

　　　　　儀는 專爲橫 連六國以事秦하다. 臨別에 飮友酒하다.
　　　　　의　 전 위 횡 연 육 국 이 사 진　　　　임 별　 음 우 주
　　　　　(장의는 오로지 옆으로 육국을 연하여서 진나라를 섬기게 하다. 이별에 임
　　　　　하여 친구와 술을 마시다.)

3. 부정형(否定形)

▪불(不) : 歲月不待人이라.(세월이 사람을 기다리지 않는다.)
　　　　　세 월 불 대 인

▪불(弗) : 非禮弗言이라.(예 아닌 것을 말하지 않는다.)
　　　　　비 례 불 언

▪비(非) : 無惻隱之心이면 非人也라.(측은한 마음이 없는 것은 사람이 아니다.)
　　　　　무 측 은 지 심　　　　비 인 야

▪비(匪) : 匪降自天이라.(하늘로 부터 내려오지 않았다.)
　　　　　비 항 자 천

▪무(無) : 仁者는 無敵이라.(인한 자는 대적할 사람이 없다.)
　　　　　인 자　　　 무 적

▪막(莫) : 天下莫能當也라.(천하에 능히 당할 리가 없다.)
　　　　　천 하 막 능 당 야

▪미(未) : 未之有也라.(있지 않느니라.)
　　　　　미 지 유 야

　　　　　未讀通鑑綱目이라.(통감강목을 읽지 못했다.)
　　　　　미 독 통 감 강 목

▪무(無) : 寧爲鷄口언정 無爲牛後라.
　　　　　영 위 계 구　　　　무 위 우 후
　　　　　(차라리 닭의 입이 될지언정 소의 궁둥이는 되지 말라.)

▪막(莫) : 君莫笑하라.(그대는 웃지말라.)
　　　　　군 막 소

▪무(毋) : 毋友不如己者오.(몸만 같지 못한 자를 벗하지 말라.)
　　　　　무 우 불 여 기 자

▪물(勿) : 己所不欲을 勿施於人이니라.
　　　　　기 소 불 욕　　　 물 시 어 인
　　　　　(몸이 하고자하지 않는 바를 사람에게 베풀지 말지니라.)

■ 막불(莫不) : 人情이 莫不愛其子라.(사람의 정이 그 자식을 사랑하지 않는 이가 없다.)
　　　　　인정　　막불애기자

　　　　　　莫不中音이라.(소리가 맞지 않는 것이 없다.)
　　　　　　막불중음

■ 무불(無不) : 知無不爲忠也라.(충성되지 않는 것이 없는 줄 안다.)
　　　　　지무불위충야

　　　　　　於理無不通也라.(이치에 통하지 않는 것이 없다.)
　　　　　　어리무불통야

■ 비불(非不) : 雨澤이 非不善也라.(비의 혜택이 착하지 않은 것이 아니다.)
　　　　　우택　　비불선야

　　　　　　城非不高也라.(성이 높지 않은 것이 아니다.)
　　　　　　성비불고야

■ 막비(莫非) : 普天之下 莫非王土라.(넓은 하늘 아래가 임금의 땅이 아닌 것이 없다.)
　　　　　보천지하　막비왕토

■ 비무(非無) : 非無忠良之臣이라.(충성되고 어진 신하가 없는 것은 아니다.)
　　　　　비무충량지신

■ 무비(無非) : 人皆曰無非余聖이라.
　　　　　인개왈무비여성

　　　　　　(사람이 다 말하기를 내가 성인이라고 하지 않는 이가 없다.)

■ 막불(莫不) : 人莫不飮食也언만(사람이 음식을 먹지 않는 이가 없으되.)
　　　　　인막불음식야

■ 무불(無不) : 苟得其養이면 無物不長이라.
　　　　　구득기양　　　무물불장

　　　　　　(진실로 그 기르는 도를 얻으면 물건마다 자라지 않을 수 없다.)

■ 불가불(不可不) : 父母之年을 不可不知也라.(부모의 나이를 가히 알지 않을 수 없다.)
　　　　　　부모지년　　불가불지야

　　　　　　　言不可不愼也라.(말을 가히 삼가하지 아니치 못할지니라.)
　　　　　　　언불가불신야

■ 미상불(未嘗不) : 吾未嘗不得見也.(내 일찍이 능히 보지 아니치 못하겠노라.)
　　　　　　오미상불득현야

■ 불필불(不必不) : 弟子不必不如師라.(제자가 반드시 선생만 같지 못한 것은 아니다.)
　　　　　　제자불필불여사

■ 불필(不必) : 勇者不必有仁이라.(용맹한 자가 반드시 인(仁)이 있는 것은 아니다.)
　　　　　용자불필유인

■ 불상(不常) : 家貧而不常得油라.(집이 가난하여 항상 기름을 얻지 못하다.)
　　　　　가빈이불상득유

　　　　　　不常有라.(항상 있는 것이 아니다.)
　　　　　　불상유

■ 필불(必不) : 必不知其人也라.(반드시 그 사람을 알지 못함이라.)
　　　　　필불지기인야

◾상불(常不) : 常不得油라.(언제나 항상 석유를 얻을 수 없다.)
　　　　　 상 불 득 유

　　　　　 常不有라.(언제나 없다.)
　　　　　 상 불 유

4. 의문형(疑問形)

◾하(何) : 問君何能爾오.(그대에게 묻겠는데 어떻게 할 것인가.)
　　　　 문 군 하 능 이

　　　　 何謂浩然之氣오.(무엇을 호연지기라 이르는가.)
　　　　 하 위 호 연 지 기

　　　　 鄕關何處是오.(고향이 어느 곳인가.)
　　　　 향 관 하 처 시

◾수(誰) : 誰謂月無情고.(누가 달이 정이 없다고 말했는가.)
　　　　 수 위 월 무 정

　　　　 作亭者誰오.(정자를 만든 사람은 누구인고.)
　　　　 작 정 자 수

◾숙(孰) : 子謂子貢曰女與回也로 孰愈오.
　　　　 자 위 자 공 왈 여 여 회 야　 숙 유

　　　　 (공자가 자공에게 일러 가라사대 네가 안자와 더불어 누가 나은가.)

　　　　 孰使予忘故土오.(누가 나로 하여금 고향땅을 잊게 하였는가.)
　　　　 숙 사 여 망 고 토

◾안(安) : 沛公이 安在오.(패공이 어디 있는가.)
　　　　 패 공　 안 재

　　　　 夫安得不敬乎리오.(어찌 능히 공경치 않으리오.)
　　　　 부 안 득 불 경 호

◾악(惡) : 路惡在오 義是也니라.(길이 어디 있는가. 의로운 것이 이것이니라.)
　　　　 노 악 재　 의 시 야

　　　　 惡知其不可也리오.(어찌 그 옳지 않은줄을 알겠는가.)
　　　　 악 지 기 불 가 야

◾호(胡) : 田園이 將蕪하니 胡不歸리오.
　　　　 전 원　 장 무　　 호 불 귀

　　　　 (전원이 거칠어지려 하는데 어찌 돌아가지 않으리오.)

　　　　 胡爲其然也오.(어찌 그 그렇다고 하리오.)
　　　　 호 위 기 연 야

◾갈(曷) : 曷虐我民고.(어찌 나의 백성에게 사납게 구는고.)
　　　　 갈 학 아 민

◾해(奚) : 奚不爲政고.(어찌 정사를 하지 않는가.)
　　　　 해 부 위 정

- 언(焉) : 得駕言兮焉求오.(다시 말해 멍에하고 무엇을 구하는가.)
  득 가 언 혜 언 구

- 기하(幾何) : 而浮生이 若夢하니 爲歡幾何오.
  이 부 생   약 몽   위 환 기 하
  (덧없는 인생이 꿈과 같으니 기뻐하는 것이 얼마나 되는가.)

- 여하(如何) : 吾甚恐하노니 如之何則可니 있고.
  오 심 공   여 지 하 칙 가
  (내가 심히 두려워 하노니 어찌하면 가하니 있고.)

- 내하(奈何) : 虞兮虞兮奈若何오.(우미인이여! 우민인이여! 어찌하면 좋단 말인가.)
  우 혜 우 혜 내 약 하

  奈何誘人就死地오.(어찌하여 사람을 꾀어 죽는 땅에 나가게 하는가.)
  내 하 유 인 취 사 지

- 하여(何如) : 以五十步로 笑百步則何如하니 있고.
  이 오 십 보   소 백 보 칙 하 여
  (오십보로써 백보를 웃는다면 어떠하니 있고.)

- 호(乎) : 若이 敎淮陰侯叛乎아.(네가 회음후로 하여금 배반하게 하였는가.)
  약   교 회 음 후 반 호

- 야(耶) : 其眞不識馬耶아.(그 참으로 말을 알아보지 못하는 것인가.)
  기 진 불 식 마 야

- 여(與) : 王之所大欲을 可得聞與아.
  왕 지 소 대 욕   가 득 문 여
  (왕께서 크게 하고자 하는 것을 가히 능히 들어보리까.)

- 여(歟) : 天下治歟아 不治歟아.(천하가 다스려졌는가. 다스려지지 않았는가.)
  천 하 치 여   불 치 여

- 수~여(誰~與) : 是誰之過與아.(이것이 누구의 허물인가.)
  시 수 지 과 여

- 수여(誰與) : 噫라 微斯人이면 吾誰與歸오.
  희   미 사 인   오 수 여 귀
  (아! 이 사람이 아니면 내가 누구로 더불어 돌아가리오.)

- 하~야(何~也) : 何聲之似我君也오.(어찌하여 소리가 우리 임금과 같은가.)
  하 성 지 사 아 군 야

  何謂也오.(무엇을 이르는가.)
  하 위 야

- ~하야(~何也) : 與長者期後는 何也오.
  여 장 자 기 후   하 야
  (어른으로 더불어 기약을 하고 뒤늦게 오는 것은 어찌함인고.)

- 하기(何其) : 何其不思之甚耶오.(어찌 그 생각지 않는 것이 그다지도 심한가.)
  하 기 불 사 지 심 야

- 안재(安哉) : 而今에 安在哉오.(이제 어디 있는가.)
  이 금   안 재 재

5. 반어형(反語形)

- 하(何) : 何人이 不起故園情고.(어떤 사람이 고향동산의 정이 일어나지 않으리오.)
  하 인　　불 기 고 원 정

- 안(安) : 蛇固無足이어늘 子安能爲之足이리오.
  사 고 무 족　　　자 안 능 위 지 족

  (뱀은 진실로 발이 없는데 자네가 어찌 능히 발을 만든단 말인가.)

- 악(惡) : 君子去仁이면 惡乎成名이리오.(군자가 인을 버리면 어찌 이름을 이루리오.)
  군 자 거 인　　　악 호 성 명

- 언(焉) : 割鷄에 焉用牛刀리오.(닭을 잡는데 어찌 소잡는 칼을 쓰리오.)
  할 계　　언 용 우 도

- 기(豈) : 一槍之勇이 同時豈無리오.(한창을 쓰는 용맹이 같은 때에 어찌 없겠는가.)
  일 창 지 용　　동 시 기 무

- 숙(孰) : 孰下爲守리오만은 守身이 守之本也니라.
  숙 하 위 수　　　　수 신　　수 지 본 야

  (무엇이 지키는 것이 되지 않으리오만 몸을 지키는 것이 지키는 근본이 되
  느니라.)

- 호(乎) : 不仁者를 可與言乎아.(어질지 못한 자를 가히 더불어 말하겠는가.)
  불 인 자　　가 여 언 야

- 기~여(豈~與) : 豈非士之願與아.(어찌 선비에 원하는 것이 아닌가.)
  기 비 사 지 원 여

- 감불(敢不) : 百獸之見我하고 敢不走乎아.
  백 수 지 견 아　　감 불 주 호

  (일백 짐승이 나를 보고 감히 달아나지 않겠는가.)

- 불역~호(不亦~乎) : 不亦可乎아.(또한 옳지 않은가.)
  불 역 가 호

  不亦惑乎아.(또한 의혹한 것이 아닌가.)
  불 역 혹 호

- 하필(何必) : 何必日利아.(어찌 반드시 이해만 이르는가.)
  하 필 왈 리

  何必讀書然後爲學이리오.
  하 필 독 서 연 후 위 학

  (어찌 반드시 글을 읽은 뒤에 배움을 했다 하리오.)

- 합(盍) : 盍反其本矣오.(어찌 그 근본으로 돌아오지 않는고.)
  합 반 기 본 의

6. 한정형(限定形)

▪유(惟) : 只今에 惟有西江月이라.(지금에 오직 서쪽 강에 비친 달이 있다.)
　　　　지금　유유서강월

　　　　惟士爲能이라.(오직 선비만 할 수 있다.)
　　　　유사위능

▪유(唯) : 父母는 唯其疾之憂라.(부모는 오직 그 병들까 근심한다.)
　　　　부모　　유기질지우

▪단(但) : 空山不見人이요 但聞人語響이라.
　　　　공산불견인　　　단문인어향

　　　　(빈 산에 사람은 보이지 않고, 다만 사람의 말소리만 들린다.)

▪지(祇) : 雖有名馬나 祇辱於奴隸人之手라.
　　　　수유명마　　지욕어노예인지수

　　　　(비록 이름난 말이 있으나 노예의 손에 욕을 당할 뿐이다.)

▪독(獨) : 故鄕이 何獨在長安고.(고향이 어찌 홀로 장안에 있는가.)
　　　　고향　　하독재장안

　　　　獨先安之오.(홀로 먼저 어디로 가는가.)
　　　　독선안지

▪이(已) : 放辟邪侈를 無不爲已라.
　　　　방벽사치　　무불위이

　　　　(방탕하고 편벽되고 간사하고 사치함을 하지 않음이 없을뿐 아니다.)

▪이이(而已) : 吾不害其長而已라.(내 그 자람을 해하지 않을 따름이라.)
　　　　　　오불해기장이이

▪이이의(而已矣) : 亦有仁義而已矣라.(또한 인의가 있을 따름이니라.)
　　　　　　　역유인의이이의

▪이(耳) : 不過二十里耳니라.(이십 리에 지나지 않는다.)
　　　　불과이십리이

▪이(爾) : 有本者如是라 是之取爾니라.
　　　　유본자여시　　시지취이

　　　　(근본있는 것이 이와 같은지라 이것을 취한 것이다.)

▪자비(自非) : 自非聖人이면 所難免也라.(스스로 성인이 아니면 면하기 어려운 바라.)
　　　　　　자비성인　　　소난면야

7. 접속형(接續形)

- **즉(卽)** : 使白으로 穎脫而出이면 卽其人焉이니다.
  사 백　　　영 탈 이 출　　즉 기 인 언

  (이태백으로 하여금 송곳 끝을 벗어나면 곧 그 사람이올시다.)

- **칙(則)** : 學而不思則罔하고(배우고 생각하지 않으면 없어치고)
  학 이 불 사 칙 망

  弟子入則孝하고 出則弟하며(제자 들어오면 효도하고 나가면 공손하며)
  제 자 입 칙 효　　　출 칙 제

- **편(便)** : 少年立嬰하야 便爲王하다.(소년인 영을 세워 문득 왕을 삼으려 하다.)
  소 년 입 영　　　편 위 왕

- **첩(輒)** : 出而望之하고 輒引車避匿하다.
  출 이 망 지　　　첩 인 차 피 닉

  (나가서 바라보고 문득 수레를 끌고 피하여 숨다.)

- **내(乃)** : 引酒將飮之할새 乃左手로 持杯하다.
  인 주 장 음 지　　　내 좌 수　　지 배

  (술을 끌고 장차 마시려고 할 때에 이에 왼손으로 술잔을 가지다.)

  大禹는 聖人이로되 乃惜寸陰이라.
  대 우　　성 인　　　내 석 촌 음

  (우임금은 성인이로되 이에 촌음을 아끼셨다.)

  (※ 촌음(寸陰) : 지극히 짧은 시간)

- **이(而)** : 心不在焉이면 視而不見이라.(마음이 있지 않으면 보아도 보이지 않는다.)
  심 불 재 언　　　시 이 불 현

- **연(然)** : 權然後에 知輕重이라.(저울질한 연후에 가볍고 무거운 것을 안다.)
  권 연 후　　지 경 중

- **연이(然而)** : 黎民이 不飢不寒이오 然而不王者 未之有也니라.
  여 민　　불 기 불 한　　　연 이 불 왕 자 미 지 유 야

  (백성이 주리지 아니하고 차지 아니하면 그렇다고 왕 하지 않을 자가 있
  지 않느니라.)

- **연칙(然則)** : 然則一羽之不擧는 爲不用力焉이라.
  연 칙 일 우 지 부 거　　위 불 용 역 언

  (그렇다면 한 털을 들지 못하는 것은 힘을 쓰지 않음을 위함이다.)

- **시이(是以)** : 衆人이 皆醉호대 我獨醒이라 是以見放이로다.
  중 인　개 취　　아 독 성　　　시 이 견 방

  (뭇 사람이 다 취해 있는데 내 홀로 깬지라 이로써 내쫓음을 보았노라.)

- 고(故) : 故로 王之不王은 不爲也오 非不能也니이다.
  고　　왕지불왕　　불위야　　비불능야

  (그런고로 왕이 왕노릇 못하는 것은 하지 않는 것이오 능치 않는 것은 아니외다.)

- 어시(於是) : 左右皆泣에 莫敢仰視라. 於是項王이 乃上馬騎하다.
  좌우개읍　　막감앙시　　어시항왕　　내상마기

  (좌우가 다 울어 감히 우러러 보지 못한지라. 이에 항왕이 말에 올라 타다.)

8. 비교형(比較形)

- 어(於) : 季氏富於周公이라.(계씨가 주공보다 부하다.)
  계씨부어주공

- 우(于) : 天下莫柔弱于水(천하에 물보다 유약한 것은 없다.)
  천하막유약우수

- 호(乎) : 其聞道也 先乎吾라.(그 도를 들은 것이 나보다 먼저이다.)
  기문도야 선호오

- 불여(不如) : 吾不如韓信이로라.(내가 한신만 같지 못하노라.)
  오불여한신

  百聞이 不如一見이라.(백 번 듣는 것이 한 번 보는 것만 같지 못하다.)
  백문　　불여일견

- 불약(不若) : 言之于口 不若行之于身이라.
  언지우구 불약행지우신

  (입으로 말하는 것이 몸으로 행하는 것만 같지 못하다.)

- 무여(無如) : 樂事는 無如讀書라.(즐거운 일은 글을 읽는 것만 같은 것이 없다.)
  악사　　무여독서

- 막여(莫如) : 百年之計는 莫如種樹라.
  백년지계　　막여종수

  (백 년의 계획은 나무를 심는 것만 같지 못하다.)

9. 가정형(假定形)

- 약(若) : 若告西適이어든 不得東往이니라.
  약 고 서 적　　부 득 동 왕
  (만일 서쪽으로 간다하고 다시 동쪽으로 가지 말지니라.)

- 여(如) : 如詩不成이면 罰依金谷酒數하리라.
  여 시 불 성　　벌 의 금 곡 주 수
  (만일 시를 이루지 못하면 금곡에 술 숫자에 의하여 벌을 주리라.)

- 구(苟) : 苟能充之면 足以保四海요.(진실로 능히 채우면 족히 사해를 보전할 것이요.)
  구 능 충 지　　족 이 보 사 해

  苟富貴어든 無相忘하라.(진실로 부귀하거든 서로 잊지 말지어다.)
  구 부 귀　　무 상 망

- 종(縱) : 縱江東父兄이 憐而王我라도 我何面目見之리오.
  종 강 동 부 형　　연 이 왕 아　　아 하 면 목 견 지
  (비록 강동의 부형이 어여삐여겨 나를 왕을 시키더라도 내가 무슨 면목으로 보겠는가.)

- 수(雖) : 人雖至愚나 責人則明이라.
  인 수 지 우　　책 인 칙 명
  (사람이 비록 지극히 어리석어도 사람을 책망하는 것은 밝다.)

- 미(微) : 微管仲이면 吾其被髮左衽矣러니라.
  미 관 중　　오 기 피 발 좌 임 의
  (관중이가 아니면 내 그 머리를 풀어 헤치고 옷깃을 왼쪽으로 하였을 것이다.)

  微斯人이면 吾誰與歸리오.(이 사람이 아니면 내 누구로 더불어 돌아가리오.)
  미 사 인　　오 수 여 귀

- 사(使) : 使民으로 衣食이 有餘면 自不爲盜리라.
  사 민　　의 식　　유 여　　자 불 위 도
  (백성으로 하여금 의식을 남음이 있게 한다면 스스로 도적질은 하지 않을 것이다.)

10. 억양형(抑揚形)

- 황(況)~호(乎) : 富貴則親戚이 懼之하고 貧賤則輕易之온 況衆人乎아.
  부 귀 칙 친 척　　구 지　　빈 천 칙 경 역 지　　황 중 인 호
  (부하고 귀하면 친척이 두려워하고 가난하고 천하면 가벼이 쉽게 여기는데 하물며 여러 사람이랴.)

■차(且)~황(況)~호(乎) : 死馬도 且買之온 況生者乎아.
　　　　　　　　　　사 마　　 차 매 지　 황 생 자 호
　　　　　　　　(죽은 말도 또한 사는데 하물며 산 것이랴.)

■차(且)~안(安)[호(乎)] : 死且不避어니 安能避罪리오.
　　　　　　　　　　　사 차 부 피　　 안 능 피 죄
　　　　　　　　(죽는 것도 또한 피하지 않는데 어찌 능히 죄를 피하리오.)

　　　　　　　　臣이 死且不避어니 巵酒를 安足辭리오.
　　　　　　　　신　 사 차 부 피　　 치 주　 안 족 사
　　　　　　　　(신이 죽는 것도 또한 피하지 않는데 잔의 술을 어찌 족히
　　　　　　　　사양하리오.)

■황(況) 어(於)~호(乎) : 至於犬馬하야도 亦然 而況於人乎아.
　　　　　　　　　　　지 어 견 마　　　　 역 연 이 황 어 인 호
　　　　　　　　　　(개나 말에 이르러서도 또한 그런 것인데 하물며 사람이랴.)

■이(以)~차(且) : 以臣之不肖로 且蒙恩寵이라.
　　　　　　　　이 신 지 불 초　　 차 몽 은 총
　　　　　　　　(신하의 어질지 못함으로써 또한 은총을 입었도다.)

11. 누가형(累加形)

■불유(不惟) : 不惟忘歸라 可以終老로라.
　　　　　　불 유 망 귀　 가 이 종 로
　　　　　　(오직 돌아갈 것을 잊지 않을뿐이 아니라 가히 써 늙음을 마치려 하노
　　　　　　라.)

■비독(非獨) : 非獨賢者有是心也라 人皆有之니라.
　　　　　　비 독 현 자 유 시 심 야　　 인 개 유 지
　　　　　　(홀로 어진 사람만 이 마음이 있는 것이 아니라 사람이 다 있나니라.)

■기유(豈惟) : 豈惟不容於朝廷이리오 亦見棄於鄕里라.
　　　　　　기 유 불 용 어 조 정　　　 역 견 기 어 향 리
　　　　　　(어찌 오직 조정에서만 용납하지 않으리오 또한 향리에서도 버림을
　　　　　　보았도다.)

12. 선택형(選擇形)

■ 여기(與其)~영(寧) : 禮與其奢也론 寧儉이라.
　　　　　　　예 여기사야　　영검
　　　　　　(예가 그 사치한 것으로 더불려거든 차라리 검소할지니라.)

■ 여기(與其)~불약(不若) : 與其富而畏人으론 不若貧而無屈이라.
　　　　　　　　여기불이외인　　불약빈이무굴
　　　　　　(그 부하고 사람을 두려워함을 더불려거든 가난하고 굴하
　　　　　　지 않는 것만 같지 못하다.)

■ 여기(與其)~숙약(孰若) : 與其草木同腐론 孰若緣孝儒하야 俱爲忠義之鬼리오.
　　　　　　　　여기초목동부　　숙약연효유　　구위충의지귀
　　　　　　(그 초목과 더불어 한가지 썩으려거든 누가 효하는 선비
　　　　　　를 인연하여 함께 충성하고 의로운 귀신이 되는 것만 더
　　　　　　불리오.)

■ 영(寧)~무(無)「불(不)」: 寧死언정 不願聞子孫이 有此行也하노라.
　　　　　　　영사　　　불원문자손　　유차행야
　　　　　　(차라리 죽을지언정 자손이 이런 행실있는 것 듣기를 원치
　　　　　　않노라.)

　이상(以上)은 문맥(文脈)의 구조상태(構造狀態)와 어떤 경우에 어떤 술어(述語)나 어조사(語助辭)가 어떻게 배열(配列)되어 하나의 문장(文章)이 구성(構成)되어 있는가 하는 것을 알아보았다. 성현(聖賢)의 말씀에 "미유부득어사이능통기의자야(未有不得於辭而能通其義者也)"라고 하였으니 "그말이 어떻게 돌아가며 무엇을 나타내고 있는지 실태(實態)를 파악하지 못하고서는 그 글의 뜻을 능(能)히 통해서 알 재간(才幹)이 없다"고 한 말이다. 그렇다면 사실(事實)은 문법자체(文法自體)가 그렇게 중요(重要)한 것이 아니라 문장(文章)을 이해(理解)할 수 있는 수준(水準)에 이르는 것이 문제(問題)인 것이다. 만일에 학생(學生)이나 지성인(知性人)이 다 문장(文章)을 능(能)히 터득(攄得)할 수 있는 차원(次元)에 이르렀다고 가정(假定)한다면 문법(文法)은 존재가치(存在價値)가 없는 연문(衍文)이라는 것이다. 글을 많이 보고 생각하면 알 수 있다는 점(点)에서 고인(古人)들은 문법(文法)을 중요시(重要視)하지 않았고 문법운운(文法云云)하지도 않았다. 수준(水準)에 미달(未達)된 초심자(初心者)를 위(爲)해서 문법(文法)의 훈고(訓詁)를 필요(必要)로 한다는 것을 부언(附言)해 둔다.

　다음에 문장(文章)에 나오는 어조사(語助辭)를 보면 "뜻도 없는 글자를 머리 또는 중간(中間)이나 끝부분(部分)에 집어넣어 골치 아프게 하느냐"고 짜증을 낼 터이지만 그

글자 자체(自體)가 독립(獨立)된 어떤 뜻을 가지고 있는 것이 아니라 딴 글을 도와서 문장(文章)의 구실(口實)을 하게 하는 것이 마치 지면(地面)에 높은 산(山)이나 넓은 평원(平原)이 있는가 하면 물 흐르는 강(江)도 있고 도심지주변(都心地周邊)에 녹지(綠地)의 공간(空間)도 있어야 마음을 달래는 휴식처(休息處)가 되어 삭막(索寞)하고 무미건조(無味乾燥)하지 않는 것이나 다를 것이 없다. 다시 말해서 아무리 발랄(潑剌)한 문장이라 할지라도 뼈대만 갖추고 살이 전연(全然) 없는 것처럼 어조사(語助辭)가 없다면 글도 되지 않을 뿐더러 멋도 있을 수 없는 것이다. 다음에는 어조사(語助辭)의 쓰임을 알아보기로 한다.

어조사(語助辭)로 쓰이는 글자는 사실상(事實上) 생각보다는 폭이 넓다고 할만큼 많은 수자(數字)로 되어 있어 다 예(例)를 든다는 것은 어려운 일이다. 여기에 열거(列擧)된 것은 가장 보편적(普遍的)으로 많이 쓰이는 글자만을 참고(參考)로 소개(紹介)하였다.

① 갈 지(之)　② 밀이을 이(而) ③ 늘 어(於)　④ 이끼 언(焉)　⑤ 이끼 재(哉)
⑥ 온 호(乎)　⑦ 이끼 야(也)　⑧ 어조사 의(矣) ⑨ 어조사 여(與) ⑩ 어조사 저(諸)
⑪ 무릇 부(夫)　⑫ 어조사 이(爾) ⑬ 그칠 이(已)　⑭ 그러할 연(然) ⑮ 어조사 이(耳)
⑯ 시러금 득(得) ⑰ 어찌아닐 합(盍) ⑱ 어조사 우(于) ⑲ 이를 저(底)　⑳ 어조사 야(耶)
㉑ 이에 내(乃)　㉒ 어조사 요(了)　㉓ 어조사 여(歟) ㉔ 문득 변(便)　㉕ 어조사 혜(兮)

(1) 갈 지(之) 자는 주(主)로 소유격(所有格)을 나타내는 어조사(語助辭)로 아무개[某]의 것이라고 나타내어 문장(文章)의 보조역할(補助役割)을 하는 토(吐)의 구실(口實)을 하거나 아래위를 연결(連結)시키는 작용(作用)을 하는데 예외(例外)로 어조사(語助辭)가 동사(動詞)로 바뀌는 경우(境遇)도 있다.

■ 民은 可使由之오 不可使知之니라.
　　민　가 사 유 지　불 가 사 지 지
　(백성은 가히 하여금 말미암게 하고 가히 하여금 알지 못하게 할지니라.)

■ 擇其善者而從之하고 其不善者而改之니라.
　　택 기 선 자 이 종 지　　기 불 선 자 이 개 지
　(그 착한 자를 가려 쫓게하고 그 착하지 않는 자는 고치게 할지니라.)

■ 臣弑其君者 有之하며 子殺其父者 有之하니라.
　　신 시 기 군 자 유 지　　자 살 기 부 자 유 지
　(신하가 그 임금을 죽이는 자 있으며 자식이 그 아비를 죽이는 자 있느니라.)

■ 吾道는 一以貫之니라.(내 도는 하나로써 꿰었나니라.)
　　오 도　일 이 관 지

▲아무런 뜻이 없고 토(吐)로써 글을 맺는 구실을 한다. 이것을 어조사라고 한다.

■ 天下之無道也 久矣라.(천하에 도가 없는지 오랜지라.)
　천 하 지 무 도 야　구 의

■ 悟已往之不諫하고 知來者之可追라.
　오 이 왕 지 불 간　　　지 래 자 지 가 추

(이미 간 일에 고칠 수 없음을 깨닫고 오는 일에 가히 따를 것을 알았노라.)

■ 王之所欲을 可知라.(왕에 하고자하는 바를 가히 알겠도다.)
　왕 지 소 욕　　가 지

▲뜻이 없는 어조사(語助辭)는 위와 같지만 아래 구절(句節)을 연결(連結)하는 구실을 한다.

■ 子之武城하사 聞絃歌之聲하시다.(공자 무성에 가시사 현가에 소리를 들으시다.)
　자 지 무 성　　문 현 가 지 성

■ 胡爲乎 遑遑欲何之오.(어찌하여 황황히 어디를 가고자 하는가.)
　호 위 호　황 황 욕 하 지

▲어조사(語助辭)가 동사(動辭)로 변하여 간다는 뜻을 나타낸다.

(2) 말이을 이(而) 자는 어조사(語助辭)로 뜻은 없으나 위의 말을 잇는 접속사(接續詞)가 주(主)이지만 주어(主語)를 형용(形容)하는 형용사(形容詞)의 구실(口實)을 하기도 한다.

■ 學而時習(배우고 때로 익힌다.)
　학 이 시 습

■ 有朋而自遠方來(벗이 있어 먼곳으로부터 온다.)
　유 붕 이 자 원 방 래

■ 貧而樂하며 富而好禮라.(가난하고 즐거워하며 부하고 예(禮)를 좋아한다.)
　빈 이 락　　　부 이 호 예

■ 質直而好義하며 察言而觀色이라.
　질 직 이 호 의　　　찰 언 이 관 색

(바탕이 솔직(率直)하고 의리(義理)를 좋아하며 남의 말과* 얼굴빛을 살핀다.)
(*과는 말을 살피고 또 얼굴빛을 살핀다는 뜻)

■ 愛而知其惡하고 憎而知其善이라.
　애 이 지 기 악　　　증 이 지 기 선

(사랑하고 그 악(惡)한 것을 알고 미워하고 그 잘하는 것을 알지니라.)

■ 己欲立而立人하며 己欲達而達人이니라.
　기 욕 입 이 입 인　　　기 욕 달 이 달 인

(몸이 서고자 함에* 사람을 세워주고 몸이 잘되고자 함에 사람을 잘되게 해주느니라.)
(*자기가 서고 서고싶은 자리에)

▲뜻이 없는 어조사로 위의 말을 이어가는 접속사(接續詞)의 구실을 한다.

■ 夫子 莞爾而笑曰(부자(夫子)께서 빙긋이 웃고 하시는 말씀이)
부자 완 이 이 소 왈

■ 退而喜曰(물러나와서 기뻐하여 하는 말이)
퇴 이 희 왈

■ 已而오(이윽고, 조금있다가)
이 이

▲ 말을 이어 접속사(接續詞)의 구실을 하면서 웃는 것을 형용(形容)하였다.
웃고, 기뻐하고 조금 후를 형용함.

(3) 늘 어(於) 자는 어조사(語助辭)로 "에서", "을", "에게", "에" 같은 뜻을 나타내는 조
사(助詞)로써 위치(位置)나 목적(目的)을 나타내기도 하지만, "보다", "더이상(以
上)" 같은 강조(強調)하는 뜻을 나타내기도 한다.

■ 至於是邦也하야(이 나라에 이르러서)
지 어 시 방 야

■ 免於刑戮(형육으로부터 면함)
면 어 형 육

■ 八佾로 舞於庭(여덟 줄로[天子의 樂] 뜰에서 춤을 추다)
팔 일 무 어 정

■ 於乎라(감탄(感歎)하는 소리)
어 호

■ 束帶立於朝(띠를 묶고(의관(衣冠)을 갖추고) 조정(朝廷)에 서다.)
속 대 입 어 조

■ 志於道하며 據於德하며(도(道)에 뜻하며 덕(德)에(웅거하며) 몸닦는다.)
지 어 도 거 어 덕

■ 哀公問社於宰我하신대
애 공 문 사 어 재 아
(애공이라는 노나라 임금이 사직(社稷)을 재아(宰我)에게 물으신대)

■ 蘧伯玉使人於孔子(거백옥이라는 노나라 대부가 사람을 공자에게 보내다.)
거 백 옥 사 인 어 공 자

■ 以能으로 問於不能(능력있는 사람으로써 무능(無能)한 이에게 묻는다.)
이 능 문 어 불 능

■ 冉有季路 見於孔子曰(염유와 계로라는 제자가 공자께 뵈어 가로되)
염 유 계 로 견 어 공 자 왈

■ 何有於我哉오(무엇이 나에게 있는가?)
하 유 어 아 재

■ 於此彼(이것이 아니면 저것)
어 차 피

▲이 나라에 이르다, 형육으로부터 면한다, 뜰에서 춤을 추다, 띠를 띠고 조정에 서다, 도에 뜻을 하고 덕에 몸을 담다, 사직을 재아에게 묻다, 사람을 공자에게 보내다, 능치 못한 이에게 묻다, 공자께 뵈어 여쭈되, 무엇이 내게 어려울 것이 있으리오 등등은 다 어떤 뜻을 나타낸 조사(助詞)다.

■ 於焉間(어느 사이에, 어느덧)
　어 언 간

■ 於渠足矣(저것이면* 만족(滿足)하다.)(* 저 정도(程度)에 만족하다.)
　어 거 족 의

■ 於此有人焉(여기에 사람이 있으니)
　어 차 유 인 언

■ 於是乎有感(이에 느낌이 있노라.)
　어 시 호 유 감

▲이것 이나면 저것이라던가, 어느덧, 저것이면 족하다, 여기 사람이 있다, 이에 느끼었노라 등은 좀더 목적(目的)이 뚜렷하게 부각(浮刻)되어 있다.

■ 民之於仁也에 甚於水火(백성이 어진 것에 물이나 불보다 더 심하다.)
　민 지 어 인 야　　심 어 수 화
(백성은 필연(必然)코 착해야 하는 것이 수화(水火)보다 급(急)하다.)

■ 季氏 富於周公(계씨가 주공보다 부하다. 계씨(季氏)라고 하는 노(魯)나라 가신(家
　계 씨　부 어 주 공
臣)이 천자(天子)의 재상인 주공보다 오히려 부(富)를 누리고 있다는 말)

▲어떤 사물(事物)보다 더 나은 것을 강조(强調)하고 있다.

(4) 이끼 언(焉) 자는 역시(亦是) 뜻이 없는 어조사(語助辭)로 쓰이는 것이 보통(普通)이지만 경우(境遇)에 따라서는 의문사(疑問詞)나 반어(反語)로 "어찌" 그럴 수 있느냐 하는 뜻으로 바뀌는 수가 있다.

■ 就有道而正焉(도 있는 사람에게 나가서 질정(質正 : 바로잡는 것) 함.)
　취 유 도 이 정 언

■ 日月至焉而已矣(날과 달에 이를 따름이니라. 날에 한번 또는 달에 한번 이르고 마
　일 월 지 언 이 이 의
는 것을 말함.)

■ 女得人焉耳乎아(네가 사람을 얻었는가. 인재(人材)를 얻었음을 말함.)
　여 득 인 언 이 호

■ 吾未嘗無誨焉이로라.(내 일찍이 가르쳐 주지 않음이 없노라.)
　오 미 상 무 회 언

■民無得而稱焉이니라.(백성(百姓)이 능히 일컬으는 이가 없나니라. : 국민 누구가
  민 무 득 이 칭 언
  이렇다고 말하는 사람이 없다는 말)

■三人行에 必有我師焉이라.(세 사람이 갈 적에 반드시 나의 스승이 있다.)
  삼 인 행   필 유 아 사 언

■叩其兩端而竭焉하노라.(그 두 끝을 두드려 정성(精誠)을 다하노라.)
  고 기 양 단 이 갈 언

■君子之道三에 我無能焉이로라.(군자의 도리가 세 가지인데 내가 능치 못하노라. 세
  군 자 지 도 삼   아 무 능 언
  가지 군자의 도리를 다하지 못함.)

■邦有道에 貧且賤焉이 恥也며(나라에 도가 있을적엔 가난하고 천한 것이 부끄러우며)
  방 유 도   빈 차 천 언   치 야

■邦無道에 富且貴焉이 恥也니라.
  방 무 도   부 차 귀 언   치 야
  (나라에 도가 없을적엔 부하고 귀한 것이 부끄러우니라.)

▲바른(正)다, 이른(至)다, 얻었는가, 가르치다, 일컫는다, 스승이다, 다한다, 무능(無能)
  하다, 이런 것들이 부끄럽다는 식(式)으로 문장의 끝맺음에 들어가는 어조사(語助辭)
  이다.

■未能事人이면 焉能事鬼리오.
  미 능 사 인   언 능 사 귀
  (사람 섬김을 능히 못하면 어찌 귀신(鬼神) 섬김을 능히 할 수 있으리오.)

■未知生이면 焉知死리오.
  미 지 생   언 지 사
  (사는 것을 알지 못하면 어찌 죽는 것을 알 수 있으리오. 사는 이치도 모르는 사람
  이 어떻게 죽는 이치를 안단 말인가.)

■焉知來者之不如今也리오.(어찌 오는 것이 이제만 같지 못한 것을 알리오.)
  언 지 래 자 지 불 여 금 야

■魯無君子者면 斯焉取斯리오.
  노 무 군 자 자   사 언 취 사
  (노(魯)나라에 군자(君子)가 없다면 이사람이 어떻게 이것을 취(取)할 수 있으리
  오.)

▲이 대목은 조사(助詞)가 의문사(疑問詞)나 반어(反語) "어찌", "어떻게"라는 뜻으로 바
  뀐 것을 나타낸 구절이다.

(5) 이끼 재(哉) 자도 어조사(語助辭)로 문장(文章)의 매듭을 짓는 것은 다른 것과 비슷
    하나 대동소이(大同小異)한 곳이 있다면 "그럴 것인가", "그럴 수 있단 말인가", "그

럴진저" 등등의 의문사(疑問詞)가 붙었다는 것이 특징(特徵)인 것이다.

- 仁遠乎哉아(인(仁)이란 먼 것인가.)
  인 원 호 재

- 夫何爲哉아(무릇 무엇을 할 것인가.)
  부 하 위 재

- 玉帛云乎哉아(옥(玉)이나 비단을 이르는 것인가.)
  옥 백 운 호 재

- 鍾鼓云乎哉아(쇠북이나 북을 이르는 것인가.)
  종 고 운 호 재

- 天何言哉아(하늘이 무엇을 말하랴.)
  천 하 언 재

- 人焉瘦哉리오.(사람이 어찌 숨기리오.)
  인 언 수 재

- 吾豈匏瓜哉아(내 어찌 박이나 외일 수 있겠는가. 한군데 매어서 먹지 않고 사는 식
  오 기 포 과 재
  물인간이 아니라고 하는 말)

- 郁郁乎文哉라.(문채(文彩)가 성(盛) 하도다.)
  욱 욱 호 문 재

- 吾何以觀之哉리오.(내 어찌 써 보리오. 아무런 볼만한 가치가 없음.)
  오 하 이 관 지 재

- 管仲之器小哉라.(관중(管仲)의 그릇[器局]이 적[狹小]도다.)
  관 중 지 기 소 재

- 觚不觚면 觚哉觚哉아.(모난 그릇이 모가 나지 않으면 모난 그릇이라 하겠는가.)
  고 불 고   고 재 고 재

- 鄙夫는 可與事君也與哉아.(더러운 지아비는 가(可)히 더불어 임금을 섬기랴.)
  비 부   가 여 사 군 야 여 재

- 飽食終日하야 無所用心이면 難矣哉라.
  포 식 종 일   무 소 용 심   난 의 재
  (온 종일(終日) 배불리 먹고 마음 쓸 곳이 없다면 곤란한 일이다.)

(6) 온 호(乎) 자는 어조사(語助辭)의 일종(一種)으로 의문(疑問)이나 영탄(詠嘆) 또는 반어(反語)나 호격(呼格)을 나타내는 말미(末尾)의 수식어(修飾語)로 쓰이는 것이 태반(太半)이지만 반드시 그런 것도 아니다. 때로는 중간(中間)에 들어가는 경우(境遇)도 있는 것이다.

- 不亦可乎아(또한 옳지 않은가.)
  불 역 가 호

■ 可謂仁乎아(가히 어질다고 이르랴.)
　가 위 인 호

■ 無奈太簡乎아(너무 지나치게 간략(簡略)한 것은 아닌가.)
　무 내 태 간 호

■ 曾謂泰山不如林放乎아(일찍이 태산(泰山)이 임방(林放)만 같지 못하다고 이르랴.)
　증 위 태 산 불 여 림 방 호

■ 其如示諸斯乎ㄴ져(그 이것을 보는 것과 같을진져.)
　기 여 시 제 사 호

■ 然則管仲은 知禮乎잇가(그렇다면 관중(管仲)은 예를 안다고 하리잇가.)
　연 칙 관 중　　지 예 호

■ 用其力於仁義乎아(그 지닌 힘을 인의(仁義)를 위하여 쓰려 하였던가.)
　용 기 력 어 인 의 호

■ 有心哉라 擊磬乎여(마음이 있도다 경쇠를 침이여!)
　유 심 재　　격 경 호

■ 賜也는 賢乎哉아(사(賜)는 어진가.)
　사 야　　현 호 재

■ 君子는 尙勇乎아(군자는 용맹을 숭상(崇尙)하는가.)
　군 자　　상 용 호

■ 不有博奕者乎아(장기와 바둑을 두는 사람이 있지 않은가.)
　불 유 박 혁 자 호

■ 爲之猶賢乎已니라.(하는 것이 오히려 그만두는 것보다는 낫으니라.)
　위 지 유 현 호 이

■ 君子去仁이면 惡乎成名이리오.
　군 자 거 인　　　　악 호 성 명
　(군자가 인(仁)을 버리면 어찌 이름을 이루리오. 인을 떠나서 이름을 이룰 수 없음.)

■ 其諸異乎人之求之與ㄴ져(그 사람이 구(求)하는 것과는 다를진져.)
　기 제 이 호 인 지 구 지 여

■ 不幾乎一言而喪邦乎잇가.(할말로 나라를 잃는데 거의 가깝지 않으리까.)
　불 기 호 일 언 이 상 방 호

(7) 이끼 야(也) 자는 주(主)로 말의 끝에 붙여 결정(決定), 부름, 감탄(感歎) 따위를 나타 내는 어조사자(語助辭字)이다. 그러나 간혹(間或) 머리에 야응(也應)이라고 붙여서 "뻑뻑이" 응당(應當), 야식(也識) 알겠노라 등의 뜻을 나타내기도 하는 자(字)이다.

■ 力不足也라.(힘이 미치지 못함.)
　역 부 족 야

■ 馬不進也라.(말이 나가지 않는다.)
　마 불 진 야

■ 然而不亡者 未之有也니라.(그렇고 망하지 않을 자 있지 않느니라.)
　　연 이 불 망 자　미 지 유 야

■ 吾不知也로라.(내 알지 못하노라.)
　　오 불 지 야

■ 何可廢也리오.(어찌 가(可)히 폐(廢)하리오.)
　　하 가 폐 야

■ 是可忍也온 孰不可忍也리오.
　　시 가 인 야　　숙 불 가 인 야

　(이것을 가(可)히 참아 하는데 무엇을 가(可)히 참아 하지 못하리오.)

■ 伯夷叔齊는 何人也오.(백이숙제(伯夷叔齊)는 어떠한 사람인고.)
　　백 이 숙 제　　하 인 야

■ 文獻이 不足故也라.(문헌(文獻)이 부족(不足)한 연고(緣故)라.)
　　문 헌　　부 족 고 야

■ 貧而樂하며 富而好禮者也니라.(가난하고 즐거워하며 부하고 예를 좋아하는 자니라.)
　　빈 이 락　　부 이 호 예 자 야

■ 非其鬼而祭之 諂也오.(그 귀신(鬼神)이 아닌 것을 제사하는 것은 아첨하는 것이오.)
　　비 기 귀 이 제 지　첨 야

■ 見而不爲 無勇也니라.(보고도 못하는 것은 용기(勇氣)가 없는 것이니라.)
　　견 이 불 위　무 용 야

■ 富與貴는 人之所欲也오.(부하고 다만 귀한 것은 사람에 하고자 하는바요.)
　　부 여 귀　　인 지 소 욕 야

■ 貧與賤은 人之所惡也라.(가난하고 다만 천한 것은 사람에 미워하는바라.)
　　빈 여 천　　인 지 소 악 야

■ 朽木은 不可雕也오.(썩은 나무는 가(可)히 아로새기지 못하고.)
　　후 목　　불 가 조 야

■ 糞土之墻은 不可杇也니라.(썩은 흙의 담은 가(可)히 흙손질 하지 못할지니라.)
　　분 토 지 장　　불 가 오 야

■ 鏡水無風也自波라.(경수(鏡水)에 바람은 없어도 스스로 물결이 이는구나.)
　　경 수 무 풍 야 자 파

(8) 어조사 의(矣) 자는 말을 끝낸다는 뜻으로 단정(斷定), 결정(決定), 한정(限定), 의문(疑問), 반어(反語), 영탄(詠嘆)의 뜻을 나타내는 문장(文章)의 끝을 매듭짓는 글자이다.

■ 可以無大過矣리라.(가(可)히 써 큰 허물은 없으리라.)
　　가 이 무 대 과 의

■ 我欲仁이면 斯仁이 至矣니라.(내가 인(仁)을 하고자 하면 이 인(仁)이 이를 것이니라.)
　　아 욕 인　　사 인　　지 의

- 吾不欲觀之矣로라.(내 보고자 하지 아니 하노라.)
  오 불 욕 관 지 의

- 天下之無道也 久矣니라.(천하(天下)가 무도(無道)한 지 오래 되었도다.)
  천 하 지 무 도 야 구 의

- 朝聞道면 夕死라도 可矣니라.(아침에 도를 들으면 저녁에 죽어도 가(可) 하니라.)
  조 문 도 석 사 가 의

- 敬鬼神而遠之면 可謂知矣니라.(귀신을 공경하고 멀리하면 가히 지혜롭다 이를지니라.)
  경 귀 신 이 원 지 가 위 지 의

- 先難而後獲이면 可謂仁矣니라.
  선 난 이 후 획 가 위 인 의

  (어려움을 먼저하고 얻는 것을 뒤에 하면 가히 어질다 이를지니라.)

- 卒以學易이면 可以無大過矣리라.
  졸 이 학 역 가 이 무 대 과 의

  (마침내 써 주역(周易)을 배우면 가히 써 큰 허물은 없을지니라.)

- 丘之禱 久矣니라.(공자가 빈 지는 오래 되었느니라.)
  구 지 도 구 의

- 泰伯은 其可謂至德也已矣로다.(태백(泰伯)은 그 가히 지극한 덕이라고 이르리로다.)
  태 백 기 가 위 지 덕 야 이 의

- 苗而不秀者 有矣夫ㄴ져.(싹이 나서 빼어나지 못하는 것이 있을진져.)
  묘 이 불 수 자 유 의 부

- 巧言令色이 鮮矣仁이니라.
  교 언 영 색 선 의 인

  (말을 공교롭게 하고 빛을 착하게 하는 것이 인(仁)하리 적으니라.)

(9) 어조사 여(與) 자는 문구(文句)를 맺는 구실(口實)을 하는 어조사(語助辭)로서 의사
(疑詞)나 결사(決詞)의 그것을 나타내고 뜻이 없는 것은 마찬가지이다.

- 求之與아 抑與之與아.(구(求)하는 것이냐. 그렇지 않으면 더불려고 하는가.)
  구 지 여 억 여 지 여

- 仲由는 可使從政也與잇가.
  중 유 가 사 종 정 야 여

  (중유(仲由)는 가(可)히 더불어 정사(政事)를 쫓을만 합니까.)

- 子在陳하사 日歸與歸與ㄴ져.
  자 재 진 왈 귀 여 귀 여

  (공자(孔子)께서 진(陳)나라에 있으실제 말씀하시기를 "돌아갈진져" "돌아갈진져")

- 然則師愈與잇가.(그렇다면 사[師 : 자장(子張)의 이름]가 났습니까.)
  연 칙 사 유 여

- 先事後得이 非崇德與아.
  선사후득　비숭덕여
  (일을 먼저하고 얻는 것을 뒤에 하는 것이 덕을 숭상(崇尙)하는 것이 아닌가.)

- 仲由冉求는 可謂大臣與아.
  중유염구　가위대신여
  (중유(仲由)나 염구(冉求)는 가(可)히 대신(大臣)이라고 이를만 합니까.)

- 管仲은 非仁者與잇가.(관중(管仲)은 어진 자(者)가 아닙니까.)
  관중　　비인자여

- 無乃爾是過與아.(이것이 네 허물이 아니냐.)
  무내이시과여

- 丘는 何爲是栖栖者與아.(공자는 어찌하여 경황없이 설치는가.)
  구　하위시서서자여

- 女以予로 爲多學而識之者與아.(너는 나로써 많이 배워 기록하는 자(者)라고 하느냐.)
  여이여　　위다학이식지자여

- 是知其不可而爲之者與아.(이 그 안될 줄 알면서 하는 사람인가.)
  시지기불가이위지자여

- 無爲而治者는 其舜也與신져.(하는 것 없이 다스린 것은 그 순임금인져.)
  무위이치자　기순야여

⑽ 어조사 저(諸) 자는 말을 발하는 발어사(發語辭) 구실(口實)을 하거나 문장(文章)을 도와주는 조어(助語)의 역할(役割)을 하고 뜻이 없는 것은 다른 자와 같다.

- 聞諸夫子라.(부자(夫子)께 들은 지라.)
  문저부자

- 聞斯行諸잇가.(들었거든 이 행하오리까.)
  문사행저

- 雖有粟이나 吾得而食諸아.(비록 곡식이 있으나 내 얻어 먹겠는가.)
  수유속　　오득이식저

- 擧直錯諸枉이면 能使枉者直이니라.
  거직착저왕　　능사왕자직
  (곧은 이를 들고 굽은 이를 두어두면 능(能)히 굽은 이로 하여금 곧아지게 되느니라.)

- 雖欲勿用이나 山川은 其舍諸아.
  수욕물용　산천　기사저
  (비록 쓰지 않으려 하나 산천(山川)은 그냥 놓아 두겠는가.)

- 擧爾所知면 爾所不知를 人豈舍諸아.
  거이소지　이소부지　인기사저
  (네 아는 바를 들면 네가 알지 못하는 바를 사람이 어찌 놓아 두겠는가.)

- 定公問一言이 可以興邦이라하니 有諸잇가.
  정공문일언　　가이흥방　　　　유저
  (정공이 물으되 한 말이 가(可)히 써 나라를 흥(興)하게 한다하니 그런 말이 있습니까.)

- 堯舜도 其猶病諸시니라.(요순도 그 오히려 병(病)들게 여기셨느니라.)
  요순　기유병저

- 其諸異乎人之求之與ㄴ져.(그 사람이 구하는 것과는 다를진져.)
  기저이호인지구지여

- 告諸往而知來者온여.(간 것을 고(告)하여 오는 것을 아는구려.)
  고저왕이지래자

⑾ 어조사(語助辭)로 쓰이는 무릇 부(夫) 자는 헤아려 생각하건대라는 뜻으로 다른 글자 맨 첫머리에 붙어 구절(句節)을 수식(修飾)하는 경우(境遇)도 있지만 대략(大略)은 한 문장(文章)을 맺는 구실(口實)로 쓰는 것이 많다.

- 夫天地者는 萬物之逆旅오.(무릇 천지(天地)라는 것은 만물이 쉬어가는 처소(處所)요.)
  부천지자　　만물지역려

- 若夫立志不高則其學이 皆常人之事라.
  약부립지불고칙기학　　개상인지사
  (만일 뜻을 세운 것이 높지 못하면 그 배움이 다 범상(凡常)한 사람의 일이라.)
  ⇒ 이곳은 무릇을 안새겨도 뜻이 통함.

- 夫人이 不言이언정 言必有中이니라.
  부인　불언　　　언필유중
  (무릇 이 사람이 말을 안할지언정 말하면 반드시 맞음이 있느니라.)

- 逝者 如斯夫ㄴ져 不舍晝夜로다.(가는 것이 이와 같을진져 낮과 밤을 놓지 않는도다.)
  서자 여사부　　불사주야

- 未之思也언정 夫何遠之有리오.(생각하지 않을지언정 어찌 멀리(理) 가 있겠는가.)
  미지사야　　　부하원지유
  ⇒ 여기도 새기지 않아도 됨.

- 非夫人之爲慟이오 而誰爲리오.
  비부인지위통　　　이수위
  (이 사람을 위하여 통곡(痛哭)하지 아니하고 누구를 위하리오.)

- 賊夫人之子로다.(사람의 아들을 해(害)롭게 하였도다.)
  적부인지자

- 是故로 惡夫佞者하노라.(이런고로 말로 재주 부리는 것을 미워하노라.)
  시고　악부녕자

- 而今而後에 吾知免夫와라 小子아.(이젠 뒤에 내 면(免)한 것을 알겠노라. 적은 아들아.)
  이 금 이 후　오 지 면 부　　소 자

- 鳳鳥不至하며 河不出圖하니 吾已矣夫ㄴ져.
  봉 조 불 지　　하 불 출 도　　오 이 의 부

  (봉황새가 이르지 아니하며 하수(河水)에 그림이 나오지 않았으니 내 그만둘친져.)

- 君子之不仁者는 有矣夫어니와.(군자에 어질지 못한 자(者)는 있거니와.)
  군 자 지 불 인 자　　유 의 부

- 惟我與爾 有是夫ㄴ져.(오직 나와 다만 네가 이것이 있을친져.)
  유 아 여 이 유 시 부

⑿ 너 이(爾) 자도 어조사(語助辭)로 끝을 맺는 결사(結辭)의 구실을 하는 토(吐)와 같은 것이다.

- 不知老之將至云爾오.(늙음이 장차 이르는 것을 알지 못한다 이르리오.)
  불 지 노 지 장 지 운 이

- 吾 無隱乎爾로라.(내 숨김이 없노라.)
  오 무 은 호 이

- 則可謂云爾已矣니라.(곧 가(可)히 이르되 그럴 따름이라 운운(云云)할지니라.)
  칙 가 위 운 이 이 의

- 便便言하시되 惟謹爾러시다.(말씀을 또렷하게 하시되 오직 삼가하더시다.)
  편 편 언　　　　유 근 이

- 如有所立이 卓爾라.(선 바가 높음이 있는것 같더라.)
  여 유 소 립　　탁 이

- 子路 率爾而對曰(자로(子路)가 경솔(輕率)하게 대답하여 가로되)
  자 로 솔 이 이 대 왈

- 薄乎云爾언정 焉得無罪리오.(박하다고는 이를지언정 어찌 능히 죄가 없으리오.)
  박 호 운 이　　언 득 무 죄

  ⇒ ___ 이런 곳은 새기지 않음.

⒀ 그칠 이, 말 이(已)자로 통하는 이 글자는 어조사(語助辭)와 구별되는 것은 "따름이라"고 새기고 "그것뿐"이라는 뜻을 나타내는 어귀(語句) 끝에 쓰이는 자(字)이다. 이것을 참고(參考)로 열거(列擧)해 본다는 것은 어조사가 비슷해서 헷갈리기 쉽기 때문이다.

- 如斯而已乎잇가.(이같을 뿐입니까?)
  여 사 이 이 호

- 九人而已라.(아홉사람 뿐이다.)
  구 인 이 이

■斯亦不足畏也已니라. (이 또한 족히 두렵지 않을 따름이니라.)
　사 역 부 족 외 야 이

■可謂明也已矣니라. (가(可)히 밝다고 이를 따름이니라.)
　가 위 명 야 이 의

■君子는 質而已矣니 何以文爲리오. (군자는 바탕일 따름이니 어찌 문채(文彩)를 하리오.)
　군 자　질 이 이 의　하 이 문 위

■恭己正南面而已矣니라. (몸을 공손히 하여 남쪽으로 향할 따름이니라.)
　공 기 정 남 면 이 이 의

■三年之喪이 期已久矣로소이다. (삼 년의 초상이 지난지 이미 오래로소이다.)
　삼 년 지 상　기 이 구 의

■可謂仁之方也已니라. (가(可)히 인(仁)의 방법(方法)이라 이를 따름이니라.)
　가 위 인 지 방 야 이

■雖欲從之나 末由也已니라. (비록 쫓아 가고자 하나 말미암지 못하리로다.)
　수 욕 종 지　말 유 야 이

　⇒ ＿＿ 못할 따름이라는 뜻이 있음.

⑭ 어조사 비슷한 자(字)로 그러할 연(然) 자가 있으니 접미사(接尾辭)로 어떠한 상태(狀態)를 나타내어 말을 잇는 역할을 하는 헷갈리기가 아주 쉬운 자(字)이다.

■若由也는 不得其死然이로다. (유(由)는 그 죽음을 얻지 못할 것 같도다.)
　약 유 야　부 득 기 사 연
　(※ 부득기사(不得其死) : 제 명(命)에 죽지 못할 것 같다는 말.)

■何爲其然也리오. (어찌 그 그렇다 하리오.)
　하 위 기 연 야

■禹는 吾無間然矣로다. (우(禹) 임금은 내 탓할 수 없도다.)
　우　오 무 간 연 의
　〈※ 무간연(無間然) : 두 사람 사이를 멀어지게 만든다는 말로 탓하여 논란(論難)하는 것. 이러쿵 저러쿵 시비(是非)의 대상(對象)이 되는 것.〉

■才難이 不其然乎아. (재조(才操)가 되기 어렵다는 것이 그 그렇지 않느냐.)
　재 난　불 기 연 호

■其然가 豈其然乎리오. (그 그런가. 어찌 그 그러리오.)
　기 연　기 기 연 호

⑮ "따름"이라 "뿐"이라는 뜻을 안고 있는 귀 이(耳) 자는 어조사(語助辭)가 아니고 말을 그친다는 "어이사(語已辭)"라는 애매(曖昧)한 글자로 헷갈리기 쉬운 자(字)라 예시(例示)해 보았다.

▪女 得人焉耳乎아.(네가 사람[人材]을 얻었는가.)
　여 득 인 언 이 호

▪直不百步耳언정(단지 백보(百步)는 아닐지언정)
　직 불 백 보 이

▪前言은 戲之耳니라.(먼저 말한 것은 희롱(戲弄)한 것이니라.)
　전 언　　희 지 이

〈※ 희롱(戲弄) : 장남삼아 놀려본 말이란 뜻.〉

⇒ 이(耳)자는 새기지 않는다.

⒃ 어조사(語助辭) 비슷한 글자로는 "시러금"이라는 말투로 쓰이는 얻을 득(得) 자는
　별 뜻이 없으면서 특수(特殊)한 쓰임에 들어가는 글자인 것이다.

▪不得已(마지 못하여. 어쩔 수 없어)
　부 득 이

▪不得不(하는 수 없이. 불가불(不可不))
　부 득 불

▪事勢不得已하여(일 되어가는 형세(形勢)가 그렇게 되어 할 수 없이)
　사 세 부 득 이

▪民無得而稱焉이라.(백성이 시러금 일컬으는 이가 없도다.)
　민 무 득 이 칭 언

▪衣 得無薄乎아.(옷이 시러금 얇지는 않는가.)
　의　득 무 박 호

▪體 得無飢乎아.(몸이 시러금 주리지는 않았는가.)
　체　득 무 기 호

⇒ 시러금은 "능히"라는 말로 여기서는 발어사(發語辭)로서 별 뜻이 없음.

⒄ "어찌아닐 합(盍) 자"가 있으니 이것은 어조사(語助辭)하고는 아무런 관계(關係)가
　없는 두 가지 뜻을 나타내는 말하자면 "어찌 그렇게 아니하는가"라는 하불(何不)의
　뜻을 담고 있는 글자인 것이다.

▪盍徹乎시니있고.
　합 철 호
　(어찌 10분(分)의 1을 징수(徵收)하는 철법(徹法)을 적용(適用)하지 아니하니 있고.)

▪盍各言其志오.(어찌 각각 그 뜻을 말해보지 아니하는가.)
　합 각 언 기 지

▪盍反求諸己니있고.(어찌 돌이켜 자신(自身)에서 구(求)하지를 아니하시니 있고.)
　합 반 구 제 기

⒅ 어조사 우(于)는 어(於) 자와 같이 "에" 또는 "에서"의 뜻으로 쓰이며 말의 허두(許頭)나 중간(中間)에 아무 뜻없이 '어조사'로 사용(使用)하는 글자이다. 그리고 "갈 우(于)"라고 하여 간다는 뜻을 나타내기도 한다.

1. 아아, 임금에 전통을 지키다, 천지신명에 고하다, 다북쑥을 시냇가에서 뜯다, 개구리 밥을 남쪽 개울가에서 캐다 등(等) 어조사(語助辭)로 된 것.

　■于嗟乎라.(아아, 탄식하는 소리)
　　우 차 호

　■至于今不衰(이제에 이르도록 쇠하지 않음.)
　　지 우 금 불 쇠

　■祇承于帝(공경하여 임금에 전통(傳統)을 지켜 이어 나가다.)
　　지 승 우 제

　■敢昭告于皇天后土(감히 밝게 하늘과 땅에게 고(告)하다.)
　　감 소 고 우 황 천 후 토

　■于以采繁이 于澗之中이로다.(다북쑥을 뜯는 것을 산골 시냇가에서 했도다.)
　　우 이 채 번　　우 간 지 중

　■于以采蘋이 南澗之濱이로다.(개구리밥을 캐기를 남녘 개울 시냇가에서 하였도다.)
　　우 이 채 빈　　남 간 지 빈

2. 간다는 뜻을 나타내는 구절(句節)

　■之子于歸에 宜其家人이로다.
　　지 자 우 귀　　의 기 가 인

　　(딸자식을 돌아가게 함이여! 그 집사람을 마땅하게 하리로다.)

　■于禮日(신부(新婦)가 처음으로 시집에 들어가는 날.)
　　우 예 일

⒆ "밑" 또는 "이르다"는 뜻으로 쓰이는 밑 저(底) 자는 어조사(語助辭)는 아니면서 조어(助語)로 되는 때가 있는 헷갈리기 쉬운 글자이다.

■天下에 無不是底父母라.(하늘 아래에 옳지 않은 부모(父母)는 없다.)
　천 하　　무 불 시 저 부 모
　⇒ 여기 저(底)자는 뜻이 없음.

■瞽瞍底豫而天下之爲天子者定이라.
　고 수 저 예 이 천 하 지 위 천 자 자 정
　(고수가 기뻐하는데 이르매 천하에 아버지와 아들된 자가 정해지다.)
　(※ 고수(瞽瞍)는 순(舜)임금 아버지 이름임.)
　⇒ 여기 저(底)자는 지(至)자와 같아 이른다고 새긴다.

⑳ 어조사 야(耶) 자는 의문(疑問)을 나타내는 조사(助詞)로서 그런가? 또는 그렇지 않은가? 등의 회의(懷疑)를 느끼는 구절(句節)에 적용(適用)되는 어조사(語助辭) 자이다.

- 有耶無耶(있느냐 없느냐 알 수 없음.)
  유 야 무 야

- 是耶非耶(옳으냐 그르냐 내막이 뚜렷치 못함.)
  시 야 비 야

- 松耶栢耶之歌(소나무냐? 잣나무냐? 하는 노래)
  송 야 백 야 지 가

  〈※ 제왕(齊王)에게 항복(降伏)을 하면 오백리(五百里)의 제후(諸侯)를 대(對)해 준다고 속여서 항복(降伏)한 제왕(齊王)을 송백(松栢)사이에 구금(拘禁)하여 굶겨 죽게 했다는 고사(故事)〉

- 盍反觀吾之所行果不當爲耶아
  합 반 관 오 지 소 행 과 부 당 위 야

  (어찌 도리어 나의 행한 바가 과연 합당하지 않은 것인가 보지 않는고.)

- 其眞不識馬耶아(그 정말로 말을 알아보지 못하는 것인가?)
  기 진 불 식 마 야

- 子는 何爲者耶아(자네는 무얼하는 자(者)인가?)
  자   하 위 자 야

㉑ 이에 내자(乃子)는 위와 아래의 말을 잇는 접속사(接續詞)로서 말이을 이(而) 자의 용도와 비슷하면서도 성격(性格)이 다를뿐 아니라 "이에"라고 새기는 것이 판이(判異)한 데가 있다.

- 焉敢乃爾오(어찌 감(敢)히 네가 그럴 수 있는가.)
  언 감 내 이

  ⇒ 여기서는 너 내(乃)자로 훈고(訓詁)하는 것이 적합(適合)함.

- 乃所以求之也니라.(이에 써 구하는 바니라. 곧 이것이 구하는 것이 된다는 뜻.)
  내 소 이 구 지 야

- 乃著道德經五千餘言而去하다.(이에 도덕경 오천여 말을 지어놓고 가다.)
  내 저 도 덕 경 오 천 여 언 이 거

- 乃坐爲義不盡耳라.(이에 의(義)를 하는데 앉아서 다하지 못함이라.)
  내 좌 위 의 불 진 이

  ⇒ 편하게 주저앉아 그 도리를 다하지 못함을 뜻함.

- 乃敢首亂之오.(이에 감(敢)히 머리를 어지럽히는가.)
  내 감 수 란 지

  ⇒ 처음부터 나와서 법도(法度)를 문란(紊亂)케 한다는 뜻.

㉒ 어조사 요(了) 자는 마친다는 뜻을 갖고 있는 글자로서 결정(決定)을 하거나 과거를 나타내는 어조사(語助辭)이기도 한 것이다.

- 不因忙後錯了오(바쁜 뒤를 인(因)하여 어긋나는 것이 아닌가.)
  불 인 망 후 착 요
  ⇒ 무엇이든 바쁜 것은 인하여 일이 잘못된다는 말.

- 了役而散去하다.(역사(役事)하는 일을 마치고 흩어져 가다.)
  요 역 이 산 거
  ⇒ 여기서는 마친다고 새김.

㉓ 어조사 여(歟)자는 문귀(文句)를 맺어서 말을 돕는 역할(役割)로 활용(活用)되는 글자이면서 의문(疑問)의 뜻을 품고 있다.

- 不知天下治歟不治歟아.
  불 지 천 하 치 여 불 치 여
  (알지 못하건대 천하가 다스려진 것인가. 다스려지지 않은 것인가.)

- 億兆之願戴己歟아 不願戴己歟아
  억 조 지 원 대 기 여   불 원 대 기 여
  (억조창생(億兆蒼生)이 몸을 추대(推戴)하기를 원하느냐? 몸을 추대하기를 원치 않느냐?)

- 孝有不及하며 悌有不時라하니 其斯之謂歟ㄴ져.
  효 유 불 급   제 유 불 시   기 사 지 위 여
  (효도가 미치지 못하며 공경이 때가 아닌 것이 있다하니 그 이것을 이름인가.)

㉔ 문득 변(便) 자는 곧 변자라고도 하는 생각이 갑자기 떠올라 변동(變動)되는 심리작용(心理作用)을 묘사(描寫)한 글자이니 어조사(語助辭)가 아니며 문득이라고 새긴다. 편할 편(便) 자로 쓰이는 글자이다.

- 林盡水源하고 便得一山이라.(숲은 물근원에 다하고 문득 한 산(山)을 얻은지라.)
  임 진 수 원   편 득 일 산

- 每有意會면 便欣然忘食하고(매양 뜻이 모임에 있으면 곧 흔연히 먹는 것을 잊고.)
  매 유 의 회   편 흔 연 망 식
  (※ 흔연(欣然) : 기쁜듯이)

- 前軍이 倘不如意어든 便還就孤하라.
  전 군   당 불 여 의   편 환 취 고
  (앞에 나간 군사가 혹(或) 뜻대로 되지 않거든 문득 돌아와 나한테로 나오라.)

㉕ 어조사 혜(兮) 자는 감동(感動)을 나타내는 어조사(語助辭)로 소리의 가락을 돕거나 운문(韻文)의 어귀(語句)의 중간(中間) 또는 끝에 붙이어 잠시(暫時) 말을 멈추었다가 다시 어세(語勢)를 높이게 하는 시(詩)나 부(賦) 따위에 많이 쓰이는 글자이다.

- 父兮生我하시고 母兮鞠我하시니(아버지 나를 낳으시고 어머니 나를 기르시니)
  부 혜 생 아   모 혜 국 아

- 葛之覃兮 施于中谷이라.(칡덩굴의 뻗음이여 가운데 골짜기까지 옮겼도다.)
  갈 지 담 혜 시 우 중 곡

- 惟草木之零落兮여 恐美人之遲暮라.
  유 초 목 지 령 낙 혜   공 미 인 지 지 모

  (오직 초목이 말라 떨어짐이여 미인이 더디고 저물까 두렵도다.)

- 朝飲木蘭之墜露兮여 夕餐秋菊之落英이라.
  조 음 목 란 지 추 로 혜   석 찬 추 국 지 낙 영

  (아침에 목란에 떨어지는 구슬을 마심이여 저녁에 가을국화에 떨어지는 꽃을 먹음이라.)

- 國無人莫我知兮여 又何懷乎故都오.
  국 무 인 막 아 지 혜   우 하 회 호 고 도

  (나라에 사람이 없어 나를 알지 못함이여 또한 어찌하여 옛 도읍을 생각하는고.)

6. 실용성어교재(實用成語教材)

				하늘과 땅, 천지 사이에 만물(萬物)을 만들어 내는 두 가지 기운(氣運).
天	地	陰	陽	
하늘 천	땅 지	그늘 음	볕 양	
父	母	兄	弟	아버지와 어머니, 형과 아우.
아버지부	어머니모	맏 형	아우 제	
祖	上	子	孫	한 갈래의 혈통(血統)을 받아오는 할아버지 이상의 어른이 조상이고, 내가 낳은 아들과 아들이 낳은 손자.
할아비조	윗 상	아들 자	손자 손	
姉	妹	叔	姪	맏누이와 손아래누이, 아저씨와 조카.
맏누이자	누이 매	아재비숙	조카 질	
姻	婭	親	戚	사위편의 사돈, 곧 사위의 아버지를 인(姻), 동서간을 아(婭)라 하며, 모든 일가를 친척이라 한다.
혼인 인	동서 아	친할 친	겨레 척	
男	女	老	少	남자와 여자 그리고 늙은 사람과 젊은 사람.
사내 남	계집 녀	늙을 노	젊을 소	
本	籍	住	所	호적이 있는 곳과 살고 있는 곳.
근본 본	호적 적	살 주	바 소	
戶	主	姓	名	호적등본의 주인에 대한 성과 이름.
지게 호	주인 주	성 성	이름 명	
番	地	統	班	번호를 붙여 나눈 땅과 말단행정의 조직.
차례 번	땅 지	거느릴통	나눌 반	
住	民	登	錄	그 땅에 사는 사람을 등록하게 함으로써 어떤 사항을 법적으로 보장받기 위하여 등록한 사항.
살 주	백성 민	오를 등	기록할 록	

市 저자 시	郡 고을 군	邑 고을 읍	面 낯 면	도시(都市)와 군(郡), 읍(邑), 면(面).
洞 마을 동	里 마을 리	部 떼 부	落 마을 락	동리(洞里)와 자연부락(自然部落).
忠 충성 충	孝 효도 효	禮 예도 예	節 마디 절	충성(忠誠)과 효도(孝道)와 예의범절(禮儀凡節).
三 셋 삼	綱 벼리 강	五 다섯 오	倫 인륜 륜	유교에서 도덕의 기본이 되는 세 가지 강(綱)과 다섯 가지 인륜(人倫).
耳 귀 이	目 눈 목	口 입 구	鼻 코 비	귀와 눈, 입과 코.
四 넉 사	支 지탱할 지	百 일백 백	骸 뼈 해	네 개의 팔과 다리와 온몸에 있는 뼈.
筋 힘줄 근	骨 뼈 골	血 피 혈	肉 고기 육	근육(筋肉)과 뼈, 피와 살로 몸을 이룬 것.
國 나라 국	基 터 기	確 확실 확	立 설 립	나라의 기초를 확실히 정하거나, 굳게 세움.
主 주인 주	體 몸 체	思 생각 사	想 생각 상	주체(主體)가 되어 작용하는 사상이 그것이다.
民 백성 민	意 뜻 의	尊 높을 존	重 무거울 중	국민의 뜻을 높이고 중하게 여김.

固	定	觀	念	작정한대로 있고 바뀌지 않은 생각.
진실로 고	정할 정	볼 관	생각 념	
初	中	高	校	초등학교, 중학교, 고등학교.
처음 초	가운데 중	높을 고	학교 교	
學	生	敎	師	학교에서 공부하는 사람과 초등학교, 중학교, 고등학교의 선생들.
배울 학	날 생	가르칠 교	스승 사	
授	業	復	習	학문이나 기술을 가르치는 것이 수업이고, 배운 것을 다시 익히는 것이 복습이다.
가르칠 수	업 업	되풀이할 복	익힐 습	
宿	題	休	息	해결해 오도록 미리 내주는 문제를 숙제라 하고 무슨 일을 하다가 쉬는 것이 휴식이다.
잘 숙	제목 제	쉴 휴	쉴 식	
硏	究	努	力	조리있게 캐고 살피며 공부하는 것이 연구요, 몸을 수고롭게 하는 것이 노력이다.
갈 연	궁구할 구	힘쓸 노	힘 력	
鍛	鍊	體	軀	쇠붙이를 불에 달궈 두드리듯 몸과 마음을 닦아 익숙하게 하는 것이 단련이니 몸을 항상 단련해야 한다.
쇠불릴 단	단련할 련	몸 체	몸 구	
工	夫	成	績	학문과 기술을 닦은 결과나 시험의 점수.
장인 공	지아비 부	이룰 성	길쌈 적	
秀	優	良	可	빼어나고[秀] 넉넉하고[優] 양호(良好)하고 가능(可能)하다. 성적의 우열평가(優劣評價).
빼어날 수	넉넉할 우	좋을 양	옳을 가	
百	科	事	典	많은 과목과 학문을 상식적으로 풀이하여 기록한 책.
일백 백	과목 과	일 사	법 전	

漢	字	玉	篇	한문의 글자를 상세히 기록한 책.
한수 **한**	글자 **자**	구슬 **옥**	책 **편**	
知	識	水	準	알고 있는 정도의 표준이나 정도.
알 **지**	알 **식**	물 **수**	법 **준**	
卒	業	修	了	일정한 규정의 학업을 마치는 것이 졸업인데 비하여 학과를 다 배워 마치는 것이 수료임.
마칠 **졸**	업 **업**	닦을 **수**	마칠 **료**	
就	職	試	驗	직장에 나갈 수 있는 전형을 문제를 내고 답을 구하는 일.
나아갈 **취**	벼슬 **직**	시험 **시**	시험할 **험**	
模	擬	考	査	시험을 모방하여 고사를 치루는 일.
법 **모**	비길 **의**	상고할 **고**	사실할 **사**	
意	味	解	釋	문제의 뜻을 풀어 답을 맞추는 일.
뜻 **의**	맛 **미**	풀 **해**	풀을 **석**	
面	接	應	答	직접 마주 대해서 물음에 응하여 답변함.
낯 **면**	접할 **접**	응할 **응**	대답 **답**	
合	格	通	知	시험에 붙었다는 통지서.
합할 **합**	이를 **격**	통할 **통**	알 **지**	
博	士	課	程	박사학위를 따는 과정이 중요한데
넓을 **박**	선비 **사**	공부할 **과**	길 **정**	
論	文	通	過	그러려면 논문이 통과되어야 한다.
논의할 **논**	글월 **문**	통할 **통**	지날 **과**	

人	材	養	成	재주가 놀라운 사람을 가르쳐서 유능한 사람을 길러야 한다.
사람 인	재목 재	기를 양	이룰 성	
首	席	次	點	맨 윗자리 일등, 최고점 다음가는 점수, 이등.
머리 수	자리 석	버금 차	점찍을 점	
世	上	萬	事	세상에서 일어나는 모든 것이
인간 세	윗 상	일만 만	일 사	
數	理	運	勢	수학의 이론 또는 이치라는 운세에 따라 돌아가게 마련되었다.
셈 수	이치 리	옮길 운	형세 세	
合	久	必	分	합한 것이 오래되면 반드시 나뉘어지는 것은
합할 합	오랠 구	반드시 필	나눌 분	
無	爲	自	然	하지 않아도 저절로 되는 것을 운이라 하고 사람의 힘을 더하지 않은 그대로의 자연, 또는 그런 이상적인 경지라 한다.
없을 무	할 위	스스로 자	그럴 연	
身	言	書	判	의용(儀容), 언어(言語), 문필(文筆), 판단(判斷)의 네 가지 조건. 첫째 외모가 특출하고, 둘째 말에 조리가 있어야 하며, 셋째 글씨를 잘써야 하며 넷째 판단이 분명하면 금상첨화이다.
몸 신	말씀 언	글 서	판단할 판	
行	動	擧	止	몸을 움직이는 모든 동작. 하거나 그치거나 법도에 맞게 함.
행할 행	움직일 동	들 거	그칠 지	
富	貴	貧	賤	재산이 많고 지위가 높은 사람과 가난하고 신분이 낮은 사람.
부자 부	귀할 귀	가난 빈	천할 천	
吉	凶	禍	福	좋은 일과 나쁜 일, 재앙(災殃)과 복(福).
길할 길	흉할 흉	재화 화	복 복	

治	亂	得	失	잘 다스려진 세상과 어지러운 세상, 얻고 잃는 것.
다스릴 치	어지러울 란	얻을 득	잃을 실	
榮	枯	盛	衰	영화(榮華)하고 시들고 융성(隆盛)하고 쇠퇴(衰頹)함.
영화 영	마를 고	성할 성	쇠할 쇠	
是	非	曲	直	옳고 그르고, 굽고 곧은 것.
옳을 시	아닐 비	굽을 곡	곧을 직	
莫	非	運	勢	운세(運勢) 아닌 것이 없느니라.
없을 막	아닐 비	옮길 운	형세 세	
冠	婚	喪	祭	관례(冠禮)와 혼례(婚禮), 상례(喪禮)와 제례(祭禮) 등의 네가지 예.
갓 관	혼인할 혼	초상 상	제사 제	
士	農	工	商	선비, 농민, 공장(工匠), 상인.
선비 사	농사 농	장인 공	장사 상	
儒	佛	仙	耶	유교(儒敎), 불교(佛敎), 도교(道敎), 기독교(基督敎)를
선비 유	부처 불	신선 선	어조사 야	
四	大	宗	敎	네 가지 큰 종교라고 한다.
넉 사	큰 대	마루 종	가르칠 교	
茶	祀	凡	節	차례 지내는 질서와 절차. 진설(陳設)하는 방식에서 제사 올리는 방식을 대충 적어본다.
차 차	제사 사	무릇 범	마디 절	
果	菜	湯	炙	제주(祭主)가 앉은 자리로부터 과실, 채소, 탕, 고기의 순서로 진설한다.
실과 과	나물 채	끓일 탕	고기구울 적	

棗 대추 조	栗 밤 율	柿 감 시	梨 배 이	과실은 대추, 밤, 감, 배의 차례로 놓는다.(三色 或은 五色)
紅 붉을 홍	東 동녘 동	白 흰 백	西 서녘 서	지방에 따라 빛깔[色相]로 구분하여 붉은 빛깔은 동쪽에 흰 빛깔은 서쪽에 놓기도 한다.
生 살 생	東 동녘 동	熟 익을 숙	西 서녘 서	다음은 채소류의 날 것은 동쪽에, 익은 것은 서쪽에 놓기도 한다.
魚 물고기 어	東 동녘 동	肉 고기 육	西 서녘 서	탕이나 적은 물고기 부치[魚湯, 魚炙]는 동쪽으로 가게 하고, 짐승의 고기 부치[肉湯, 肉炙]는 서쪽에 놓는다.
左 왼쪽 좌	脯 포 포	右 오른쪽 우	醯 식혜 혜	포(脯)는 왼쪽에 식혜(食醯)는 오른쪽에 놓는다.
東 동녘 동	頭 머리 두	西 서녘 서	尾 꼬리 미	포나 생선의 머리는 동쪽으로 가게 하고 꼬리는 서쪽으로 가게 한다.
東 동녘 동	餅 떡 병	西 서녘 서	麵 국수 면	동쪽에는 떡을 놓고 서쪽에는 면(麵 : 국수)을 놓는다.
盞 잔 잔	東 동녘 동	楪 널평상 접	西 서녘 서	잔은 동쪽에 놓고 시접(匙楪)은 서쪽에 놓는다.
乾 마를 건	左 왼쪽 좌	濕 젖을 습	右 오른쪽 우	마른 것은 왼쪽(左 : 서쪽)으로 가게 하고 젖은 것은 오른쪽(右 : 동쪽)에 놓는다.
飯 밥 반	左 왼쪽 좌	羹 국 갱	右 오른쪽 우	밥은 왼쪽에 놓고 갱(羹 : 국)은 오른쪽에 놓는다.

造 지을 조	果 실과 과	無 없을 무	序 차례 서	만든 과실(造果)인 약과, 다식, 산자, 강정은 차례가 없다.
焚 불사를 분	香 향기 향	降 내릴 강	神 귀신 신	향(香)을 피우고 술을 조금 따라 모사에 부은 다음 재배한다.(헌관)
參 참여할 참	神 귀신 신	獻 드릴 헌	酌 잔 작	제사에 참여한다는 뜻으로 모든 제관(祭官)이 참신을 하고, 다음에는 초헌관(初獻官)이 잔을 올린다.
揷 꽂을 삽	匙 숟가락 시	再 두 재	拜 절 배	수저를 꽂고 두 번 절한다.
單 홑 단	盞 잔 잔	無 없을 무	祝 빌 축	한 잔만 올리는 차사는 축(祝)이 없다.
亞 버금 아	獻 드릴 헌	終 마침 종	獻 드릴 헌	두 번째 올리는 잔을 아헌이라 하고 세 번에 가서 마지막으로 올리는 잔을 종헌이라 한다. 기제사(忌祭祀)나 묘사(墓祀)는 석 잔을 올린다.
辭 사절할 사	神 귀신 신	飮 마실 음	福 복 복	제사를 마쳤다는 표시로 평안히 가시라는 뜻에서 재배하는 것을 사신(辭神)이라 하며 제주(祭主)가 제사를 마치고 술을 마시는 예를 음복(飮福)이라고 한다.
崑 산이름 곤	崙 산이름 륜	來 올 내	脈 맥 맥	중국(中國)의 곤륜산(崑崙山)으로부터 온 내맥(來脈)이
錦 비단 금	繡 수놓을 수	江 강 강	山 메 산	우리 한반도(韓半島)를 만들었으니 비단으로 수를 놓은 듯 강과 산이 조화를 이루어 아름답다고 금수강산이라 한다.
金 쇠 금	剛 굳셀 강	蓬 쑥 봉	萊 명아주 래	그 대표적인 산이 금강산인데 봄에는 금강산, 여름에는 봉래산,

楓 단풍나무 **풍**	嶽 큰산악 **악**	皆 다 **개**	骨 뼈 **골**	가을에는 풍악산, 겨울에는 개골산이라는 계절 따라 각각 다른 이름이 있다.
白 흰 **백**	頭 머리 **두**	漢 한수 **한**	拏 붙잡을 **라**	그 밖에 백두산과 한라산,
智 지혜 **지**	異 다를 **리**	妙 묘할 **묘**	香 향기 **향**	지리산, 묘향산,
鷄 닭 **계**	龍 용 **룡**	馬 말 **마**	耳 귀 **이**	계룡산, 마이산,
母 어미 **모**	岳 뫼부리 **악**	麻 삼 **마**	尼 여승 **니**	모악산과 강화 마니산 등은 특색(特色)과 사적 (事蹟)이 있는 산들이다.
京 서울 **경**	畿 경기 **기**	忠 충성 **충**	淸 맑을 **청**	경기도와 충청도
慶 경사 **경**	尙 오히려 **상**	全 온전할 **전**	羅 벌릴 **라**	경상도, 전라도
江 강 **강**	原 언덕 **원**	黃 누를 **황**	海 바다 **해**	강원도, 황해도
平 평평할 **평**	安 편안 **안**	咸 다 **함**	鏡 거울 **경**	평안도, 함경도
濟 건널 **제**	州 고을 **주**	各 각각 **각**	道 길 **도**	위의 일부가 남북으로 나누어져 13도(十三道)가 되고 제주도(濟州島)는 도(道)로 승격되었다.(各 道가 南北으로 나누어 질 때 南北分斷의 兆朕이 있었다.)

國	語	算	數	국어, 산수와
나라 국	말씀 어	셈할 산	셈 수	
社	會	科	學	사회, 과학,
모일 사	모일 회	과목 과	배울 학	
自	然	技	術	자연, 기술,
스스로 자	그럴 연	재주 기	재주 술	
音	樂	美	術	음악, 미술,
소리 음	노래 악	아름다울 미	재주 술	
物	理	化	學	물리, 화학,
만물 물	다스릴 리	될 화	배울 학	
歷	史	地	理	역사, 지리,
지낼 역	역사 사	땅 지	이치 리	
書	藝	體	育	서예, 체육이며
글 서	재주 예	몸 체	기를 육	
建	築	測	量	공과계통(工科系統)에는 건축, 측량과
세울 건	쌓을 축	헤아릴 측	헤아릴 량	
機	械	電	氣	기계, 전기라든가
기계 기	기계 계	번개 전	기운 기	
貿	易	輸	出	상과계통(商科系統)에는 무역, 수출과 등이 있다.
무역할 무	바꿀 역	실을 수	날 출	

先	生	教	員	선생(先生)은 스승이라는 대명사(代名詞)요. 초등학교, 중학교, 고등학교 선생을 교원(教員)이라 부른다.
먼저 선	날 생	가르칠 교	관원 원	
訓	長	講	師	글방의 스승, 한문을 가르치는 선생을 훈장, 시간적으로 가르치는 선생을 강사라고 한다.
가르칠 훈	어른 장	외울 강	스승 사	
教	授	總	長	대학(大學)의 교원(教員)을 교수(教授)라 하고, 종합대학(綜合大學)의 학교장(學校長)을 총장(總長)이라 한다.
가르칠 교	줄 수	거느릴 총	어른 장	
太	陽	地	球	태양과 지구가 있으니
클 태	볕 양	땅 지	공 구	
公	轉	自	轉	혹성(惑星:지구 포함)이 일정(一定)한 주기(週期)를 가지고 태양둘레를 도는 것을 공전(公轉)이라 하고 지구 자체가 한 직선을 축(軸)으로 하여 돌고 있는 것이 자전(自轉)이다.
공변될 공	구를 전	스스로 자	구를 전	
大	氣	光	線	대기권(大氣圈)에는 광선(光線)이 비치고
큰 대	기운 기	빛 광	줄 선	
銀	河	群	星	은하(銀河)를 이룬 수많은 별의 무리가 있어
은 은	물 하	무리 군	별 성	
萬	有	引	力	질량(質量)을 가진 모든 물체(物體)가 서로 잡아당기는 힘이 있다.
일만 만	있을 유	이끌 인	힘 력	
季	節	循	環	지구의 공전과 자전으로 인하여 주야(晝夜)가 운행(運行)하고 계절(季節)이 순환(循環)하는 바
끝 계	마디 절	돌 순	고리 환	
立	春	雨	水	봄이 시작된다는 입춘, 입춘과 경칩사이에 있는 우수.
설 입	봄 춘	비 우	물 수	

驚	蟄	春	分	벌레가 겨울잠에서 깨어나는 때인 경칩, 주야의 길이가 같은 춘분.
놀랄 경	숨을 칩	봄 춘	나눌 분	
清	明	穀	雨	춘분과 곡우 사이인 청명, 청명과 입하 사이의 곡우는 봄의 계절이요.
맑을 청	밝을 명	곡식 곡	비 우	
立	夏	小	滿	곡우와 소만 사이에 드는 입하, 만물이 점차 성장하여 가득찬다는 의미의 소만.
설 입	여름 하	작을 소	찰 만	
芒	種	夏	至	보리가 익고 모를 심기 좋은 때인 망종, 망종과 소서 사이에 드는 하지.
까끄라기 망	씨 종	여름 하	이를 지	
小	暑	大	暑	하지와 대서 사이에 있는 소서, 몹시 심한 더위의 대서는 여름의 계절이요.
작을 소	더울 서	큰 대	더울 서	
立	秋	處	暑	가을이 시작된다는 대서와 처서 사이의 입추, 입추와 백로 사이의 처서.
설 입	가을 추	곳 처	더울 서	
白	露	秋	分	처서와 추분 사이의 백로, 백로와 한로 사이의 절기로 낮과 밤의 길이가 같 다는 추분.
흰 백	이슬 로	가을 추	나눌 분	
寒	露	霜	降	추분과 상강의 사이인 한로, 한로와 입동 사이에 있는 상강은 가을의 계절이요.
찰 한	이슬 로	서리 상	내릴 강	
立	冬	小	雪	상강과 소설 사이의 입동, 이 무렵부터 눈이 내리기 시작한다는 소설.
설 입	겨울 동	작을 소	눈 설	
大	雪	冬	至	눈이 많이 내리는 때인 대설, 음력으로 동짓달인 북반구에서 밤이 가장 길며 남 반구에서는 해가 가장 길고 밤이 짧은 때인 동지.
큰 대	눈 설	겨울 동	이를 지	

小 작을 소	寒 찰 한	大 큰 대	寒 찰 한	연중 가장 추운 때인 소한과 대한은 겨울의 계절이니 이것을 24절의 마지막 절후라 한다.
幼 어릴 유	年 해 년	兒 아이 아	童 아이 동	갓난애와 어린이(12세 까지).
少 젊을 소	年 해 년	靑 푸를 청	年 해 년	성년(成年)이 되지 못한 20세 미만을 소년(少年), 20세에서 30세까지의 젊은 청춘의 나이를 청년이라 한다.
壯 씩씩할 장	年 해 년	老 늙을 노	年 해 년	씩씩한 30세 안팎의 나이를 장년이라 하고 회갑이 지나 70세 넘은 사람을 노년이라 한다.
回 돌아올 회	甲 갑옷 갑	壽 목숨 수	宴 잔치 연	회갑이 돌아오면(61세) 장수(長壽)를 기원(祈願)하는 환갑잔치라고 수연(壽宴)이라 한다.
古 옛 고	稀 드물 희	七 일곱 칠	旬 십년 순	70세를 고희(古稀:옛날부터 드물다) 또는 칠순(七旬)이라 하여 잔치를 베푼다.
停 머무를 정	年 해 년	退 물러갈 퇴	職 벼슬 직	연령제한에 따라 공직에서 퇴직을 요하게 된다.
於 어조사 어	是 이 시	乎 어조사 호	曰 가로 왈	이에 이르되
甲 갑옷 갑	不 아닐 불	開 열 개	倉 창고 창	갑일(甲日)에는 창고(倉庫)를 열지 말고
乙 새 을	不 아닐 불	栽 심을 재	植 심을 식	을일(乙日)에는 나무를 심지 말며

丙 남녘 **병**	不 아닐 **불**	修 닦을 **수**	竈 부엌 **조**	병일(丙日)에는 부엌을 고치지 말고
丁 고무래 **정**	不 아닐 **불**	剃 머리깍을 **체**	頭 머리 **두**	정일(丁日)에는 머리를 깎지 말며
戊 다섯째천간 **무**	不 아닐 **불**	受 받을 **수**	田 밭 **전**	무일(戊日)에는 재산(財産)을 받지 말고
己 몸 **기**	不 아닐 **불**	破 깨트릴 **파**	券 문서 **권**	기일(己日)에는 문권(文券:문서나 유가증권)을 찢지 말며
庚 별 **경**	不 아닐 **불**	經 경영할 **경**	絡 이을 **락**	경일(庚日)에는 경영(經營)이나 연락(連絡)을 취하지 말고
辛 매울 **신**	不 아닐 **불**	合 합할 **합**	醬 간장 **장**	신일(辛日)에는 간장을 담그지 말며
壬 북방 **임**	不 아닐 **불**	決 끊을 **결**	水 물 **수**	임일(壬日)에는 논에 물대지 말고
癸 북방 **계**	不 아닐 **불**	詞 말씀 **사**	訟 송사할 **송**	계일(癸日)에는 송사(訟事)를 말하지 말지니라.
子 아들 **자**	不 아닐 **불**	問 물을 **문**	占 점칠 **점**	자일(子日)에는 점(占)을 묻지 말고
丑 소 **축**	不 아닐 **불**	冠 갓 **관**	帶 띠 **대**	축일(丑日)에는 의관(衣冠)하고 띠를 떼지 말며

寅 동방 인	不 아닐 불	祭 제사 제	祀 제사 사	인일(寅日)에는 제사(祭祀)를 지내지 말고
卯 토기 묘	不 아닐 불	穿 뚫을 천	井 우물 정	묘일(卯日)에는 우물을 파지 말며
辰 별 진	不 아닐 불	哭 울 곡	泣 울 읍	진일(辰日)에는 소리내어 울지 말고
巳 뱀 사	不 아닐 불	遠 멀 원	行 다닐 행	사일(巳日)에는 멀리 여행(旅行)하지 말며
午 낮 오	不 아닐 불	苫 덮을 점	蓋 덮을 개	오일(午日)에는 개초(蓋草)를 덮지 말고
未 아닐 미	不 아닐 불	服 약먹을 복	藥 약 약	미일(未日)에는 약을 먹지 말며
申 납 신	不 아닐 불	安 편안 안	牀 평상 상	신일(申日)에는 평상(平床)에 편히 거(居)하지 말고
酉 닭 유	不 아닐 불	會 모일 회	客 손 객	유일(酉日)에는 손[客]과 모이지 말며
戌 개 술	不 아닐 불	乞 빌 걸	狗 개 구	술일(戌日)에는 개를 빌리지 말고
亥 돼지 해	不 아닐 불	嫁 시집갈 가	娶 장가들 취	해일(亥日)에는 시집가고 장가들지 아니할지니라.

大 큰 대	小 작을 소	有 있을 유	無 없을 무	크고, 작고, 있고, 없는 것과
遠 멀 원	近 가까울 근	親 친할 친	疎 성길 소	멀고, 가깝고, 친하고, 성긴 것,
出 날 출	入 들 입	往 갈 왕	來 올 래	나고, 들어가고, 가고, 오는 것,
上 위 상	下 아래 하	高 높을 고	低 낮을 저	위와 아래, 높고 낮은 것이며,
前 앞 전	後 뒤 후	左 왼쪽 좌	右 오른쪽 우	앞과, 뒤, 왼쪽과 오른쪽,
長 긴 장	短 짧을 단	廣 넓을 광	狹 좁을 협	긴 것과 짧은 것, 넓은 것과 좁은 것,
聲 소리 성	色 빛 색	氣 기운 기	味 맛 미	소리와 빛, 기운과 맛,
去 갈 거	就 나아갈 취	進 나갈 진	退 물러갈 퇴	물러가고 나아가고, 나가고 물러서며,
衣 옷 의	服 입을 복	飮 마실 음	食 먹을 식	옷 입고 음식을 먹는 것이
善 착할 선	惡 악할 악	美 아름다울 미	醜 추할 추	선하고 악하며, 아름답고 추한 것으로 분류(分類)될지니라.

端 끝 단	午 낮 오	寒 찰 한	食 먹을 식	단오와 한식과
冬 겨울 동	至 이를 지	秋 가을 추	夕 저녁 석	동지와 추석은 사명절(四名節)이라 한다.
省 살필 성	墓 무덤 묘	伐 칠 벌	草 풀 초	성묘하고 벌초하여,
致 이룰 치	誠 정성 성	祭 제사 제	祀 제사 사	정성을 이루고 제사 지낼지니라.
毛 터럭 모	羽 깃 우	鱗 비늘 린	介 껍질 개	털을 가진 짐승, 깃으로 나는 새, 비늘있는 물고기, 껍질 가진 거북.
麟 기린 인	鳳 봉새 봉	龍 용 용	龜 거북 구	기린과 봉황, 용과 거북이.
四 넉 사	靈 신령 령	畢 다 필	至 이를 지	네 가지 신령한 것이 다 이른다고 하였다.
狐 여우 호	假 빌릴 가	虎 범 호	威 위엄 위	여우가 범의 위세(威勢)를 빌어 다른 짐승을 놀라게 함. 남의 권세를 빌어 위세를 부리는 소인(小人)의 비유.
鼠 쥐 서	肝 간 간	蟲 벌레 충	臂 팔뚝 비	쥐의 간이나 벌레의 팔뚝처럼 아주 쓸모없는 물건이나 하찮은 존재의 비유.
緣 인연 연	木 나무 목	求 구할 구	魚 물고기 어	절대로 이루어질 수 없는 일을 억지로 구하려 하는 것을 비유한 말. 나무 위에 올라가서 물고기를 구함.

鷄	鳴	狗	盜	닭을 울게 하고 개처럼 훔치는 잔재주를 자랑할
닭 계	울 명	개 구	도둑 도	얕은 꾀를 가진 사람을 말함.
燕	雁	代	飛	제비와 기러기가 서로 교대(交代)하여 날아감. 가고 오는 때가 맞지 않아 인연이 없어서 서로 만나기가 어려운 비유.
제비 연	기러기 안	대신할 대	날 비	
鸒	鳩	笑	鵬	작은 비둘기가 큰 붕새를 보고 웃음. 곧 되지 못한 소인(小人)이 위인의 업적과 행위를 비웃음에 비유.
작은비둘기학	비둘기 구	웃을 소	붕새 붕	
鶴	首	苦	待	학처럼 목을 길게 빼고 몹시 기다림.
학 학	머리 수	괴로울고	기다릴 대	
鸚	鵡	之	言	앵무새가 말을 함. 앵무새는 사람의 말을 곧잘 흉내내지만 날짐승인고로 말 뿐이며 행동을 수반할 수 없으니 쓸모가 없다는 말.
앵무새 앵	앵무새 무	어조사 지	말씀 언	
鶯	歌	燕	舞	꾀꼬리는 노래하고 제비는 춤을 춤. 곧 화창한 봄.
꾀꼬리 앵	노래 가	제비 연	춤출 무	
兎	死	狗	烹	토기가 죽으면 토기를 잡던 사냥개도 필요없게 되어 삶아 먹히게 된다는 뜻으로 필요할 때는 쓰고 필요없을 때는 야박하게 버리는 경우를 이르는 말.
토끼 토	죽을 사	개 구	삶을 팽	
蝸	角	之	爭	달팽이 뿔 위에 왼쪽 촉각(觸角)과 오른쪽 촉각이 서로 다투었다는 고사(故事)로 하찮은 일로 승강이 하는 짓을 비유.
달팽이 와	뿔 각	어조사 지	다툴 쟁	
龍	頭	蛇	尾	용의 머리에 뱀의 꼬리. 시작은 좋았다가 갈수록 나빠짐의 비유.
용 용	머리 두	뱀 사	꼬리 미	
魚	頭	肉	尾	물고기는 대가리 쪽이 맛이 있고 짐승의 고기는 꼬리 부분이 맛이 좋다는 말.
물고기 어	머리 두	고기 육	꼬리 미	

魚	變	成	龍	물고기가 변하여 용이 됨. 곤궁했던 사람이 부하게 되거나 신통하지 못하던 사람이 훌륭하게 되는 것을 비유한 말.
물고기 어	변할 변	이룰 성	용 룡	
牛	耳	讀	經	쇠귀에 경 읽기란 뜻으로 어리석은 사람은 아무리 가르치고 일러주어도 알아듣지 못하니 소용없다는 말.
소 우	귀 이	읽을 독	글 경	
走	馬	看	山	말을 타고 달리면서 산을 보는 것처럼 바빠서 자세히 살펴보지 않고 슬쩍슬쩍 보아 넘기는 것.
달아날 주	말 마	볼 간	메 산	
多	岐	亡	羊	갈림길이 많으면 달아난 양(羊)을 잃어버림. 학문이 다방면에 미치면 얻기가 어려운 것처럼 하는 방법이 여러 가지이면 결행의 기회를 놓치게 된다는 비유.
많을 다	갈림길 기	달아날 망	양 양	
亡	羊	補	牢	양을 잃고 우리를 보수함. 소 잃고 외양간 고친다는 뜻으로 일이 잘못된 뒤에 뒤늦게 서두르는 어리석음의 비유.
달아날 망	양 양	기울 보	우리 뢰	
魑	魅	魍	魎	이매망량(魑魅魍魎)은 사귀신(四鬼神)이라고 하였으니 도깨비는 쓸모없는 유령(幽齡)이라는 뜻이다.
도깨비 이	도깨비 매	도깨비 망	도깨비 량	
春	雉	自	鳴	봄 꿩이 스스로 울어서 자발적으로 있는 곳을 알리어 죽음을 자초한다는 말.
봄 춘	꿩 치	스스로 자	울 명	
龜	背	刮	毛	거북이 등에서 털을 긁는다. 될 수 없는 것을 턱없이 구함. 거북이는 원래 털이 없는 것인데 털을 긁으려 하는 것은 될 수 없고 무모한 짓임.
거북 구	등 배	긁을 괄	터럭 모	
怒	蠅	拔	劍	파리보고 성내어 칼을 뺌. 공연히 대수롭지 않은 일에 허둥지둥함.
성낼 노	파리 승	뺄 발	칼 검	
開	門	納	賊	문을 열고 도둑을 불러들임. 제 스스로 화(禍)를 만듦.
열 개	문 문	들일 납	도적 적	

吳 나라 오	越 나라 월	同 한가지 동	舟 배 주	서로 적의(敵意)를 품은 사람이 같은 배를 타고 같은 처지(處地)에 놓인 경우. 사이가 나쁜 오나라 월나라가 같은 배를 타서 공동 운명에 처하게 된 것에 비유.
侵 침노할 침	蔡 나라 채	伐 칠 벌	楚 나라 초	우선 채(蔡)나라를 침범한 것은 장차 초(楚)나라를 공격하자는데 목적이 있음.
竊 도둑 절	符 병부 부	救 구원할 구	趙 나라 조	위나라 신능군(信陵君)이 기발한 권모를 써서 병부(兵符)를 훔쳐내어 군권(軍權)을 장악(掌握)하여 위급에 처한 조나라를 구제하던 일.
稍 점점 초	蠶 누에 잠	食 먹을 식	之 어조사 지	점점 누에가 뽕잎을 갉아먹듯 먹어 들어감. 차츰차츰 쳐들어가 누에가 뽕잎을 갉아 먹듯이 다 먹어 들어감. 점차적으로 조금씩 침략하여 들어감.
蚌 방합 방	鷸 황새 휼	之 어조사 지	勢 형세 세	조개와 황새가 싸우는 형세. 조개와 황새가 서로 마주보고 황새는 조개를 찍으려 하고 조개는 황새의 부리를 물고 놓지 않아 지지 않으려고 싸우는 형세.
猫 고양이 묘	項 목 항	懸 달 현	鈴 방울 령	고양이 목에 방울 달기. 실현 될 수 없는 헛된 공론.
神 귀신 신	出 날 출	鬼 귀신 귀	沒 빠질 몰	나타났다 사라졌다 하는 것이 귀신처럼 빠르고 자재(自在)로움. 그 출몰이 자유자재하고 변화를 헤아릴 수 없는 것이 귀신같다는 말.
尋 찾을 심	章 글장 장	摘 딸 적	句 글귀 구	옛사람의 시귀(詩句)를 뽑아서 시문(詩文)을 지음. 옛사람이 지어 놓은 글에서 좋은 대목이나 멋진 구절을 따서 자기의 시나 문장을 만드는 일.
口 입 구	生 날 생	乳 젖 유	臭 냄새 취	입에서 아직 젖내가 난다. 곧 말과 행동이 유치(幼稚)하다는 것을 말함.
不 아닐 불	學 배울 학	無 없을 무	識 알 식	배우지 아니하여 아는 것이 없음. 배우지 못한 무식한 사람. 사리를 깨우치지 못하여 판단력이 우둔한 것을 이름.

眼	下	無	人	성질이 교만하여 사람을 업신여김.
눈 안	아래 하	없을 무	사람 인	눈 아래에 사람이 없다는 뜻으로 교만해서 모든 사람을 업신여긴다는 말.

語	不	成	說	하는 말이 말이 되지 않음. 말하는 것이 사리에 조금도 맞지 않음. 하는 말이 상식에 벗어나 논란의 대상이 되지 않음.
말씀 어	아닐 불	이룰 성	말씀 설	

言	語	道	斷	말문이 막혀 말할 길이 끊어졌다는 뜻. 너무나 엄청나거나 기가 막히고 어이가 없어서 말 하려 해도 말로써 나타낼 수가 없음.
말씀 언	말씀 어	길 도	끊을 단	

好	事	多	魔	좋은 일에는 마가 들기 쉬움. 기쁜 일에는 그것을 방해하는 일이 생기기가 일쑤임.
좋을 호	일 사	많을 다	마귀 마	

切	齒	腐	心	이를 갈고 속을 썩임. 분을 못 이겨 이를 갈며 몹시 속을 썩임.
갈 절	이 치	썩을 부	마음 심	

束	手	無	策	어찌할 도리가 없어 꼼짝 못함. 매듭을 풀만한 꾀가 없어서 손이 묶인 듯이 꼼짝 못함.
묶을 속	손 수	없을 무	꾀 책	

措	手	不	及	손을 쓸 겨를이 없음. 일이 썩 급해서 손을 댈 틈이 없음.
베풀 조	손 수	아닐 불	미칠 급	

此	頉	彼	頉	이것도 탈이 나고 저것도 탈이 나서 할 수 없다고 핑계하여 책임회피만 하면서 기한을 물림.
이 차	탈날 탈	저 피	탈날 탈	

百	孔	千	瘡	몸에 백 가지 구멍이 뚫리고 천 가지 흠집이 생김. 온몸이 상처투성이로 엉망진창이 되어져 부칠 수 없이 도에 많이 어그러짐.
일백 백	구멍 공	일천 천	흠집 창	

誤	字	落	書	글자가 잘못 되고 글이 빠졌음.
그릇 오	글자 자	떨어질 낙	글 서	

孤	雛	腐	鼠	하나의 작은 새 새끼와 썩은 쥐라는 말로 아무 가치 없는 물건의 비유.
외로울 고	새기 추	썩을 부	쥐 서	
喙	長	三	尺	허물이 드러나서 숨길 수 없음. 입의 부리가 석 자가 되어도 소용없다는 말.
부리 훼	긴 장	석 삼	자 척	
處	身	不	恭	세상을 살아감에 있어 몸가짐이 공손하지 못함. 처신(處身)하는 방법이 공경하고 겸손하지 못함.
살 처	몸 신	아닐 불	공손할 공	
急	擊	勿	失	급히 쳐서 때를 놓치지 않음. 수리(數理)와 운세(運勢)가 응하면 급히 서둘러 모처럼 온 기회를 잡아야 한다는 뜻.
급할 급	칠 격	말 물	잃을 실	
死	僧	習	杖	죽은 중의 볼기를 친다는 뜻으로 대들 힘이 없는 사람에게 폭행을 부림.
죽을 사	중 승	익힐 습	지팡이 장	
魂	飛	魄	散	혼백이 달아남. 몹시 놀라서 어쩔 줄 모름. 어찌나 다급하게 놀랐는지 정신이 빠져 달아나고 넋을 잃음.
혼 혼	날 비	넋 백	흩어질 산	
生	不	如	死	몹시 곤경에 빠져서 사는 것이 죽느니만 같지 못하다는 뜻.
살 생	아닐 불	같을 여	죽을 사	
朝	不	慮	夕	형세가 다급하여 아침 저녁을 헤아리지 못함. 곧 당장을 걱정하는 판국에 앞일을 생각할 겨를이 없음.
아침 조	아닐 불	생각할 려	저녁 석	
朝	三	暮	四	아침에는 세 개, 저녁에는 네 개씩 준다는 뜻으로 간사하고 교활한 꾀로 남을 우롱하고 속이는 일.
아침 조	석 삼	저물 모	넉 사	
乞	不	并	行	한꺼번에 요구하는 사람이 많으면 얻기 어렵다는 말. 걸인(乞人)이 떼 지어 다니면 얻어먹을 것도 안 생긴다는 말.
빌 걸	아닐 불	아우를 병	다닐 행	

夜	不	談	鬼	밤에는 귀신이야기를 안함. 유(類)는 유를 부르는 것으로 음기가 모인 밤에 귀신을 말하지 않는 것은 상식임.
밤 야	아닐 불	말씀 담	귀신 귀	
九	牛	一	毛	아홉 마리 소에서 털 하나 뽑은 정도라는 뜻으로 썩 많은 가운데서 가장 적은 수라는 말로 하찮은 물건을 이름.
아홉 구	소 우	한 일	터럭 모	
四	顧	無	親	사방을 돌아보아도 친한 사람이라고는 전혀 없음. 의지할만한 사람이 없어서 홀로 외롭게 살아감.
넉 사	돌아볼 고	없을 무	친할 친	
坐	而	待	死	가만히 앉아서 죽음을 기다림. 아주 궁지(窮地)에 몰려 어찌할 수 없이 운명에 맡김.
앉을 좌	말이을 이	기다릴 대	죽을 사	
落	落	長	松	가지가 척척 늘어지고 키가 큰 소나무. 오래 묵어서 가지가 아래로 축축 늘어지고 키가 커서 나무 밑에 그늘을 이루고 있는 운치 좋은 소나무.
떨어질 낙	떨어질 낙	긴 장	솔 송	
長	長	夏	日	길고 긴 여름날. 매우 길고 무더워서 짜증나는 여름날.
길 장	길 장	여름 하	날 일	
纖	纖	玉	手	가늘고 연약한 옥같은 고운 손. 섬세하며 곱고 부드러운 여자의 손.
가늘 섬	가늘 섬	구슬 옥	손 수	
去	去	益	甚	가면 갈수록 더 심함. 갈수록 태산이라고 풀릴 가망은 없고 어렵게 꼬여감.
갈 거	갈 거	더할 익	심할 심	
察	察	不	察	지나치게 살피는 것이 도리어 살피지 않음보다 못할 수 있다는 말.
살필 찰	살필 찰	아닐 불	살필 찰	
多	多	益	善	많으면 많을수록 더욱 좋음. 아무리 많아도 싫지 않음. 아무리 많아도 잘 해치울 수 있음.
많을 다	많을 다	더할 익	착할 선	

類 무리 유	類 무리 유	相 서로 상	從 좇을 종	같은 무리끼리 서로 왕래하여 상종함. 유는 유를 부르고 유가 같으면 서로 좇아감. 같은 사람은 서로 찾아 모인다는 뜻.
蠢 꿈틀거릴준	蠢 꿈틀거릴준	無 없을 무	識 알 식	굼뜨고 어리석어서 아무 것도 알지 못함. 벌레가 꿈틀거리듯 소란하고 요동하듯이 우준(愚蠢)하여 쓸모가 없음.
洞 골 동	洞 골 동	屬 조심하는모양촉	屬 조심하는모양촉	매우 공경하고 삼가하여 매우 조심스러운 모양. 겸손한 태도로 경계하고 세심하게 주의함.
戰 두려워떨전	戰 두려워떨전	兢 조심할 긍	兢 조심할 긍	몹시 두려워서 조심함. 깊은 연못가에 가면 빠질까 두려워하고 얇은 살얼음을 밟으면 깨질까 조심하는 것처럼 근신함.
綽 너그러울작	綽 너그러울작	有 있을 유	裕 넉넉할 유	여유가 많아 각박하지 않음. 침착하고 너그러워서 마음이 넉넉하고 여유가 아주 많음.
孑 외로울 혈	孑 외로울 혈	單 홑 단	身 몸 신	홀몸으로 다만 자기 혼자서 사는 사람. 의지할 곳 없는 외로운 홀몸.
是 옳을 시	是 옳을 시	非 그를 비	非 그를 비	옳은 것은 옳다하고 그른 것은 그르다 함. 사리를 공정하게 판단하는 것.
虛 빌 허	虛 빌 허	實 찰 실	實 찰 실	계략이나 수단을 써서 서로 상대방의 약점을 비난하여 싸움. 허실을 알아서 상대방의 동정을 알아냄.
陳 묵을 진	陳 묵을 진	相 서로 상	因 인할 인	오래 묵은 곡식이 겹겹이 쌓여 있음. 정사가 순조롭고 여러 해 풍작이 계속되어 곡식이 묵어 창고에 가득히 쌓임.
綿 솜 면	綿 솜 면	不 아닐 불	絶 끊어질 절	잇달아 끊이지 않음. 이어져 계속됨. 오래 계속되어 줄곧 잇달아서 실끈처럼 면면히 이어져 끊어지지 않음.

坊 동네 **방**	坊 동네 **방**	曲 굽을 곡	曲 굽을 곡	동네동네 굽이굽이. 한 군데도 빼놓지 않고 여러 곳. 곳곳마다 나라 안에 모든 곳.
家 집 가	家 집 가	戶 지게 호	戶 지게 호	집집마다. 지게에 들어가는 문 있는 곳마다.
悠 한가할 유	悠 한가할 유	度 지낼 도	日 날 일	하는 일 없이 세월을 보냄. 아무 하는 일 없이 죽치고 세월만 보냄.
申 거듭 신	申 거듭 신	付 부칠 부	託 부탁할 **탁**	남에게 여러 번 거듭하여 해달라고 맡기거나 청하는 모양.
鐵 쇠 철	中 가운데 **중**	錚 쇳소리 **쟁**	錚 쇳소리 **쟁**	쇠 중에서 소리가 가장 맑다는 뜻으로, 같은 무리 가운데서 가장 뛰어난 사람의 비유.
吾 나 오	亦 또 역	云 이를 운	云 이를 운	내가 또한 이러이러 한다고 말을 생략할 때 흔히 쓰는 말.
揚 날릴 양	揚 날릴 양	自 스스로 **자**	得 얻을 득	자기 뜻대로 되어 신이 나서 뽐냄.
僅 겨우 근	僅 겨우 근	得 얻을 득	生 살 생	겨우겨우 삶을 이어나감.
面 낯 면	面 낯 면	相 서로 상	顧 돌아볼 고	아무 말 없이 서로 얼굴만 바라봄. 대화 이전에 그 표정부터 살펴봐서 말을 하려고 취하는 태도.
事 일 사	事 일 사	言 말씀 언	聽 들을 **청**	일마다 말하는대로 들어줌. 무슨 일이든지 제의하는 대로 받아들여 의견을 따름.

疊	疊	深	山	겹겹 둘러싸인 깊은 산속. 여러 겹으로 둘러싸인 깊숙한 산중.
겹칠 **첩**	겹칠 **첩**	깊을 **심**	메 **산**	
累	累	衆	塚	많고 많은 무덤. 산비탈에 다닥다닥 붙어 있는 수많은 무덤.
여러 **누**	여러 **누**	무리 **중**	무덤 **총**	
茫	茫	大	海	한없이 넓고 아득한 바다. 아득해서 끝이 보이지 않는 무한정 넓고 큰 바다.
아득할 **망**	아득할 **망**	큰 **대**	바다 **해**	
坦	坦	大	路	평평하고 넓은 큰 길. 평탄하게 펼쳐져 있는 큰 길. 앞이 환히 트여 순탄하게 앞으로 나아감.
평탄할 **탄**	평탄할 **탄**	큰 **대**	길 **로**	
腐	草	爲	螢	썩은 풀잎이 변하여 개똥벌레가 됨을 이름.
썩을 **부**	풀 **초**	될 **위**	개똥벌레 **형**	
鳴	者	鵓	鳩	우는 것이 비둘기인가?
울 **명**	놈 **자**	집비둘기 **발**	비둘기 **구**	
獺	多	魚	擾	수달이 많이 살고 있는 물속에는 고기들이 안정을 잃고 어수선하다는 말.
수달 **달**	많을 **다**	물고기 **어**	어지럽힐 **요**	
無	爲	徒	食	하는 것 없이 한갓 먹기만 함. 아무 하는 일 없이 오직 먹고 놀기만 하는 사람. 게으르고 능력이 없는 사람.
없을 **무**	할 **위**	한갓 **도**	먹을 **식**	
五	日	京	兆	경조윤(서울특별시장)을 5일 밖에 못한다는 뜻으로 오래 계속하지 못하는 일의 비유.
다섯 **오**	날 **일**	서울 **경**	억조 **조**	
三	韓	甲	族	대대로 문벌 높은 좋은 집안. 대대로 높은 벼슬을 한 지체가 좋은 이름난 가문(家門).
석 **삼**	나라 **한**	갑옷 **갑**	일가 **족**	

一 한 일	刀 칼 도	兩 두 양	斷 끊을 단	단칼에 양쪽으로 자름. 한칼로 쳐서 둘로 토막내듯이 지체없이 선뜻 명확하게 결정함.
靑 푸를 청	山 메 산	流 흐를 유	水 물 수	푸른 산과 흐르는 물. 거침없이 잘하는 말. 썩 잘하는 말을 이름.
殘 쇠잔할 잔	山 메 산	短 짧을 단	麓 산기슭 록	나지막한 산. 길지 않은 산기슭. 얕은 산. 끊어진 산마루. 얕고 작은 산.
泰 클 태	山 뫼 산	峻 높을 준	嶺 고개 령	큰 산과 험한 고개. 높고 웅장한 산과 험하고 가파른 산마루.
背 등 배	山 메 산	臨 임할 임	流 흐를 류	산을 등지고 흐르는 시냇물에 다다름. 뒤에는 산이 솟아 있고 앞으로는 시내가 가까이 있어 사는데 두루 편리함.
孤 외로울 고	峰 봉우리 봉	絶 끊을 절	岸 언덕 안	우뚝 솟은 산(봉우리)과 깎아지른 낭떠러지.
層 층 층	岩 바위 암	絶 끊어질 절	壁 바람벽 벽	여러 층의 험한 바위로 된 낭떠러지. 몹시 험한 바위가 겹겹으로 쌓인 깎아지른 듯한 낭떠러지.
奇 기이할 기	岩 바위 암	怪 괴이할 괴	石 돌 석	기이하고 괴상하게 생긴 바위와 돌.
氣 기운 기	絶 끊을 절	招 부를 초	風 바람 풍	너무 놀라서 넋이 달아남.
氣 기운 기	高 높을 고	萬 일만 만	丈 어른 장	펄펄 뛸 만큼 대단히 성이 남. 안중(眼中)에 사람이 없을 만큼 거만하고 기세가 당당함.

聖 성인 성	賢 어질 현	君 임금 군	子 아들 자	성인과 현인 그리고 군자. 곧 지식과 덕행이 뛰어난 사람.
聖 성인 성	經 글 경	賢 어질 현	傳 전할 전	유학(儒學)의 성현(聖賢)들이 남긴 글. 성인의 글을 경이라 하고 현인의 글을 전이라고 한다.
四 넉 사	書 글 서	五 다섯 오	經 글 경	대학(大學), 논어(論語), 맹자(孟子), 중용(中庸) 을 사서(四書)라 하고 시경(詩經), 서경(書經), 주 역(周易), 예기(禮記), 춘추(春秋)를 오경(五經)이 라 한다.
諸 모든 제	子 아들 자	百 일백 백	家 집 가	춘추전국시대(春秋戰國時代)의 여러 학파. 유가 (儒家), 도가(道家), 묵가(墨家), 법가(法家), 명가 (名家), 병가(兵家), 종횡가(縱橫家), 음양가(陰陽 家) 등을 통털어 일컬음.
春 봄 춘	秋 가을 추	筆 붓 필	法 법 법	바르게 쓰는 글. 춘추는 공자가 저술한 역사책인 데, 춘추를 쓸 때에 엄한 규칙을 내세워 썼기 때 문에 이를 쓴 법을 인용하여 『바르게 쓰는 글』을 가리킴.
堯 임금 요	舜 임금 순	政 정사 정	治 다스릴 치	요(堯) 순(舜)은 옛 성인을 일컬으며 훌륭한 정치 를 베풀기 때문에 훌륭한 정치를 『요순정치』라 고 표현함.
太 클 태	平 평할 평	聖 성인 성	代 대신할 대	오곡(五穀)이 3년 동안 풍년이 들어 살기 좋은 세상을 태평성대라고 한다. 어진 임금이 잘 다스리는 태평한 세상.
春 봄 춘	風 바람 풍	秋 가을 추	雨 비 우	봄철에 부는 바람과 가을 들어 내리는 비, 곧 지 나가는 세월.
花 꽃 화	朝 아침 조	月 달 월	夕 저녁 석	꽃이 핀 아침과 달뜨는 저녁. 경치가 가장 좋은 때를 이르는 말로 좋은 계절.
藏 감출 장	跡 자취 적	湖 호수 호	西 서녘 서	자취를 호수에 감추니

布 베 포	衣 옷 의	龍 용 용	泉 샘 천	포의(布衣)의 용천(龍泉)이로다.
遊 놀 유	心 마음 심	物 만물 물	外 바깥 외	마음은 물외(物外)에서 놀다보니.
世 인간 세	事 일 사	如 같을 여	芥 지푸라기 개	세상일이 초개(草芥)와 같도다.
皮 가죽 피	不 아닐 불	存 있을 존	焉 어조사 언	가죽이 있지 아니하거늘,
毛 터럭 모	將 장차 장	安 어찌 안	附 붙을 부	터럭이 장차 어떻게 붙어 있을 것인가?
國 나라 국	之 어조사 지	脈 맥 맥	絡 이을 락	나라의 맥락이
存 있을 존	於 어조사 어	漢 한수 한	學 배울 학	한학에 있으니
恪 삼갈 각	別 다를 별	銘 새길 명	心 마음 심	각별히 명심할지니라.

용천만음(龍泉漫吟)

龍泉漫吟 (용천만음)

一目將軍弓裔王
일목장군궁예왕

八方美人黃眞伊
팔방미인황진이

二重人格李爾瞻
이중인격이이첨

九年獨相鄭仁弘
구년독상정인홍

三日天下朴泳孝
삼일천하박영효

十伐亂動林巨正
십벌난동임꺽정

四色黨爭金孝元
사색당쟁김효원

百八念珠金時習
백팔염주김시습

五里霧作田禹治
오리무작전우치

千里負屍成松國
천리부시성송국

六代獨子李承晚
육대독자이승만

萬古詩人金삿갓
만고시인김삿갓

七進七退李退溪
칠진칠퇴이퇴계

億兆聖祖檀皇帝
억조성조단황제

八道稱 (팔도칭)

鏡中美人：京畿
경 중 미 인 ： 경 기

清風明月：忠清
청 풍 명 월 ： 충 청

風前細柳：全羅
풍 전 세 류 ： 전 라

泰山巨人：慶尚
태 산 거 인 ： 경 상

岩下老佛：江原
암 하 노 불 ： 강 원

石田耕牛：黃海
석 전 경 우 ： 황 해

猛虎出林：平安
맹 호 출 림 ： 평 안

泥田鬪狗：咸鏡
니 전 투 구 ： 함 경

大田八景 (대전팔경)

鷄足疎雨 寶文礎月 食藏返照
계 족 소 우 　 보 문 초 월 　 식 장 반 조

계족산(鷄足山)의 성근 비.
보문산(寶文山)의 초생달.
식장산(食藏山) 돌아온 낙조(落照).

九峰矗石 甲川落雁 儒城暮煙
구 봉 족 석 　 갑 천 낙 안 　 유 성 모 연

구봉산(九峯山)의 우뚝솟은 돌.
갑천(甲川)의 내려앉는 기러기.
유성(儒城) 저녁연기.

楚江漁火 高山曉鍾
초 강 어 화 　 고 산 효 종

대청호(大淸湖)의 고기잡는 횃불.
고산사(高山寺)의 새벽 종소리.

圖書出版
明文堂印
版權所有

| 한자능력시험대비 |

척척박사 해법한자

초판 인쇄 : 2008年 1月 16日
초판 발행 : 2008年 1月 21日

편저자 : 박희창
발행자 : 김동구
발행처 : 명문당(1923. 10. 1 창립)
서울시 종로구 안국동 17~8
우체국 010579-01-000682
Tel (영)733-3039, 734-4798
    (편)733-4748 Fax 734-9209
Homepage : www.myungmundang.net
E-mail : mmdbook1@myungmundang.net
등록 1977. 11. 19. 제1~148호
• 낙장 및 파본은 교환해 드립니다.
• 불허복제
값 15,000원
ISBN 978-89-7270-874-2 13710